监察委员会的
预防腐败职能研究

吕永祥◎著

JIANCHA WEIYUANHUI
DE
YUFANG FUBAI ZHINENG YANJIU

法律出版社
LAW PRESS·CHINA
北京

图书在版编目(CIP)数据

监察委员会的预防腐败职能研究 / 吕永祥著. -- 北京 : 法律出版社, 2023
ISBN 978 -7 -5197 -8312 -9

Ⅰ. ①监… Ⅱ. ①吕… Ⅲ. ①反腐倡廉-研究-中国
Ⅳ. ①D630.9

中国国家版本馆 CIP 数据核字(2023)第 174394 号

监察委员会的预防腐败职能研究
JIANCHA WEIYUANHUI DE YUFANG FUBAI ZHINENG YANJIU

吕永祥 著

策划编辑 徐 菲
责任编辑 李捷琳 徐 菲
装帧设计 臧晓飞

出版发行 法律出版社
编辑统筹 法律出版社
责任校对 王 丰 郭艳萍
责任印制 胡晓雅
经　　销 新华书店

开本 710 毫米×1000 毫米 1/16
印张 21　**字数** 313 千
版本 2023 年 9 月第 1 版
印次 2023 年 9 月第 1 次印刷
印刷 北京建宏印刷有限公司

地址:北京市丰台区莲花池西里 7 号(100073)
网址:www.lawpress.com.cn
投稿邮箱:info@lawpress.com.cn
举报盗版邮箱:jbwq@lawpress.com.cn

销售电话:010-83938349
客服电话:010-83938350
咨询电话:010-63939796

书号:ISBN 978-7-5197-8312-9　**定价**:86.00 元

凡购买本社图书,如有印装错误,我社负责退换。电话:010-83938349

序

社会大变革的时代,一定是哲学社会科学大发展的时代。当代中国正经历着我国历史上最为广泛而深刻的社会变革,也正在进行着人类历史上最为宏大而独特的实践创新。这种前无古人的伟大实践,必将给理论创造、学术繁荣提供强大动力和广阔空间。这是一个需要理论而且一定能够产生理论的时代,这是一个需要思想而且一定能够产生思想的时代。我们不能辜负了这个时代。〔1〕

——习近平

收到永祥发来的《监察委员会的预防腐败职能研究》书稿,并委托作序,倍感荣幸。该书是在永祥的博士论文基础上修改完善的。永祥是我指导的第一届博士研究生,也是指导的第一个博士毕业生,也是指导的博士研究生中最早获得国家一等奖学金(并且连续两次)的学生,还是指导的博士研究生中最早获得吉林省优秀博士学位论文的学生。在学期间,永祥勤学善思、笔耕不辍,与我一同合著出书、发表论文、申报课题,学术能力突出。他在纪检监察、党内法规、问责制度等方面多有建树,多篇论文被人大期刊复

〔1〕 习近平:《在哲学社会科学工作座谈会上的讲话》,人民出版社 2016 年版,第 8 页。

印资料全文转载，获得良好的学术声誉。入职武汉大学党内法规研究中心之后，短短两年内分别获立教育部基金项目与国家社科基金项目，学术精力旺盛、学术热情不减。

随着纪检监察一级学科的设立，纪检监察制度研究如火如荼。永祥涉足国家监察制度研究相对比较早，在《中华人民共和国监察法》出台之前，永祥和我已经在这一领域进行了拓荒，围绕"国家监察体制改革""纪检监察合署办公""县级监察委员会的公权力监督""《钦定台规》对国家监察立法的启示"等实践问题发表一系列论文，取得良好的学术反响。也是基于先期对"监察制度"的关注和学术积累，他的博士学位论文选定这一题目。设计这一题目的初衷也是回应和贯彻习近平总书记在哲学社会科学工作座谈会上的重要讲话精神，哲学社会科学研究要立基于中国当下国情，立足于时代变革之际，把论文写在祖国大地上。该书稿笔触深刻、论理充分、行文流畅，凝聚了永祥多年的心血，字里行间能够体会到青年学子所具有的学术使命和家国情怀。

通读全书，客观评价，该书具有三个比较鲜明的特点。

一是研究主题贴合时代需要。中国特色的国家监察制度与监察委员会设计，具有重大的时代价值与实践意义。国家监察体制改革是一项重大的宪制变革，对国家权力结构调整和民主政治建设产生重大影响。监察委员会制度的每一步前行都是重大的实践创新，需要理论研究紧跟时代步伐。理论研究有没有中国特色，归根结底要看有没有主体性、原创性。该书将监察委员会的预防腐败职能作为一个专门而重要的研究议题，把监察委员会研究和预防腐败研究勾连起来，为深化监察委员会研究提供廉政理论资源，为深化预防腐败研究提供监察委员会这一新颖的研究主题，将法学视角下监察委员会的职权职责研究和纪检监察学视角下监察委员会的反腐败功能研究有机结合起来，有效回应实践中存在的问题，具有极强的时代感。

二是研究视角独特新颖。从既有研究来看，关注国家监察制度、监察委员会、纪检监察合署办公等领域的研究很多，但关注监察委员会与预防腐败职能的研究很少，永祥的研究具有开创性，是国内较早关注这一问题的。国家监察体制改革以来，监察委员会成为反腐败的主导力量，预防腐败与惩治腐败的功能得到不断强化，但理论研究更多关注其于惩治腐败的职能，对其预防腐败的职能、机制的研究相对匮乏。该书以监察法律法规对监察委员会的反腐败职能的设置为依据，基于监察委员会的各项监察职能与公权力腐败各构成要件之间的对应消除关系，系统构建“权力监督（防范公共权力滥用）+廉政教育（抑制腐败动机）+监察建议（减少腐败机会）→预防公权力腐败行为发生”这一监察委员会的预防腐败职能的整体性分析框架，不仅拓展了制度预防腐败、廉政教育和制度设计双管齐下等思想，而且进一步阐明监察委员会的监督职能蕴含的预防腐败机理。

三是浓烈的学人情怀与现实关怀。该书具有极为浓郁的学者气息，学术思索积极回应现实关切。古人尝谓“士以弘道”——博学、审问、慎思、明辨、笃行。诚如本书中所言：“预防腐败要远比惩治腐败艰难、复杂得多，意义也更为重大。”从源头上预防腐败，从根本上清除腐败滋生的土壤，这是一项既艰巨、又艰难的课题。作者不仅勇于向这一问题发起挑战，更结合实践困境给出具有操作性的答案。该书阐释的“制度—制度相关人—制度运行环境”的制度有效性分析框架，能够为监察委员会有效履行监察建议职责提供有针对性的理论思考和对策建议。

预防与惩治相结合，双管齐下才能有效地治理腐败问题。《监察委员会的预防腐败职能研究》一书的付梓对永祥来说，可能仅仅是博士期间学术求索的阶段性成果，“秉持初心、不负未来”，期冀他未来能够在“监察委员会的惩治腐败职能”这一领域继续深耕、大有作为。

王立峰

吉林大学匡亚明楼

目录

导论

第一章 核心概念、理论基础与分析框架

第二章 监察委员会的设立及其对预防腐败的积极作用

第三章 监察委员会预防腐败的职能设置

第四章 监察委员会履行预防腐败职能的目标任务

导　　论

一、研究缘起

(一)问题的提出

腐败是人类社会政治生活中一种重要的现象,其内在本质是"公共权力非公共运用"[1]。基于腐败对经济发展、社会稳定、政权合法性、社会风气以及伦理道德等方面产生的严重危害,有学者认为公权力腐败是寄生在各种政治有机体之上的一颗毒瘤,将其比喻为"政治之癌"[2]。中国共产党在夺取、巩固和持续执掌国家政权的过程中,对公权力腐败形成日益深刻的认知,将反腐败置于事关党和国家生死存亡的战略高度。2016 年 7 月 1 日,习近平总书记在庆祝中国共产党成立 95 周年大会上的讲话中指出:"我们党作为执政党,面临的最大威胁就是腐败。"[3]2017 年 10 月 18 日,习近平总书记在党的十九大报告中再次强调:"人民

---

[1] 王沪宁编:《腐败与反腐败——当代国外腐败问题研究》,竺乾威等译,上海人民出版社 1990 年版,第 7 页。

[2] 参见何增科:《政治之癌——发展中国家腐化问题研究》,中央编译出版社 2008 年版,"导论"。

[3] 习近平:《在庆祝中国共产党成立 95 周年大会上的讲话》,人民出版社 2016 年版,第 24 页。

群众最痛恨腐败现象,腐败是我们党面临的最大威胁。"[1]公权力腐败成因的多元性和复杂性,在很大程度上决定了有效治理公权力腐败现象必须依靠多元主体的协调配合与多种措施手段的协同运用。在充分尊重人民群众在腐败治理中的主体地位和能动作用的同时,成立专业化的反腐败机构,是人类应对权力腐败问题的一种组织创新和制度创新。

在各类反腐败机构中,行政监察机关上承中国古代悠久的监察制度和监察文化传统,结合时代发展和形势任务发展需要对中国古代传统监察制度进行时代性转化和创新性发展,下继革命、建设、改革时期中国共产党及其领导国家政权防止红色政权腐化变质的现实需要,采取与党的纪律检查机关合署办公的重要制度安排,彰显了反腐败机构设置的厚重历史底蕴和鲜明的时代特色。原中华人民共和国监察部作为最高监察机关,在加挂国家预防腐败局的牌子之后,负责全国的预防腐败工作,行政监察机关在惩治和预防腐败体系特别是预防腐败工作中的地位和作用日益凸显。然而,行政监察机关在性质地位上仍是政府的内设职能部门之一,在职能配置上除了开展廉政监察以外,还承担开展执法监察、效能监察等职能任务。因此,行政监察机关的权威性不高、独立性不强和反腐败职能不聚焦等问题依旧存在,进而"弥补原纪检监察反腐败体系的上述结构与功能缺陷,构成实施国家监察体制改革的实践需要"[2]。

为了对原来的行政监察体制乃至整个反腐败体制进行整体性重构与系统性优化,以习近平同志为核心的党中央主导实施国家监察体制改革这一事关全局的重大政治体制改革。习近平总书记在十八届中央纪委六次全会上指出:"要坚持党对党风廉政建设和反腐败工作的统一领导,扩大监察范围,整合监察力量,健全国家监察组织架构,形成全面覆盖国家机关及其公务员的国家监察体系。"[3]全国人大常委会《关于在北京市、山西省、浙江省开展国家监察体制改革试点工作的决定》指出:"将试点地区人民政府的监察厅(局)、预防腐败局及人民检察院查处贪污贿赂、失职渎职以及预防职务犯罪等部门的相关职能整

---

〔1〕 习近平:《决胜全面建成小康社会 夺取新时代中国特色社会主义伟大胜利——在中国共产党第十九次全国代表大会上的报告》,人民出版社2017年版,第66~67页。

〔2〕 吕永祥:《习近平关于国家监察体制改革的重要论述及其时代价值》,载《北京航空航天大学学报(社会科学版)》2020年第5期。

〔3〕 《习近平谈治国理政》(第2卷),外文出版社2017年版,第169页。

合至监察委员会。"[1] 监察委员会作为国家监察体制改革之后新创设的中国特色国家反腐败机构,承担预防腐败和惩治腐败等反腐败职能。"从行政监察转向国家监察,监察重点转向惩治和预防腐败,这是监察制度改革的核心内涵。"[2]

就预防腐败和惩治腐败的关系而言,预防腐败侧重于对权力腐败的主动防范和积极治理,惩治腐败侧重于对权力腐败的事后惩治和被动治理,预防腐败和惩治腐败在腐败治理中既各有侧重又协同配合。党的十八大以来特别是国家监察体制改革以来,党和政府始终以零容忍态度惩治腐败,坚持"打虎""猎狐""拍蝇"多管齐下,国内反腐与国外追逃追赃相辅相成,严肃查处了一大批违纪违法案件,在减少腐败存量上取得显著成就。"从 2012 年 12 月到 2021 年 6 月,在党中央坚强领导下,纪检监察机关共立案审查调查省部级以上领导干部 393 人、厅局级干部 2.2 万人、县处级干部 17.4 万余人、乡科级干部 63.1 万人。"[3] 随着国家监察体制改革持续深化,监察委员会制度日益发展完善,其制度优势加快转化为高效的腐败治理效能,腐败存量得到进一步清理。"2021 年,全国纪检监察机关共接收信访举报 386.2 万件次,处置问题线索 182.6 万件,谈话函询 34.4 万件次,立案 63.1 万件,处分 62.7 万人(其中党纪处分 52.4 万人)。处分省部级干部 36 人,厅局级干部 3024 人,县处级干部 2.5 万人,乡科级干部 8.8 万人,一般干部 9.7 万人,农村、企业等其他人员 41.4 万人。"[4] 惩治震慑的形成与巩固、腐败防治经验的积累与运用、腐败存量的持续减少等多重利好因素,为党和政府将反腐败战略的重心从治标转向治本、从惩治腐败转向"惩防并举、更加重视预防"奠定了坚实的基础。2018 年 1 月,习近平总书记在十九届中央纪委二次全会上再次强调,反腐败要"抓早抓小、防微杜渐,最大限度防止干部出问题""坚决减存量、重点遏增量"[5]。"重点遏增量"和"最大

---

[1] 《全国人大常委会关于在北京市、山西省、浙江省开展国家监察体制改革试点工作的决定》,载《中国人大》2017 年第 1 期。

[2] 何增科:《监察体制改革与反腐红利》,载《人民论坛》2017 年第 17 期。

[3] 兰琳宗:《敢于斗争　敢于胜利》,载《中国纪检监察报》2021 年 12 月 20 日,第 1 版。

[4] 《中央纪委国家监委通报 2021 年全国纪检监察机关监督检查审查调查情况》,载《中国纪检监察报》2022 年 1 月 21 日,第 1 版。

[5] 《习近平在十九届中央纪委二次全会上发表重要讲话强调　全面贯彻落实党的十九大精神　以永远在路上的执着把从严治党引向深入》,载《中国纪检监察》2018 年第 2 期。

限度防止干部出问题”等提法表明，我国在强调继续高压惩治腐败的同时，更加重视从源头上预防腐败。2022年6月17日，习近平总书记在主持中共中央政治局第四十次集体学习时强调：“坚决把增量遏制住、把存量清除掉”“要从源头着手，完善管权治吏的体制机制，更加常态化、长效化地防范和治理腐败问题”。[1] 随着以习近平同志为核心的党中央对从源头上治理腐败和遏制腐败增量的高度强调和日益重视，在监察委员会开展的各项反腐败工作中预防腐败的重要性和紧迫性日益提升。在清理腐败存量成效显著的情况下，重点遏制腐败增量成为监察委员会开展反腐败工作的重点环节。正如有学者所言：未来的反腐败工作需要更加注重腐败的预防，而纪检监察机关如何推动预防工作的开展有待思考。

预防腐败工作具有复杂性、系统性和前瞻性等特征，如何有效预防公权力腐败不仅是摆在各级监察机关面前亟待破题的重大实践课题，也是摆在廉政学术界面前亟待回应的重要理论课题。“预防腐败要远比惩治腐败艰难、复杂得多，意义也更为重大。”[2] 对于刚成立不久的监察委员会而言，在反腐败实践中，如何有效履行各项法定的预防腐败职能，提高预防腐败工作的效果，进而从源头上有效防范腐败行为的发生，是一个值得深入探讨的课题。在实践层面，各级监察委员会在开展一系列灵活多样的思想道德教育、党性教育和警示教育的过程中筑牢公职人员不想腐的思想道德基础，在进行国家监察全覆盖和通过提出监察建议督促各监察对象所在单位加强廉政制度建设的过程中织密不能腐的制度之笼，对预防公权力腐败进行丰富的实践探索。与之形成鲜明对比的是，目前学术界却鲜有对监察委员会如何预防公权力腐败这一重要研究议题的专门系统的理论研究。一方面，从研究的时效性来看，现有预防腐败研究在时间上主要分布于国家监察体制改革之前，主要探讨预防腐败局、行政监察机关等反腐败机构的预防腐败工作。另一方面，从研究内容的角度看，现有监察委员会研究大多在论述监察委员会的监督职能、廉政教育职能或提出监察建议的处置职能等某一项监察职能时，零散论述其中蕴含的预防腐败功能，对监察委

---

[1] 《习近平在中共中央政治局第四十次集体学习时强调 提高一体推进“三不腐”能力和水平 全面打赢反腐败斗争攻坚战持久战》，载《人民日报》2022年6月19日，第1版。

[2] 王秀芬、王艳宁：《世界主要国家反腐败经验对中国预防腐败的启示》，载《河北学刊》2008年第4期。

员会预防腐败的职能设置及其运行机理尚未构建一个整体性分析框架。监察委员会预防腐败研究相对滞后于实践探索，不仅不利于实现预防腐败研究的与时俱进和适时更新，增强对预防腐败实践的关注度和解释力，而且也难以为监察委员会有效履行各项预防腐败职能，进而从源头上治理腐败提供有针对性的理论思考，更无法为深化国家监察体制改革阶段监察委员会探索解决预防腐败的瓶颈性问题提供智力支撑。

鉴于此，本书将监察委员会的预防腐败职能作为研究对象，以监察委员会如何预防公权力腐败作为研究问题，借鉴权力监督与制约理论、制度预防腐败理论、结构功能主义理论与制度执行力理论等多种理论资源，阐明监察委员会预防腐败职能的设置状况、履行主体、运行机理、目标任务与实施进路，以期拓展深化监察委员会的预防腐败职能研究，为监察委员会有效履行预防腐败职能提供有针对性的理论思考和政策建议。

（二）研究的价值

1. 理论价值

第一，研究议题的交叉性和前沿性。本书将监察委员会的预防腐败职能作为一个专门而重要的研究议题，有助于将现有监察委员会研究和预防腐败研究勾连起来，为深化监察委员会研究提供廉政理论资源，为深化预防腐败研究提供监察委员会这一新兴的研究对象，将法学视角下监察委员会的职权职责研究和纪检监察学视角下监察委员会的反腐败功能研究有机结合起来，实现多学科研究议题和理论视角的交叉融合。监察委员会的预防腐败职能研究是处在监察委员会研究和预防腐败研究的交叉地带的一个重要的研究议题，既具有监察委员会研究的热点性和前沿性，又紧扣住监察委员会在腐败存量日益减少的情况下重点遏制腐败增量的现实需要，是一个理论前沿与现实热点相统一的研究议题。

第二，分析框架的整合性与创新性。在分析框架层面，本书以我国的反腐败政策文件对预防腐败战略的整体设计为蓝本，以监察法律法规对监察委员会的反腐败职能的设置为依据，基于监察委员会的各项监察职能与公权力腐败各构成要件之间的对应消除关系，系统构建“权力监督（防范公共权力滥用）＋廉政教育（抑制腐败动机）＋监察建议（减少腐败机会）→预防公权力腐败行为发生”这一监察委员会的预防腐败职能的整体性分析框架,不仅将国内外廉政学者提出的制度预防腐败、廉政教育和制度设计双管齐下等既有理论解释涵盖其中,而且进一步阐明监察委员会的监督职能蕴含的预防腐败机理,理论要素更全面,实践分析更具解释力。

第三,学术观点的原创性和精细化。本书借鉴政策试点和政策创新扩散理论,率先将监察委员会制度的创制历程划分为政策试点、政策创新扩散、政策成熟定型三个阶段。此外,本书还较早借鉴职业生涯发展阶段理论类型化分析处于职业生涯建立期、发展期、维持期和退出期的公职人员的差异化腐败动机,立足廉政教育内容与受众的精准匹配,探索构建分类施教的精细化廉政教育模式。

2. 实践价值

本书的研究定位是具有理论资源支撑和实践导向的综合性研究,以构建监察委员会的预防腐败职能的分析框架为出发点,结合党和国家的政策文件、党和国家领导人的重要论述、监察委员会开展预防腐败工作的客观实际和发展动向,构建监察委员会履行各项预防腐败职能的目标体系,对照目标寻找差距、改进不足,为监察委员会更有效履行各项预防腐败职能提供有针对性的政策建议。具体来讲,针对监督职能的履行问题,本书结合相关统计数据、实地调研情况等经验材料,分析监察委员会履行权力监督职能在权力监督的量和质两个维度的短板,从推动监察监督的横向拓展与纵向延伸、推动监察监督由有形覆盖向有效覆盖发展两个方面为监察委员会有效履行权力监督职能提供意见参考。针对廉政教育职能的履行问题,本书借鉴分众式传播、沉浸式教学等相关理论资源,从以分众式廉政教育提高廉政教育针对性、以体验式廉政教育提高廉政教育感染力两个方面入手,为提高监察委员会对公职人员开展的廉政教育的实效性提供对策建议。针对监察建议职能的履行问题,本书借鉴“制度—制度相关人—制度运行环境”的制度有效性分析框架,阐明监察委员会的监察建议执行力的制约因素和提升路径,为监察委员会有效履行监察建议职责提供有针对性的理论思考和对策建议。

二、文献综述

(一)监察委员会研究现状

1. 国内研究述评

“成立监察委员会是应对腐败问题的一种制度创新和组织创新,监察委员会的机构设置及其制度设计直接影响腐败治理的成效。”[1]监察委员会是国家监察体制改革创设的中国特色国家反腐败机构,各级监察委员会的挂牌成立引发来自法学、政治学以及公共管理学等学科的专家学者的广泛关注和积极讨论。目前国内学术界关于监察委员会的理论研究,主要聚焦于以下六个方面。

一是监察委员会的监察权的权力属性与权力配置。一方面,从监察权的权力属性来看,“权力定性的问题向来是权力科学的核心问题”[2],有一些学者从监察权与立法权、行政权和司法权的比较分析入手,阐明监察权在权力属性上的新定位和新特点。刘练军提出:“与传统的功能型宪法权力如立法权、司法权相比,监察权在诸多方面具有自身的特性,从而突破了传统的功能型宪法权力理念与框架,属于一种实质意义上的新兴宪法权力类型。”[3]徐汉明则认为,国家监察权既不是现代公共权力“第四权”和完全异于其他权力的“监察权”,也不是五种权源加总之和的监察权和具有“准司法性”的监察权,而是将五种不同性质的权力来源重合或者融合在一起而产生的一种复合性权力。[4] 在相近的立场上,郭世杰提出:“中国共产党领导下的中国宪制架构和国家权力体系,最终决定着监察权的性质,监察权应当被界定为一种新型、复合、独立、超然的权力。”[5]对监察委员会的监察权进行准确、客观的定性,“需明确界定权属性质

[1] 吕永祥、王立峰:《反腐败机构的模式比较及其启示》,载《中州学刊》2018 年第 9 期。

[2] 刘卓:《监察权定性的双重视角:权力外观与生成逻辑》,载《湖北经济学院学报(人文社会科学版)》2022 年第 10 期。

[3] 刘练军:《论作为一种新型中国式宪法权力的监察权》,载《政治与法律》2023 年第 3 期。

[4] 参见徐汉明:《国家监察权的属性探究》,载《法学评论》2018 年第 1 期。

[5] 郭世杰:《监察权的权能划分与性质界定》,载《观察与思考》2022 年第 11 期。

的标准”[1]。监察权的定性问题是监察委员会权能研究的一个重要议题,刘卓构建了“权力外观(表)+生成逻辑(里)”这一对监察权进行准确定性的双重标准。[2] 王希鹏则主张从国家权力和政治权力这两个方面认识监察权的权力属性,指出“按照国家权力的划分原则,监察权的本质属性就是独立的监察权;按照政治权力的划分原则,监察权具有直接的政治属性,监察机关是政治机关”[3]。另一方面,从监察权的权力配置来看,权力配置的科学性是影响监察权有效运行的一个重要因素,既涉及监察委员会内部各项监察权能的科学设置,也涉及监察权与其他反腐败权力之间的互动关系。就监察权配置的模式而言,周佑勇将权力配置模式划分为集中模式和分权模式两种,他认为要实现高效反腐、法治和保障人权等目标,应按照侧重于集中模式和辅之以分权模式的原则来完成监察委员会的权力配置。[4] 与之不同,王仲羊则认为,国家权力配置存在治理和制衡双重维度,治理维度侧重权力的专业能力和有效使用,制衡维度强调权力的制约监督与人权关怀。监察权作为一项独立的新型国家权力,既满足治理维度的现实需求,亦契合制衡维度的运作逻辑。其与行政权、司法权、反腐败职权以及监督执法权均有共相与分殊。[5] 就监察权的内部权力配置而言,莫纪宏主张,从政治宪法学的角度看,把具有中国特色的监察权划分为由党的执政权延伸出来的政治权力性质的监察权和需要借助国家权力体系运行的国家监察权两个部分。[6]

二是监察委员会的监察对象认定标准、监察范围及监察全覆盖的限度。首先,从监察对象认定标准来看,监察对象是监察委员会开展的监督、调查以及处置等监察活动的相对人,识别监察对象是监察委员会规范运行的一项重要工作。实现国家监察全覆盖是国家监察体制改革的一项重要目标,在此背景下防止监察范围泛化的一个重要举措,是清晰确定监察对象的可操作性识别标准。

---

[1] 刘卓:《监察权定性的双重视角:权力外观与生成逻辑》,载《湖北经济学院学报(人文社会科学版)》2022 年第 10 期。

[2] 参见刘卓:《监察权定性的双重视角:权力外观与生成逻辑》,载《湖北经济学院学报(人文社会科学版)》2022 年第 10 期。

[3] 王希鹏:《国家监察权的属性》,载《求索》2018 年第 4 期。

[4] 参见周佑勇:《监察委员会权力配置的模式选择与边界》,载《政治与法律》2017 年第 11 期。

[5] 参见王仲羊:《双重维度下的国家监察权属性论纲》,载《中国刑警学院学报》2018 年第 6 期。

[6] 参见莫纪宏:《国家监察体制改革要注重对监察权性质的研究》,载《中州学刊》2017 年第 10 期。

夏金莱认为,监察对象的核心识别标准是实际行使公权力,而非仅仅是公职人员。从外延上看,监察对象包含行使公权力的公职人员和有关人员,国有企业管理人员、公立医院的医生和公立学校的教师、人大代表以及法官等几类特殊主体能否成为监察对象需要特殊分析。[1] 按照《中华人民共和国监察法》的相关规定,监察委员会的监察对象是"所有行使公权力的公职人员",对该类群体的不同认识和理解,导致监察对象认定上存在具体差异。李尚翼指出:"在'所有行使公权力的公职人员'的判断上,宜采纳身份和行为相结合的双重维度说为识别标准,这样更便于开展监督工作和简便识别程序。"[2] 与之不同,常保国和刘思涵提出从行为和资金两个维度识别监察对象,并按"人"的职务与职位,"钱"的出资与管制四个要件,划分监察对象的不同类型。[3] 姬亚平和彭夏青则主张,构建"公权力"标准、"复合型公职"标准以及"行为"标准,并针对不同的监察对象,明确具体识别方法,分别适用于六类监察对象,并对特殊群体如国企职工、公立学校教师、公立医院医生以及村委会小组长等是否应纳入监察对象分别进行界定。[4] 其次,从监察范围来看,监察范围是由各级各类监察对象共同构成的,对监察对象的不同理解和定位直接影响对监察范围的划定。实现国家监察全覆盖是国家监察体制改革的一项重要目标,但是学者们对监察全覆盖的理解却有不同的侧重。魏昌东指出,监察全覆盖包括监察权主体全覆盖、监察对象全覆盖和监察范围全覆盖三个维度,三者的推进重点各有侧重。[5] 就监察对象全覆盖而言,蔡乐渭认为,是否行使公权力是确定监察委员会的监察对象的主要标准,其中"公权力"包括国家公权力和社会公权力两种类型,监察委员会除了要对行使国家公权力的公职人员进行监察之外,还有必要将社会公权力的行使者纳入监察范围之中。[6] 由此可见,这是对监察委员会的监察范围的一种广义理解。袁柏顺认为:"确定监察对象范围的标准,应该从公共权

---

[1] 参见夏金莱:《论监察全覆盖下的监察对象》,载《中国政法大学学报》2021 年第 2 期。

[2] 李尚翼:《监察对象的范围认定及识别标准辨析》,载《廉政文化研究》2022 年第 1 期

[3] 参见常保国、刘思涵:《〈监察法〉中监察对象范围的认定标准》,载《人民论坛·学术前沿》2019 年第 7 期。

[4] 参见姬亚平、彭夏青:《监察对象的识别研究》,载《治理现代化研究》2020 年第 6 期。

[5] 参见魏昌东:《监察全覆盖的理论逻辑与应然边界》,载《南京大学学报(哲学·人文科学·社会科学)》2022 年第 5 期。

[6] 参见蔡乐渭:《国家监察机关的监察对象》,载《环球法律评论》2017 年第 2 期。

力中心论转向公共职位(身份)中心论和公共利益中心论,不能满足于仅仅限定在'行使公共权力的公职人员',而应是全体公职人员。"[1]与之不同,王希鹏则认为,"所有行使公权力的公职人员"中的公权力主要是指国家公权力,监察委员会仅需要对行使国家公权力的公职人员进行国家监察。[2] 在相近的立场上,魏昌东也认为:"监察对象全覆盖,应坚守国家公权力行使者是腐败治理首要对象的基本定位,区分国家与社会公权力腐败在危害性的质与量上的差异,最大限度地提升对国家公权力行使者职务违法与职务犯罪的治理效能,防止将有限的监察资源投向泛社会公权力的行使主体。"[3]最后,从监察全覆盖的限度来看,监察全覆盖不等同于监察范围的泛化,胡锦光从有限权力原则出发,阐明监察委员会的监察权力和监察范围都必须有一定的限度,监察全覆盖的限度可以从行使公权力的公职人员范围、公权力行为的责任追究、违纪违法犯罪及违反内部规则行为的责任追究三个维度进行界定[4]。对于人大代表是否应当成为监察委员会的监察对象这一重要问题,秦前红认为,监察委员会在对人大代表进行国家监察时必须采取慎重的态度,"人大代表不能简单地被视为公职人员,对于人大代表的违法违纪问题应该建立特殊的惩戒制度来予以处理……必须恪守宪法、组织法规定的对人大代表的特殊保护法律程序"[5]。

三是监察委员会的监察措施及其运行实践。监察措施是《中华人民共和国监察法》《中华人民共和国监察法实施条例》等监察法律法规赋予监察委员会行使监察职权的各种措施手段的总称,监察措施是否丰富有效、刚柔并济,直接影响监察委员会预防和惩治腐败的有效性和威慑力。一方面,从调查措施的总体概括来看,陈瑞华依据调查的性质和后果的差异,将监察委员会的调查权划分为强制性调查、带有限制或剥夺人身自由性质的调查活动、专门的技术调查措施和一些不带有明显强制性的调查手段四种类型,并阐明监察委员会行使这四

---

[1] 袁柏顺:《范围、界限与动态发展:也论监察对象"全覆盖"》,载《河南社会科学》2019年第1期。

[2] 参见王希鹏:《监察对象辨析》,载《中国纪检监察报》2018年4月11日,第8版。

[3] 魏昌东:《监察全覆盖的理论逻辑与应然边界》,载《南京大学学报(哲学·人文科学·社会科学)》2022年第5期。

[4] 参见胡锦光:《论监察委员会"全覆盖"的限度》,载《中州学刊》2017年第9期。

[5] 秦前红:《国家监察法实施中的一个重大难点:人大代表能否成为监察对象》,载《武汉大学学报(哲学社会科学版)》2018年第6期。

种调查权所运用的监察措施。[1] 刘玫则将谈话、讯问、询问、查询、冻结、调取、查封、扣押、搜查、勘验检查、鉴定、留置等十二项监察措施都纳入“调查措施”的范畴之中,注重对“谈话”“调取”“留置”这三项无法律规定的新措施予以分析阐释。[2] 另一方面,还有一些学者聚焦监察委员会的留置措施及其取代“两规”的运行实践。就留置措施的理论内涵而言,张咏涛认为:“留置就是监察法设置的,实现控制犯罪和保障人权相均衡的监察措施。”[3] 就留置措施的使用规范而言,马怀德认为,留置措施使用的程序和实体条件是在监察机关初步掌握被调查人违法犯罪的事实及证据后,需要进一步审查时,才能采取留置措施。监察委员会应当从严格留置的集体决定和上级审批程序、留置期间实施全过程不间断的录音录像等方面入手,以降低留置措施被滥用的风险。[4] 就留置措施的运行实践而言,秦前红和石泽华通过对浙江省、山西省和北京市三个试点地区的留置案件进行比较分析入手,从建立留置措施与逮捕措施和纪检措施的衔接机制、合理确定留置的期限、留置措施宜加入申诉渠道以及加强对留置措施的规制等方面为进一步完善留置制度提供对策建议。[5] 就用留置取代“两规”的实践探索而言,吴建雄从对北京市首例留置案件的样本分析入手,在留置措施的性质问题、留置措施能否与“两规”并用和留置措施适用对象等六个方面,对用留置取代“两规”的实践探索进行深入的理论思考。[6]

四是监察委员会与其他公权力机构之间的关系。监察委员会是整个国家政治权力架构的重要组成部分,与其他国家机关、党的纪律检查机关之间具有密切的互动关系。首先,从监察委员会与人大机关之间的关系来看,按照《中华人民共和国监察法》第 8 条、第 9 条的规定,各级监察委员会对同级人民代表大会及其常务委员会负责,受其监督,监察委员会与人大机关之间的关系是一对重要的权力关系。焦洪昌、叶远涛从全国人大常委会授权是监察体制改革的宪

---

〔1〕 参见陈瑞华:《论监察委员会的调查权》,载《中国人民大学学报》2018 年第 4 期。
〔2〕 参见刘玫:《论监察委员会的调查措施》,载《学习与探索》2018 年第 1 期。
〔3〕 张咏涛:《留置措施的基本内涵与规范运行》,载《新疆师范大学学报(哲学社会科学版)》2018 年第 2 期。
〔4〕 参见马怀德:《关于留置措施的思考》,载《北京日报》2018 年 3 月 12 日,第 14 版。
〔5〕 参见秦前红、石泽华:《监察委员会留置措施研究》,载《苏州大学学报(法学版)》2017 年第 4 期。
〔6〕 参见吴建雄:《试点地区用留置取代两规措施的实践探索》,载《新疆师范大学学报(哲学社会科学版)》2018 年第 2 期。

制依据、决定和组织监察委员会是本级权力机关的职能以及双重责任制是监察机关高效、权威反腐的保障三个方面入手，对监察委员会与人大机关之间的关系进行深入的阐释。[1] 马岭则侧重于从人大机关对监察委员会拥有的权力这一方面入手，将两者之间的关系概括为"全国人大及其常委会对监察委员会应有立法权、各级人大及其常委会对同级监察委员会成员应有任免权，对其工作应有监督权"[2]。刘小妹从人民代表大会制度下的监督权配置这一视角出发，将国家监察体制改革形成的人大机关与监察委员会之间的关系概括为人民代表大会制度下的监督国家机关和监督国家机关工作人员的"二元"监督体制，并探讨了在"二元"监督体制中监察委员会监督国家机关工作人员的具体范围以及人大机关对监察委员会的监督方式等具体问题。[3] 黄建达指出，监察委员会具有国家机关和政治机关的双重属性，双重属性视角下监察委员会与人大机关的关系具有两个不同的维度："作为国家机关，监察委员会不能监督人大；而作为国家机关和政治机关，监察委员会可以监察人大机关工作人员。"[4] 其次，从监察委员会与司法机关之间的关系来看，监察委员会调查职务违法和职务犯罪案件，在事实认定、证据收集、审查调查以及措施运用上，要与检察院审查起诉、法院刑事审判的标准相符合，监察委员会与司法机关的协调配合是实现"法法衔接"的重要途径。郭华以《中华人民共和国刑事诉讼法》的修改为切入点，对刑事诉讼中监察委员会与公检法之间的关系进行深入的分析[5]。秦前红明确指出，监察机关与司法机关是"互相配合，互相制约"[6] 的关系。王超强认为，国家监察体制改革对监察委员会、检察院和法院之间的关系进行了重构，三者之间关系的新型构建应当坚持法治原则、"职权等量配置"原则和"兼顾程

[1] 参见焦洪昌、叶远涛：《从人民代表大会制看国家监察体制改革》，载《中国党政干部论坛》2017 年第 2 期。

[2] 马岭：《监察委员会与其他国家机关的关系》，载《法律科学（西北政法大学学报）》2017 年第 6 期。

[3] 参见刘小妹：《人大制度下的国家监督体制与监察机制》，载《政法论坛》2018 年第 3 期。

[4] 黄建达：《双重属性视角下监察委员会与人民代表大会的关系》，载《北京社会科学》2019 年第 2 期。

[5] 参见郭华：《监察委员会与司法机关的衔接协调机制探索——兼论刑事诉讼法的修改》，载《贵州民族大学学报（哲学社会科学版）》2017 年第 2 期。

[6] 秦前红：《我国监察机关的宪法定位：以国家机关相互间的关系为中心》，载《中外法学》2018 年第 3 期。

序”原则，其关系架构应当以“等边三角形”模式为基本形式。[1] 再次，从监察机关与行政机关之间的关系来看，国家监察体制改革对监察机关与行政机关的关系进行深刻的调整，厘清监察机关与行政机关之间的关系，对于推动监察机关与行政机关既各司其职又协同配合具有重要意义。秦前红认为，监察机关与行政机关是“不受干涉，且互相配合，互相制约”[2]的关系。郭文涛从运行实践而非宪法文本中的监察委员会与政府关系出发，主动依据国家权力配置的功能适当原则构建监察与行政关系中的行政保留理论，以防止监察权的过度膨胀，促进行政权的积极作为，最终推进国家治理体系和治理能力现代化。[3] 最后，从监察委员会与党的纪律检查机关之间的关系来看，《中华人民共和国监察法实施条例》第 3 条规定，监察机关与党的纪律检查机关合署办公。合署办公是我国纪检监察机关的机构设置与运行机制的鲜明特色。就历史分析而言，舒绍福指出，从中央苏区合署办公的早期探索，到中华人民共和国成立之后党的纪委和政府的行政监察机关合署办公，再到党的纪委与国家的监委合署办公，合署办公的深度和幅度都大大加深。新时代纪委监委合署办公的未来推进，应当汲取合署办公的探索经验并针对实践中所暴露出的结构性、机制性问题，从纪委监察的深度融合、纪法衔接等方面开辟出合署办公与协同监察的新境界。[4] 就比较分析而言，罗星对中华人民共和国成立后纪检监察机关两次合署办公进行比较分析，阐明监察委员会与党的纪律检查机关合署办公是对行政监察机关与党的纪律检查机关合署办公的延续，但是两者在合署办公目的、监察机关地位、合署办公效果以及纪法衔接方式等方面出现了新的变化。[5] 就理论阐释而言，王立峰和吕永祥基于权力监督视角将监察委员会与党的纪律检查机关合署办公的理论内涵阐释为：监察委员会与党的纪律检查机关在监督主体、监督

---

〔1〕 参见王超强：《论监察体制改革背景下监、检、法关系新构》，载《东方法学》2017 年第 5 期。

〔2〕 秦前红：《我国监察机关的宪法定位：以国家机关相互间的关系为中心》，载《中外法学》2018 年第 3 期。

〔3〕 参见郭文涛：《行政与监察关系中行政保留的构建》，载《广西社会科学》2021 年第 7 期。

〔4〕 舒绍福：《党领导下的纪检监察合署办公的历史变迁与实践探索》，载《理论视野》2022 年第 5 期。

〔5〕 参见罗星：《新中国成立以来纪检监察机关两次合署办公比较研究》，载《学习论坛》2020 年第 8 期。

对象、监督内容和监督手段四个方面的分工与融合。[1] 就实践分析而言，吕永祥和王立峰则以政治系统论作为分析视角，结合对监察委员会试点地区留置案件的案例分析发现，纪委与监察委合署办公存在如何处理坚持党的领导与保障监察委依法独立行使监察权、如何构建纪法衔接的有效机制、如何用留置取代"两规"和谁来监督纪检监察机关四大问题，主张从将改善党的领导方式与保障监察委依法独立行使监察权统一起来、优化用留置取代"两规"的法律规范与实践举措、健全纪法衔接的领导体制与工作机制和构建纪检监察机关的全方位监督机制四个方面探索纪检监察机关合署办公的完善路径。[2] 宗婷婷指出："在当前国家监察体制改革背景下，纪检监察合署办公制度在提高反腐效能、整合反腐力量及优化国家治理等方面，仍面临四个亟待解决的核心问题：党委、纪委与监察委之间的相互关系不甚明确，监察对象范围和判断标准难以确定，法治化的纪法衔接机制及保障监察权规范履行的制约机制未能建立。未来新型纪检监察合署办公制度的构建，须明确党的全局领导与纪委、监察委独立履责这一制度前提；厘清国家监察对象范围并确立系统、科学的认定标准；以法治思维为引导，建立统一、有效的纪法衔接机制和健全内部与外部纪检监察权行使制约机制。"[3] 与对纪检监察机关合署办公的问题与对策的宏观性分析不同，蒙慧和胥壮壮聚焦党内法规对纪检监察机关合署办公的保障作用的发挥问题。蒙慧和胥壮壮指出，党内法规保障纪委监委合署办公在形式选择、效力空间及转化内容体系三方面均存在问题，推动党内法规保障纪委监委合署办公的功能有效落实，应完善党内法规制定依据，健全纪委监委合署办公党内法规内容体系，强化对纪委监委合署办公党内法规执行的监督，健全纪委监委合署办公党内法规转化机制。[4] 就意义阐释而言，刘振洋指出，纪检监察机关合署办公既满足了反腐败执纪与反腐败执法衔接的现实需要，又扩展了纪检监察机关的监

---

〔1〕 参见王立峰、吕永祥：《纪委与监察委员会合署办公的理论内涵、现实意义与优化路径》，载《河南社会科学》2017 年第 11 期。

〔2〕 参见吕永祥、王立峰：《"纪委"与"监察委"合署办公的现实问题与解决路径——以政治系统论为分析视角》，载《中南大学学报（社会科学版）》2018 年第 3 期。

〔3〕 宗婷婷：《新时代纪检监察合署办公制度的构建：核心问题与实践路径》，载《北京联合大学学报（人文社会科学版）》2019 年第 2 期。

〔4〕 参见蒙慧、胥壮壮：《功能 · 问题 · 优化：党内法规保障纪委监委合署办公研究》，载《广西社会科学》2020 年第 6 期。

督范围,消除了中国共产党纪律检查委员会的"执纪空白"和原行政监察部门的"监督盲区"。[1]

五是对监察委员会的监督与制约机制设计。公共权力具有扩张性和腐蚀性,监察委员会行使的监察权也难以例外,加强对监察委员会的监督与制约,"是监察体制改革顶层设计的重要内容"[2],对于推动监察委员会廉洁规范行使监察权具有重要意义。第一,从对监察委员会的系统性监督制度设计来看,对监察委员会的监督和制约,是坚持和完善党和国家监督体系的重要内容,应推动对监察委员会的各种监督主体协同配合、各种监督渠道相互补充、各种监督方式统筹运用,形成防范监察权滥用的整体监督合力。李勇、余响铃主张从完善监督执纪过程中的程序监督、进一步加强监察机关的自我监督、加快建立律师介入制度等九个方面入手,对监察委员会的监督与制约机制进行系统性的制度设计。[3] 在相近的立场上,马怀德从人大监督、司法监督、自我监督、社会监督和党的监督五个方面对监察委员会的监督与制约问题进行深入的探讨。[4] "制约与监督首先是两种不同的权力关系,同时也是两种不同的权力控制制度,具有不同的控权功能。"[5]与对监察委员会的监督与制约的整体性分析不同,有学者区分权力监督与权力制约的不同运行逻辑,从内外两个维度精细化构建对监察委员会的监督机制和对监察委员会的制约机制。吴国斌和沈思雨指出:"对监察委员会进行监督,在内部,可以采取组织分设、相互监督和内部制度设计等方式进行;在外部,可以开展新闻舆论、社会群众的监督。对监察委员会进行制约,内部要建立请示报告和审批程序、集体决策、业务流程三个方面的制约制度。在腐败案件处理和政治架构中其他国家政权机关可以对监察委员会形成制约。"[6]就权力监督的一般原理而言,监督主体和监督对象掌握

---

〔1〕 参见刘振洋:《论国家监察体制重构的基本问题与具体路径》,载《法学》2017 年第 5 期。

〔2〕 吴国斌、沈思雨:《论对监察委员会的监督与制约》,载《北京航空航天大学学报(社会科学版)》2021 年第 3 期。

〔3〕 参见李勇、余响铃:《对监察委员会的监督制度设计》,载《国家行政学院学报》2017 年第 2 期。

〔4〕 参见马怀德:《国家监察体制改革的重要意义和主要任务》,载《国家行政学院学报》2016 年第 6 期。

〔5〕 陈国权、周鲁耀:《制约与监督:两种不同的权力逻辑》,载《浙江大学学报(人文社会科学版)》2013 年第 6 期。

〔6〕 吴国斌、沈思雨:《论对监察委员会的监督与制约》,载《北京航空航天大学学报(社会科学版)》2021 年第 3 期。

的权力资源大致对等，是保障权力监督的有效性的重要条件。据此，有学者指出："公民相关基本权利的享有和充分运用，可构成对监察委员会权力行使行为的强有力制约。强化对监察委员会自身的监督和防止改革过犹不及的较可靠办法，是创造和维持制约者与被制约者享有的政法综合权重比大致均衡的局面。"第二，从监察委员会的某一种监督与制约机制来看，"由人大及其常委会监督监察委员会是国家的一项重要宪制安排，其目的在于防范和化解监察委员会滥用权力的风险"〔1〕。周佑勇对地方人大监督地方监察委员会的法治路径进行深入的探讨，主张将刚性监督工作提至幕前，充分发挥其全过程性监督职能以及重启刚性问责监督职能，以保障地方人大对地方监察委员会的再监督的实效性。〔2〕就人大监督监察委员会的方式而言，监察委员会向同级人大常委会报告专项工作，是人大监督监察委员会的重要方式。杨恩泰聚焦监察委员会报告专项工作的监督定位与实践样态，从以制度构建增强报告实践积极性、选好议题、提升人大常委会审议意见中建议的针对性和实效性、优化人大监督监察委员会的体制机制保障、为丰富监察委员会报告工作的制度类型留下发展空间五个方面对增强人大常委会专项监督的有效性提出政策建议。〔3〕特约监察员是监察委员会的重要监督主体，张淑瑛分析了特约监察员制度在选任程序、任职资格、工作机制等方面的不足之处，从进一步推进特约监察员制度与党外民主监督的协调与衔接、正确处理好监察委员会独立性与特约监察员外部监督的关系两个方面提出增强特约监察员对监察委员会的监督有效性的意见建议。〔4〕就人大监督监察委员会的限度而言，为保持人大对监察委员会的监督有效性与监察委员会依法独立行使监察权之间的平衡，应为人大对监察委员会的监督划定合理界限。伊士国指出："在合理划分监督界限上，应坚持类案监

〔1〕伊士国：《论人大监督监察委员会的合理界限》，载《中南民族大学学报（人文社会科学版）》2023年第4期。

〔2〕参见周佑勇：《对监督权的再监督：地方人大监督地方监察委员会的法治路径》，载《中外法学》2020年第2期。

〔3〕参见杨恩泰：《监察委员会报告专项工作的监督定位与实践样态》，载《政治学研究》2022年第5期。

〔4〕参见张淑瑛：《特约监察员制度视阈下监察委员会权力监督问题探究》，载《广西社会科学》2020年第2期。

督,避免个案监督;坚持程序监督,避免结果监督;坚持实质监督,避免形式监督。"[1]除此以外,还有一些学者将对监察委员会的权力监督置于监察委员会运用监察措施的具体情景和运行程序之中。王锴和王心阳主张在《中华人民共和国监察法》中增加针对监察委员会违法行使监察权以及对监察委员会的监察信息公开提起行政诉讼的规定,以加强对监察委员会的诉讼监督。[2] 赵晓光则具体探讨了对监察委员会留置措施的制约问题,他认为基于留置措施的强制性和对公民个人权益的巨大影响,有必要通过检察监督、司法审查和律师介入等机制构建完善的制约监察委员会留置措施的体系。[3]

六是监察委员会运行的现实梗阻与破解路径。一方面,有一些学者从宏观层面对不同时期监察委员会运行的现实梗阻及其破解路径进行总体性分析。在监察体制改革试点阶段,任建明和杨梦婕深入揭示监察委员会试点方案中存在的监督全覆盖还有待系统改革予以支撑、层级设置方案还有待优化和监察委员会自身监督还有待落实等现实问题,主张从重视和解决监察委员会在人事和预算方面的独立问题、强化对监察委员会的外部监督、优化监察委员会的纵向层级设置方案等方面入手,进一步完善监察委员会试点方案。[4] 在监察体制改革试点全面推广阶段,蒋来用指出,国家监察体制改革在实现"高效"目标的过程中遇到"两支队伍"融合难、纪检监察系统内部"用力不均"、反腐败成本高、动力机制不足、评估机制缺乏等现实障碍,并从设立监察官职业体系、推进派驻机构和乡镇监督机构改革、加强体制外力量运用、建立第三方评估机制等方面提出监察委员会高效运行的意见建议。[5] 另一方面,还有一些学者对监察委员会行使特定监察职权或采取特定监察措施的困境与对策进行具体分析。秦前红则以监督权的履行情况作为切入点,指出《中华人民共和国监察法》实施

[1] 伊士国:《论人大监督监察委员会的合理界限》,载《中南民族大学学报(人文社会科学版)》2023年第4期。

[2] 参见王锴、王心阳:《如何监督监督者——兼谈对监察委员会的诉讼监督问题》,载《浙江社会科学》2017年第8期。

[3] 参见赵晓光:《监察留置的属性与制约体系研究》,载《中国社会科学院研究生院学报》2018年第2期。

[4] 参见任建明、杨梦婕:《国家监察体制改革:总体方案、分析评论与对策建议》,载《河南社会科学》2017年第6期。

[5] 参见蒋来用:《实现"高效"目标:打造国家监察体制改革"升级版"》,载《河南社会科学》2018年第7期。

过程中一个重大难点就是人大代表能否成为监察对象，他认为破除此难点的关键是将人大代表与一般公职人员区分开来，监察委员会在监察人大代表时必须采取特别慎重的态度，在对人大代表涉嫌职务犯罪采取监察留置措施时，必须恪守《中华人民共和国宪法》以及组织法规定的对人大代表的特殊保护法律程序[1]。陈瑞华在反思监察机关单轨调查体制的困境的基础上，主张确立一种双轨调查体制，在监察机构内部设置相对独立的党纪政纪调查部门与刑事调查部门，前者遵守《中华人民共和国监察法》以及关联法规的约束，后者则与其他侦查机关一样，受到《中华人民共和国刑事诉讼法》的约束，并达到刑事侦查所要求的程序保障水平。[2] 监察管辖是涉及监察委员会调查处置的职能权限的基础性问题，阳平基于对监察管辖制度内容的分析以及对其运行情况的实证调研，剖析了当前监察管辖制度存在的职能管辖范围的界定不够合理明晰、越权管辖及其制裁措施缺失等问题，主张通过在现有法律框架内提升监察管辖制度的法治化能力以及修法解决影响监察管辖制度法治化发展的制度成因这两个路径，完善现有监察管辖制度。[3]

通过上述文献检视可以发现，国内学术界围绕监察委员会这一研究领域取得了丰硕的研究成果，从法学、政治学等多个学科视角勾勒出监察委员会研究的理论图景，深化了对监察委员会的属性定位、机构设置、领导体制、职权职能以及措施手段等议题的理论认知，为本文开展监察委员会的预防腐败职能研究奠定了理论基础，但是在以下方面仍有可以进一步拓展深化的研究空间：

一方面，从研究对象的具体性和研究问题的精细化来看，现有研究重视探讨宏观层面和抽象意义上的监察委员会，对某一层级监察委员会的具体特征及其运行情况缺乏深入细致的审视。监察委员会研究的深入推进，亟待学者们发掘更加真实深刻的研究问题和聚焦更加具体深入的研究对象，对不同层级监察委员会的具体特点与运行状况、监察委员会某一项反腐败职权及其行使状况等微观和中观议题进行更加深入的研究。

---

[1] 参见秦前红：《国家监察法实施中的一个重大难点：人大代表能否成为监察对象》，载《武汉大学学报（哲学社会科学版）》2018 年第 6 期。

[2] 参见陈瑞华：《论监察委员会的调查权》，载《中国人民大学学报》2018 年第 4 期。

[3] 参见阳平：《中国特色监察管辖制度：生成逻辑与法治化发展》，载《暨南学报（哲学社会科学版）》2023 年第 1 期。

另一方面，从研究方法的角度来看，现有研究侧重采取文献分析法、历史分析法、制度文本分析法和比较分析法等规范研究方法，对案例分析法、问卷调查法和访谈法等经验研究方法的运用相对不足。国家监察体制改革是一项具有鲜明实践导向与问题导向的重大研究议题，监察委员会研究既需要以规范的理论分析作为基础，也需要运用问卷调查、实地访谈等研究方法来掌握关于国家监察委员会运行现状的第一手经验材料，更需要借鉴大数据分析等定量研究方法来测量监察委员会的腐败治理效能。此外，现有研究还侧重于以《中华人民共和国监察法》为蓝本进行法律规范分析，对国家监察体制改革的政策试点、政策扩散等政治过程的分析相对不足。国家监察体制改革运用先局部试点后全面推广的政策试点方法，借鉴公共政策领域的政策过程理论，有助于对国家监察体制改革的不同阶段乃至整个过程进行更加动态深入的分析，准确揭示国家监察体制改革的实践特征及运行策略。

2. 国外研究述评

从机构属性来看，监察委员会是具有中国特色的国家反腐败机构，反腐败机构一直是海外学者观察和分析中国腐败治理的一个重要窗口。从时间发展顺序的角度看，国外学者对中国反腐败机构的研究，在研究对象层面从对中国共产党纪律检查委员会的研究扩展到对整个中国反腐败体系的研究，在研究时间节点上重点聚焦对党的十八大以来党的纪律检查体制改革和国家监察体制改革的研究。需要指出的是，腐败治理是一个世界性的研究课题，鉴于近年来国内廉政专家在国际期刊中发文的数量和质量不断提升，本部分所说的"国外研究"不仅包括国外学者在国外英文期刊上发表的与监察委员会有关的学术论文，也包括国内学者在国外英文期刊上发表的相同主题的学术论文。

一是对中国共产党纪律检查委员会的研究。中国共产党纪律检查委员会是中国共产党设置的专业化的党内反腐败机构，是中国反腐败体系中最为重要的反腐败机构之一。在改革开放之后很长一段时间，关于中国反腐败体制的国外研究成果主要聚焦中国共产党纪律检查委员会这一研究对象。关于中国共产党纪律检查委员会的国外研究，主要聚焦以下几个方面。

首先，从对中国共产党中央纪律检查委员会的研究来看，郭学志在对中国共产党中央纪律检查委员会的组织机构和运行规范等事项进行细致描述的基础上,深入揭示阻碍其有效控制党内腐败的组织因素、制度因素和文化因素。[1] 余有敬从制度互补性视角出发,从监督范围、控制手段等方面深入分析了中央巡视组在反腐败斗争中对地方各级纪律检查委员会的补充作用[2]。

其次,从对中国共产党纪律检查委员会发展历程的历史分析来看,劳伦斯·R. 沙利文(Lawrence R. Sullivan)以对1949年至1968年中国共产党纪律检查部门的分析作为参照,重点探讨了1977年至1983年特别是党的十一届三中全会之后中国共产党纪律检查委员会的政治改革问题。[3] 格雷厄姆·杨(Graham Young)立足于中国共产党纪律检查委员会恢复设置这一时间节点,深入分析了党的十一大以来中国共产党纪律检查委员会在监督对象、监督手段和运行过程等方面的发展变化[4]。公婷等人以新制度主义作为分析视角,系统阐释了建党以来中国共产党纪律检查委员会在不同历史发展阶段的制度化进程。她将中国共产党纪律检查委员会的发展演化划分为起源阶段和改革阶段两个时期,探讨了这两个时期中国共产党纪律检查委员会制度的"变"与"不变"及其内在动因。[5] 过勇采取制度主义和实证主义的研究方法,从自主性、独立性、廉洁性和专业性四个方面构建评估反腐败机构运行有效性的分析框架。他通过对1978年至2008年省级纪委书记的任职经历进行实证分析,揭示改革开放以来中国共产党纪律检查委员会在自主性、独立性、廉洁性和专业化四个方面取得的显著进步[6]。梅拉尼·曼宁(Melanie Manion)认为,中国共产党纪律检查委员会实施的改善垂直领导体制、聚焦反腐败主业主责和提高纪检监察人员的专业化水平等一系列改革措施,是党的十八大以来反腐败运动取

[1] See Guo X., *Controlling Corruption in the Party: China's Central Discipline Inspection Commission*, China Quarterly, Vol. 219:6, p. 597 – 624(2014).

[2] See Yeo Y., *Complementing the Local Discipline Inspection Commissions of the CCP: Empowerment of the Central Inspection Groups*, Journal of Contemporary China, Vol. 25:97, p. 59 – 74(2016).

[3] See Lawrence R. Sullivan, *The Role of the Control Organs in the Chinese Communist Party*: 1977 – 1983, Asian Survey, Vol. 24:6, p. 597 – 607(1984).

[4] See Graham Young, *Control and Style: Discipline Inspection Commissions Since the* 11th *Congress*, China Quarterly, No. 97, p. 24 – 52(1984).

[5] See Gong T. & Ma S. K., *Preventing Corruption in Asia-institutional Design and Policy Capacity*, Australian Journal of Public Administration, Vol. 69:1, p. 110 – 112(2010).

[6] See Guo Yong, *The Evolvement of the Chinese Communist Party Discipline Inspectioncommittee in the Reform Era*, China Review-An Interdisciplinary Journal on Greater China, Vol. 12, p. 1 – 23(2012).

得显著成效的重要原因。党的十八大以来中国反腐败斗争最显著的特征,表现在反腐败运动的持久性、对高级官员腐败行为的严厉惩治、通过机构改革改善纪律检查委员会的反腐败职权和减少政府官员的腐败机会四个方面。[1] 马卡比·克礼(Macabe Keliher)指出,党的十八大以来中国共产党实施了增加纪检监察室数量、加强纪律检查系统内部的垂直领导、设置中央巡视组、严明政党纪律以及政党制度体系等一系列纪律检查体制改革,这些改革举措为提升中国共产党治理腐败的有效性提供了制度保障。[2]

最后,从对中国共产党纪律检查委员会运行情况的实践分析来看,公婷以新制度主义作为分析视角,从双重领导体制和"道德律令"(morality by decree)两个维度揭示中国共产党纪律检查委员会面临的内在困境,并为提升其自主性和有效性提出有针对性的应对策略[3]。马国泉从分析反腐败机构的双重属性入手,从科技与行政管理体制的局限性、缺乏有效的外部监督与制约、纪律检查机关的双重领导体制等方面揭示中国共产党纪律检查委员会内部腐败的原因,主张采取培养反腐败机构成员的廉洁自律意识、提升腐败治理的公众参与度、加强对反腐败机构的外部监督和增强反腐败机构的自主性等多种举措,以解决中国共产党纪律检查委员会的内部腐败问题。[4]

二是对中国反腐败体系的宏观分析。反腐败体系是一个由若干个反腐败机构及其互动关系所构成的有机整体。虽然中国共产党纪律检查委员会是中国反腐败体制的重要组成部分,但并非唯一组成部分。与上述学者将研究对象主要聚焦于中国共产党纪律检查委员会不同,还有一些学者将研究对象扩展为中国反腐败体系中的各个反腐败机构及其互动关系。一方面,从对中国共产党纪律检查委员会以外的其他反腐败机构的理论研究来看,杰弗利·贝克(Jeffery Becker)对中国原国家预防腐败局的反腐败职能及其效能进行专门系

---

[1] See Melanie Manion, *Taking China's Anti-corruption Campaign Seriously*, Economic and Political Studies, Vol. 4, p. 3–18(2016).

[2] See Macabe Keliher, *Corruption, Anti-corruption, and the Transformation of Political Culture in Contemporary China*, Journal of Asian Studies, Vol. 4, p. 5–18(2016).

[3] See Gong T., *The Party Discipline Inspection in China: Its Evolving Trajectory and Embedded Dilemmas*, Crime Law & Social Change, Vol. 49, p. 139(2008).

[4] See Ma S. K., *The Dual Nature of Anti-corruption Agencies in China*, Crime Law & Social Change, Vol. 49, p. 153(2008).

统的研究,他指出虽然原国家预防腐败局在提升腐败问题线索收集能力、加强对公职人员私人领域的监督、提升反腐败政策执行效果三个方面发挥着积极的作用,但由于职能交叉重叠和独立性不足等原因,原国家预防腐败局在反腐败中的有效性仍亟须提高[1]。另一方面,从对中国反腐败体系各构成要素及其互动关系的研究来看,奥利维亚·Yu(Olivia Yu)对中国共产党纪律检查委员会、行政监察部门和检察院这三个反腐败机构的机构属性、监督对象和反腐败职能进行简明扼要的介绍[2]。李奋飞和邓矜婷以地方检察院作为研究对象,揭示地方检察院在与同级党委、纪委、上级检察院等反腐败机构的互动关系之中滥用检察权的复杂成因和内在机理。[3]

三是关于国家监察体制改革的研究。首先,对反腐败体制改革方案的学理探讨。国家监察体制改革开始之前,在国外期刊上就曾出现关于反腐败体制改革方案的学术探讨。陈路易指出,中国共产党纪律检查委员会和检察院是中国反腐败体制的两个重要组成部分,从实现腐败治理的社会效应、政治效应和法治效应相统一的角度出发,中国共产党应当在社会主义法治思想的指导下将中国共产党纪律检查委员会与检察院的反腐败职能、反腐败手段、人员等力量充分整合起来,成立具有中国特色的反腐败委员会[4]。其次,对国家监察体制改革试点的意义阐释与实践分析。邓矜婷认为,国家监察体制试点将中国的反腐败机构模式从以前的"双轨反腐败体系"转变为"单一反腐败体系"。监察委员会与中国共产党纪律检查委员会合署办公,并且整合了检察院的反贪反渎等部门的反腐败职能,成为一个单一强大的反腐败机构。由于缺乏获得授权的外部行动者和有动力的机构对监察委员会进行监督,各试点地区的监察委员会仍然依赖中国共产党的强有力的领导和监督。[5] 再次,对国家监察体制改革的实

[1] See Jeffery Becker, *Tackling Corruption at Its Source: The National Corruption Prevention Bureau*, Journal of Chinese Political Science, Vol. 3, p. 287 – 303 (2008).

[2] See Olivia Yu, *Corruption in China's Economic Reform: A Review of Recent Observations and Explanations*, Crime Law & Social Change, Vol. 50:3, p. 161 – 176 (2008).

[3] See Li Fenfei & Deng Jinting, *The Power and the Misuse of Power by China's Local Procuratorates in Anti-corruption*, International Journal of Law Crime & Justice, Vol. 45, p. 1 – 25 (2016).

[4] See Chan L, *Anti-corruption Commissions in China: Panacea or Cure-all Medicine to Fight Corruption*, Dissertations & Theses-Gradworks, Vol. 42, p. 221 – 242 (2014).

[5] See Deng Jinting, *The National Supervisory Commission: A New Anti-corruption Model in China*, *International Journal of Law*, Crime and Justice, Vol. 52, p. 58 – 73 (2018).

践价值的分析。有学者指出，国家监察委员会是由党的纪律检查机关、原行政监察机关和人民检察院反贪反渎与职务犯罪预防部门合并组成的新的反腐败机构，在合署办公情况下，国家监察委员会的设立强化了中国共产党中央纪律检查委员会的反腐败职权及其使政府官员遵守中央政策的能力。[1] 新加坡学者郑永年认为，监察委员会的成立整合了多元分散的反腐败机构，以留置取代"两规"强化反腐败的法理基础，中国共产党纪律检查委员会与监察委员会合署办公有利于推动法治反腐建设[2]。秘鲁国际法协会秘书长、外交学院教授米格尔·罗德里格斯(Miguel Rodriguez)认为，中国决定设立监察委员会是一个革命性的措施，表明中国的反腐行动开始进一步制度化，它与中共十九大坚持反腐败的方针相一致，国际社会看到了中国对腐败的"零容忍"以及坚决反腐的决心[3]。最后，对国家监察体制改革的实践价值与发展进路的分析。新加坡国立大学东亚研究所客座研究员周娜指出，国家监察委员会的设立初衷是有效预防腐败，推动公职人员做到清正廉洁，留置措施极大提高了反腐败工作的效率，其有效规范运行仍需要在处理好监察机关与行政机关，司法机关的关系、提高监察全覆盖的质量，依法采用监察措施等方面持续发力。[4] 李莉和王鹏将国家监察体制改革前后中国的反腐败模式分别概括为机构互动模式和机构整合模式，利用公开资料和田野调查数据对这两种反腐败模式的腐败治理绩效进行比较分析发现，国家监察委员会的设立提高了中国共产党的腐败治理能力，标志着反腐败工作的中心从惩治腐败转向预防腐败，但是中国共产党在深化国家监察体制改革过程中仍需要处理好三对权力关系：(1)监督、起诉和审判之间的关系；(2)中央和地方之间的关系；(3)国家和社会之间的关系。[5]

通过上述文献检视可以发现，监察委员会的国外研究虽然取得一定的研究

---

[1] See Xingmiu Liao & Wen-Hsuan Tsai, *Strengthening China's Powerful Commission for Discipline Inspection under Xi Jinping: With a Case Study at the County Level*, China Journal, No. 84. p. 1 – 22.

[2] 参见郑永年：《十九大与廉政制度建设》，载《新加坡联合早报》2017 年 9 月 26 日。

[3] 参见《海外人士认为　设立监委彰显中国全面依法治国决心》，载《中国纪检监察报》2018 年 3 月 21 日，第 4 版。

[4] See Zhou Na, *The National Supervisory Commission from Xi Jinping's Anti-corruption Campaign*, East Asian Policy, Vol. 10:4, p. 79 – 90(2018).

[5] See Li Li & Peng Wang, *From Institutional Interaction to Institutional Integration: The National Supervisory Commission and China's New Anti-corruption Model*, The China Quarterly, Vol. 240, p. 967 – 989(2019).

成果,丰富了对监察委员会及其所处的整个反腐败体系的理论认知,但是囿于研究资料获取较难、对国家监察体制改革缺乏近距离观察和长时间跟踪、对纪检监察机关合署办公体制中的监察机关关注较少等原因,在研究规模、研究成果的深入性和系统性等方面仍有较大的提升空间。国家监察体制改革是党的十八大以来中国实施的最为重要的政治体制改革之一,具有重要的研究价值和广阔的研究空间。随着国家监察体制改革的治理效能的日益释放和中外学术交流的不断加深,国外学术界对国家监察体制改革的研究成果势必会丰富起来。

(二)预防腐败研究现状

1.国内研究述评

预防腐败是我国反腐败战略的重要组成部分,是国内廉政学界的一个研究热点。目前国内学术界对预防腐败的理论研究,主要聚焦以下四个方面。

一是预防腐败的概念阐释。目前国内学术界关于"预防腐败"的概念主要有狭义、中义和广义三种不同的观点,"预防腐败"的概念分歧反映学者们对腐败行为构成要件及其消除策略的不同认识。楚文凯指出:"所谓预防腐败是指采取措施以防止腐败行为的发生"[1],这是对"预防腐败"的最为简化的定义,也是学者们对"预防腐败"概念的基本共识。该概念界定的价值在于,它揭示预防腐败战略主要针对的是尚未发生的腐败行为,立足点是通过消除腐败行为的某一个或某几个构成要件,来切断权力腐败的发生链条,以达到防止腐败行为发生的预防效果。在对"预防腐败"持狭义观点的学者看来,由制度缺陷产生的腐败机会是腐败行为得以发生的关键要件,预防腐败就是通过制度建设减少因为制度缺陷而产生的腐败机会。正如过勇和宋伟所言:"从预防的狭义内涵来看,预防是通过对政治、经济和社会发展各项规章制度的健全和完善,减少腐败发生的机会。"[2]在另一些学者看来,公权力腐败的成因往往是多元和复杂的,除了腐败机会这一外部条件,公职人员通常还需要具备腐败动机这一内在诱因。基于此,任建明和杜治洲指出:"所谓预防腐败是一种事前措施(腐败行为

---

〔1〕 楚文凯:《社会转型期预防腐败问题研究》,中共中央党校2007年博士学位论文,第55页。

〔2〕 过勇、宋伟:《中国县级纪检监察机关改革研究》,清华大学出版社2014年版,第127页。

发生之前），是依靠或通过制度手段，减少腐败机会，弱化腐败动机，从而达到从根本上降低腐败发生率的一种治理腐败手段。”[1]这其实是一种中观层面的预防腐败定义。虽然该定义是对狭义的“预防腐败”概念的扩展，但是它并没有将我国预防腐败实践中反腐败机构对公职人员开展的廉政教育和权力监督等预防腐败举措都涵盖进来。廉政教育和权力监督的目标都是主动防范腐败行为发生，不仅与预防腐败的内涵恰好一致，而且也是对制度建设这种预防腐败策略的有益补充。基于此，过勇和宋伟认为：“从预防的广义内涵看，监督、教育和惩治都可以被认为是预防腐败工作，这是一种‘大预防’概念。”[2]

二是预防腐败战略的构成策略。“预防是反腐败的重要战略”[3]，预防腐败战略是一项庞大复杂的系统工程，是由制度建设、廉政教育等一系列相辅相成、相互补充的预防腐败策略组成。首先，有一些学者在对“预防腐败”概念的狭义理解的基础上，对预防腐败战略也秉持一种狭义的看法，认为预防腐败战略主要就是制度建设策略。其中的区别在于，过勇和宋伟认为：“预防职能在反腐倡廉建设的具体内涵应当是狭义的预防概念，即通过制度建设减少腐败发生机会。”[4]而在任建明和杜治洲看来，制度建设作为一种预防腐败战略具有减少腐败机会和弱化腐败动机两项基本功能。[5] 其次，还有一些学者结合对权力腐败的内因和外因的综合认识，对预防腐败战略的构成要素进行二元要素分析。倪星等学者从腐败意愿和腐败机会内外两个维度揭示公权力腐败的发生机理，主张预防腐败既要重视通过开展廉政教育来抑制公职人员的腐败动机，更要在完善制度上下功夫，通过加强制度建设来减少腐败机会。[6] 在相近的立场上，禹建柏以“腐败动机＋腐败机会→腐败行为”这一腐败发生机理为逻辑线索，认为预防腐败战略需要做到制度防线和思想道德防线不可偏废乃至相互

---

[1] 任建明、杜治洲：《腐败与反腐败：理论、模型和方法》，清华大学出版社2009年版，第132～133页。
[2] 过勇、宋伟：《中国县级纪检监察机关改革研究》，清华大学出版社2014年版，第127页。
[3] 任建明、杜治洲：《腐败与反腐败：理论、模型和方法》，清华大学出版社2009年版，第161页。
[4] 过勇、宋伟：《中国县级纪检监察机关改革研究》，清华大学出版社2014年版，第127页。
[5] 参见任建明、杜治洲：《腐败与反腐败：理论、模型和方法》，清华大学出版社2009年版，第161页。
[6] 参见倪星、肖汉宇、陈永亮：《“机会—意愿”视角下的反腐败研究》，载《广州大学学报（社会科学版）》2010年第8期。

耦合,才能同时消除腐败动机和腐败机会这两大腐败行为构成要件。[1] 与前两者不同,邓杰和胡廷松以"权力职位 + 公职人员→腐败行为"这一腐败成因理论分析框架为基础,认为权力职位为公职人员提供滥用权力的机会,公职人员的道德蜕化使其产生谋取私利的动机。鉴于此,他们主张运用健全权力结构与权力规则、加强公职人员的官德培育等具体策略来防止公权力腐败行为的发生。[2] 基于对制度建设和廉洁文化在反腐倡廉中的各自功能及其互补性关系的认识,伍汗飞和刘怀提出"制度与文化并举"这一预防腐败的双路径模型。[3] 最后,还有一些学者基于对腐败成因的多元认识,对预防腐败战略的构成要素进行三元要素分析。楚文凯从腐败意图、腐败机会和腐败动机三个角度揭示腐败行为的发生机理,主张以思想预防策略消除腐败意图、以制度预防策略减少腐败机会、以技术预防策略来抑制腐败动机,综合运用思想预防、制度预防、技术预防等具体策略来提升预防腐败战略的整体效果。[4] 与之不同,程文浩运用"公共权力—腐败动机—腐败机会"这一理论分析框架来揭示权力腐败的构成要件及其发生机理,主张从减少和约束公共权力、开展廉政教育以抑制腐败动机和加强制度建设以减少腐败机会三个方面构建预防腐败战略的综合体系。[5] 过勇则在借鉴公共选择理论的"经济人"假设和制度重要性观点的基础上,从腐败动机、腐败机会和制度约束三个方面构建经济转轨时期腐败成因的理论分析框架,主张通过推行廉洁教育、消除腐败易发多发领域的腐败机会和完善制度框架等方面入手,探寻中国预防和惩治腐败的战略选择。[6] 邱鸿雨和刘旭涛通过对经典案例的模糊集定性比较分析发现,权力制约不足仍然是官员腐败的重要诱因,官商关系"失控"且权力制约度弱的时候腐败发生的可能性较高,官员的晋升预期低时,官商关系和决策权的共同作用下容易发生腐败。

---

〔1〕 参见禹建柏:《论预防腐败的制度防线与思想道德防线及其建设》,华中师范大学 2005 年硕士学位论文,第 7 ~ 8 页。

〔2〕 参见邓杰、胡廷松:《反腐败的逻辑与制度》,北京大学出版社 2015 年版,第 12 ~ 28 页。

〔3〕 参见伍汗飞、刘怀:《制度与文化并举:中国式腐败治理现代化研究的双路径模型》,载《行政与法》2023 年第 3 期。

〔4〕 参见楚文凯:《社会转型期预防腐败问题研究》,中共中央党校 2007 年博士学位论文,第 55 ~ 135 页。

〔5〕 参见程文浩:《预防腐败》,清华大学出版社 2011 年版,第 10 ~ 44 页。

〔6〕 参见过勇:《经济转轨、制度与腐败》,社会科学文献出版社 2007 年版,第 93 ~ 203 页。

鉴于此,他们从以强制约重监督将权力切实关进“制度的笼子”、构建清亲政商关系、实现行政决策权力的适度匹配等方面提出构建腐败预警机制的意见建议。[1]

三是聚焦某一种重要腐败类型的预防问题。首先,选人用人腐败是最大的腐败和产生其他腐败类型的重要根源,一些学者深入探讨了选人用人腐败的发生机理与预防策略。何增科将选人用人腐败频发的深层次根源归因为政治体制改革的滞后,主张通过积极推进党内民主和基层民主、实行决策权、执行权与监督权分开和提高决策过程的民主化和透明度等措施来推动政治体制改革与创新,从源头上预防选人用人腐败问题。[2] 其次,“绝对的权力导致绝对的腐败”[3],一些学者从“一把手”权力集中的特点出发,深入探讨“一把手”腐败的产生原因和治理对策。许耀桐紧紧抓住公共权力这一“一把手”腐败的构成要件,从“一把手”权力存在盲区、“一把手”权力过于集中等方面揭示“一把手”腐败的成因,主张通过分权、限权、监权来防范“一把手”腐败的发生。[4] 黄明哲则将预防“一把手”腐败细化到预防县委书记腐败这一具体领域,在深入剖析县委书记腐败的表现形式与成因的基础上,主张采取严格县委书记的任用条件和程序、加强对县委书记的思想教育、完善县委书记权力运行程序等举措,来有效预防县委书记腐败。[5]

四是不同地域不同时期的预防腐败策略及其借鉴价值。首先,一些学者秉持一种世界眼光,全方位地分析了世界各个国家和地区的预防腐败举措及其启示意义。王秀芬、王艳宁在对芬兰、日本和新加坡的反腐败举措及其经验进行系统介绍的基础上,从建立严密的预防腐败体系、严密科学的监督机制、加强反腐倡廉教育和强化国际合作四个方面入手,深入分析上述国家的反腐败经验对中国预防腐败的启示意义。[6] 康贵民则从提出预防理念、组建预防机构、确定

[1] 参见邱鸿雨、刘旭涛:《什么样的官员容易腐败:腐败成因的组态证据》,载《公共管理与政策评论》2023 年第 2 期。
[2] 参见何增科:《从源头上预防和治理用人腐败》,载《国家行政学院学报》2005 年第 1 期。
[3] [英]阿克顿:《自由与权力》,侯健、范亚峰译,商务印书馆 2011 年版,第 342 页。
[4] 参见许耀桐:《防范“一把手”腐败要分权、限权、监权》,载《中国党政干部论坛》2015 年第 1 期。
[5] 参见黄明哲:《预防县委书记腐败的对策研究》,载《福州党校学报》2010 年第 2 期。
[6] 参见王秀芬、王艳宁:《世界主要国家反腐败经验对中国预防腐败的启示》,载《河北学刊》2008 年第 4 期。

预防部位和领域、建立预防机制和采取预防方法五个方面入手，系统介绍了世界主要国家和地区预防腐败的相关做法及其对我国预防腐败工作的启示意义。[1] 许瑞通过对以瑞典为代表的廉洁国家的预防腐败机制和以阿根廷、印度为代表的转型国家的预防腐败机制进行比较分析，深入探讨了政务公开制度、权力制衡机制和预防腐败立法等预防腐败机制的重要作用及其对我国构建具有中国特色的预防腐败机制的借鉴价值。[2] 其次，还有一些学者将研究对象聚焦于新加坡、中国香港特别行政区等廉洁程度较高的国家和地区，对它们的预防腐败策略及其借鉴价值进行深入的分析。一方面，从对新加坡预防腐败经验的理论研究来看，吕元礼从高薪养廉使人不必贪、廉耻教育使人不想贪、减少机会使人不能贪三个方面具体介绍了新加坡预防腐败的系统方略，认为不必腐、不想腐和不能腐的"三不腐"机制对我国的廉政建设具有借鉴价值。[3] 在相近的意义上，赵付科和季正聚从官员廉洁自律减少腐败动机、高薪养廉消除腐败诱因和严格规章制度减少腐败机会等方面入手，对新加坡预防腐败战略的系统设计进行深入的分析，从加强官德建设、制度建设和廉政文化建设三个方面探讨新加坡廉政建设经验对我国预防腐败工作的启示意义。[4] 另一方面，从对中国香港特别行政区廉政公署的预防腐败策略及其借鉴价值的理论研究来看，陈冰以中国香港特别行政区廉政公署作为研究对象，从制度防腐、教育防腐和防止廉政公署自身腐败机制三个方面对中国香港特别行政区廉政公署的预防腐败机制进行全面系统的介绍，探讨了中国香港特别行政区廉政公署预防腐败机制的借鉴意义。[5] 赵岚从中国香港特别行政区廉政公署针对政府部门规章制度中存在的缺陷提出防贪意见、通过开展廉洁教育在全社会营造诚信文化氛围等方面系统介绍了中国香港特别行政区廉政公署预防腐败的具体策略，主张从注重制度预防和诚信教育等方面借鉴中国香港特别行政区廉政建设的

---

[1] 参见康贵民：《国外是如何开展预防腐败工作的》，载《中国党政干部论坛》2008 年第 6 期。

[2] 参见许瑞：《中国特色的预防腐败机制研究》，中共中央党校 2012 年博士学位论文，第 39～104 页。

[3] 参见吕元礼：《新加坡廉政之道的全方位剖析》，载《深圳大学学报（人文社会科学版）》2000 年第 5 期。

[4] 参见赵付科、季正聚：《新加坡人民行动党廉政建设的基本经验及启示》，载《科学社会主义》2013 年第 1 期。

[5] 参见陈冰：《香港廉政公署的预防腐败机制研究》，湘潭大学 2014 年硕士学位论文，第 9～41 页。

有益经验。[1] 廉政教育策略是预防腐败战略的重要一环，段龙飞和任建明以中国香港特别行政区廉政公署的反腐败教育策略作为专门的研究对象，从反腐败教育内容应该明确化和具体化、反腐败教育对象的范围应当扩大和对不同的教育对象分类施教等四个方面，探讨了中国香港特别行政区廉政公署反腐败教育战略对中国内地反腐败教育工作的启示意义。[2] 最后，还有学者从以史为鉴的视角出发，聚焦特定历史时期中国共产党预防腐败的历史实践，从中挖掘对当前中国共产党预防腐败的经验启示。江小燕聚焦土地革命战争时期中央苏区在预防腐败方面进行的独创性探索，从加强廉政制度建设、健全权力监督与制约机制、加强廉洁教育三个维度归纳总结了预防腐败的经验启示。[3]

通过上述文献检视可以发现，国内预防腐败研究取得了比较丰硕的研究成果，深入分析公权力腐败的构成要件及其消除策略，为开展监察委员会的预防腐败职能研究奠定了坚实的研究基础。与此同时，国内预防腐败研究仍存在一定的改进空间，主要体现在以下三个方面。

第一，在研究内容上，国内学术界对预防腐败的理论内涵和构成策略的理解存在较大的分歧，在一定程度上折射出预防腐败和惩治腐败之间的理论边界和预防腐败的真正内涵并没有被厘清等问题。预防腐败的狭义概念侧重于通过制度建设减少腐败机会，预防腐败的中义概念倾向于认为预防腐败同时涵盖通过制度建设减少腐败机会和通过廉政教育抑制腐败动机两个方面，预防腐败的广义概念甚至认为严厉的惩治也是预防腐败的重要一环。需要指出的是，对预防腐败的狭义概念和中义概念忽视了对公权力腐败的多元复杂成因的系统揭示，不利于反腐败机构灵活运用多种预防腐败策略来防范公权力腐败行为的产生。将惩治也视为预防腐败的重要一环，容易混淆预防腐败和惩治腐败之间的界限，削弱预防腐败作为一项独立而重要的反腐败战略的独特价值。鉴于此，在准确揭示预防腐败的理论内涵和构成策略时，应当从公权力腐败的多元复杂的成因出发，针对公权力腐败的各个构成要件来有针对性地设计各项预防腐败的具体策略，既不能人为缩小预防腐败策略的适用范围，也不应当将惩治

---

〔1〕 参见赵岚：《20 世纪 90 年代以来香港的廉政建设及其启示》，载《政治学研究》2009 年第 1 期。

〔2〕 参见段龙飞、任建明：《香港廉政公署反腐败教育战略的具体实践》，载《中国党政干部论坛》2009 年第 2 期。

〔3〕 参见江小燕：《中央苏区惩治和预防腐败的宝贵经验》，载《党政干部论坛》2022 年第 11 期。

腐败与预防腐败混为一谈，应当严守公权力腐败行为是否已经付诸实践这一预防腐败和惩治腐败之间的时间界限。

第二，在研究层次上，现有研究侧重于勾勒宏观层面上的预防腐败制度体系和预防腐败整体战略，对某一个具体预防腐败机构和对某一个具体预防腐败策略的深入挖掘相对不足。鉴于此，笔者在开展监察委员会的预防腐败职能研究时，定位于中观研究层次，将研究对象确定为监察委员会这一具体预防腐败机构和公权力腐败这一具体腐败类型，将预防腐败机构研究和预防腐败策略研究有机结合起来，既从中观层面上探讨监察委员会预防腐败策略主要有哪些，又从监察委员会的各项具体职能及其履职机构入手，深入探讨监察委员会各项预防腐败职能的实施主体、履行方式和运行机理。

第三，在研究方法上，现有研究主要采取文献分析法、历史分析法、比较分析法以及制度文本分析法等定性研究方法，对案例研究法等定性研究方法的运用较为薄弱，对定量研究方法的运用更显不足。预防腐败不仅是一个理论研究议题，更是一个实践问题；不仅是一个理论概念，更是一种反腐败战略。对预防腐败这一研究议题开展深入系统的理论研究，应努力丰富研究方法的类型，实现定性研究方法和定量研究方法相辅相成，从而贯通预防腐败研究的理论与实践、历史和现实等多个维度。

2. 国外研究述评

“预防腐败和打击腐败是中国共产党长期重视的实践问题，也是海外学者关注中国问题重要的研究领域和切入口。”[1]预防腐败研究是国外腐败问题研究的一个焦点，学者们既关注新加坡、新西兰、芬兰等廉洁程度较高的国家和地区的预防腐败战略及其借鉴价值，也关注中国等发展中国家的预防腐败战略及其运行效果。在研究主体上，除了国外知名腐败问题研究专家，我国的廉政专家们也在国际刊物上发表了预防腐败研究的相关学术成果，在进行预防腐败国外研究述评时，本书将国内学者在国际刊物上发表的比较有影响的预防腐败研究成果也囊括在内。简而言之，国外预防腐败研究主要聚焦于以下四个方面。

一是对预防腐败战略的构成策略的理论研究。预防腐败是反腐败战略的

[1] 李莉、吴江、郑佳斯：《前沿与动态：海外中国腐败研究述评——基于 2012—2016 年 SSCI 论文的分析》，载《广州大学学报（社会科学版）》2018 年第 1 期。

重要组成部分,是制度建设、廉政教育和权力监督等具体策略相辅相成、相互补充构成的一项系统工程。在新西兰著名腐败研究专家杰瑞米・波普(Jeremy Pope)看来,腐败存在于任何腐败机会和腐败心理并存的地方,遏制腐败的关键在于同时消除腐败机会和腐败动机。基于此,他主张从调整公务员和政治领导人的薪资待遇以减少腐败收益的诱惑、规范政府官员的自由裁量权和减少政府审批项目以减少腐败机会和增强公众的反腐败意识以营造不想腐的社会氛围等方面入手,实施一个多管齐下的综合性预防腐败战略〔1〕。莱斯利・帕米耶(Leslie Palmier)则将公职人员的工资水平和腐败程度之间的关系也考虑在内,对公权力腐败的构成要件及其预防策略进行了扩展。莱斯利・帕米耶认为,公权力腐败的成因主要包括公职人员的工资水平太低、腐败机会充足和腐败行为被发现和惩处的概率较低三个方面,他主张从提高公务员和政治领导人的工资水平、减少甚至消除腐败机会和提高腐败行为被发现和惩处的概率三个方面同时入手,构建多管齐下的预防腐败战略〔2〕。与之相类似,柯受田(Jon S. T. Quah)也从公职人员的工资水平太低、公职人员被提供充足的腐败机会和公职人员认为腐败行为是一种低风险高收益的行为三个方面深刻剖析权力腐败的成因,主张从减少"脆弱"机构中的腐败机会、提高公职人员的工资水平和制定综合性的国家反腐败立法等方面入手,进行预防腐败策略的系统设计〔3〕。与之不同的是,南非著名腐败研究专家罗伯特・克利特加德(Robert Klitgaard)则在"委托人—代理人—顾客"这一腐败相关者及其互动关系模型的基础上,从选择代理人、改变奖惩制度、收集信息和情报、重构"委托人—代理人—顾客"关系和改变对腐败的态度五个方面构建起反腐败的一般政策,其中在权力授予环节选拔诚实的代理人、通过改变奖惩制度来影响代理人的腐败动机和通过廉政宣传教育改变代理人和社会公众对腐败的态度等具体策略都属于预防腐败的范畴〔4〕。

---

〔1〕 参见[新西兰]杰瑞米・波普:《制约腐败——建构国家廉政体系》,清华大学公共管理学院廉政研究室译,中国方正出版社 2003 年版,第 17 ~47 页。

〔2〕 See Leslie Palmier, *The Control of Bureaucratic Corruption: Case Studies in Asia*, Allied Publishers, 1985, p. 333 –334.

〔3〕 See Jon S. T. Quah, *Comparing Anti-corruption Measures in Asian Countries; Lessons to be Learnt*, Asian Review of Public Administration, Vol. 12, p. 71 –90(1999).

〔4〕 参见[南非]罗伯特・克利特加德:《控制腐败》,杨光斌等译,中央编译出版社 1998 年版,第 82 ~100 页。

杰拉尔德·E.蔡登(Gerald E. Caiden)则认为虚无主义和自以为不受道德约束的意识形态因素、政府雇员缺乏体面的工资和行政系统存在制度技术缺陷等因素分别为公职人员提供了腐败动机和腐败机会,主张采取开展廉政文化教育、提供公职人员的工资水平和消除行政系统中的制度技术缺陷等措施来预防公权力腐败[1]。与之不同的是,安·斯科特(Ian Scott)认为预防腐败通常需要依靠规则导向策略和价值导向策略这两种相互关联的预防腐败策略。规则导向策略是指通过建立健全行政程序、规则和行为规范,来监督检查公务员的行为,限制其自由裁量权,并对行为不当或涉及腐败的公务员实施制裁。价值导向策略是指通过组织社会化或专门的廉政教育等手段,使公务员习得一种行政伦理规范,以确保他们在运用公共权力时能够作出在社会伦理道德上可以接受的决定。在预防腐败实践中,规则导向策略和价值导向策略通常是相互配合使用的。[2]

二是对中国反腐败策略的重心从惩治向预防转变的理论研究。孙晓义通过对20世纪90年代前后的中国共产党反腐败策略进行纵向历史比较分析发现,与20世纪90年代之前中国共产党对腐败分子侧重于采取的运动式的惩治策略不同,20世纪90年代之后中国共产党在仍强调对腐败分子进行严厉惩治的同时,更加侧重于采取制度化的预防腐败措施,这些措施主要囊括教育、制度建设和监督三个方面的内容。[3] 从反腐败策略转换的动因和表现形式来看,公婷将2000年至2010年十年间中国的反腐败策略从运动式反腐向制度性的廉政管理转变称为“制度转向”(institutional turn),并以对财产公示制度的案例分析作为切入点,具体说明“制度转向”的动因、表现形式与现实影响。她认为,中国廉政管理的“制度转向”以运动式反腐模式的效果不理想为动因,具体表现在地方政府层面推动廉政管理制度化和政府廉洁的规章制度大量出台、注重预防与惩治腐败体系建设等方面。在她看来,这暗示着中国对腐败的理解的深化

---

〔1〕 参见王沪宁编:《腐败与反腐败:当代国外腐败问题研究》,竺乾威等译,上海人民出版社1990年版,第89~95页。

〔2〕 See Ian Scott, *Institutional Design and Corruption Prevention in Hong Kong*, Journal of Contemporary China, Vol. 22, p. 77-92(2013).

〔3〕 See Flora Sapio, *Implementing Anti-corruption in the PRC: Patterns of Selectivity Working Papers in Contemporary Asian Studies*, Centre for East and South-East Asian Studies, Lund University, 2005.

和腐败治理模式的务实主义转向[1]。就中国反腐败策略转换的现实效果来看,梅拉尼·曼宁认为,中国的反腐败策略正在从运动式反腐向注重改变官员行为的激励结构的制度建设策略转换,这预示着中国在实现反腐败制度化和善治目标上迈出了坚实的一步[2]。从预防腐败策略遇到的现实问题及其改进策略的角度看,竺乾威深入揭示改革开放以来我国的反腐败策略从运动风格的强制执行策略向注重制度建设的预防腐败策略转变的原因及其过程,从中国共产党的反腐败指导纲领的角度深刻剖析当前注重制度建设的预防腐败方略存在的局限,认为未来中国反腐败策略的进步还受社会发展的影响[3]。

三是对中国预防腐败机构和预防腐败制度的理论研究。从对中国预防腐败机构的理论研究来看,预防腐败机构是预防腐败战略的执行者,预防腐败机构是否能够依法、独立和有效运行,在很大程度上会影响预防腐败战略的实施效果。安德鲁·魏德曼(Andrew Wedeman)在对中国的行政监察机关、中国共产党纪律检查委员会和人民检察院等反腐败机构的发展历程、组织机构与职能设置进行系统介绍的基础上,对其履行预防和惩治等反腐败职能的成效进行评价。[4] 杰弗里·贝克尔在考察原国家预防腐败局的起源、职能及其在我国反腐败体系中的地位的基础上,从加强对私营部门的监督、改善反腐败信息质量与传播效果以及加强常规的反腐败行动三个方面深入揭示成立原国家预防腐败局对改进我国的反腐败工作的潜在的重要意义。[5] 陈灿生和高杰从应然和实然两个维度对中国的干部目标管理责任制蕴含的预防腐败功能及其运行效果进行深入的分析。[6] 孙燕对中国干部人事管理制度和腐败水平之间的复杂

---

[1] See Gong Ting, *An 'Institutional Turn' in Integrity Management in China*, International Review of Administrative Sciences, Vol. 77:4, p. 671 – 686(2011).

[2] See Melanie Manion, *Taking China's Anti-corruption Campaign Seriously*, Economic and Political Studies, Vol. 4:1, p. 3 – 18(2016).

[3] See Qianwei Zhu, *Reorientation and Prospect of China's Combat Against Corruption*, Crime, Law & Social Change, Vol. 49:2, p. 81 – 95(2008).

[4] See Andrew Wedeman, *Anticorruption Campaigns and the Intensification of Corruption in China*, Journal of Contemporary China, Vol. 14:42, p. 93 – 116(2005).

[5] See Becker J, *Tackling Corruption at Its Source: The National Corruption Prevention Bureau*, Journal of Chinese Political Science, Vol. 13, p. 287 – 303(2008).

[6] See Hon S. Chan & Jie Gao, *Preventing Corruption through Performance Measurement: The Case of China*, in Ma S. K and Gong Ting eds., Preventing Corruption in Asia: Institutional Design and Policy Capacity, Routledge, p. 97 – 112(2009).

关系进行深入的探究,在她看来,干部人事制度的预防腐败效能并未充分释放出来。鉴于此,她主张在进一步完善干部人事制度时,要充分运用中国共产党引入的中间问责机制的渐进性和稳定性的优势,通过渐进性地培育和扩展民主价值观和民主实践、允许开展向更加深入广泛的民主程序过渡的试错性改革和全面深入地执行中间问责机制等举措,来降低干部腐败的水平。[1]

四是对中国香港特别行政区和新加坡的预防腐败策略及其借鉴价值的理论研究。长期以来中国香港特别行政区和新加坡在全世界范围内都保持着较高的廉洁水平,对中国香港特别行政区廉政公署和新加坡贪污调查局的研究一直是反腐败研究的焦点。一方面,从对中国香港特别行政区的预防腐败策略及其借鉴价值的理论研究来看,施易安认为,中国香港特别行政区廉政公署的预防腐败策略主要有规则导向策略和价值导向策略两种主要路径,近年来,中国香港特别行政区预防腐败工作所取得的成就正得益于这两种预防腐败策略之间的相互配合。中国香港特别行政区在强调规则导向策略在预防腐败战略中的主导作用的同时,日益重视强调个人诚信和避免利益冲突的重要性的价值导向策略的重要作用。[2] 在相近的意义上,梅拉尼·曼宁将中国香港特别行政区廉政公署的反腐败策略概括为制度设计策略、教育策略和打击策略三管齐下,其中制度设计策略是指通过科学设计和后续修订某一规章制度和工作程序来改变公职人员的激励结构,消除其中隐藏的制度漏洞和腐败机会;而教育策略是指中国香港特别行政区廉政公署向公职人员和社会大众宣传腐败的危害和反腐败的知识,争取他们对反腐败行动的支持,这两者都属于预防腐败策略的范畴。她认为,中国内地在建设廉洁政府时应当借鉴中国香港特别行政区廉政公署的预防腐败经验,将反腐败策略的重心尽早从侧重于运动式反腐和事后惩治向注重改变公职人员激励结构的制度设计策略转变。[3] 与前两者略有不同的是,还有学者将中国香港特别行政区廉政公署的反腐败策略归纳为调查、

---

[1] See Yan Sun, *Cadre Recruitment and Corruption: What Goes Wrong?*, Melanie Manion ed., Corruption by Design: Building Clean Government Mainland China and Hong Kong, Harvard University Press, 2004, p. 47 – 63.

[2] See Ian Scott, *Institutional Design and Corruption Prevention in Hong Kong*, Journal of Contemporary China, Vol. 22, p. 77 – 92(2013).

[3] See Melanie Manion, *Corruption by Design: Building Clean Government in Mainland China and Hong Kong*, The Harvard University Press, 2004, p. 152.

教育和预防三管齐下，他认为发展中国家在借鉴中国香港特别行政区廉政公署的反腐败策略时，应当特别注意要保障反腐败机构的独立性和赋予保障反腐败机构有效运行的充足的财政资源[1]。另一方面，从新加坡的预防腐败策略及其借鉴价值来看，柯受田认为，公权力腐败主要有腐败动机和腐败机会两个原因，他从减弱腐败动机和减少腐败机会两个方面勾勒出新加坡预防腐败策略的整体轮廓，即新加坡人民行动党通过颁布《防止贪污法》和成立贪污调查局来减少腐败机会，通过高薪养廉和开展廉政教育来抑制腐败动机。在此基础上，他从领导人必须有消除腐败的决心和诚意、制定全方位的预防腐败策略、定期开展防贪审查以减少腐败机会、通过使文官和政治领导人的工资与私营企业大体持平来减少腐败的动机等方面入手，对新加坡预防腐败策略的借鉴价值进行全方位的归纳总结。[2] 还有一些学者从立法措施、行政管理措施和贪污调查局在反腐败斗争中的作用等多个维度全方位系统地介绍了新加坡的预防腐败策略，其主要措施包括颁布《预防腐败法》、消除政府工作程序中易于产生腐败的机会、简化烦琐的工作程序、经常调整公务员的工资水平以使其与私营部门的工资水平保持适当的可比性、贪污调查局官员在与公务员的经常性谈话中告诉其腐败行为的危害以及预防腐败的具体做法等。[3]

通过上述文献检视可以发现，国外预防腐败研究取得了比较丰硕的研究成果，对中国的预防腐败机构、预防腐败策略、预防腐败制度及其实施效果给予了较多的关注，对笔者分析监察委员会的预防腐败职能具有一定的启示意义。与此同时，国外预防腐败研究在如下两个方面仍存在可改进的空间。

第一，从研究内容的精细化程度来看，国外预防腐败研究在勾勒中国预防腐败策略的全貌时以粗线条为主，对中国预防腐败策略的构成策略及其运作机理缺乏全面深入的剖析，未能准确地揭示中国反腐败机构预防腐败独特的理论逻辑与现实逻辑。一方面，现有研究在描述中国的预防腐败策略的构成策略

---

〔1〕 See Leo W. J. C. Huberts, *Anti-corruption Strategies: The Hong Kong Model in International Context*, Public Integrity, Vol. 2:3, p. 211 – 228(2000).

〔2〕 参见[新加坡]乔恩·奎赫：《新加坡反腐败的经验》，何增科译，载《国外理论动态》1993 年第 28 期。

〔3〕 参见[加]里克·斯塔彭赫斯特、[美]萨尔·J. 庞德主编：《反腐败——国家廉政建设的模式》，杨之刚译，经济科学出版社 2000 年版，第 58 ~ 64 页。

时,大多以中国香港特别行政区廉政公署的预防、教育和调查三管齐下的反腐败策略为蓝本,侧重于从制度建设和廉政教育两个方面描述中国反腐败机构预防腐败的具体策略,但是对“把监督前置于惩戒之前”、精准运用监督执纪“第一种形态”抓早抓小等监督策略的预防腐败功能缺乏全面细致的剖析,并未勾勒出中国预防腐败策略的全貌。另一方面,现有研究聚焦对中国预防腐败策略的宏观探讨,对微观层面的预防腐败机构的研究相对薄弱。预防腐败机构是预防腐败策略的具体执行者,不同的预防腐败机构在贯彻执行国家的预防腐败策略时会结合自身的机构属性和法定职能对预防腐败策略进行相应的调适。没有将预防腐败机构和预防腐败策略很好结合起来的研究成果,往往容易停留在宏观描述和抽象探讨的层面,很难准确揭示某一个具体的预防腐败机构的独特的预防腐败模式及其运行机理。

第二,从研究内容的时效性来看,现有研究在时间分布上主要集中于党的十八大以前,没有及时关注党的十八大以来特别是国家监察体制改革以来中国预防腐败机构和预防腐败策略所发生的重大改革与深层次调整,在研究内容的时效性上相对滞后。一方面,从预防腐败机构的角度看,国家监察体制改革之前,我国的预防腐败机构具有多元分散、职能交叉重叠等特征。国家监察体制改革之后,监察委员会整合了原国家预防腐败局、人民检察院预防职务犯罪部门等原本分散的预防腐败机构,提升了预防腐败体系的集中统一性。另一方面,从预防腐败战略的角度看,与原《中华人民共和国行政监察法》相比,《中华人民共和国监察法》明确赋予监察委员会对公职人员开展廉政教育、权力监督和审查调查等职能,并将监督职能确立为监察委员会的首要的和第一位的职能,这就使国家监察机关在预防公权力腐败时拥有更加灵活多元的法律手段。我国在开展反腐败斗争时对权力监督的重要性的着重强调,在某种程度上正是国外学者描述中国预防腐败策略时所忽视的。

(三)监察委员会与预防腐败的交叉性研究

监察委员会研究和预防腐败研究是两个高度关联的研究领域,开展监察委员会的预防腐败职能研究既具有理论上的可行性,又具有实践上的重要价值。一方面,从理论可行性的角度看,监察委员会是具有中国特色的国家反腐败机构,承担对公职人员开展廉政教育、权力监督和向监察对象所在单位提出监察建议等预防腐败职能,是预防腐败战略的具体执行者。另一方面,从实践价值的角度看,监察委员会是国家监察体制改革新创设的国家反腐败机构,目前学术界对监察委员会如何预防公权力腐败这一研究议题尚缺乏专门系统的研究成果,开展监察委员会的预防腐败职能研究,既能够从理论上将现有监察委员会研究和预防腐败研究有机地交叉和关联起来,又能够在实践层面为各级监察委员会完成遏制腐败增量的工作任务提供具有可行性的理论思考和政策建议。

由于目前国外学术界对监察委员会关注较少,对监察委员会与预防腐败的交叉性研究更是极为鲜见,因此本研究在进行监察委员会与预防腐败交叉性研究的文献述评时,主要立足于国内文献,不再将国外研究述评作为一个独立部分进行论述。

目前国内学术界对监察委员会与预防腐败的交叉性研究主要聚焦于以下三个方面。

一是监察委员会预防腐败的重要性。从反腐败工作的侧重点设置来看,过勇等人指出:当前的反腐败工作主要集中在加强惩治和监督方面,在预防腐败方面所取得的进展不大,未来的反腐败工作需要更加注重腐败的预防。从监察委员会的职能设置来看,蒋来用认为,监察委员会的监督、调查、处置三项职能大部分做的都是事后惩治的工作,没有有效的事前预防措施,为防止预防腐败职能被弱化,监察委员会应当将预防腐败增加到职能体系中。[1] 监察委员会是一个承担预防腐败和惩治腐败职能的综合性国家反腐败机构,预防腐败和惩治腐败在监察职能体系中具有不同的分工与侧重。张桂林指出,继续深化国家监察体制改革需要解决的一个重要问题,是将监察机关的预防腐败职能落到实处。预防腐败是新的纪检监察机构的法定职能,如何从强化观念、设置机构、资源分配和实践运行等方面切实落实这一职能至关重要。[2]

二是监察委员会的预防腐败举措。预防腐败的核心要义是有针对性地消除公权力腐败的成因与构成要件,从而消除公权力腐败行为滋生的土壤,由于公权力腐败的生成原理与构成要件通常是多元而又复杂的,所以监察委员会预

---

〔1〕 参见蒋来用:《国家监察体制改革的史鉴与对策》,载《国家行政学院学报》2017 年第 2 期。

〔2〕 参见张桂林:《国家廉政体系的基本认知与构建中国特色监督体系》,载《政治学研究》2019 年第 5 期。

防公权力腐败的具体措施也往往是系统联动的。《中华人民共和国监察法》赋予监察委员会廉政教育、权力监督和向监察对象所在单位提出监察建议等监察职能,为监察委员会预防公权力腐败奠定坚实的职能支撑、提供丰富的方法举措。一方面,有一些学者以《中华人民共和国监察法》中的监察职能设置为基础,对监察委员会的各项预防腐败措施进行系统分析。吴建雄认为,监察委员会的预防腐败举措应当是多元化的,包括发送监察建议帮助监察对象所在单位完善规章制度、对公职人员开展廉政教育和在整个社会开展廉政宣传等内容。[1] 在相近的意义上,马俊君和刘元认为,监察委员会的预防腐败措施既包括对行使公权力的公职人员开展法律法规教育和警示教育,也包括监察委员会根据监督、调查的结果向监察对象所在单位发送监察建议等多种手段。[2] 另一方面,还有一些学者以监察委员会的某项监察职能为依据,探讨监察委员会预防腐败的具体方式和途径。首先,有一些学者着力探讨监察委员会的监督职能中蕴含的预防腐败功能,将加强权力监督视为监察委员会预防公权力腐败的一个重要举措。秦强认为,与调查和处置两项职权侧重于惩治已经发生的腐败行为不同,监察委员会的监督职权以"不能腐"为目标,重在防患于未然,通过对公权力实施事前事中监督与动态监管,最大限度压缩公职人员从事公权力腐败的腐败机会。[3] 张桂林从功能形态的角度将公权力监督划分为"窄监督"和"宽监督"两种类型,与侧重于事后惩戒的"窄监督"不同,"宽监督"具有积极监督、主动介入的特点,侧重于对违纪违法行为的预防。[4] 与之相类似,钱小平将监督划分为"预防性监督"、"发现性监督"和"惩治性监督"三种监督形态,将《中华人民共和国监察法》第 11 条规定的监察委员会的监督职责纳入"预防性监督"之中,将其作为防患于未然的一种重要手段。[5] 其次,还有一些学者聚

---

〔1〕 参见吴建雄:《国家监察体制改革的法治逻辑与法治理念》,载《中南大学学报(社会科学版)》2017 年第 4 期。

〔2〕 参见钱小平主编:《创新与发展:监察委员会制度改革研究》,东南大学出版社 2018 年版,第 111 页。

〔3〕 参见秦强主编:《监督权力:国家监察委员会的文化传承与制度创新》,人民日报出版社 2017 年版,第 97 页。

〔4〕 参见张桂林:《党和国家监督体系原理探析》,载《政治学研究》2020 年第 4 期。

〔5〕 参见钱小平:《监察委员会监督职能激活及其制度构建——兼评〈监察法〉的中国特色》,载《华东政法大学学报》2018 年第 3 期。

焦于监察委员会对公职人员开展廉政教育的重要职能,揭示廉政教育中蕴含的预防腐败机理。江国华指出,“对公职人员开展廉政教育”系《中华人民共和国监察法》赋予各级监察机关首要的、基本的职责。廉政教育的核心任务就在于汇聚向上向善的正能量,培育“不想腐”的廉政文化。[1] 笔者也在另一篇文章中揭示了监察委员会的预防腐败职能的实施主体与履行方式,从以思想道德教育增强不想腐的思想自觉、以警示教育强化不敢腐的震慑两个方面揭示监察委员会的廉政教育职能中蕴含的预防腐败机理。[2] 最后,还有一些学者对监察委员会向监察对象所在单位提出的监察建议进行类型学划分,揭示制度完善类监察建议对于预防腐败的重要作用。秦前红和石泽华则将监察建议划分为督促型监察建议、纠错型监察建议和整改型监察建议三种类型,指出整改型监察建议旨在对个案暴露的廉政制度缺陷予以优化,推动被建议单位有效加强监督管理、完善制度、健全机制,预防职务违法和职务犯罪行为的发生。[3] 周维栋和汪进元将强制处置层面的监察建议划分为抽象性建议和具体性建议两种类型,认为具体性建议中的制度性建议有利于完善廉政制度规范,扎牢不想腐的制度笼子,从源头上预防和治理腐败。[4]

三是监察委员会预防腐败的现实问题与解决路径。监察委员会的预防腐败战略是一项系统性工程,由权力监督、廉政教育和制度建设等具体策略构成。目前国内学术界对监察委员会预防腐败的现实问题及其解决路径尚缺乏专门系统的研究成果,主要聚焦权力监督、廉政教育和制度建设等某一个具体预防腐败策略的贯彻落实效果。

首先,从监督的角度看,针对“预防性监督”的弱势和简化问题,钱小平从确立“一体化”的监督理念、加快推进预防性立法建设等方面提出解决路径。[5] 毛昭晖主张采取发挥各级监察机关在反腐败斗争中的自主监督权、激活效能监

---

〔1〕 参见江国华:《国家监察权力运行及其监督机制研究》,中国政法大学出版社 2020 年版,第 9 页。

〔2〕 参见吕永祥、王立峰:《监察委员会廉政教育职能研究:设置依据、实施主体与防腐作用》,载《河南社会科学》2020 年第 3 期。

〔3〕 参见秦前红、石泽华:《基于监察机关法定职权的监察建议:功能、定位及其法治化》,载《行政法学研究》2019 年第 2 期。

〔4〕 参见周维栋、汪进元:《监察建议的双重功能及其宪法边界》,载《法学评论》2021 年第 5 期。

〔5〕 参见钱小平:《监察委员会监督职能激活及其制度构建——兼评〈监察法〉的中国特色》,载《华东政法大学学报》2018 年第 3 期。

察职能和增强监督的前瞻性等措施，以解决监察委员会的监督职能弱化、监督理念落后、监督方式方法陈旧等问题[1]。庄德水指出，从当前立法立规状况和实践情况来看，监察监督仍存在制度和技术双重困境，可从实现监督"人"与监督"事"的统一、推动监察监督具体化、实现监察监督法治化等方面探寻改进监察建议的实践路径。[2]

其次，从廉政教育的角度看，"体验式"廉政教育是监察委员会对公职人员开展廉政教育的新兴方式，李梦琰以廉政教育基地为例分析"体验式"廉政教育的运行机理，揭示廉政教育基地存在的廉政教育内容僵化且同质化程度高、因职能部门的改革而造成的管理停滞、教育成效难以测量等问题，从坚持"体验式"廉政教育新方向、建设专业化的廉政教育队伍、增强廉政教育内容的灵活性等方面为提升廉政教育的效果提出意见建议。[3] 警示教育是廉政教育的重要内容，为避免警示教育中的"看客"心态、防止警示教育中的"解脱"效应，张智和吴成国主张加强警示教育的内容结构完整化、形式载体多样化、方式方法差别化、制度机制体系化、实施策略科学化、警示效应长效化"六化"建设。[4]

最后，从监察建议的角度看，谭家超针对监察建议制度供给不足及其引发的实践问题，主张从设置以建议权限为基础的启动程序、建立监察机关和被监察单位的沟通和反馈机制、构造以"是否具有正当理由拒绝执行监察建议"为核心的责任追究机制三个方面加强监察建议制度构造，增强监察建议制度的具体性、科学性、规范性和运行效果。[5] 刘建和詹娇娥则从制度规范和制度执行两个层面对监察建议实施问题进行深入剖析，针对监察建议的多层次规范体系尚不统一、监察建议的科学性、规范性和执行力有待提升等问题，从明确规定监察建议的适用标准、统一监察建议的实施程序、完善监察建议的实施机制、加强对

---

[1] 参见毛昭晖：《国家监察制度演进：重要变量与策略选择》，载《理论与改革》2019年第1期。

[2] 参见庄德水：《监察监督的全过程人民民主建构研究》，载《广州大学学报（社会科学版）》2022年第3期。

[3] 参见李梦琰：《"体验式"廉政教育：理论机理、现实困境与优化路径》，载《复旦城市治理评论》2021年第1期。

[4] 参见张智、吴成国：《新时代党风廉政警示教育的逻辑遵循与优化策略》，载《学校党建与思想教育》2020年第1期。

[5] 参见谭家超：《〈监察法〉实施过程中监察建议的制度建构》，载《法学》2019年第7期。

监察建议运行的监督约束四个方面提出完善监察建议实施机制的意见建议。[1] 陈伟从监察建议提出主体、监察建议内容、监察建议适用、监察建议背后的权力救济机制四个方面对监察建议规范运行中的问题及其解决思路进行深入的分析。[2]

通过上述文献检视可以发现,目前国内学术界在开展监察委员会与预防腐败交叉性研究时取得了一定的研究成果,为本书分析监察委员会的预防腐败职能奠定相应的研究基础。与监察委员会研究和预防腐败研究这两个研究领域取得的丰硕研究成果相比,目前学术界对监察委员会的预防腐败职能这个处于纪检监察学和法学交叉地带的新兴研究议题的研究尚处于起步阶段,在研究议题的独立性,研究内容的深入性、系统性等方面仍存在较大的拓展深化空间。一方面,就研究议题的独立性来看,现有研究大多是在开展对监察委员会或预防腐败的宏观分析时,零散地论及监察委员会的预防腐败职能,并未将监察委员会的预防腐败职能研究作为一个独立和重要的研究议题,并对其进行全面系统的专门研究。研究议题的非直接相关性和研究内容的碎片化,削弱了对监察委员会的预防腐败职能分析的深入性和系统性。另一方面,从研究内容的深入性和系统性来看,现有研究或者聚焦于对监察委员会的某项监察职能蕴含的预防腐败功能的分析,或者虽然涉及监察委员会预防腐败的各项监察职能设置,但是并未从学理层面深入揭示监察委员会各项预防腐败职能的实施主体、履行方式与防腐机理,在研究内容的深入性和系统性上仍有较大的改进空间。提升监察委员会预防腐败研究的深入性和系统性,既要从理论上揭示公权力腐败的各个具体成因和监察委员会预防公权力腐败的各个具体策略之间的对应关系,又要系统分析监察委员会综合运用各种监察职能所构建的多管齐下的预防腐败战略。

在高压反腐持续清理腐败存量并取得显著成效的情况下,有效预防腐败、遏制腐败增量,成为监察反腐由标本兼治走向更加注重治本的关键环节。本书将监察委员会的预防腐败职能作为专门的研究对象,运用结构功能主义、权力

〔1〕 参见刘建、詹娇娥:《监察建议实施机制研究》,载《西南政法大学学报》2021 年第 6 期。

〔2〕 参见陈伟:《监察建议在监察全覆盖中的表现形态与规范运行》,载《南京师大学报(社会科学版)》2020 年第 6 期。

监督制约理论、制度预防腐败等理论资源，阐明监察委员会的预防腐败职能的设置依据、具体构成与运行机理，为监察委员会深化对公权力腐败的源头治理、系统治理提供有针对性的理论思考和政策建议。

三、研究方法与框架结构

（一）研究方法

“方法问题在任何科学研究中都是至关重要的。没有合适的妥当的方法，要对研究对象做出系统和科学的说明是困难的。”[1]监察委员会的预防腐败职能，是纪检监察学的一个重要研究议题，具有丰富的理论内涵和重要的实践价值。正如卡尔·拉伦茨（Karl Larenz）所言：“每种学科的方法论都是这个学科对本身进行的情况、思考方式、所利用的认识手段之反思”[2]，监察委员会的预防腐败职能的研究方法择取，既要照顾社会科学研究方法的共性做法，也要照顾纪检监察学的学科特质。

1. 文献分析法

文献分析法是通过“收集和分析现存的、以文字形式为主的文献资料”[3]，梳理关于某一个研究问题的研究现状，从中发掘现有研究的理论贡献、不足之处与改进空间，继而深化对该研究问题的理论研究的研究方法。对研究文献的全面掌握、深入分析与理性反思，是推动对研究问题的理论认知从感性认识转变为理性认识、从表象认识转变为深层认知的重要途径。本书对文献分析法的运用主要体现在以下两个方面：一方面，本书通过收集、整理和分析国内外学术界关于预防腐败的理论研究成果，对公权力腐败的发生机理及其预防策略进行深入的理论探讨。另一方面，本书通过收集、整理和分析国内外学术界关于监察委员会的前沿研究成果，从理论维度构建监察委员会预防腐败的理论分析框架，从实践维度深入揭示设立监察委员会各项监察职能蕴含的预防腐败功能及

---

〔1〕 王沪宁编：《腐败与反腐败：当代国外腐败问题研究》，竺乾威等译，上海人民出版社 1990 年版，第 9 页。

〔2〕 [德]卡尔·拉伦茨：《法学方法论》，陈爱娥译，台北，五南图书出版公司 1996 年版，第 132 页。

〔3〕 袁方主编：《社会研究方法教程》，北京大学出版社 2013 年版，第 295 页。

其作用机理。

2. 比较研究法

"比较研究法是根据一定的标准,把彼此有某种联系的事物加以对照,分析其异同,把握其内在的联系或本质区别,揭示其发展规律的一种方法"[1]。本研究运用纵向历史比较和横向地域比较两种比较分析方法,从中揭示监察委员会制度的时代特征和中国特色。一方面,本书对行政监察制度和监察委员会制度进行纵向历史比较,从中揭示我国监察制度发展演进的来龙去脉和阶段性特征,特别是监察委员会制度相对于行政监察制度的制度创新,将原行政监察机关乃至整个预防腐败体系的缺陷与国家监察体制改革的主要内容前后对照起来,以彰显设立监察委员会对预防腐败的积极作用。另一方面,本书对监察委员会、中国香港特别行政区廉政公署、新加坡贪污调查局进行比较,归纳总结监察委员会在预防腐败职能配置上的共性特征和鲜明特色,特别是监察委员会注重对所有行使公权力的公职人员进行分类化的廉政教育的方法论基础和历史传统。

3. 结构功能分析法

结构功能分析法源于生物学中的有机体理论,被奥古斯特·孔德(Auguste Comte)、赫伯特·斯宾塞(Herbert Spencer)、埃米尔·涂尔干(Emile Durkheim)、塔尔科特·帕森斯(Talcott Parsons)、罗伯特·金·默顿(Robert King Merton)等社会学家引入社会学领域,在戴维·伊斯顿(David Easton)、阿尔蒙德(Almond)等政治学家将结构功能分析方法运用于对复杂政治现象的系统分析之中以后,逐渐成为政治学界一种常用的研究方法。结构功能分析法被运用于对政治系统的内在结构及其现实功能的分析之中,为阐明监察委员会的机构设置和功能配置的理论逻辑提供了绝佳的理论分析视角。本书将监察委员会视为一个逻辑周延、结构合理、功能完备的子政治系统,下沉到监察委员会的内设职能部门和外派机构层面,类型化分析权力监督、廉政教育和监察建议三项预防腐败职能的专业化履行主体及其分工协作机制,对监察委员会通过履行上述三项监察职能来预防公权力腐败的运行机理进行深入的分析。

---

[1] 薛木铎主编:《中国行政监察学概论》,中国方正出版社 1998 年版,第 8 页。

4. 制度文本分析法

制度文本分析法是文本分析法的一种具体类型，是以党和政府出台的法律法规、规章制度和规范性文件等制度文本作为研究对象，通过对制度文本的出台背景、具体条款、章节布局等内容的诠释与解析，来揭示制度文本的发展演变、主要内容与现实功能的一种研究方法。监察委员会的预防腐败职能研究是一项具有较高政治性和政策性的研究议题，需要以执政党和国家机关出台的规章制度、党内法规和国家法律等制度文本为基本遵循。制度文本分析法在本书中的运用主要体现在以下两个方面：一方面，本书依据职能法定的法治原则，以《中华人民共和国监察法》《中华人民共和国监察官法》《中华人民共和国监察法实施条例》等监察法律法规和《中国共产党纪律检查委员会工作条例》《中国共产党纪律检查机关监督执纪工作规则》《纪检监察机关派驻机构工作规则》等党内法规为分析对象，从监察职能条款、纪检职能条款和纪检监察机关机构设置条款中揭示监察委员会的预防腐败职能的构成要素与履行主体。另一方面，本书基于对《中华人民共和国监察法》《中华人民共和国监察法实施条例》的立规目的、监察原则、监察职能等条款的目的解释和体系解释，将监察委员会的各项反腐败职能与一体推进不敢腐、不能腐、不想腐的有效机制紧密关联起来，将其放置于防范公共权力滥用、抑制腐败动机、消除腐败机会等制度功能期许的背景之下，从中揭示监察委员会的权力监督、廉政教育、提出监察建议等各项监察职能中蕴含的预防腐败机理。

5. 政策过程分析法

国家监察体制改革是一项事关全局的重大政治体制改革，是涉及监察机关的组织创新和制度创新的有机统一体。与静态的制度结构分析相比，政策过程分析聚焦涉及监察委员会的政策部署从文本政策转化为实践政策、从政策预期转化为政策实效的中间过程与运行机理，是理解监察委员会的顶层政策设计与实际运行状况的重要理论视角。本书借鉴公共管理学的理论资源和研究方法，运用政策过程分析法，从政策试点、政策扩散和政策定型三个阶段描绘监察委员会制度的形成和发展历程，着重揭示监察委员会试点这一政策创新扩散的具体机制与运行过程。

（二）框架结构

本书按照"厘清核心概念—构建分析框架—回溯政策过程—阐明功能作用—开展制度分析—剖析实践差距—提出政策建议"的逻辑思路依次设计研究内容，从理论与实践、历史与现实、问题和对策等多个维度对监察委员会的预防腐败职能进行深入系统的分析，主要章节设置如下。

第一章从厘清腐败与公权力腐败、预防腐败与惩治腐败、监察委员会与纪检监察机关合署办公这三组核心概念出发，在借鉴具有中国特色的监察理论、权力监督与制约理论、制度预防腐败理论等廉政理论资源的基础上，构建监察委员会预防腐败模式的理论分析框架。监察委员会预防腐败的理论逻辑，是有针对性地消除某一个或某几个公权力腐败的构成要件，从而切断公权力腐败行为的发生链条。本书以"公共权力＋腐败动机＋腐败机会→腐败行为"这一公权力腐败行为发生机理为参照，结合国内外廉政学界对预防腐败战略的构成要素及其内在机理的理论分析，与《建立健全惩治和预防腐败体系2013—2017年工作规划》关于预防腐败战略的具体规定以及《中华人民共和国监察法》《中华人民共和国监察法实施条例》对监察委员会监察职能的科学设置，探索性地构建"权力监督（防范公共权力滥用）＋廉政教育（抑制腐败动机）＋监察建议（减少腐败机会）→预防公权力腐败"这一监察委员会预防腐败的理论分析框架。

第二章以政策过程理论为分析视角，从政策试点、政策扩散和制度定型三个阶段描述监察委员会制度产生、发展和成熟的完整过程。通过对国家监察体制改革前后预防腐败体系的纵向比较分析，揭示设立监察委员会对于预防腐败的积极作用。一方面，从政策过程的角度看，国家监察体制改革作为一项事关全局的重大政治改革，采取先局部试点后全面推广的渐进性改革方法，监察委员会制度的发展演进经历监察委员会的政策试点、监察委员会试点的政策扩散、监察委员会的制度定型三个发展阶段。另一方面，对国家监察体制改革前后的两种国家监察机关乃至两种预防腐败体系的比较分析可以发现，监察委员会的设立提升预防腐败机构的独立性和权威性，整合分散的预防腐败职能，构建集中统一的预防腐败体系、强化党对预防腐败工作的统一领导，对于我国更加有效地预防权力腐败具有积极作用。

第三章以结构功能主义理论为分析视角,结合权力监督、廉政教育和监察建议三管齐下的监察委员会预防腐败的理论分析框架,揭示监察委员会的权力监督、廉政教育和监察建议三项预防腐败职能的履行主体、履行方式及其蕴含的预防腐败功能及其作用机理。监督职能是监察委员会的首要职能,监察委员会监督职能的履行主体主要包括监督检查部门、党风政风监督室、纪检监察干部监督室和派驻或派出监察机构、监察专员等,以主动监督、事前监督主动防范公共权力滥用,是监察委员会通过履行监督职能预防公权力腐败的作用机理。对公职人员开展廉政教育是监察委员会的一项重要职能,监察委员会廉政教育职能的履行主体主要包括宣传部、监督检查部门、审查调查部门和派驻或者派出监察机构、监察专员等,通过开展廉政教育强化不敢腐的震慑、不想腐的自觉来抑制公职人员的腐败动机,是监察委员会通过履行廉政教育职能预防腐败的作用机理。向监察对象所在单位提出监察建议是监察委员会的一项重要职能,负责提出监察建议的具体承办部门要包括监督检查部门、审查调查部门和派驻或派出监察机构、监察专员等,通过提出制度完善类监察建议来减少腐败机会,是监察委员通过履行监察建议职能预防腐败的作用机理。

第四章坚持目标导向和问题导向相统一,在应然层面从党和国家领导人关于监察委员会的监察职能的重要论述、监察法律法规、政策文件等维度提炼概括监察委员会履行预防腐败职能的目标任务;在实然层面结合纪检监察机关的实地调研结果、典型案例和统计数据等经验资料,客观分析监察委员会履行各项预防腐败职能的改进空间。监察委员会在履行预防腐败职能的过程中,应对照实现监察全面覆盖和有效覆盖、提升廉政教育的针对性和感染力、增强监察建议的科学性和执行力等目标任务寻找差距、改进工作、提高效能。

第五章在借鉴权力监督与制约理论、廉政教育原理、制度执行力理论等理论资源的基础之上,结合监察委员会自身的属性和特点,借鉴中国香港特别行政区廉政公署履行预防腐败职能的有益经验和成熟做法,从多措并举提升监察监督的覆盖面和有效性,构建分类施教、沉浸体验、精准施治的新型廉政教育模式,提高监察建议的科学性和执行力等方面入手,探寻监察委员会有效履行预防腐败职能的实践路径。

第一章　核心概念、理论基础与分析框架

一、核心概念的厘定

概念是知识的基本单元，是人类运用抽象思维能力对具有共同特点和相同本质的事物进行高度的抽象概括而形成的认知范畴。“概念永远先于理解，而当概念模糊时，理解也就不确实了；在没有概念的时候，必然也就没有理解。”[1]概念阐释是理论建构的基础和前提，核心概念的清晰厘定，能够为本书开展监察委员会的预防腐败职能研究奠定坚实的基础。

（一）腐败与公权力腐败

1. 腐败

十八届中央纪律检查委员会向中国共产党第十九次全国代表大会的工作报告指出：“腐败，自有人类文明史以来就一直存在，古今中外、概莫能外，只不过有时轻有时重。”[2]腐败以损公肥私为典型特征，通常会带来加剧社会不公、破坏社会稳定、造成国家财产和公共利益的损失、导致执政合法性流失以及带坏社会风气等严重的危害。鉴于

---

〔1〕［英］休谟：《人性论》，关文运译，商务印书馆1980年版，第189页。

〔2〕《十八届中央纪律检查委员会向中国共产党第十九次全国代表大会的工作报告》，载《求是》2017年第21期。

此,古今中外的政治家和政治思想家在探索实现良政善治的理想目标的过程中,都注意研究和解决腐败问题。"研究任何对象,首先要确定对象的定义和范围。腐败研究也牵涉到定义确定问题。"[1]本书将借鉴国内外权威辞书、国际组织和中外腐败问题研究专家对"腐败"一词的定义,力求准确揭示"腐败"概念的辞源本义与理论内涵。

第一,从辞源释义来看,国内外权威辞书大多从"腐败"一词的生物学含义入手,揭示"腐败"概念的辞源本义及其引申到政治、伦理等领域的扩展含义。概念的定义由语词、语境和语义几个要素构成,同一个语词在不同的使用语境中通常会有不同的含义。对"腐败"概念的辞源释义,需要考虑其使用语境的不同。《汉书·食货志》载:"太仓之粟,陈陈相因,充溢露积于外,腐败不可食。"[2]其中"腐败"主要是指食物腐化变质。《辞海》从生物学和伦理学两个维度对"腐败"概念作出界定,将"腐败"解释为"腐烂,也泛指败坏、堕落"[3]。与"腐烂"这一对食物腐化变质结果的事实描述不同,"败坏、堕落"已经涉及价值评价和伦理道德层面。《现代汉语词典》中的"腐败"概念有以下三层含义:一是腐烂;二是(思想)陈旧、(行为)堕落;三是(制度、组织、机构、措施等)混乱、黑暗。[4] 英语中"corruption"一词源自拉丁语"corruptus",原意是"损毁""破坏"。有学者指出:"它的希腊词根意味着丑陋地死去或者毁灭。罗马人从希腊文化中借来了这一词语的负面含义来指官员的违法行为。"[5]《牛津法律大辞典》将"corruption"一词解释为"从原本纯洁的状态中发生的堕落"[6]。《牛津英语辞典》从物理、道德和事物从原始状态蜕变三个维度较为全面地列举"corruption"一词的九种含义,其中引申到政治领域之中的"腐败"被定义为"由贿赂或恩惠引申出放弃公共义务,正直变质或被破坏,腐败活动的采取和存在

---

〔1〕 王沪宁编:《腐败与反腐败——当代国外腐败问题研究》,竺乾威等译,上海人民出版社1990年版,第6页。

〔2〕 辞海编辑委员会:《辞海》(缩印本),上海辞书出版社1999年版,第1040页。

〔3〕 辞海编辑委员会:《辞海》(缩印本),上海辞书出版社1999年版,第1040页。

〔4〕 参见中国社会科学院语言研究所词典编辑室编:《现代汉语词典》(第7版),商务印书馆2016年版,第406页。

〔5〕 胡杨主编:《反腐败导论》,中共中央党校出版社2012年版,第2页。

〔6〕 [英]戴维·M.沃克:《牛津法律大辞典》,北京社会与科技发展研究所译,光明日报出版社1988年版,第213页。

主要与公共机构等有关联"[1]。《布莱克维尔政治学百科全书》将"政治腐败"定义为"政治活动家、政治家或官方决策过程中的官员,利用他们因担任公职而掌握的资源和便利,为另外一些人谋取利益,以作为换取一些已允诺的或实际的好处的报偿"[2]。

第二,从理论阐释来看,国际组织和中外腐败问题研究专家在定义"腐败"时主要采取以公共职位为中心、以市场为中心和以公共利益为中心三种不同的定义路径[3](见表1[4])。"长期以来,为腐败寻求定义已成为围绕腐败进行理论概括和政治辩论的一个特点。"[5]学术界关于"腐败"的定义纷繁复杂,涉及法律制度、伦理道德、公共职位、市场和公共利益等多个维度,"而最后三种视角的定义被学界引用的次数最频繁,被视为主流定义"[6]。以公共职位为中心的"腐败"定义倾向于将"腐败"界定为因谋取私利而偏离公共角色职责规范的行为。例如,有学者将腐败界定为"因为考虑私人的(个人的,家庭的,私人集团的)财富或者地位得益而偏离某一公共角色(选举的或任命的)正式职责的行为,或者违反了禁止为私利而行使某种影响的原则"[7]。以市场为中心的腐败定义倾向于将"腐败"界定为利用公共权力的可交易性、工具性等特征追求自我

---

[1] 王沪宁编:《腐败与反腐败——当代国外腐败问题研究》,竺乾威等译,上海人民出版社1990年版,第16页。

[2] [英]戴维·米勒、韦农·波格丹诺主编:《布莱克维尔政治学百科全书》,邓正来译,中国政法大学出版社2002年版,第594页。

[3] 参见王沪宁编:《腐败与反腐败——当代国外腐败问题研究》,竺乾威等译,上海人民出版社1990年版,第17~18页。

[4] See World Bank, *Helping Countries Combat Corruption: The Role of the World Bank*, World Bank Group, Vol. 25: 4, p. 617 - 618 (1997); Johnston M., *Fighting Systemic Corruption: Social Foundations for Institutional Reform*, European Journal of Development Research, Vol. 10:1, p. 85 - 104 (1998); Friedrich C. J., *Political Pathology*, Political Quarterly, Vol. 37: 1, p. 70 - 85 (1966); Qianwei Zhu, *Reorientation and Prospect of China's Combat Against Corruption*, Crime Law Soc Change, Vol. 49:2, p. 81 - 95 (2008); [美]塞缪尔·亨廷顿:《变革社会中的政治秩序》,李盛平、杨玉生译,京华出版社2000年版,第109~495页;王沪宁编:《腐败与反腐败——当代国外腐败问题研究》,竺乾威等译,上海人民出版社1990年版,第17~18页;胡鞍钢、康晓光:《以制度创新根治腐败》,载《改革与理论》1994年第3期。

[5] [美]迈克尔·约翰斯顿:《寻求定义:政治的生命力和腐败问题》,载《国际社会科学杂志(中文版)》1997年第3期。

[6] 李莉:《如何定义腐败:政治学的解释进路》,载《探求》2011年第5期。

[7] 王沪宁编:《腐败与反腐败——当代国外腐败问题研究》,竺乾威等译,上海人民出版社1990年版,第118页。

效用最大化的行为。例如，有一些学者认为，一个腐败的官员视他的权力为一种商业行为，他寻求个人收入的最大化。这个公职随即变成一个利益最大化单位。他的收入总额取决于市场形势和他个人在寻求利益最大化上的天赋和才能。[1] 以公共利益为中心的“腐败”定义倾向于将“腐败”界定为为了牟取私人利益，不惜以损害公共利益为代价的行为。例如，有学者指出，一个拥有权力的人，即一个负有责任的官职人员，通过非法提供的货币或其他报酬，被引诱采取一个有利于提供报酬的人的行动，因此损坏了公众和公共利益。[2] 学术界对“腐败”的定义众说纷纭，在很大程度上与腐败现象的复杂性和腐败类型的错综复杂有关。

表 1 “腐败”的主要学术定义

以公共职位为中心	以市场为中心	以公共利益为中心
1. 腐败是为谋取私利而对公共职位的滥用（World Bank，1997） 2. 腐败是为了私人利益而对公共角色或公共资源的滥用（迈克尔·约翰斯顿，1998） 3. 公职人员为了谋取私利而违反公认准则（亨廷顿，1989）	1. 一位腐败的文官视其公共职位如一种经营，他将寻求最大限度地扩大这个职位的收益（克拉弗伦，1990） 2. 腐败是指少数人利用合法或非法手段谋取经济租金的政治活动和经济活动（胡鞍钢、康晓光，1994）	1. 腐败是指负责某项工作和责任的掌权者，受非法提供的金钱或其他报酬引诱，做出有利于提供报酬的人而损害公众利益的行为（弗里德里希，1966） 2. 腐败是指运用公共权力实现私人目的的行为，其特征是公共权力和公共资源的非公共、非规范的运用（王沪宁，1990）

第三，从概念定义的择取来看，由于本书的研究问题是监察委员会如何预防行使公权力的公职人员的腐败行为，关注的是公共权力行使主体的腐败行为而非社会层面的腐败现象，所以本书所采取的是与“以公共职位为中心”的腐败定义相近的“以公共权力为中心”的腐败定义。虽然两者在本质上是高度一致的，在适用对象和性质特征等方面具有高度的交叉性，但是在我国，

〔1〕 See Arnold J. Heidenheimer & Michael Johnston, *Political Corruption: Concepts and Contexts*, 3rd ed., Transaction, p. 25 – 26(2001).

〔2〕 See Gerald E. Caiden & Naomi J. Caiden, *Administrative Corruption*, Public Administrative Review, Vol. 37: 3, p. 302(1977).

公共职位与公共权力之间的关系并不是必然一致的，这主要是因为我国存在基层群众自治性组织的管理人员、国有企业管理人员等不具备国家公职人员身份却实际上行使公共权力的特殊人群，这些特殊人群不仅数量庞大，而且履行着与人民群众的切身利益密切相关的公共事务管理职能，也被监察委员会纳入监察对象范围之中。因此，在本书所采取的“以公共权力为中心”的腐败定义之下，所谓腐败是指行使公权力的国家公职人员滥用公共权力来谋取私利的行为。

2. 公权力腐败

十八届中央纪律检查委员会向中国共产党第十九次全国代表大会的工作报告指出：“任何公权力都面临被腐蚀的危险，执政党永远会面对与腐败的斗争。”[1]公共权力长期存在与公共权力行使主体的自利性等因素，为腐败现象的长期存在提供了客观基础。腐败现象具有不同的类型和表现形式，从腐败行为发生的领域来看，腐败活动要么完全发生在公共领域之中，要么发生在公、私领域的交汇处，还有可能完全发生在公共领域之外。在各种腐败类型中，本书主要聚焦属于监察委员会职权管理范围内的公权力腐败这一具体腐败类型，着力分析与公职人员滥用公共权力有关的贪污贿赂、滥用职权和徇私舞弊等公权力腐败现象。公权力腐败既与非政府组织、私营企业等社会组织中的腐败现象相区分，又比行政腐败、官僚腐败等概念具有更加广泛的包容性，与国家监察体制改革将所有行使公权力的公职人员都确定为监察委员会的监察对象的制度设计高度契合。

公权力腐败的实质是公共权力的非公共运用[2]，公共权力是发生公权力腐败的前提条件，厘清公权力腐败的概念首先需要明晰公共权力的内涵。从词源来看，“汉语‘权力’一词对应的英文是‘power’，英文‘power’一词源自法语‘pouvoir’，后者源自拉丁文的‘potestas’或‘potentia’，意指‘能力’”[3]。学者们在对“权力”概念进行学理阐释时主要秉持能力说或力量说的观点。就能力

---

〔1〕《十八届中央纪律检查委员会向中国共产党第十九次全国代表大会的工作报告》，载《求是》2017年第21期。

〔2〕参见王沪宁编：《腐败与反腐败——当代国外腐败问题研究》，竺乾威等译，上海人民出版社1990年版，第118～119页。

〔3〕周永坤：《规范权力——权力的法理研究》，法律出版社2006年版，第96页。

说而言,马克斯·韦伯(Max Weber)认为:“权力意味着在一种社会关系里哪怕遇到反对也能贯彻自己意志的任何机会,不管这种机会是建立在什么基础之上。”[1]罗德·黑格(Rod Haig)和马丁·哈罗普(Martin Harrop)指出:“权力是能够产生预期影响的能力。”[2]就力量说而言,在社会契约论看来,政府所掌握的政治权力具有一定的公共性,以维护和保障公共利益为宗旨。所谓“公共权力”就是人们让渡自己的一部分个人权利而组成的用以保障个人的生命、自由和财产等权利的公共力量。[3] 从政治学的角度看,“所谓公权力就是公共部门或其成员利用自己掌握的资源去影响或者支配其他部门或成员按照自己的意愿去做事的能力”[4]。本书也是在该定义的基础上来使用公权力概念的。

就“公权力腐败”的概念界定而言,世界银行认为,公权力腐败是指“滥用公共权力以谋取私人的利益”[5]。该定义抓住了公共权力滥用这一公权力腐败的内在本质,被学术界广泛采用。在相近的意义上,林喆认为,权力腐败是权力异化的一种特殊表现形式,它是指公共权力行为主体为其特殊利益而滥用权威或偏离公共职能的现象。[6] 本书在借鉴上述两种公权力腐败的定义的基础上,结合监察委员会的管辖范围和公权力腐败的构成要件对“公权力腐败”的概念进行了调适与细化。公共权力、腐败动机和腐败机会是公权力腐败的三个构成要件,基于此,本书认为,所谓公权力腐败是指行使公权力的公职人员在腐败动机的驱使下,利用制度中隐藏的腐败机会而达成的谋取私人利益的行为。公权力腐败的主体是行使公权力的公职人员,公共组织的集体腐败行为不在本书的探讨范围之内。公权力腐败的客体是公共权力,公权力腐败的目标是行使公权力的公职人员为自己及其所属的小集团牟取私人利益。

---

[1] [德]马克斯·韦伯:《经济与社会》(上卷),林荣远译,商务印书馆1997年版,第81页。

[2] [英]罗德·黑格、马丁·哈罗普:《比较政府与政治导论》(第5版),张小劲等译,中国人民大学出版社2007年版,第15页。

[3] 参见[英]约翰·洛克:《政府论》(下篇),叶启芳、瞿菊农译,商务印书馆2009年版,第59~61页。

[4] 胡杨主编:《反腐败导论》,中共中央党校出版社2012年版,第9页。

[5] World Bank, *Helping Countries Combat Corruption: The Role of the World Bank*, World Bank Group, 1997.

[6] 参见林喆:《权力腐败与权力制约》(修订本),山东人民出版社2009年版,第63页。

(二)预防腐败与惩治腐败

1. 预防腐败

第一,从概念界定的角度看,预防腐败有狭义、中义和广义之分,三者具有不同的理论内涵与构成内容。有学者指出:“狭义的预防(腐败)概念,即通过制度建设减少腐败发生机会。”[1]该定义将预防腐败的作用对象主要指向减少腐败机会,认为预防腐败旨在通过制度建设减少因为制度缺陷而产生的腐败机会,使公职人员即使想从事腐败行为也无机可乘。然而,公权力腐败的构成要件既包括外显的腐败机会,也包括内隐的腐败动机。反腐败机构要实现预防腐败的目标,必须做到消除腐败机会和抑制腐败动机双管齐下。基于此,有学者指出,预防腐败“是一种事前措施(腐败行为发生之前),是依靠或通过制度手段,减少腐败机会,弱化腐败动机,从而达到从根本上降低腐败发生率的一种治理腐败手段”[2]。这其实是一种中观的预防腐败定义。“从预防的广义内涵来看,监督、教育和惩治都可以被认为是预防腐败工作,这是一种‘大预防’概念。”[3]

第二,从预防腐败概念的择取来看,本书在运用“预防腐败”概念时,既借鉴了广义的预防腐败定义,又结合公权力腐败这一研究对象的具体特点,对预防腐败的理论内涵进行相应的调适和修正。从公权力腐败的构成要件来看,除了腐败动机和腐败机会以外,“公共权力是腐败行为最基本的前提条件”[4],加强对公共权力的监督与制约,是防止公共权力滥用的一个重要途径。基于此,本书以“公共权力+腐败动机+腐败机会→腐败行为”这一公权力腐败的发生机理作为参照系,认为所谓预防腐败就是要消除腐败行为产生的各个构成要件,切断腐败行为的发生链条。基于此,本书认为,预防腐败是一种防止公权力腐败行为付诸实践的事前措施,是反腐败机构综合运用加强对公共权力运行的监督与制约、开展廉政教育和健全规章制度等多种反腐败策略,防止公共权力滥用,抑制腐败动机,减少甚至消除腐败机会,多措并举将公权力腐败禁于未然之

[1] 过勇、宋伟:《中国县级纪检监察机关改革研究》,清华大学出版社2014年版,第127页。
[2] 任建明、杜治洲:《腐败与反腐败:理论、模型和方法》,清华大学出版社2009年版,第111页。
[3] 过勇、宋伟:《中国县级纪检监察机关改革研究》,清华大学出版社2014年版,第127页。
[4] 程文浩:《预防腐败》,清华大学出版社2011年版,第10页。

中的反腐败战略。

第三,从政策运用来看,预防腐败作为一种反腐败战略,见之于世界各个国家和地区的反腐败法律和政策文件之中。《联合国反腐败公约》高度强调预防腐败的重要性,将“预防措施”单独设为一章并放在各项反腐败措施之首,指出“各缔约国均应当努力制订和促进各种预防腐败的有效做法”。[1]《俄罗斯联邦反腐败法》第3条规定,“预防措施优先”是俄罗斯联邦反腐败工作的一项基本原则。[2] 在相近的立场上,2007年10月,胡锦涛在党的十七大报告中强调,“坚持标本兼治、综合治理、惩防并举、注重预防的方针,扎实推进惩治和预防腐败体系建设,在坚决惩治腐败的同时,更加注重治本,更加注重预防,更加注重制度建设,拓展从源头上防治腐败工作领域”[3]。党的十八大报告再次重申了“标本兼治、综合治理、惩防并举、注重预防”[4]的反腐败方针,预防腐败在我国反腐败战略中的重要性逐渐提升。为深入开展预防腐败工作,推动我国的反腐败斗争从注重治标向标本兼治、更加注重治本转变,经中共中央和国务院批准,2007年9月13日国家预防腐败局成立。随后,地方各级预防腐败局也相继成立,预防腐败战略有了专门的执行机构。国家监察体制改革之后,监察委员会整合党的纪律检查机关、行政监察机关、预防腐败局和人民检察院查处贪污贿赂、失职渎职以及预防职务犯罪等部门的反腐败职能和人员,成为我国预防腐败战略的重要执行主体,预防腐败战略在我国的贯彻执行进入新的历史阶段。

2. 惩治腐败

“总的来说,有两种反腐败方式,一种是事后惩治;另一种则是事前预防。”[5]惩治腐败是和预防腐败相对应的一种理论概念和反腐败战略,两者之间既存在一定的共性特征,又在反腐败的对象、内容和目标等方面具有显著的差异。预防腐败和惩治腐败是我国反腐败战略的两大支柱,目前学术界在研究

---

[1] 外交部条约法律司编译:《联合国反腐败公约及相关法律文件》,法律出版社2004年版,第7~14页。

[2] 参见杜永明:《俄罗斯联邦反腐败法》,载《环球法律评论》2010年第3期。

[3] 胡锦涛:《高举中国特色社会主义伟大旗帜 为夺取全面建设小康社会新胜利而奋斗——在中国共产党第十七次全国代表大会上的报告》,载《求是》2007年第21期。

[4] 胡锦涛:《坚定不移沿着中国特色社会主义道路前进 为全面建成小康社会而奋斗——在中国共产党第十八次全国代表大会上的报告》,载《求是》2012年第22期。

[5] 程文浩:《预防腐败》,清华大学出版社2011年版,“前言”第1页。

我国的反腐败战略时通常将预防腐败和惩治腐败放在一起进行整体分析。然而需要指出的是,“如果把惩治和预防这两种手段相互混同,既会造成反腐倡廉理论上的混乱,又会影响反腐败斗争政策策略的制定和反腐倡廉工作实践,因此,必须严格区分惩治腐败和预防腐败这两个概念”[1]。本书之所以对预防腐败和惩治腐败这一组相对的理论概念和反腐败战略进行比较分析,就是为了说明作为与惩治腐败相对应的一种理论概念和反腐败战略,预防腐败具有自身的特点和优势,可以成为一个独立而重要的研究对象,这也是本书开展监察委员会的预防腐败职能研究的立足点。

第一,从惩治腐败的理论内涵来看,所谓惩治腐败,“即通过严惩腐败行为捍卫法律尊严并以此震慑犯罪、警示他人”[2]。惩治腐败主要针对已经发生的腐败行为,其工作机制主要是依据党纪国法对已经发生的腐败行为进行严肃查处,“以发挥惩治和威慑两大反腐败功能”[3]。综合上述两个方面,有学者指出:“惩治腐败是反腐败战略体系中的重要组成部分,其基本功能主要体现在两个方面:(1)对已经发生了的腐败行为进行惩处,借以实现法律以及社会的公平正义。(2)通过惩处对那些潜在的、将从事腐败行为的人产生威慑或阻吓作用。”[4]在此基础上,本书结合“惩治腐败”的主体、对象、内容、过程、功能和结果等构成要素,给“惩治腐败”下一个综合性定义。本书认为,所谓惩治腐败,是指鉴于已经发生的腐败行为的违法性质和危害后果,由反腐败机构依据党规党纪和法律法规对从事腐败行为的贪腐官员进行严肃调查和严格惩处,以达到维护法治、社会公平正义的目的,挽回腐败行为造成的损失和影响,同时对潜在的腐败行为主体进行威慑和警示。

第二,从惩治腐败战略的政策意蕴来看,“要成功惩治一个腐败行为,在时间上一般都必然要经过先后三个主要阶段:发现、调查和判处”[5]。基于此,反腐败机构要想提高惩治腐败战略的有效性,就需要有效行使监督权、调查权和处置权等反腐败职权,提高腐败行为被发现和调查的概率以及对腐败行为的惩

---

〔1〕 楚文凯:《社会转型期预防腐败问题研究》,中共中央党校2007年博士学位论文,第57页。
〔2〕 程文浩:《预防腐败》,清华大学出版社2011年版,“前言”第2页。
〔3〕 任建明、杜治洲:《腐败与反腐败:理论、模型和方法》,清华大学出版社2009年版,第126页。
〔4〕 任建明、杜治洲:《腐败与反腐败:理论、模型和方法》,清华大学出版社2009年版,第126页。
〔5〕 任建明、杜治洲:《腐败与反腐败:理论、模型和方法》,清华大学出版社2009年版,第132页。

处力度,使腐败主体因为腐败成本高于腐败收益而得不偿失,使潜在的腐败主体因为预期腐败成本太高而不敢从事腐败行为。上述惩治腐败策略与《建立健全教育、制度、监督并重的惩治和预防腐败体系实施纲要》从"对任何组织和个人的违纪违法行为,都必须依纪依法严肃处理""严格依纪依法办案""严厉惩处腐败分子"[1]等方面对惩治腐败作出的重要部署都是相对应的。中共中央印发的《建立健全惩治和预防腐败体系2013—2017年工作规划》也在"坚决有力惩治腐败"部分作出"加大查办违纪违法案件力度,充分发挥惩治的震慑作用"[2]的重要部署。

第三,从对预防腐败和惩治腐败的比较分析来看,预防腐败和惩治腐败既相辅相成,又在适用对象、工作机制和反腐败效果等方面存在重要的区别。与惩治腐败侧重于对已经发生的腐败行为进行事后惩治、主要发挥反腐败治标功能不同,预防腐败是主动防范公权力腐败行为发生的治本之策。一方面,从预防腐败和惩治腐败相辅相成的关系来看,"预防是为了减少惩处"[3],有效的预防腐败战略能够减少公权力腐败的发生率,遏制腐败增量,从而减少惩治腐败工作的压力。"惩治腐败同样能够促进预防工作。严惩腐败能产生杀一儆百的警示效果,这本身就是一种有效的预防。"[4]预防腐败和惩治腐败的目标是一致的,都是为了实现廉洁政治目标。另一方面,预防腐败和惩治腐败之间的具体差异体现在适用对象、工作机制和反腐败效果三个方面。首先,从适用对象的角度看,通常而言,预防腐败针对的主要是潜在的、尚未发生的腐败行为,而惩治腐败针对的主要是已经发生的公权力腐败行为。其次,从工作机制的角度看,"事后惩治的重点在于发现、调查和惩处业已发生的腐败行为及其主体"[5],惩治腐败战略的运行机制主要包括腐败问题线索发现机制、案件查办机制和党纪国法惩处机制三个方面的主要内容。而预防腐败立足于通过采取制度建设、权力监督和廉政教育等预防性措施,来主动防范公权力腐败行为的

[1] 《中共中央关于印发〈建立健全教育、制度、监督并重的惩治和预防腐败体系实施纲要〉的通知》,载《人民日报》2005年1月17日,第1版。
[2] 《中共中央印发〈建立健全惩治和预防腐败体系2013—2017年工作规划〉》,载《人民日报》2013年12月26日,第1版。
[3] 张仲涛:《制度反腐及其构建原则》,载《湖北社会科学》2005年第7期。
[4] 程文浩:《预防腐败》,清华大学出版社2011年版,"前言"第3页。
[5] 程文浩:《预防腐败》,清华大学出版社2011年版,"前言"第2页。

发生。最后,从反腐败效果的角度看,惩治腐败的立足点是对已经发生的腐败行为及其主体进行严肃的查处,具有典型的事后惩治的特征,是反腐败治标的重要手段。"相比之下,预防腐败工作对事不对人,通过优化制度流程和堵塞腐败漏洞,能够以较低成本防止大量腐败行为的发生,其成本收益的杠杆作用十分明显。"[1]预防腐败战略不满足于就事论事,而是致力于发掘和堵塞导致公权力腐败行为产生的制度根源,是反腐败的治本之策。通过上述比较分析可知,在处理预防腐败和惩治腐败之间的辩证关系时,既不能忽视两者之间相辅相成、相互促进的一面,又不能将预防腐败和惩治腐败混为一谈,忽视两者之间的差异和界限。预防腐败具有区别于惩治腐败的一系列特点和优势,正因如此,本书将监察委员会的预防腐败职能作为一个专门且重要的研究议题。

(三)监察委员会与纪检监察机关合署办公

1. 监察委员会

第一,从指代对象的角度看,本书所说的监察委员会是指在 2016 年 11 月启动的国家监察体制改革新创设的监察机关,是对国家、省、市、县四级监察机关的统称,区别于中国共产党在 20 世纪 20 年代、20 世纪 50 年代中期等特定历史时期设立的具有党的纪律检查机关性质的监察委员会,同时也有别于国家监察体制改革之前监察机关的其他称谓。

第二,从法律界定的角度看,监察委员会是平行于"一府两院"的监察机关,是履行国家监察职能的专责机关。一方面,从监察委员会的法律地位来看,监察委员会作为由人民代表大会产生的监察机关,行使国家监察权[2]。按照现行《中华人民共和国宪法》第 3 条的规定,监察机关既不是行政机关也并非司法机关,而是属于一个专门的国家机关序列,在法律地位上处于与"一府两院"平行的地位。另一方面,从法定职能权限来看,按照《中华人民共和国监察法》第 3 条、第 11 条等相关规定,监察委员会是履行国家监察职能的专责机关,依照监察法律法规履行监督、调查、处置职责。"专责机关不仅强调国家监察委员会的专业化特征、专门性职能,更加突出强调了监察委员会的责任,行使监察权不仅

---

〔1〕 程文浩:《预防腐败》,清华大学出版社 2011 年版,第 152 页。

〔2〕 参见焦洪昌、叶远涛:《监察委员会的宪法定位》,载《国家行政学院学报》2017 年第 2 期。

仅是监察委员会的职权,更是其责任和使命担当。"[1]

第三,从政治属性的角度看,监察委员会既是中国共产党统一领导下的国家反腐败工作机构,又是代表党和国家行使监督权的党的政治机关。一方面,从反腐败的角度看,2016 年 11 月,中共中央办公厅印发的《关于在北京市、山西省、浙江省开展国家监察体制改革试点方案》指出:"深化国家监察体制改革的目标,是建立党统一领导下的国家反腐败工作机构。"[2]2018 年 2 月,习近平总书记在党的十九届三中全会上再一次重申:"国家监察委员会就是中国特色的国家反腐败机构。"[3]这就从政策文件及党和国家领导人的重要讲话两个维度明确监察委员会作为国家反腐败机构的机构属性和职能定位,"从职责使命看,监察委员会承担的是反腐败重大政治任务"[4]。另一方面,从权力监督的角度看,国家监察体制改革是以习近平同志为核心的党中央对党和国家监督体系作出的顶层设计与重大调整,在对所有行使公权力的公职人员进行国家监察全覆盖的背景下,监察法律法规将监督职能规定为监察委员会的首要职能,意味着监察委员会具有权力监督机构的性质定位。"我国公务员队伍中党员比例超过百分之八十,县处级以上领导干部中党员比例超过百分之九十五。"[5]监察委员会和党的纪律检查机关都处于同级党委的领导之下,在监督对象上具有较高的交叉性,其监督目标都是在中国共产党的领导下保证党员干部和公职人员秉公用权,其本质都是执政党和国家机器的自我监督。正如《中国共产党纪律检查机关监督执纪工作规则》第 6 条所规定的:"党的纪律检查机关和国家监察机关是党和国家自我监督的专责机关。"

2. 纪检监察机关合署办公

监察委员会是中国共产党统一领导下的国家反腐败机构,作为行使国家监察职能的专责机关与作为党内监督专责机关的党的纪律检查机关在调整对象、

[1] 江国华:《中国监察法学》,中国政法大学出版社 2018 年版,第 2 页。

[2] 《中办印发〈关于在北京市、山西省、浙江省开展国家监察体制改革试点方案〉》,载《人民日报》2016 年 11 月 8 日,第 3 版。

[3] 中共中央党史和文献研究院编:《十九大以来重要文献选编》(上),中央文献出版社 2019 年版,第 243 页。

[4] 吴建雄主编:《监督、调查、处置法律规范研究》,人民出版社 2018 年版,第 28 页。

[5] 中共中央文献研究室编:《习近平关于全面从严治党论述摘编》,中央文献出版社 2016 年版,第 208 页。

规范事项、职权配置、机构设置和领导体制等方面具有共通性，具有实行合署办公的现实可行性和实践必要性。党的十九大报告中提出："组建国家、省、市、县监察委员会，同党的纪律检查机关合署办公。"[1]《中华人民共和国监察法实施条例》第3条规定："监察机关与党的纪律检查机关合署办公，坚持法治思维和法治方式，促进执纪执法贯通、有效衔接司法，实现依纪监督和依法监察、适用纪律和适用法律有机融合。"纪检监察机关合署办公，是当代中国反腐败体制的鲜明特色与显著优势，也是合署办公现象一种具体类型。对监察委员会与党的纪律检查机关在合署办公中的分工与融合、共性与差异等重要事项进行清晰的理论阐释，不仅有助于明确本书将监察委员会作为独立研究对象的重要价值以及监察委员会预防公权力腐败的制度背景，而且有助于从理论上厘清监察委员会与党的纪律检查机关在预防腐败过程中是如何分工与配合的。

第一，从纪检监察机关合署办公的理论内涵来看，"合署办公是指两个或两个以上的机构，由于职能相近或工作联系密切，而在同一地点办公"[2]。在我国，合署办公现有不同的类型，根据被合署机构的不同属性，我们可以将合署办公划分为执政党机关和国家机关合署办公、行政机关内部合署办公等具体类型，监察委员会与党的纪律检查机关合署办公属于执政党机关和国家机关合署办公的范畴，采用"一套工作机构、两个机关名称、履行两种职能"的合署办公体制。纪检监察机关合署办公的核心要义是"两块牌子、一套人马"，即"在合署办公的过程中，纪委和监委不仅可以共同或各自的名义对外开展工作，而且能在党政机构的序列中保留各自名称"[3]。合署办公不是机构合并，监察委员会与党的纪律检查机关合署办公的要义在于分工与融合，"两者既在人员构成和工作职能上具有融合性的一面，又在工作对象和工作方式上具有分工性的一面"[4]。一方面，从监察委员会与党的纪律检查机关之间的融合来看，在地方层面纪检监察机关合署办公的制度安排之下，监察委员会与党的纪律检查机关

[1] 习近平：《决胜全面建成小康社会　夺取新时代中国特色社会主义伟大胜利——在中国共产党第十九次全国代表大会上的报告》，人民出版社2017年版，第68页。

[2] 刘权：《党政机关合署办公的反思与完善》，载《行政法学研究》2018年第5期。

[3] 秦前红、李世豪：《纪监互融的可能与限度》，载《四川师范大学学报（社会科学版）》2022年第1期。

[4] 王立峰、吕永祥：《纪委与监察委员会合署办公的理论内涵、现实意义与优化路径》，载《河南社会科学》2017年第11期。

不仅在领导班子组成人员的人员构成上采取纪委书记兼任监察委员会主任、纪委副书记兼任监察委员会副主任等党政领导干部交叉任职的方式,而且在《中华人民共和国监察法》赋予监察委员会的十二项监察手段中也涉及党的纪律检查机关常用的反腐手段。另一方面,监察委员会与党的纪律检查机关之间的分工主要体现在以下两个方面:首先,从调整对象来看,监察委员会将所有行使公权力的公职人员纳入监察对象之中,除了涵盖中国共产党机关的公务员以外,还包括:(1)人民代表大会及其常务委员会机关、人民政府、监察委员会、人民法院、人民检察院、中国人民政治协商会议各级委员会机关、民主党派机关和工商业联合会机关的公务员,以及参照《中华人民共和国公务员法》管理的人员;(2)法律、法规授权或者受国家机关依法委托管理公共事务的组织中从事公务的人员;(3)国有企业管理人员;(4)公办的教育、科研、文化、医疗卫生、体育等单位中从事管理的人员;(5)基层群众性自治组织中从事管理的人员;(6)其他依法履行公职的人员。党的纪律检查机关作为党内监督机构,其监督对象是各级党组织和全体党员,不具有中国共产党党员身份的国家公职人员并不在其监督范围之内。其次,从职责设置来看,党的纪律检查机关履行监督执纪问责职责,而监察委员会履行监督调查处置职责,纪律监督和监察监督、执纪审查和审查调查、党内问责和监察问责以及党纪处分和政务处分之间在适用对象和调整事项上既具有较高的交叉性又存在重要的差异性,不能将两者混为一谈。对此,十八届中央纪律检查委员会向中国共产党第十九次全国代表大会的工作报告指出:“探索合署办公条件下执纪监督与执纪审查相互制约、执纪与执法相互衔接的实现路径”[1]。鉴于监察委员会与党的纪律检查机关在机构属性、调整对象和职责配置等方面存在的重要差异,以及监察委员会在实现国家监察全覆盖和运用监察建议,督促各公权力机关完善规章制度等方面所具有的独特优势,对监察委员会如何预防公权力腐败开展全面系统的专门研究具有重要的价值。

第二,从纪检监察机关合署办公的实践价值来看,监察委员会与党的纪律检查机关合署办公能够优化中国特色社会主义权力监督体系的主体结构与内

---

〔1〕《十八届中央纪律检查委员会向中国共产党第十九次全国代表大会的工作报告》,载《求是》2017年第21期。

容结构,实现党内监督与国家监察双强互促。一方面,在监督主体结构层面,监察委员会与党的纪律检查机关合署办公使中国特色社会主义权力监督体系的主体结构由纪委与行政监察机关“一强一弱”转变为纪委与监察委员会“双强”,补齐了权力监督主体中的短板,权力监督体系的主体结构更为优化。在原纪检监察体制中,行政监察机关仅是行政机关的内设职能部门,党的纪律检查机关与行政监察机关在法律地位和政治地位上的不对等,使纪检监察主体格局呈现出“一强一弱”的局面。国家监察体制改革将监察委员会确立为与“一府两院”平行的监察机关,大大提高了监察机关的法律地位,推动纪检监察单轨运行模式向双轨运行模式转变[1],纪检监察主体格局呈现出“双强”的态势。党的纪律检查机关与监察委员会成为中国特色社会主义权力监督体系的双重支柱,中国特色社会主义权力监督体系的主体结构更为均衡与优化。另一方面,在监督内容结构层面,党的纪律检查机关与监察委员会合署办公,使党内监督与国家监察由“一条腿长,一条腿短”转变为党内监督与国家监察双轮驱动与均衡发展,权力监督体系中的监督内容结构更为优化。在原纪检监察体制中,党的纪律检查机关通过巡视监督、派驻监督和日常监督等多种监督形式逐渐实现了各级党组织和全体党员的党内监督全覆盖。反观行政监察机关的监督范围,则存在对行政机关中的行政首长和政府职能部门负责人的“弱监”,以及对行政机关以外的其他国家机关工作人员的“漏监”等问题。行政监察范围过窄的问题,导致党内监督和国家监察之间存在“一条腿长,一条腿短”的发展不均衡的问题,对具有中国共产党党员身份的国家公职人员的监督成为权力监督体系中的薄弱环节。“2015 年,全国查办的征地拆迁、医药卫生、生态环保、扶贫救灾等民生领域腐败犯罪案件涉案达 32,132 人,其中非党人员占 45%,暴露出非党公务员的纪律约束存在空白地带。”[2] 对此,国家监察体制改革将对所有行使公权力的公职人员进行国家监察全覆盖确立为一种重要目标,弥补党的纪律检查机关不便对不具有中国共产党党员身份的国家公职人员进行监督这一监督范围上的局限,借助党的纪律检查机关的力量,将不在国家机关中担任公职的党员领导干部纳入党内监督范围之中,通过纪检监察机关合署办公推动党内监督全覆

[1] 参见吴建雄:《监察委员会的职能定位与实现路径》,载《中国党政干部论坛》2017 年第 2 期。
[2] 王鹏志:《实现监察全覆盖的破冰之举》,载《中国纪检监察报》2016 年 11 月 19 日,第 4 版。

盖与国家监察全覆盖相辅相成、相互补充,实现党内监督和国家监察的双轮驱动与均衡发展。

监察委员会与党的纪律检查机关在预防腐败过程中的互动体现在分工与配合两个方面,并贯穿于监察委员会的权力监督、廉政教育和提出监察建议三项预防腐败职能的履行过程之中。一方面,从分工的角度看,在权力监督方面,监察委员会主要负责对所有行使公权力的公职人员进行监察监督,而党的纪律检查机关主要负责对各级党组织和全体党员进行执纪监督,国家监察全覆盖和党内监督全覆盖相互促进、相互补充;在廉政教育方面,监察委员会的廉政教育对象主要是公职人员,党的纪律检查机关的廉政教育对象除了面向公职人员以外,还面向全党全社会;在监察建议方面,监察委员会提出的监察建议在内容上主要聚焦于廉政方面,且具有法律约束力。党的纪律检查机关提出的纪检建议内容较为全面但缺乏法律约束力。另一方面,从配合的角度看,在权力监督方面,监察委员会的执法监督与党的纪律检查机关的执纪监督既在监督对象上高度重叠,又在监督内容上相互补充,将违纪行为、职务违法行为和职务犯罪行为都纳入监督范围。在廉政教育方面,监察委员会的公职人员廉政教育与党的纪律检查机关面向全党全社会的廉政教育之间共享廉政教育内容、共通廉政教育资源,从受贿者和行贿者两个方面共同构筑起拒腐防变的政治基础和社会基础。在监察建议方面,纪检监察机关将纪检监察与监察建议配合起来使用,有助于实现建议聚焦重点内容与覆盖各个方面、柔性说理与刚性处置之间的有机统一。

纪检监察机关合署办公实现中国反腐败机构的高度协同与有机整合,是中国反腐败机构设置的鲜明特色与显著优势。公共权力具有自我扩张性,世界各国执政党面临的共同问题是,"如何在利用公共权力实现自己的执政目标的同时,又防止自身因为执掌公共权力而被腐蚀变质"[1]。基于防止权力滥用的共同需要,世界上很多国家和地区都采取设置监察机构对公权力机关及其工作人员进行监督的共性制度安排。议会监察专员制度作为西方监察制度的一种主要类型,起源于瑞典,后被数十个国家和地区所沿用。在以瑞典、丹麦为代表的西方国家,执政党大多没有建立专门的党内纪律检查机关,更谈不上政党纪律

---

〔1〕 王长江:《现代政党执政规律研究》,上海人民出版社2002年版,第208~209页。

检查机关与国家权力监督机构之间的融合问题。

中国共产党作为中国的执政党和领导党，对国家机关进行政治领导、思想领导和组织领导，在事实上掌握着管理国家公共事务的政治权力，执政党自我监督和对国家机关公职人员的公权力监督是高度重叠的。在我国党管干部的政治体制中，各级党委将优秀的党内人才推荐到国家机关中任职并担任相应的领导职务，因此党政领导干部交叉任职成为我国干部人事制度的一大特点。不仅如此，中国共产党还通过在国家机关、人民团体等非党组织中设立党组的形式加强党对国家和社会的领导，党组的成员主要由国家机关、人民团体等非党组织中的领导班子成员构成，他们在执政党和国家机关中同时担任领导职务，既是党内监督中的“关键少数”，又是国家监察中的主要对象。[1] 纪检监察机关合署办公是我国反腐败体制的一大特色与优势，它在党的统一领导下整合执政党和国家政权机关原本分散的反腐败资源，降低各个反腐败机构之间的沟通与协调成本，将执政党自我监督和国家公权力监督有机结合起来，构建起党统一领导、集中统一、权威有效的监察体系。监察委员会与党的纪律检查机关合署办公，借助中国共产党的领导权威加强了监察机关对行使公权力的公职人员的权力监督[2]，便于各个反腐败机构在党的统一领导下采取步调一致、迅捷有效的反腐败行动，在信息共享、措施共同与联合办案的过程中提升了我国腐败治理的有效性。

二、理论基础

监察委员会的预防腐败职能是政治学、法学和纪检监察学等学科的一个交叉性理论研究议题，具有丰富的理论内涵、深刻的规范意蕴和重要的实践价值。深入开展监察委员会的预防腐败职能研究，应借鉴相关学科的理论资源，对监察委员会的性质定位、机构设置、职权职责、目标任务等事项进行精细化的学理阐释。

---

〔1〕 参见王立峰、吕永祥：《纪委与监察委员会合署办公的理论内涵、现实意义与优化路径》，载《河南社会科学》2017 年第 11 期。

〔2〕 参见吕永祥：《习近平关于国家监察体制改革的重要论述及其时代价值》，载《北京航空航天大学学报(社会科学版)》2020 年第 5 期。

（一）权力监督与制约理论

公共权力具有扩张性、腐蚀性等特性，防范公共权力的滥用是执政党和国家机关面临的一个共性问题。不受监督与制约的公共权力通常很容易被滥用，为防止公共权力滥用对执政合法性、公共利益和人民福祉造成严重的损害，多数国家和地区都采取权力监督与制约的共性制度安排。权力监督与制约通常与公共权力相伴而生。权力监督与制约不仅是政治家们设计控权机制的重要举措，而且是思想家们进行政治理论构建的一个重要主题。

1. 权力监督与制约理论的理论谱系

在西方政治思想史的脉络中，权力监督与制约理论的萌芽可以追溯到亚里士多德（Aristotle）和波利比阿（Polybius）。亚里士多德从政体的构成要素出发提出其政治分工的思想，指出“一切政体都有三个要素……三者之一为有关城邦一般公务的议事机能；其二为行政机能部分；其三为审判（司法）机能”[1]。亚里士多德的政治分工思想在某种程度上可以被视为西方分权思想的源头，但是他并没有明确提出对不同的国家权力进行分工与制约的基本原理。波利比阿是西方政治学说史上第一个明确提出权力制约思想的人，他将权力制约原则蕴含于其混合政体思想之中，强调通过执掌不同国家权力的执政官、元老院和保民官三者之间的相互配合和相互制约，来防止某种权力的过度扩张。

近代资产阶级革命时期，以约翰·洛克（John Locke）、孟德斯鸠（Montesquieu）等西方政治思想家创立了近代权力监督与制约理论。洛克在《政府论》一书中从阐明设立政府的目的出发，引申出通过权力分立来防止政府权力滥用的政治主张。洛克指出：“对于滥用职权的强力的真正纠正办法，就是用强力对付强力。”[2]为防止政府权力被滥用，洛克主张将国家权力划分为立法权、执行权和对外权，立法权由立法机关执掌，执行权和对外权由国王来执掌。需要指出的是，洛克的分权理论从表面上看是立法权、执行权和对外权，实际上因为执行权和对外权都由国王执掌，因此其分权理论只是立法权和行政权的分立，洛克并未系统地提出司法权的概念并将其纳入权力分立体系。孟德斯

〔1〕［古希腊］亚里士多德：《政治学》，吴寿彭译，商务印书馆1965年版，第136～137页。

〔2〕［英］约翰·洛克：《政府论》（下篇），叶启芳、瞿菊农译，商务印书馆2009年版，第98页。

鸠对洛克的分权理论进行重要的发展，明确提出立法权、行政权和司法权制衡的重要思想，奠定西方权力监督与制约理论的基本框架。孟德斯鸠指出："一切有权力的人都容易滥用权力，这是万古不易的一条经验。要防止滥用权力，就必须以权力制约权力。"[1]孟德斯鸠不仅将分权理论从立法权和行政权两权分立发展为立法权、行政权和司法权，而且明确提出不同的国家权力之间要相互制约以达到相对均衡的状态。

美国独立战争胜利之后，以汉密尔顿（Hamilton）和杰斐逊（Jefferson）为代表的政治思想家在设计美国政体和宪制的过程中，从立法权的内部分权与制约、联邦政府与州政府之间的分权与制约等维度进一步丰富和发展了西方权力监督与制约理论，构建起多层次、多维度的分权制约体系。汉密尔顿在构建美国政体和宪制的过程中极力主张建立联邦共和政体，他认为共和政体最大的缺点就是议会的权力太大，"弥补这个不便的方法是把立法机关分为不同单位，并且用不同的选举方式和不同的行动原则使它们在共同作用的性质以及对社会的共同依赖方面所容许的范围内彼此尽可能少发生联系"[2]。基于此，联邦党人主张将议会划分为代表选民的众议院和代表各州的参议院两个部分。针对该格局中行政权力分散的问题，汉密尔顿主张由总统来行使行政权，认为"集权力于一人最有利于明智审慎，最足以取信于人民，最足以保障人民的权益"[3]。为解决该格局中司法权最为薄弱的问题，汉密尔顿主张要保障司法机关实施判断的独立性，司法部门"为实施其判断亦需借助于行政部门的力量"[4]。针对汉密尔顿等联邦党人主张将行政权集中于总统所可能带来的集权风险，以杰斐逊为代表的民主党人寄希望于通过联邦政府与州政府分权的方式来解决中央政府过度集权的问题。杰斐逊也赞同联邦党人将立法机关一分为二的主张，所不同的是他认为集权的风险不仅来自立法机关，同时也来自行政机关，特别是当中央政府和总统个人的行政权过分集中时行政权被滥用的风险更高。为解决这一问题，杰斐逊主张除了实行立法权、司法权和行政权这三项主要国家权力的横向分权以外，还应当实行联邦政府与州政府之间的纵向

[1] [法]孟德斯鸠：《论法的精神》（上册），张雁深译，商务印书馆2017年版，第154页。
[2] [美]汉密尔顿、杰伊、麦迪逊：《联邦党人文集》，程逢如等译，商务印书馆1989年版，第357页。
[3] [美]汉密尔顿、杰伊、麦迪逊：《联邦党人文集》，程逢如等译，商务印书馆1989年版，第357页。
[4] [美]汉密尔顿、杰伊、麦迪逊：《联邦党人文集》，程逢如等译，商务印书馆1989年版，第391页。

分权,由联邦政府掌管国防、外交等主权事务,各州则掌管法律、公民权利、治安等一般事务。有学者指出:"'双重分权'学说在美国的出现,也标志着分权论的终结。"[1]

西方权力监督与制约理论,是西方政治思想家对西方国家权力监督与制约的价值理念、经验现实和政治主张等方面进行概括提炼形成的学理化表达,深化对权力监督与制约的功能作用、目标任务、方法举措和实践途径等事项的理论认知,但是并不揭示权力监督与制约的一般原理,并不构成权力与制约的唯一道路。权力监督与制约理论的适用性和有效性,在很大程度上取决于理论与其分析概括的经验事实之间的契合性程度,由于不同国家的具体国情存在显著的差异,不存在"放之四海而皆准"的权力监督与制约理论。西方权力与监督制约理论以性恶论和原罪说为逻辑基点,并不直接适用于对中国权力监督与制约实践的理论分析。中西方政治发展道路的多样性表明,除了西方权力监督与制约理论,权力监督与制约的理论范式和实践模式还存在其他可行的方案,中国特色社会主义权力监督与制约具有自身独特的理论逻辑与实践路径。

2. 中国特色社会主义权力监督与制约理论

不存在"放之四海而皆准"的权力监督与制约理论,破解长期执政条件下的自我监督难题这一国家治理的"哥德巴赫猜想",需要基于中国国情构建具有中国特色的权力监督与制约模式。习近平总书记指出:"理论一旦脱离了实践,就会成为僵化的教条,失去活力和生命力。实践如果没有正确理论的指导,也容易'盲人骑瞎马,夜半临深池'。"[2]当代中国的杰出政治家和政治学家将马克思主义关于权力监督与制约的一般原理与中国特色社会主义政治发展实践结合起来,构建出一整套逻辑周延、系统完备的中国特色社会主义权力监督与制约体系。

从政策部署层面来看,为破解中国共产党在长期执政条件下面临的权力监督挑战,中国共产党及其领导的国家政权机关注重从静态层面优化权力结构和权力配置,从动态层面加强对权力运行的监督与制约,建立健全决策权、执行权、监督权既相互制约又相互协调的权力结构和运行机制,为解决权力监督与

---

〔1〕 朱光磊:《以权力制约权力》,四川人民出版社1987年版,第122页。

〔2〕 中共中央文献研究室编:《习近平关于社会主义文化建设论述摘编》,中央文献出版社2017年版,第65页。

制约问题提供中国方案。“建立健全决策权、执行权、监督权既相互制约又相互协调的权力结构和运行机制”的政策主张，具有不同的使用语境，承担着多元化的功能任务。党的十七大报告指出：“要坚持用制度管权、管事、管人，建立健全决策权、执行权、监督权既相互制约又相互协调的权力结构和运行机制。”党的十七届四中全会通过的《中共中央关于加强和改进新形势下党的建设若干重大问题的决定》将“健全权力运行制约和监督机制”作为“加快推进惩治和预防腐败体系建设，深入开展反腐败斗争”的重要举措，提出“建立健全决策权、执行权、监督权既相互制约又相互协调的权力结构和运行机制，推进权力运行程序化和公开透明”[1]。胡锦涛在党的十八大报告中指出：“要确保决策权、执行权、监督权既相互制约又相互协调，确保国家机关按照法定权限和程序行使权力。”[2]该重要论述将建立健全决策权、执行权、监督权既相互制约又相互协调的权力结构和运行机制置于国家政权建设的语境之中，将保障公权力机关规范廉洁行使权力作为建立健全决策权、执行权、监督权既相互制约又相互协调的权力结构和运行机制的目标任务。党的十八大以来，以习近平同志为核心的党中央将加强权力运行的制约和监督置于事关中国共产党长期执政和国家长治久安的战略高度，对构建决策科学、执行坚决、监督有力的权力运行体系作出重要部署，进一步健全决策权、执行权、监督权既相互制约又相互协调的权力结构和运行机制。2014年1月14日，习近平总书记在十八届中央纪委三次全会上的讲话中指出：“要强化制约，合理分解权力，科学配置权力，不同性质的权力由不同部门、单位、个人行使，形成科学的权力结构和运行机制。要强化监督，着力改进对领导干部特别是一把手行使权力的监督，加强领导班子内部监督，加强行政监察、审计监督、巡视监督。”[3]习近平总书记在党的十九大报告中提出：“构建决策科学、执行坚决、监督有力的权力运行机制”[4]，对决策权、执行

---

[1] 《中共中央关于加强和改进新形势下党的建设若干重大问题的决定》，人民出版社2009年版，第34～36页。

[2] 胡锦涛：《坚定不移沿着中国特色社会主义道路前进 为全面建成小康社会而奋斗——在中国共产党第十八次全国代表大会上的报告》，人民出版社2012年版，第29页。

[3] 中共中央文献研究室编：《习近平关于全面深化改革论述摘编》，中央文献出版社2014年版，第80页。

[4] 习近平：《决胜全面建成小康社会 夺取新时代中国特色社会主义伟大胜利——在中国共产党第十九次全国代表大会上的报告》，人民出版社2017年版，第37页。

权和监督权的运行目标提出明确要求。2019 年 1 月 15 日,习近平总书记在中央政法工作会议上的讲话中指出:“要聚焦人民群众反映强烈的突出问题,抓紧完善权力运行监督和制约机制,坚决防止执法不严、司法不公甚至执法犯法、司法腐败。”[1] 该重要论述将对权力运行监督和制约机制建设深入到特定国家机关和具体工作之中,推动权力运行监督和制约机制建设进一步走向具体化、精细化。2022 年 10 月 16 日,习近平总书记在党的二十大报告中指出:“健全党统一领导、全面覆盖、权威高效的监督体系,完善权力监督制约机制,以党内监督为主导,促进各类监督贯通协调,让权力在阳光下运行。”[2] 在坚持和完善党和国家监督体系的顶层设计之下,健全党统一领导、全面覆盖、权威高效的监督体系逐渐成为权力运行监督和制约机制建设的重要目标。

从制度建设层面来看,中共中央将建立健全决策权、执行权、监督权既相互制约又相互协调的权力结构和运行机制纳入反腐败纲领性文件和主干性党内法规之中,为推动权力结构和运行机制发展完善提供有力的制度支撑。中共中央印发的《建立健全惩治和预防腐败体系 2008—2012 年工作规划》要求:“建立健全决策权、执行权、监督权既相互制约又相互协调的权力结构和运行机制,切实把防治腐败的要求落实到权力结构和运行机制的各个环节,最大程度地减少权力‘寻租’的机会。”该政策部署进一步彰显建立健全决策权、执行权、监督权既相互制约又相互协调的权力结构和运行机制对于减少腐败机会、进而有效预防腐败的重要作用。《中央党内法规制定工作五年规划纲要(2013—2017 年)》强调:“抓紧修订《中国共产党地方委员会工作条例(试行)》,制定体现集体领导和个人分工负责相结合的具体制度和办法,建立健全决策权、执行权、监督权既相互制约又相互协调的权力结构和运行机制。”[3] 将建立健全决策权、执行权、监督权既相互制约又相互协调的权力结构和运行机制置于执政党建设的语境之下,为建立健全决策权、执行权、监督权既相互制约又相互协调的权力结构和运行机制提供党内法规保障。党的十八届三中全会审议通过的《中共中央关于全面深化改革若干重大问题的决定》强调:将“形成科学有效的权力制约和协

---

[1] 习近平:《论坚持全面依法治国》,中央文献出版社 2020 年版,第 248 页。

[2] 习近平:《高举中国特色社会主义伟大旗帜　为全面建设社会主义现代化国家而团结奋斗——在中国共产党第二十次全国代表大会上的报告》,人民出版社 2022 年版,第 66 页。

[3] 中共中央文献研究室编:《十八大以来重要文献选编》(上),中央文献出版社 2014 年版,第 481 页。

调机制”作为“强化权力运行制约和监督体系”的首要环节，要求“必须构建决策科学、执行坚决、监督有力的权力运行体系，健全惩治和预防腐败体系，建设廉洁政治，努力实现干部清正、政府清廉、政治清明”。[1]

从理论构建层面来看，国内学术界对中国特色社会主义权力监督与制约的实践探索和制度建设进行概括提炼，开创性提出功能性分权、政党引领的权力监督模式等具有鲜明中国特色的理论分析框架，形成中国特色社会主义权力监督与制约的中国化学理表达。经过多年来的实践探索和制度建设，决策权、执行权、监督权既相互制约又相互协调的权力结构和运行机制不断发展完善，为学术界从学理层面对中国特色社会主义权力监督与制约模式进行概括提炼奠定坚实的实践基础。一方面，就权力制约而言，陈国权教授及其研究团队持续深耕中国特色社会主义权力监督与制约模式的理论建构，对我国的决策权、执行权和监督权既相互制约又相互协调的权力结构和运行机制进行概括和提炼[2]，创新性提出功能性分权理论[3]。从对象、要义和特征来看，功能性分权以广义政府为适用对象，以政治集权与组织分权为核心要义，以功能性与嵌套性为基本特征。[4] 就目标任务与实现机制而言，功能性分权以提高权力运行效率与防止权力滥用专断为双重目标，需要依靠集权与分权、制约与协调机制的合理配置来实现。[5] 功能性分权理论作为一种植根中国实践、具有中国特色、体现中国智慧的分权理论，跳出西方政治性分权理论的窠臼，一经提出就引发学术界的广泛关注和热烈讨论，为从学理层面分析中国特色社会主义权力制约和监督实践的内在逻辑与运行机理提供一种富有启发性的理论分析框架。另一方面，从权力监督层面来看，鉴于权力监督在中国共产党管党治党和治国理政中具有基础性地位和关键性作用，倪星教授及其合作者采用政党政治视角，对党和国家监督体系的内在结构与现实功能进行概括提炼，提出“政党引领

[1] 《中共中央关于全面深化改革若干重大问题的决定》，人民出版社2013年版，第35页。
[2] 参见陈国权、皇甫鑫：《广义政府及其功能性分权》，载《政治学研究》2022年第4期。
[3] 参见陈国权、原桂楠：《功能性分权：建构现代政治文明的中国探索》，载《浙江社会科学》2023年第3期。
[4] 参见陈国权、皇甫鑫：《功能性分权体系的制约与协调机制——基于“结构—过程”的分析》，载《浙江社会科学》2020年第1期。
[5] 参见陈国权、皇甫鑫：《功能性分权体系的制约与协调机制——基于“结构—过程”的分析》，载《浙江社会科学》2020年第1期。

的权力监督模式”这一重要的分析框架。倪星教授及其合作者认为,政党引领权力监督模式的本质是,“中国共产党处于权力监督体系的核心位置,通过加强政治领导、实现制度整合和鼓励社会参与三大机制,协调不同类型的监督权,将所有行使公权力的组织和个人整合到监督网络中,形成立体交叉的监督体系。其中,政治领导居于中心位置,制度整合涉及权力监督的顶层设计,社会参与是政党动员和鼓励社会公众行动的重要途径,三者共同构成了中国实现权力监督的核心机制”[1]。政党引领的权力监督模式,从学理层面阐明党和国家监督体系的构成要素、内在逻辑和运行机制,特别是中国共产党在党和国家监督体系中所处的引领性地位、发挥的整合性功能,为理解党和国家监督体系的结构功能与完善路径提供了富有启发性的理论框架。

权力监督与制约是国家治理的重要议题,国家监察体制改革的深层本质,是对权力监督体系和权力运行制约机制的重大改革和深层次调整。创设监察委员会是国家监察体制改革的重要成果,对监察委员会的预防腐败职能的学理阐释,需要深入分析国家监察体制改革的内在逻辑与深层本质,从权力监督与制约这一基础理论议题之中汲取理论养分。本书对权力监督与制约理论的借鉴和运用主要体现在以下三个方面:一是从权力监督与制约理论对权力监督的重要性、正当性和合法性的深刻论述中,揭示监察委员会对公职人员开展监督检查的必要性以及将监察职能确立为监察委员会的首要职能的理论逻辑。二是运用功能性分权理论分析国家监察体制改革对我国政体进行改革和优化的理论逻辑,阐明监察委员会在人民代表大会领导下的“一府一委两院”的公共权力架构中的地位作用。三是运用政党引领的权力监督模式分析监察监督在党和国家监督体系中的地位作用,阐明监察监督、纪律监督和党内监督之间的互动关系。

(二)制度预防腐败理论

2022年6月17日,习近平总书记在主持中共中央政治局第四十次集体学习时强调:“要从源头着手,完善管权治吏的体制机制,更加常态化、长效化地防

---

〔1〕 王锐、倪星:《政党引领的权力监督模式:生成逻辑与内在机制》,载《政治学研究》2022年第1期。

范和治理腐败问题。"[1]进一步彰显制度建设在腐败治理中的重要地位和治本作用。"从功能分析角度看,制度反腐功能应包括依靠制度预防腐败和依靠制度惩治腐败两个方面。"[2]制度预防腐败理论将制度建设置于预防和惩治腐败体系的宏观背景之下,将制度因素运用于对腐败成因和腐败治理的深入分析之中,提供一个侧重预防、兼具惩治的综合性分析框架。制度预防腐败理论与预防胜于惩治的反腐败理念和加强反腐败制度建设的政策发展趋势高度契合,着重阐明制度建设蕴含的预防腐败机理,对于消除公权力腐败滋生的制度土壤、实现对公权力腐败的源头治理具有重要意义。

1. 制度预防腐败理论的理论基础

从概念阐释来看,概念是人类知识的基础单位,是建构理论大厦的基石,理解制度预防腐败理论的内容和主张,首先需要厘清"制度预防腐败"概念的内涵外延。"概念是对事物的总体性概括,通常用单词或短语来表达。"[3]"制度预防腐败"概念是由"制度"和"预防腐败"两个语词构成的复合式短语,"制度"作为前缀限定了预防腐败的措施手段,"预防腐败"作为"制度"的后缀揭示了制度建设在腐败治理中的功能作用。概言之,"制度预防腐败"的核心要义是将制度建设作为预防腐败的主要途径,通过消除制度缺陷中隐藏的腐败机会和廉政风险,达到使腐败行为无机可乘的预防腐败效果。

从理论渊源来看,依托于多个学科的支撑,是制度预防腐败理论区别于已有的廉政理论的一个特点。[4] 制度预防腐败理论的产生和发展,建立在对经济学、心理学和管理学等相关学科的理论资源予以借鉴和整合的基础之上。清华大学廉政与治理研究中心在创建制度预防腐败理论框架的过程中,"借鉴和吸收了一些已有的理论,其中,行为科学理论和新制度主义经济学是最重要的两个理论来源"[5]。

一方面,制度预防腐败理论主要借鉴了行为科学理论中关于行为主体的界

---

[1] 《习近平在中共中央政治局第四十次集体学习时强调　提高一体推进"三不腐"能力和水平　全面打赢反腐败斗争攻坚战持久战》,载《人民日报》2022 年 6 月 19 日,第 1 版。

[2] 朱光磊、盛林:《过程防腐:制度反腐向更深层次推进的重要途径》,载《南开学报》2006 年第 4 期。

[3] [英]安德鲁·海伍德:《政治学核心概念》,吴勇译,天津人民出版社 2008 年版,第 2 页。

[4] 任建明、杜治洲:《腐败与反腐败:理论、模型和方法》,清华大学出版社 2009 年版,第 102 页。

[5] 任建明、杜治洲:《腐败与反腐败:理论、模型和方法》,清华大学出版社 2009 年版,第 102 页。

定、关于人的需要、动机和行为之间关系的解释、马斯洛(Maslow)的需求层次论三个方面的内容[1],并将其运用于对腐败行为主体、腐败动机等内容的分析之中。首先,制度预防腐败理论借鉴行为科学将行为主体划分为个体、群体和组织三种类型的分类方法,并出于简化的考虑,将腐败行为主体划分为个体和组织两种类型,为开展对个体腐败和集体腐败的分类化研究奠定了基础。其次,行为科学理论关注人的需要、动机和行为之间的内在逻辑关联,阐明满足特定需要的渴望构成动机生成的内在驱动,动机推动行为主体为实现特定目标而采取相应的行为。制度预防腐败理论将行为科学关于需求产生动机、动机驱动行为的解释进路运用于对腐败行为的分析之中,认为腐败行为的发生离不开动机的驱使,"腐败动机既是需要的结果,又是腐败行为的原因"[2]。腐败动机是产生腐败机会的内在诱因,对于腐败行为发挥着激化、指引和强化三种功能[3]。最后,马斯洛将人的需求由低到高划分为生理需要、安全需要、爱的需要、尊重的需要和自我实现需要五个层次,阐明不同层次需求对人的行为动机和行为选择的复杂影响。[4] 制度预防腐败理论运用马斯洛的需求层次论揭示腐败动机产生的复杂性,从满足生理、安全、社会交往和归属等多重需求的角度揭示公职人员产生腐败动机的复杂成因。[5]

另一方面,制度预防腐败借鉴了新制度主义经济学的理性人假设和制度形塑人的行为的重要观点,将其运用于对腐败动机、腐败机会等腐败行为构成要件及其消除策略的分析中。新制度主义经济学的理论基础是理性选择理论,理性选择理论的基本观点是,人具有理性人的一面,追求自身效用的最大化,"现实世界中个人或组织的任何行为都是在具体制度约束下的最大化选择"[6]。理性行动者在特定情境中有不同的行为策略可供选择,在作出行为选择之前,通常会对该行为的预期成本和预期收益进行理性计算,趋向于采取以最小代价取得最大收益的最优策略。[7] 制度构成理性行动者作出行为选择的结构性背

[1] 任建明、杜治洲:《腐败与反腐败:理论、模型和方法》,清华大学出版社 2009 年版,第 104 页。
[2] 任建明、杜治洲:《腐败与反腐败:理论、模型和方法》,清华大学出版社 2009 年版,第 105 页。
[3] 参见孔德云:《腐败动机影响因素实证研究》,中国科学技术大学 2009 年硕士学位论文,第 16 页。
[4] 参见[美]马斯洛:《动机与人格》,许金声等译,华夏出版社 1987 年版,第 113 页。
[5] 参见任建明、杜治洲:《腐败与反腐败:理论、模型和方法》,清华大学出版社 2009 年版,第 105 页。
[6] 任建明、杜治洲:《腐败与反腐败:理论、模型和方法》,清华大学出版社 2009 年版,第 107 页。
[7] 参见丘海雄、张应祥:《理性选择理论述评》,载《中山大学学报(社会科学版)》1998 年第 1 期。

景,形塑理性行动者的行动策略。道格拉斯·C.诺斯认为:"制度是一个社会的游戏规则,更规范地说,它们是为决定人们的相互关系而人为设定的一些制约。"[1]里普森指出:"所谓制度,就是在群体满足公共需求的重复性实践活动中所形成的程式化的行为模式的产物。"[2]从上述定义可以看出,制度具有非人格化的特征,是对组织成员具有规范功能的一种行为规则,着力为人们应当如何行动提供标准和约束,能够增强人类行动的可预期性和可评价性,降低人们的社会交易与集体行动的成本。在借鉴上述理论资源的基础上,制度预防腐败理论指出:"根据选择框架,腐败和廉洁两种行为,都是人在特定制度安排下作出的理性最大化选择。"[3]由于制度对理性行动者的行为选择具有深刻的塑造作用,引导公职人员作出廉洁的行为选择,需要通过制度改革和创新改变对公职人员的激励结构,推动公职人员主动作出腐败行为得不偿失的行为评价,主动作出廉洁的行为选择。

2. 制度预防腐败理论的内容体系

"在一般有关腐败的理论框架中,通常都要回答腐败的定义和类型,腐败的原因,腐败的后果,治理腐败的对策(反腐败对策)等内容。"[4]制度预防腐败理论作为一个综合性的腐败行为分析框架,其内容涉及腐败的定义、腐败的成因、腐败的后果和腐败的治理策略等多个方面,为分析腐败行为的发生机理与治理进路提供富有启发性的理论框架。相对于现有的理论框架,制度预防腐败理论的特色,主要体现在对腐败的定义、分类、成因和治理对策的创见。

首先,从腐败的定义来看,与以往以公共职位为中心、以市场为中心和以公共利益为中心三种不同的腐败定义方法不同,制度预防腐败理论倾向于从对腐败行为发生要件的分析概括中界定"腐败"的概念。制度预防腐败理论将腐败动机和腐败机会这两个腐败行为发生要件纳入"腐败"的定义之中,将"腐败"界定为"个人或组织出于自利动机,利用制度上的机会而达成的谋取不正当利

---

[1] [美]道格拉斯·C.诺斯:《制度、制度变迁与经济绩效》,刘守英译,上海三联书店1994年版,第3页。
[2] [美]里普森:《政治学中的重大问题》(第10版),刘晓等译,华夏出版社2001年版,第44页。
[3] 任建明、杜治洲:《腐败与反腐败:理论、模型和方法》,清华大学出版社2009年版,第107页。
[4] 任建明、杜治洲:《腐败与反腐败:理论、模型和方法》,清华大学出版社2009年版,第108页。

益的行为"[1]。

其次,从腐败的分类来看,基于对制度与腐败之间复杂关系的辩证认识,制度预防腐败理论创新腐败分类方法,"基于导致腐败的制度的特点"[2],提出"设计的腐败"[3]这一新的腐败类型。从宏观层面上制度建设水平与腐败水平之间的复杂关系来看,制度建设并非必然带来腐败程度的降低,制度快速建设过程中出现的"制度缺陷""制度漏洞""制度的软约束"是"直接造成制度性腐败产生的三个主要动因,可以表现为利益上的冲突、激励遭到扭曲、制度变迁困难下腐败机会的大量涌现和制度软约束下腐败的理性选择"[4]。制度性腐败又有不同的类型,"有的腐败利用的是现有的制度,而有的腐败则可能是为了腐败而创设出新的制度"[5]。所谓"设计的腐败"则指向后一种类型,将腐败机会隐藏于新创设的制度之中。

再次,从腐败成因的分析来看,制度预防腐败理论认为,腐败行为的成因是多元和复杂的,既要考虑到个人和组织的复杂多样的现实需要是否得到满足,又要检视约束个人和组织的最大化选择的规章制度是否健全。腐败动机和腐败机会分别构成腐败行为得以发生的内在诱因和外部条件,在两者同时具备的条件下腐败行为通常才会大量地产生。在腐败行为的构成要件中,"腐败动机是腐败行为的深层原因,腐败机会是腐败行为的直接原因"[6],由于腐败动机具有深层性、持久性,在短时期内通常难以彻底改变,"因此,对于任何现实的社会来说,腐败存在的程度怎样,主要就取决于腐败的直接原因,即制度上的腐败机会的多少"[7]。"制度预防腐败理论在解释腐败上的最重要的贡献是关于腐败原因的分析"[8],它纠正了关于腐败成因的单一论认识,不仅阐明腐败动机、腐败机会在腐败行为发生链条中的地位作用,而且揭示不同的腐败行为构成要

---

〔1〕 任建明、杜治洲:《腐败与反腐败:理论、模型和方法》,清华大学出版社 2009 年版,第 108 页。

〔2〕 任建明、杜治洲:《腐败与反腐败:理论、模型和方法》,清华大学出版社 2009 年版,第 108 页。

〔3〕 See Melanie Manion, *Corruption by Design: Building Clean Government in Mainland China and Hong Kong*, Harvard University Press, 2004.

〔4〕 雷玉琼、曾萌:《制度性腐败成因及其破解——基于制度设计、制度变迁与制度约束》,载《中国行政管理》2012 年第 2 期。

〔5〕 任建明、杜治洲:《腐败与反腐败:理论、模型和方法》,清华大学出版社 2009 年版,第 108 页。

〔6〕 任建明、杜治洲:《腐败与反腐败:理论、模型和方法》,清华大学出版社 2009 年版,第 110 页。

〔7〕 任建明、杜治洲:《腐败与反腐败:理论、模型和方法》,清华大学出版社 2009 年版,第 110 页。

〔8〕 任建明、杜治洲:《腐败与反腐败:理论、模型和方法》,清华大学出版社 2009 年版,第 110 页。

件的层次性和可塑性。

最后，从腐败的治理对策来看，制度预防腐败理论将反腐败对策划分为教育、预防和打击三种，将这三种反腐败对策纳入反腐败政策体系之中的同时，着重阐明制度建设蕴含的预防腐败功能及其实现机理。从整体建构来看，制度预防腐败理论系统阐释“腐败动机 + 腐败机会→腐败行为”这一权力腐败的发生机理，以切断公权力腐败的发生链条为中心，构建教育、预防与打击多管齐下的反腐败系统方略。从突出重点来看，制度预防腐败理论认为，打击对策有惩治和威慑两种功能，教育对策旨在弱化腐败动机，两者都不属于预防腐败的范畴。“所谓预防腐败是一种事前措施（腐败行为发生之前），是依靠或通过制度手段，减少腐败机会，弱化腐败动机，从而达到从根本上降低腐败发生率的一种治理腐败手段。”[1]鉴于此，发挥制度建设的预防腐败功能，应注重发挥激励性预防制度对腐败动机的弱化和抑制作用，发挥约束性预防制度对腐败机会的减少和消除作用。

制度预防腐败理论将反腐败对策的重心聚焦预防腐败方面，这与本书的研究对象和研究问题高度契合。制度预防腐败理论对本书开展监察委员会的预防腐败职能研究的借鉴价值和启发意义主要体现在以下两个方面：一方面，从对腐败成因的分析来看，制度预防腐败理论从腐败动机和腐败机会两个方面揭示腐败成因和腐败行为的发生机理，为本书构建“公共权力—腐败动机—腐败机会→腐败行为”这一对公权力腐败行为发生机理的理论分析框架奠定了理论基础。与在抽象意义上讨论一般腐败的成因不同，本书的研究问题是监察委员会如何预防公权力腐败，掌握和运用公共权力是公权力腐败行为得以发生的一个必要条件，基于此，本书对制度预防腐败理论的“腐败动机 + 腐败机会→腐败行为”理论框架进行补充和完善，尝试性地构建“公共权力—腐败动机—腐败机会→腐败行为”这一揭示公权力腐败发生机理的理论分析框架。另一方面，从对反腐败对策的探讨来看，制度预防腐败理论构建的教育、预防和打击三管齐下的反腐败系统方略，对本书分析监察委员会的权力监督、廉政教育和提出监察建议三管齐下的预防腐败系统方略具有借鉴价值。制度预防腐败理论采取的是狭义的“预防”概念，认为依靠制度建设进行的预防工作主要针对的是个人

〔1〕 任建明、杜治洲：《腐败与反腐败：理论、模型和方法》，清华大学出版社 2009 年版，第 111 页。

或组织的腐败机会。与之不同的是,本书采取的是广义的“预防腐败”概念,将腐败行为是否付诸实践作为区分预防腐败和惩治腐败的时间节点,将抑制腐败动机的教育对策也纳入预防腐败战略,提取“制度预防腐败”中的“制度”和“教育”这两个关键要素,并结合监督职能这一监察委员会的首要职能,尝试构建监督、教育和制度三管齐下的预防腐败职能的理论分析框架。

(三)结构功能主义理论

结构功能主义是社会科学研究领域的一个重要理论流派,被社会学、政治学等学科运用于对社会系统的结构要件、功能配置及其互动关系的分析阐释之中,以揭示该社会系统存续与发展的内在机理。

1. 社会学结构功能主义

“现代西方社会理论中的结构功能主义,是在以往有关结构功能思想资源基础上形成和发展起来的。从思想渊源上说,至少可以追溯到孔德和斯宾塞。”[1]将生物学概念迁移至社会领域,提出的“有机体类推论”,构成早期功能主义肇始的一个重要源头。奥古斯特·孔德将社会类比为生物有机体,并将家庭、阶级或种族、城市和社会分别类比为社会的“细胞”、“组织”和“器官”,推动“社会结构”概念的衍生和对社会的整体性特质的揭示。[2] 赫伯特·斯宾塞指出:“把社会看作一种有机体,我们可以说,人为地为了更加活跃地履行一项功能而用尽社会的活力,又不削弱用来履行另一项功能的活力,是不可能的。只要对社会放任不管,它的各种结构就会以适当的相互从属关系持续发展。”[3] 赫伯特·斯宾塞还引入“功能需求”的概念,以揭示社会系统的各个内在结构存在的理由,将社会系统看作由“支持”、“分配”和“调节”三大系统组成的结构。[4] 埃米尔·涂尔干从积极的团结与社会整合之间的关联出发,揭示社会系统的整体性及其内部结构功能的分工特征。埃米尔·涂尔干指出:“当我们与社会发生连带关系时,社会是由一些特别而又不同的职能通过相互间的确定

---

〔1〕 刘润忠:《试析结构功能主义及其社会理论》,载《天津社会科学》2005 年第 5 期。

〔2〕 See A. Comte, *System of Positive Pofity*, Longmans Green Press, 1975.

〔3〕 [英]赫伯特·斯宾塞:《社会静力学》,张雄武译,商务印书馆 1996 年版,第 207 页。

〔4〕 See Herbert Spencer, *The Principle of Sociology*: *Volume* 1, Appleton and Company, 1925, p. 505.

关系结合而成的系统。"[1]在埃米尔·涂尔干等人思想的影响下，塔尔科特·帕森斯是结构功能主义理论的集大成者，他将社会类比为生物有机体，认为社会由有机体系统(系统生存的环境)、行动者系统、社会系统和文化系统组成，社会系统只有具备适应、目的、整合和模式维持四个功能，才能维持自身的和谐运转，形成结构功能主义中著名的"AGIL"模型[2](见图1)。罗伯特·金·默顿继承发展了塔尔科特·帕森斯的结构功能主义范式，基于对社会结构中特定单位发挥的功能的经验主义分析，对社会功能统一性、功能正向性和功能外显性等传统的功能主义假设进行反思，提出"正功能"和"负功能"、"显性功能"和"隐性功能"等新的功能分类方法，以及"功能交替"等新的分析性概念，进一步提高了结构功能主义理论的完备性和解释力。[3]

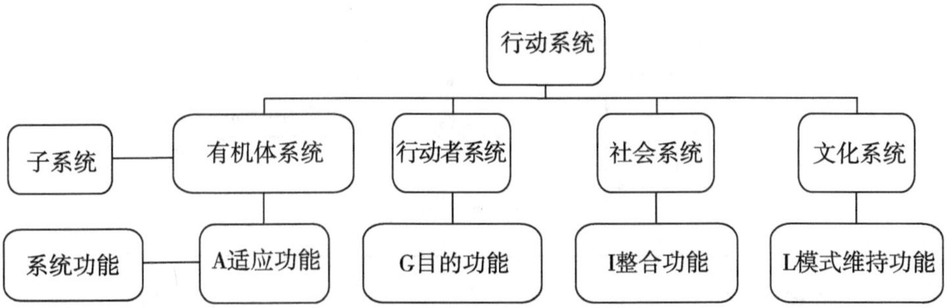

图1　塔尔科特·帕森斯的"AGIL"模型

资料来源：Talcott Parsons, *An Outline of the Social System*, Fress Press, 1961, p. 30 - 41.

2. 政治学结构功能主义

"政治科学领域中的结构—功能主义，是在二战以后行为主义革命的推动下产生的。"[4]戴维·伊斯顿作为行为主义政治学的倡导者，对结构功能主义和一般系统论进行修正和发展，开创性地把系统论运用于对政治现象的分析之中，构建政治系统理论，推动结构功能主义由社会学向政治学的转向。戴维·

---

〔1〕［法］埃米尔·涂尔干：《社会分工论》，渠东译，生活·读书·新知三联书店 2000 年版，第 89～90 页。

〔2〕See Talcott Parsons, *An Outline of the Social System*, Fress Press, 1961, p. 30 - 41.

〔3〕［美］罗伯特·金·默顿：《论理论社会学》，何凡兴等译，华夏出版社 1990 年版，第 109 页。

〔4〕王金支：《结构—功能主义的代表之作——读〈比较政治学：体系、过程和政策〉》，载《政治学研究》1988 年第 5 期。

伊斯顿将政治体系视为一个开放、互动的政治系统,将政治系统所处的总体环境划分为社会内部环境和社会外部环境两个部分,在政治系统与环境双向互动的情境中,从输入、转换和输出三个环节描述政治系统运行的一般过程。戴维·伊斯顿在《政治生活的系统分析》中将政治系统论的核心观点概括为:“总之,我们的分析将有赖于一种系统思想:系统处于一个环境之中,并且易于受到来自环境的可能影响,这些影响可能要把系统的基本变量逐出其临界范围。系统为了持续下去,必须能够采取一些措施,成功地缓和这样造成的压力,并且对此作出反应。为了作出反应,当局至少能够获得已发生的事情的信息,使自己能够在想要这样做或者被迫这样做的限度内作出反应。”[1] (见图2)

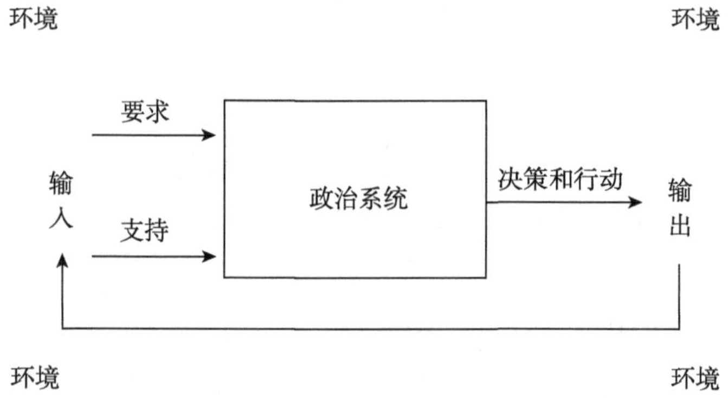

图2　政治系统的简化系统

资料来源:[美]戴维·伊斯顿:《政治生活的系统分析》,王浦劬等译,华夏出版社1998年版,第37页。

加布里埃尔·A.阿尔蒙德在对政治系统论和社会学结构功能主义进行继承发展和理性反思的基础上,从体系、政策和过程三个维度深化拓展对政治生活的系统分析,运用比较研究方法对不同国家和地区的政治体系运行状况进行跨国别比较分析,推动政治学领域的结构功能主义日益发展完善。阿尔蒙德在《发展中地区的政治》一书中首次阐发比较政治学的结构功能主义研究范式,主张对不同国家的政治体系的结构和功能进行比较分析,从而揭示其政治发展状况不同的原因。在行为主义政治学向后行为主义政治学转向的过程中,阿尔蒙德对其早期观点中的机械论、唯经验论立场予以修正,为提出更为成熟完备的

[1] [美]戴维·伊斯顿:《政治生活的系统分析》,王浦劬等译,华夏出版社1998年版,第37页。

结构功能主义政治学分析框架奠定基础。阿尔蒙德和小G.宾厄姆·鲍威尔在《比较政治学——体系、过程和政策》一书中指出,“任何政治体系所发挥的功能都可以从三个层次来考察,即体系层次、过程层次、政策层次”[1]。体系层次涉及体系的维持和适应功能,通过政治社会化、政治录用等途径予以实现;过程层次描述“要求和支持的输入通过一个转换过程变成了权威性政策的输出”,通过利益表达、利益综合、政策制定和政策实施等环节予以实现;政策层次指向政策的实际作为与政策反馈,体系层次、过程层次和政策层次实现动态平衡才能维持整个政治体系的稳定。[2]《比较政治学——体系、过程和政策》一书从体系、政策和过程三个维度将对政治体系、政治发展、政治文化和公共政策等研究对象的分析结合起来,构成政治学结构功能主义的集大成之作,至今仍为社会科学研究者们所运用、关注和讨论。

监察委员会的预防腐败职能研究同时涉及监察委员会的机构设置问题和功能配置问题,结构功能主义为从学理层面揭示监察委员会的机构设置与功能配置的理论逻辑以及两者之间的互动关系提供一个绝佳的理论分析视角。结构功能主义为阐明监察委员会的各项预防腐败职能的设置原理与实施主体提供有针对性的分析工具。本书将监察委员会视为一个逻辑周延、结构合理和功能完备的子政治系统,下沉到监察委员会的内设职能部门和外派机构层面,类型化分析权力监督、廉政教育和监察建议三项预防腐败职能的专业化履行主体及其分工协作机制,对监察委员会通过履行上述三项监察职能来预防公权力腐败的运行机理进行深入的分析。政治发展在结构和功能方面的重要体现就是分化[3],体现为结构分化与功能专业化的不同互动模式。一方面,对内部监督这一专业化功能的需求日益强烈,要求设置履行该专业化功能的专门机构,从中可以揭示纪检监察机关设置纪检监察干部监督室的理论逻辑。另一方面,在结构功能主义看来,“所谓角色分化和结构分化,不仅仅是指新一类

---

〔1〕［美］加布里埃尔·A.阿尔蒙德、小G.宾厄姆·鲍威尔:《比较政治学——体系、过程和政策》,曹沛霖等译,东方出版社2007年版,第14页。

〔2〕参见［美］加布里埃尔·A.阿尔蒙德、小G.宾厄姆·鲍威尔:《比较政治学——体系、过程和政策》,曹沛霖等译,东方出版社2007年版,第14~17页。

〔3〕参见［美］加布里埃尔·A.阿尔蒙德、小G.宾厄姆·鲍威尔:《比较政治学——体系、过程和政策》,曹沛霖等译,东方出版社2007年版,第14~17页。

角色的出现和旧一类角色的变化,而且包括角色之间或结构之间相互关系上可能发生的变化。”[1]为破解纪检监察室权力集中、监督检查以及审查调查权力行使与资源配置不均衡等问题,国家监察体制改革提高监督检查与审查调查之间的结构分化和功能配置专业化的程度,采取市地级以上监察委员会实行监督检查和审查调查部门分设、职能分立的改革举措,体现结构精细化分工和功能专业化配置相对应的特征,与结构功能主义关于结构分化与功能分化互动关系的分析具有契合性。

(四)制度执行力理论

《孟子·离娄上》载:“今有仁心仁闻,而民不被其泽,不可法于后世者,不行先王之道也。故曰:徒善不足以为政,徒法不能以自行。”执行力既是良制向善治推进的中介环节,也是揭示制度文本与制度实效之间落差的关键因素。鉴于制度执行力在制度优势释放和治理效能转化中的重要作用,习近平总书记强调:“要增强制度执行力,制度执行到人到事,做到用制度管权管事管人。”[2]“制度执行力”是从破解制度执行难题、开展制度运行实效评估等多个实践议题中引申出的重要理论概念,是“执行力”这一属概念下辖的种概念,对“制度执行力”的理论内涵和影响因素的理解阐释,需要回溯至“执行力”这一上位概念。

就一般意义而言,“执行是目标和结果之间的桥梁”[3],所谓“执行力”是指组织成员贯彻执行组织制定的目标和决策的操作能力。“‘执行力’这一概念最早被运用于行政法学领域,完整的叫法为‘行政行为的执行力’。关于行政行为执行力的概念,国内外普遍认为是指对具体行政行为予以强制执行的强制力或法律效力。”[4]随着来自各行各业的管理者对预期目标与执行成效之间差距及其成因的日益关注,“执行力”概念逐渐被运用于工商企业管理、公共管理和公共政策等领域,从中衍生出“企业执行力”“政府执行力”“政策执行力”“制度执

---

[1] [美]加布里埃尔·A.阿尔蒙德、小G.宾厄姆·鲍威尔:《比较政治学——体系、过程和政策》,曹沛霖等译,东方出版社2007年版,第14~17页。

[2] 习近平:《在党的群众路线教育实践活动总结大会上的讲话》,人民出版社2014年版,第18页。

[3] [美]拉里·博西迪等:《执行:如何完成任务的学问》,刘祥亚等译,机械工业出版社2016年版,第2页。

[4] 莫勇波、张定安:《制度执行力:概念辨析及构建要素》,载《中国行政管理》2011年第11期。

行力"等多种概念。2006年3月5日,时任国务院总理温家宝在十届全国人大四次会议上所作的政府工作报告中指出:"建立健全行政问责制,提高政府执行力和公信力。"[1]目前学术界对"执行力"概念进行热烈地学术讨论,形成"效力说""能力说""效能说""合力说"等不同的观点。就"效力说"而言,日本公法学者南博方指出:"在许多情况下,法律上行政厅无须获得判决等名义,只需以行政行为自身为依据,便可强制实现其内容。这种可以强制实现其内容的效力便称为执行力。"[2]就"能力说"而言,周永亮认为:"执行力是指企业贯彻落实领导决策及时有效地解决问题的能力。"[3]在政府管理领域,执行力展现出政府执行力这一实践样态,"政府执行力就是政府把社会经济发展目标变成现实的实施能力"[4]。就"效能说"而言,刘小康指出,"公共政策执行力,应指公共政策执行过程的效能"[5]。就"合力说"而言,公共政策执行力和政府执行力采取的是"执行对象+执行力"和"执行主体+执行力"两种不同的概念构造方式,分别具有不同的构成要件和影响因素。王学杰认为:"政策执行力包含了执行能力和着力方向两个基本因素,是有复杂结构的向量(有大小和方向的量)而不是标量(只有大小而没有方向的量)。"[6]莫勇波和张定安则指出:"政府执行力是指相关的政府组织在执行政策、决策、法令、战略及日常事务方面的执行能力、执行力量及执行效力。"[7]

由于对"执行力"概念莫衷一是,目前学术界对"制度执行力"的内涵也有不同的界定。就"能力说"而言,李拓指出:"所谓制度执行力,是人执行制度的能力。"[8]就"效能说"而言,麻宝斌和段易含指出:"制度执行力的实质是制度的有效程度,人们可以通过观察一项制度在多大程度上塑造或影响人的社会行为,来衡量制度执行力的效果。"[9]就"合力说"而言,莫勇波和张定安认为,"制

---

[1] 全国人民代表大会常务委员会办公厅编:《中华人民共和国第十届全国人民代表大会第四次会议文件汇编》,人民出版社2006年版,第35页。
[2] [日]南博方:《日本行政法》,杨建顺等译,中国人民大学出版社1988年版,第43页。
[3] 国富执行力课题组:《本土化执行力模式》,中国发展出版社2004年版,第128页。
[4] 蔺全录:《关于提高政府执行力的一些思考》,载《中国行政管理》2006年第8期。
[5] 刘小康:《论公共政策执行力及其影响因素》,载《新视野》2013年第5期。
[6] 王学杰:《我国公共政策执行力的结构分析》,载《中国行政管理》2008年第7期。
[7] 莫勇波、张定安:《制度执行力:概念辨析及构建要素》,载《中国行政管理》2011年第11期。
[8] 李拓:《制度执行力是治理现代化的关键》,载《国家行政学院学报》2014年第6期。
[9] 麻宝斌、段易含:《再论制度执行力》,载《理论探讨》2013年第2期。

度执行力就是指制度本身所具有被执行落实的强制力、执行效力，以及相关组织在执行相关制度时的执行力量和执行效力”[1]。鉴于执行力的构成要素的多元性与生成路径的复合性，本书在“合力说”的立场和观点上使用“制度执行力”概念。

“制度执行力”是制度执行能力、制度执行力量和制度执行效力共同作用的结果，制度执行力追问的核心问题是制度的有效性程度。正如有学者所言：“制度执行力的实质是制度的有效程度，人们可以通过观察一项制度在多大程度上塑造或影响人的社会行为，来衡量制度执行力的效果。”[2]基于制度执行力和制度有效性之间的内在一致性，“新制度主义政治学以制度运作过程为切入点，从制度、制度相关人和环境三个维度分析制度有效性”[3]，为阐明制度执行力的构成要素和影响因素提供一个具有针对性的理论分析框架。借鉴制度有效性理论资源，有学者指出，“影响制度执行力的因素必然是多方面的，既包括制度安排自身特性方面的因素，如制度本身的科学性和可操作性、制度执行程序的合理性等；又包括特定制度安排运作中的广泛的社会条件或其他环境条件方面的因素，如制度执行主体的观念和能力、制度执行对象对制度的认同感与遵行的自觉性、制度执行所处的各种社会环境等。简而言之，影响制度执行力的主要因素，包括制度因素、人的因素以及环境因素等。”[4]

就理论分析视角和研究对象之间的契合性而言，监察委员会既通过开展监督检查、提出监察建议等方式，推动各监察对象所在单位严格贯彻执行廉政制度，其本身也存在贯彻执行监察制度是否到位的问题。由于监察建议以具有法律效力的监察建议书为呈现载体，监察建议书属于广义上的监察制度的范畴，所以监察建议执行力本质上具有制度执行力的性质，制度执行力理论为分析监察建议的贯彻执行问题提供一个具有契合性和针对性的理论分析框架。本书对制度执行力理论的运用主要体现在以下两个方面：一方面，本书通过对“执行力”和“制度执行力”这两个“监察建议执行力”的上位概念的内涵和外延的理论阐释，从学理层面阐明“监察建议执行力”概念的理论内涵。另一方面，本书

---

[1] 莫勇波、张定安：《制度执行力：概念辨析及构建要素》，载《中国行政管理》2011 年第 11 期。

[2] 麻宝斌、段易含：《再论制度执行力》，载《理论探讨》2013 年第 2 期。

[3] 冯务中：《制度有效性理论论纲》，载《理论与改革》2005 年第 5 期。

[4] 麻宝斌、钱花花：《制度执行力探析》，载《天津社会科学》2013 年第 3 期。

借鉴新制度主义政治学中的制度有效性分析框架，即“制度—制度相关人—制度运行环境”三维分析框架，分析监察建议执行力的构成要素、制约因素与提升路径，从而使对监察委员会履行监察建议职责的现实梗阻与破解路径的分析兼具理论眼光和实践关怀。

三、理论分析框架

（一）切断公权力腐败发生链条：预防腐败的理论逻辑

古语有云：“善治病者，必医其受病之处；善救弊者，必塞其起弊之原。”通过消除致病之源防止同类问题反复发生，即为“预防”。“预防”概念见之于防火、防洪、防病和防腐等不同的语境中，往往与火灾、地震、洪水、疾病和腐败等具有消极影响的事件相伴而生，其含义在于通过设法消除不利事件发生的必要条件，来实现防患于未然的目标。以预防疾病为例，“我们都有这样的常识，即要预防某种疾病，首先必须了解这种疾病的发病机理和传播途径，然后才能通过消除疾病发作和传播所依赖的某些必要条件，来实现防患于未然”。[1] 从某种程度上来说，公权力腐败正是公职人员对腐败的“免疫力”降低而产生的一种“社会疾病”，预防腐败和预防疾病的原理之间存在共通之处。“所谓预防腐败是指采取措施以防止腐败行为的发生”[2]。这是关于预防腐败这一概念的最为简化的定义，也是学者们对预防腐败这一概念的理论共识，该定义的价值体现在以下两个方面：一方面，它回答了“预防什么”的问题，预防腐败主要针对的是尚未发生的腐败行为，腐败行为是否已经付诸实践是区分预防腐败和惩治腐败的关键时间节点。另一方面，它回答了“怎样预防”的问题。监察委员会预防腐败的理论逻辑，即通过消除公权力腐败行为的某一个或某几个构成要件，来切断公权力腐败的发生链条，以达到防范公权力腐败行为发生的预防效果。公权力腐败的成因往往是多元和复杂的，不同的公权力腐败行为的构成要件之间相互影响、相互强化，共同构成公权力腐败行为的运作机理，最终导致公权力腐

〔1〕 胡鞍钢主编：《中国：挑战腐败》，浙江人民出版社 2001 年版，第 84 页。
〔2〕 楚文凯：《社会转型期预防腐败问题研究》，中共中央党校 2007 年博士学位论文，第 55 页。

败行为得以付诸实践。鉴于此,“要想有效地防止各类腐败行为的发生,首先必须了解这些腐败行为究竟需要借助于哪些必要条件,然后才能通过消除其中的一个或多个条件来使腐败行为难以完成”[1]。

(二)“公共权力+腐败动机+腐败机会→腐败行为”:公权力腐败发生机理

“任何事物的发生都是有其内在的或潜在的原因的,探究腐败问题,也得分析腐败产生的原因。”[2]关于公权力腐败的构成要件和发生机理,目前国内外廉政学界主要有“腐败动机+腐败机会→腐败行为”[3]和“公共权力+腐败动机+腐败机会→腐败行为”[4]这两种理论分析框架。由于本书的研究对象是监察委员会,其监察对象是所有行使公权力的公职人员,公共权力是公权力腐败得以发生的一个必要条件,所以本书在尝试描述公权力腐败的构成要件和发生机理时,充分考虑公共权力这一公权力腐败的关键构成要件,故而借鉴和参考的是“公共权力+腐败动机+腐败机会→腐败行为”这一理论分析框架。“贪欲+权力+机会=腐败。只有约束这三个要素,才能真正消除腐败。”[5]具体而言,公权力腐败的构成要件和发生机理主要体现在以下四个方面。

第一,公共权力是公权力腐败行为得以产生的前提条件,掌握和运用公共权力为公职人员提供从事腐败行为的“资本”。阿克顿(Acton)指出:“在所有使人类腐化堕落和道德败坏的因素中,权力是出现频率最多和最活跃的因素。”[6]中国共产党在夺取和巩固国家政权的过程中既利用手中掌握的公共权

---

[1] 胡鞍钢主编:《中国:挑战腐败》,浙江人民出版社2001年版,第84页。

[2] 王沪宁编:《腐败与反腐败——当代国外腐败问题研究》,竺乾威等译,上海人民出版社1990年版,第7页。

[3] [新西兰]杰瑞米·波普:《制约腐败——建构国家廉政体系》,清华大学公共管理学院廉政研究室译,中国方正出版社2003年版,第17~47页;任建明、杜治洲:《腐败与反腐败:理论、模型和方法》,清华大学出版社2009年版,第161页;[新加坡]乔恩·奎赫:《新加坡反腐败的经验》,何增科译,载《国外理论动态》1993年第28期;倪星、肖汉宇、陈永亮:《“机会—意愿”视角下的反腐败研究》,载《广州大学学报(社会科学版)》2010年第8期;倪星、宿伟伟:《中国特色廉政体系的理论框架与研究方向》,载《学术研究》2015年第8期。

[4] 程文浩:《预防腐败》,清华大学出版社2011年版,第10~44页;程文浩:《改革期间腐败机会的产生根源研究》,载《公共管理评论》2004年第2期;李永忠:《论制度反腐》,中央编译出版社2016年版,第3页。

[5] 李永忠:《论制度反腐》,中央编译出版社2016年版,第3页。

[6] [英]阿克顿:《自由与权力》,侯健、范亚峰译,译林出版社2014年版,第294页。

力造福民众、改造社会，也对公共权力的腐蚀性及其衍生出的权力腐败、官僚主义等问题产生日益深刻的认识。1926年8月4日，中共中央扩大会议发出《关于坚决清洗贪污腐化分子的通告》，这是党的历史上中共中央发布的第一个专门的反腐败文件。该通告指出："我们的党乘着革命的高潮，有突飞的发展，这自然是一件可喜的现象。但同时投机腐败分子之混入，也恐是一件难免的事，尤其在比较接近政权的地方或政治、军事工作较发展的地方，更易有此现象。"[1]贪污腐化分子更容易出现在接近政权的地方，这一深刻认知在一定程度上揭示出腐败现象与权力之间的紧密关联。正如有学者所言："腐败的本质是公权私用行为，所以公共权力是腐败行为最基本的前提条件。"[2]公共权力作为公权力腐败行为得以发生的一个必要条件，解释了行贿者为何向国家公职人员而不向普通百姓行贿以及国家公职人员为什么能够从事腐败行为等重要问题。人们之所以选择向国家公职人员而非普通公民行贿，就是因为国家公职人员手中通常掌握着管理、分配稀缺资源的重要权力。正如有的贪腐官员在忏悔录中所说："如果不是因为我手中的权力对他们有用，他们怎么可能以这么低的价格卖房给我？"[3]从中可以看出，"腐败的'受病之处'正是权力，腐败的'致病之源'也是权力，'围猎'的'着力之点'更无一不是权力"[4]。公共权力以公共职务和公共职位的形式呈现出来，其实质是戴维·伊斯顿所说的"对一个社会进行的权威性价值分配"[5]。"国家控制的各类资源的稀缺性，使管理和分配这些资源的公职人员拥有了充足的腐败本钱。"[6]

第二，腐败行为通常是有目的的行为，腐败动机是公权力行使主体从事腐败行为的心理条件。苏珊·罗斯·艾克曼（Susan Rose-Ackerman）提出，人是腐败的行动主体，人的思想主导着行为，腐败思想是造成腐败行为发生的直接原因。[7]

---

〔1〕 中共中央文献研究室、中央档案馆编：《建党以来重要文献选编（1921—1949年）》（第3册），中央文献出版社2011年版，第348页。

〔2〕 程文浩：《预防腐败》，清华大学出版社2011年版，第10页。

〔3〕 颜新文：《以权谋房　权财两空》，载《中国纪检监察报》2019年2月13日，第7版。

〔4〕 叶小文：《警惕"权力是最大的腐蚀剂"》，载《中国纪检监察》2019年第3期。

〔5〕 [美]戴维·伊斯顿：《政治体系——政治学状况研究》，马清槐译，商务印书馆1993年版，第122页。

〔6〕 胡鞍钢主编：《中国：挑战腐败》，浙江人民出版社2001年版，第87页。

〔7〕 See Susan Rose-Ackerman, *Corruption and Government: Causes, Consequences, and Reform*, Cambrige University Press, 2016, p. 74 - 86.

公权力腐败作为公权力行使主体的一种有意识的甚至是精心策划的行为，通常是在腐败动机的内在驱动下完成的。“腐败动机是指发动和维持腐败行为主体进行贪污、受贿、行贿等腐败活动，并使其活动朝向一定目标的内部心理过程或行为动力。”[1]作为公权力腐败的一个构成要件，腐败动机在腐败行为发生机理中发挥的作用在于，它对公权力行使主体从事的腐败行为具有引发、指引和激励的功能[2]。公权力行使主体在内心中产生想腐败的动机之后，往往会千方百计地寻找甚至人为创造腐败机会，以实现以权谋私的目标。

第三，公权力腐败行为的发生通常需要借助于特定的外部有利条件，腐败机会为公权力行使主体从事腐败行为提供了可乘之机。“在腐败动机产生之后，腐败行为就进入了临界状态。这时候，腐败行为能否顺利完成，主要取决于腐败机会的多寡。”[3]“有权必有责、用权受监督”是现代社会公共权力运行的一项基本原则，为防止公共权力被滥用，公权力机关及其工作人员在行使公共权力的过程中通常要受到一系列规章制度和工作程序的约束。在此种情况下，公权力行使主体要想能够从事腐败行为并且使自己的腐败行为不被监管者发现，就需要借助由规章制度的缺陷、制度执行不力等原因而产生的腐败机会。“所谓腐败机会，是指能够帮助公职人员在当时不被发现的情况下完成腐败行为的机会和条件。”[4]就产生根源而言，过于集中的权力结构、不公开透明的权力运行过程以及制度建设过程中出现的“制度缺陷”“制度漏洞”“制度的软约束”[5]等问题，是腐败机会得以产生的重要原因。就功能作用而言，腐败机会在公权力腐败行为发生链条中发挥的作用是，腐败机会为公权力行使主体从事腐败行为提供了可乘之机，为公权力行使主体将其内在的腐败动机转化为外在的腐败行为创造了条件。

第四，不同的公权力腐败构成要件之间相互影响、相互强化，共同作用于公权力腐败行为的发生。在掌握公权力的公职人员同时具备腐败动机和腐败机

[1] 孔德云：《腐败动机影响因素实证研究》，中国科学技术大学2009年硕士学位论文，第58页。
[2] 参见邓杰、胡廷松：《反腐败的逻辑与制度》，北京大学出版社2015年版，第41页。
[3] 胡鞍钢主编：《中国：挑战腐败》，浙江人民出版社2001年版，第87页。
[4] 程文浩：《预防腐败》，清华大学出版社2011年版，第4页。
[5] 雷玉琼、曾萌：《制度性腐败成因及其破解——基于制度设计、制度变迁与制度约束》，载《中国行政管理》2012年第2期。

会的条件下，公权力腐败发生的可能性将会大大增加。“在所有使人类腐化堕落和道德败坏的因素中，权力是出现频率最多和最活跃的因素。”[1]公共权力具有腐蚀性，一些长期担任公共职务特别是长期担任党政机关主要负责人的领导干部，更容易产生唯我独尊和不受监督与约束的虚幻感，更容易因为放松思想道德方面的严格要求和放大自己的私人欲望而产生腐败动机。当公职人员具备腐败动机之后，一方面，“物质欲望强烈之人往往会千方百计地扩大自己的权力和资源，以增加自身的腐败资本”[2]。另一方面，他们还往往会竭力地寻找、利用乃至人为创造腐败机会，以实现滥用公共权力的目标。“如果是天使统治人，就不需要对政府有任何外来的或内在的控制了。”[3]执掌公共权力的公职人员也有多层次的现实需求，当现有规章制度中存在的腐败机会较多时，它会给公职人员的人性缺点以极大的诱惑，反过来会强化公职人员的腐败动机。正如有学者所说：“只有当公共权力（资源）、腐败动机和腐败机会三大条件同时具备时，腐败行为才能够得手。”[4]当然这并不是说所有的公权力腐败行为都必须在同时具备上述三个构成要件的情况才能发生，而是说在同时具备上述三个构成要件的情况下公权力腐败行为就具备了充要条件，发生的可能性将大大提高。

（三）“权力监督＋廉政教育＋制度建设→预防腐败”：监察委员会预防腐败的分析框架

2022年6月17日，习近平总书记在主持中共中央政治局第四十次集体学习时，对党的十八大以来我们党开展反腐败斗争的重要经验进行系统总结，从扎紧防治腐败的制度笼子、构筑拒腐防变的思想堤坝与加强对权力运行的制约和监督等方面归纳总结了预防腐败行之有效的经验做法[5]，进一步凸显制度建设、思想教育和权力监督在防治腐败中的重要作用。监察委员会作为中国特

---

〔1〕［英］阿克顿：《自由与权力》，侯健、范亚峰译，译林出版社2011年版，第342页。

〔2〕程文浩：《预防腐败》，清华大学出版社2011年版，第5页。

〔3〕［美］汉密尔顿、杰伊、麦迪逊：《联邦党人文集》，程逢如等译，商务印书馆1989年版，第264页。

〔4〕程文浩：《预防腐败》，清华大学出版社2011年版，第4～5页。

〔5〕《习近平在中共中央政治局第四十次集体学习时强调 提高一体推进“三不腐”能力和水平 全面打赢反腐败斗争攻坚战持久战》，载《人民日报》2022年6月19日，第1版。

色国家反腐败机构,立足法定的监察职能配置,综合运用权力监督、廉政教育和制度建设等预防腐败职能来切断公权力腐败的发生链条。

第一,加强权力监督是防范公共权力滥用的一个重要策略,《中华人民共和国监察法》将监察职能确立为监察委员会的首要职能,监察委员会是权力监督这一预防腐败策略的重要执行者。无论公权力腐败的形式和类型如何千变万化,滥用公共权力始终是公权力腐败的深层实质。习近平总书记指出:“从查处的腐败案件看,权力不论大小,只要不受制约和监督,都可能被滥用。”[1]在公权力腐败的构成要件中,公权力运行缺乏有效的监督是其中一个重要因素。鉴于此,预防腐败的关键,应当是紧紧抓住公共权力这个公权力腐败的构成要件,构筑防止公共权力滥用的权力防线。在公共权力既无法根除自身的腐蚀性和扩张性等特征又长期存在的条件下,构筑预防腐败的权力防线主要有两种方法:一是从权力授予环节来看,对公共权力进行清理,将公共权力的数量和类型压缩到合理、必要且可控的范围内,减少公共权力对市场和社会的过度干预,以降低公职人员的寻租能力。常见的举措诸如转变政府职能、减少行政许可与行政审批事项等。二是从权力运行环节来看,反腐败机构对那些于法有据、确有存在必要的公共权力进行强有力的监督与制约,确保公共权力合法规范地行使。常见的举措诸如建立专业化的权力监督机构、扩大权力监督范围和改进权力监督方式等。在上述两种防范公共权力滥用的预防腐败策略中,由于监察委员会的监察对象是行使公权力的公职人员而非公权力机关,无法直接决定各监察对象所在单位的公共权力的种类与干预范围,所以它难以直接执行“减权”这一预防腐败策略。在对所有行使公权力的公职人员进行国家监察全覆盖的背景下,监察委员会具有国家权力监督机关的性质定位,“监督职能是监察机关的首要的、第一位的职能”[2],监察委员会是权力监督这一预防腐败策略的重要执行者,侧重于通过事前监督、主动监督来抓早抓小、防微杜渐,将公权力腐败行为扼杀于萌芽状态之中。

第二,教育是抑制公职人员的腐败动机的一个常见策略,监察委员会履行

---

〔1〕 中共中央文献研究室编:《习近平关于全面从严治党论述摘编》,中央文献出版社2016年版,第201页。

〔2〕 毛昭晖:《国家监察制度演进:重要变量与策略选择》,载《理论与改革》2019年第1期。

对公职人员开展廉政教育的重要职能，是廉政教育这一预防腐败策略的重要执行者。腐败动机因为深深地植根于人的各种现实需要之中而难以从根本上铲除，但是这并非意味着我们不能够通过采取一定的策略手段来抑制、弱化公职人员的腐败动机。习近平总书记指出："党内存在的一些突出问题，从根源上说都是思想上的问题。"[1]在马克思主义内外因辩证关系原理的指引之下，长期以来党和政府一直强调对公职人员的主观世界进行改造的重要性，注重对公职人员开展思想道德教育、党纪国法教育等各种形式的廉政教育活动。对公职人员开展廉政教育，正是我国长期以来采用的一项重要的预防腐败策略。"教育对策只有一个功能，它针对的是个人或组织的腐败动机。教育影响个人的腐败动机容易理解，即通过有效的教育，改变人们对于腐败的认知和态度，进而影响人们是否选择腐败的行为。"[2]在我国除了各级党委（党组）、党的纪律检查机关、党委宣传部门和教育部门等廉政教育主体，反腐败机构通常也承担着对公职人员开展廉政教育的重要职能。《中华人民共和国监察法》第 11 条将"对公职人员开展廉政教育"纳入监察职责之中，并将其作为监察监督这一首要监察职责的重要组成部分，凸显出廉政教育在监察职能体系中的基础性地位和重要作用。在此基础上，《中华人民共和国监察法实施条例》第 16 条进一步明确监察委员会对公职人员开展廉政教育的主要内容和目标任务，为监察委员会履行对公职人员开展廉政教育这一预防腐败策略提供重要的法律保障。

第三，加强制度建设是减少公职人员腐败机会的一个常见策略，制度缺陷是腐败机会得以产生的一个主要根源，监察委员会运用监察建议督促各监察对象所在单位加强廉政制度建设，是制度建设这一预防腐败策略的重要执行者。"新制度经济学认为，制度对于人的行为选择具有支配性的作用。在不同的制度安排下，人的行为选择不同。"[3]从制度形塑个人的行为选择这一研究立场出发，个人作出廉洁或腐败的行为选择，在很大程度上受到规章制度提供的激励结构的重要影响。从腐败机会的产生根源来看，虽然公权力行使主体的自由裁量和人为创造构成腐败机会得以产生的必要条件，但是公权力行使主体的自

[1]《习近平谈治国理政》（第 3 卷），外文出版社 2020 年版，第 526 页。

[2] 任建明、杜治洲：《腐败与反腐败：理论、模型和方法》，清华大学出版社 2009 年版，第 112 页。

[3] 任建明、杜治洲：《腐败与反腐败：理论、模型和方法》，清华大学出版社 2009 年版，第 107 页。

由裁量空间和主动性发挥程度从本质上受到规章制度的深刻塑造,在廉政制度尚不够成熟完备的背景下,“腐败机会归根结底是由制度缺陷引起的”[1]。制度建设的不完备状态呈现为“制度缺陷”“制度漏洞”“制度的软约束”[2]等各种具体情形,揭示了微观层面腐败机会的各种产生根源。对此,习近平总书记强调:“各级党委要紧密结合这些年发生的腐败案例,寻找漏洞,吸取教训,全面深化改革,全面加强制度建设。”[3]制度建设作为一项具有治本功能的预防腐败策略,贯穿于制度制定、制度执行等各个制度运行流程之中,要求各公权力机构通过提升廉政制度质量及其执行力来减少其中隐藏的腐败机会。虽然监察委员会无法直接代替各监察对象所在单位制定和执行规章制度,但是它可以根据《中华人民共和国监察法》《中华人民共和国监察法实施条例》等监察法律法规的相关规定,针对监察对象所在单位廉政制度建设中存在的问题提出制度完善类监察建议。《中华人民共和国监察法实施条例》第 20 条规定:“监察机关应当以办案促进整改、以监督促进治理,在查清问题、依法处置的同时,剖析问题发生的原因,发现制度建设、权力配置、监督机制等方面存在的问题,向有关机关、单位提出改进工作的意见或者监察建议,促进完善制度,提高治理效能。”向监察对象所在单位提出制度完善类监察建议,是监察委员会推动被建议单位将问题整改与深化改革、完善制度和促进治理结合起来的一项重要监察权限,是督促监察对象所在单位完善廉政规章制度和提高廉政制度执行力的一个重要手段。

总之,预防腐败战略是由不同预防腐败策略相辅相成、相互补充构成的一项系统工程,监察委员会在贯彻执行教育、制度和监督并重的预防腐败战略的过程中,结合自己的机构属性和职能设置,在实践中逐渐形成了权力监督、廉政教育和监察建议三管齐下的预防腐败模式(见图 3)。监察委员会预防腐败的理论逻辑是,通过消除一个或若干个公权力腐败行为构成要件来切断公权力腐败的发生机制,以发挥防患于未然的预防作用。由于公权力腐败的构成要件具

[1] 倪星:《惩治与预防腐败体系的评价机制研究》,中山大学出版社 2012 年版,第 80 ~ 81 页。

[2] 雷玉琼、曾萌:《制度性腐败成因及其破解——基于制度设计、制度变迁与制度约束》,载《中国行政管理》2012 年第 2 期。

[3] 中央纪律检查委员会、中共中央文献研究室编:《习近平关于严明党的纪律和规矩论述摘编》,中央文献出版社、中国方正出版社 2016 年版,第 57 页。

有多元性和复杂性，而且这些构成要件之间相互影响、相互强化，所以监察委员会在预防公权力腐败时应当多管齐下、系统集成。预防腐败的措施包括监督预防、制度预防和教育预防三个方面〔1〕，这三项预防腐败策略相互促进、相互补充，监察委员会应将权力监督策略、廉政教育策略和制度建设策略有机结合起来，以提升预防腐败战略的系统效果。一方面，就权力监督和制度建设之间的互动关系而言，监督结果是监察委员会向监察对象所在单位提出监察建议的重要依据，监察委员会根据监督检查结果发现监察对象所在单位的制度漏洞，据此向对监察对象所在单位提出弥补制度缺陷、完善廉政规章制度的监察建议。另一方面，就廉政教育与权力监督、制度建设的互动关系而言，监察委员会在对公职人员开展廉政教育时，将监督意识教育和制度意识教育作为廉政教育的重要内容，将对公职人员开展廉政教育作为一体推进不敢腐、不能腐、不想腐的基础性工程。

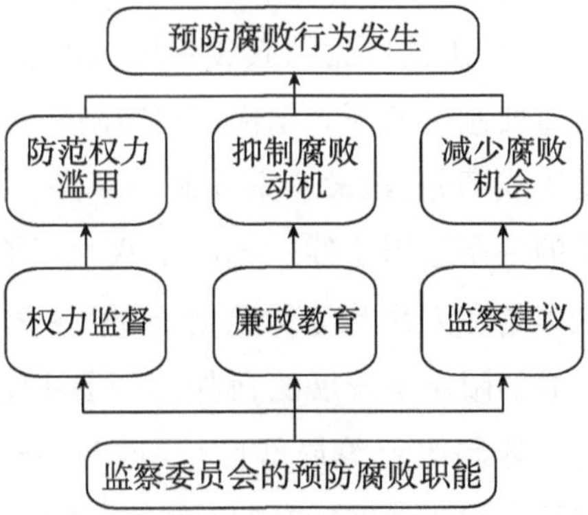

图3　监察委员会的预防腐败模式

〔1〕 参见胡杨主编：《反腐败导论》，中共中央党校出版社2012年版，第98页。

第二章 监察委员会的设立及其对预防腐败的积极作用

"腐败是党长期执政的最大威胁"[1],根据各个历史时期党和国家的反腐败方针政策、目标任务和实践路径等因素的适应性调整,与时俱进对反腐败体制机制进行改革创新,是中国共产党及其领导的国家政权机关应对腐败问题的重要制度创新。纪检监察体制是我国的反腐败体制的重要组成部分,纪检监察体制改革是贯穿反腐败体制机制改革的一条逻辑主线。党的十八大以前,纪检监察体制改革大多是在人民代表大会之下的"一府两院"这一国家权力格局的限定下开展的,侧重于实施行政监察制度改革、纪律检查体制改革等局部性[2]改革,难以为解决公权力腐败与社会问题、经济问题和政治问题相互交织形成的关联性、复杂性的公共问题提供系统化解决方案,亟待对反腐败体系进行整体性重塑与系统化改进,以提高预防腐败和惩治腐败的整体效能。鉴于此,习近平总书记强调:"必须更加注重改革的系统性、整体性、协同性"[3],将全面深化改革

---

〔1〕《中共中央关于党的百年奋斗重大成就和历史经验的决议》,人民出版社2021年版,第32页。

〔2〕参见吕永祥、王立峰:《反腐败机构的模式比较及其启示》,载《中州学刊》2018年第9期。

〔3〕中共中央文献研究室编:《习近平关于全面深化改革论述摘编》,中央文献出版社2014年版,第30页。

的系统思维运用于国家监察体制改革这一重要改革领域之中，对整个反腐败体制进行顶层设计与重大调整，通过对人民代表大会制度的改革、纪检监察体制改革、党和国家机构改革等多项改革之间的协调联动，优化反腐败机构的领导体制、机构设置和职权职责等事项，形成反腐败体系的系统效应与整体效能。[1]

设立监察委员会作为国家监察体制改革的标志性成果，是我国应对腐败问题的一种制度创新和组织创新。从 2016 年 11 月中共中央办公厅印发《关于在北京市、山西省、浙江省开展国家监察体制改革试点方案》，启动国家监察体制改革试点工作，到 2017 年 11 月 4 日第十二届全国人民代表大会常务委员会第三十次会议通过《关于在全国各地推开国家监察体制改革试点工作的决定》，部署在全国开展推广监察体制改革试点，再到 2018 年 3 月中华人民共和国国家监察委员会挂牌成立，并被《中华人民共和国宪法》和《中华人民共和国监察法》正式赋予宪法和法律地位，监察委员会制度的发展演进历程先后经历政策试点、政策扩散和政策定型三个阶段。监察委员会这一中国特色国家反腐败机构的建立健全，提升了预防腐败机构的独立性和权威性，整合了分散的预防腐败职能，构建起党统一领导、集中统一的预防腐败体系，对于我国更加有效地预防公权力腐败具有重大的现实意义。

一、监察委员会制度的形成和发展历程

国家监察体制改革作为一项事关全局的重大政治改革，具有改革领域的敏感性、改革领域的广泛性和改革影响的关联性等特征，为了保障改革过程的平稳性和有效性，降低改革的试错风险，在实践探索中不断积累可以复制和推广的改革经验，采取了政策试点的改革方法。所谓政策试点是指“党政机关为验证政策方案的正确性、可行性，并取得实施这些方案的具体化细则，而在一定范围内进行的一种局部性的决策施行活动”[2]。中央与地方关系是分析政策试点生成逻辑与运行过程的关键变量，在央地关系视角下以政策试点为基础的政

[1] 吕永祥：《习近平关于国家监察体制改革的重要论述及其时代价值》，载《北京航空航天大学学报(社会科学版)》2020 年第 5 期。

[2] 周望：《中国“政策试点”研究》，南开大学 2012 年博士学位论文，第 29 页。

策制定过程，一般经历“地方试验—中央认可—全国推广—成熟定型”的演进过程，可以进一步整合和概括为政策试点、政策扩散和政策定型三个前后相继的阶段。具体到国家监察体制改革领域，国家监察体制改革采用政策试点的理性改革工具，监察委员会制度的发展演进历程，先后经历国家监察体制改革的政策试点、政策扩散和政策定型三个阶段。

（一）监察委员会的政策试点

“作为标识中国政策过程尤其是改革开放进程的重要关键词，‘政策试点’是被运用得最为频繁的改革工具之一。”[1]作为“政策试验”的一种具体类型，“政策试点是指通过在一定时间段和一定范围内进行局部性的政策探索与实施活动，并将其逐步推广到更大范围内的实践过程”[2]。在改革前景尚不明朗、改革目标不够清晰、改革方案有待细化以及改革知识不够完备等情况下，采取先试点后扩散的渐进性改革模式，是中国式改革的鲜明特色与显著优势。国家监察体制改革是一项事关全局的重大政治改革，具有触及关键政治领域、涉及面广、关联性强和敏感度高等特征，必须在中共中央的领导设计的规划之下有序进行。采取政策试点方式实施国家监察体制改革，兼顾改革的可控性和自主性、渐进性和发展性，“是中央政府在面对纷繁复杂的治理挑战下的一种适应性回应，也是中国政治体制保持稳定与持续发展的关键秘钥”[3]。

1. 提出启动国家监察体制改革的政策倡议

“在中国政治改革过程中，执政党是核心的政治权威力量，主导着政治改革的性质和方向，决定着政治改革的进程和水平。”[4]实施国家监察体制改革的重大政策倡议和开展监察体制改革试点的具体方案，都是以习近平同志为核心的党中央先提出政策倡议，再由全国人民代表大会及其常务委员会通过法定程序将其转化为国家意志。所谓政策倡议是指特定的组织或个人通过有计划、有

---

〔1〕 周望：《中国“政策试点”研究》，南开大学 2012 年博士学位论文，“中文摘要”第 1 页。

〔2〕 周望：《连接理论与经验：政策扩散理论与中国的“政策试验”》，中国行政管理学会 2011 年年会论文。

〔3〕 张克：《政策试点何以扩散：基于房产税与增值税改革的比较研究》，载《中共浙江省委党校学报》2015 年第 2 期。

〔4〕 庄德水：《国家监察体制改革的行动逻辑与实践方向》，载《中共中央党校学报》2017 年第 4 期。

组织的行动向有权制定公共政策的机构或个体宣传、传播自身的政策理念和政策创新建议,以期将其纳入政策制定议程之中的政策活动。在公共政策议程的容量和空间相对有限的情况下,很多政策参与主体都希望将反映自身价值理念、政治主张和利益诉求的政策倡议输入公共政策制定议程之中,“议题是由哪些个人或团体所提出,如何在公共场域中被建构、陈述、营销,将决定了这个议题能否顺利被排上议程”〔1〕。按照政策创新倡议提出主体的不同,地方政策试点可以进一步划分为地方自发进行的政策试点和中央授意的政策试点两种类型,两者反映地方政策试点产生的两种不同的内在逻辑与适用情形。国家监察体制改革不仅涉及对监察制度的深刻改革与重大调整,而且涉及对人民代表大会制度的政体的改革和优化,具有涉及面广、关联性高、敏感性强等特征,其改革倡议是中共中央主导提出的,经过中共中央的确认才能被纳入政策制定的议事日程之中。

中共中央提出国家监察体制改革政策创新倡议的过程,大体上属于“前试点阶段”的范畴,以习近平同志为核心的党中央以发表重要讲话、出台政策文件等方式明确国家监察体制改革的宏观目标和发展方向,但是实现政策目标的政策方案和政策工具仍有待通过政策试点的方式在实践中不断探索、调适和优化,以积累可复制、可推广的地方试点经验,经中共中央同意和认可后可将其由地方知识转化为全国性知识。2016 年 1 月,习近平总书记在十八届中央纪委六次全会上指出:“要坚持党对党风廉政建设和反腐败工作的统一领导,扩大监察范围,整合监察力量,健全国家监察组织架构,形成全面覆盖国家机关及其公务员的国家监察体系。”〔2〕为贯彻落实习近平总书记关于国家监察体制改革的重大决策部署,2016 年 11 月,中共中央办公厅印发《关于在北京市、山西省、浙江省开展国家监察体制改革试点方案》,提出国家监察体制改革的目标任务和总体方案,部署在北京市、山西省、浙江省开展国家监察体制改革试点,标志着国家监察体制改革正式启动。监察体制改革试点地区的选择并不是随机的,而是兼具试点地区选择的代表性和不同试点地区类型之间的差异性,以确保试点地区推行的政策创新方案在各种环境条件中得到检验和验证。中共中央选择在

〔1〕 张奇:《日本环保 NPO 政策倡议研究》,西南政法大学 2016 年硕士学位论文,第 10 页。

〔2〕《习近平谈治国理政》(第 2 卷),外文出版社 2017 年版,第 169 页。

北京市、山西省、浙江省先行开展国家监察体制改革试点，是综合考虑试点地区的区域分布、经济发展水平、政治生态情况、反腐败基础和改革成功后可以释放出来的积极效果等多个因素的结果，使国家监察体制改革试点以尽可能低的成本和风险取得最大的预期效果。

国家监察体制改革试点作为一种在中共中央的领导下开展的政策试点，体现出鲜明的顶层设计的特征，“中央出于风险最小化的考虑，把握试验的主导权，例如方向、步骤、时机等关键性问题”[1]，在国家监察体制改革过程中发挥总揽全局、协调各方的领导核心作用。以习近平同志为核心的党中央高度重视国家监察体制改革及试点工作的启动和实施工作，“习近平总书记6次主持召开中央政治局会议、中央政治局常委会会议和中央全面深化改革领导小组会议专题研究，审议通过改革和试点方案，对改革作出顶层设计，明确了试点工作的时间表和路线图；在党的十八届六中全会、十八届中央纪委七次全会和‘7·26’重要讲话中作出重大部署。”[2]以习近平同志为核心的党中央不断明确和完善国家监察体制改革的时间表、路线图和目标系，保障国家监察体制改革的政策设计目标、政策设计方案科学合理、务实可行，为各地有序开展国家监察体制改革试点工作提供基本遵循和方向指引。

2. 加强国家监察体制改革试点工作的组织领导和高位推动

中共中央拥有全面深化改革的领导权和掌控权，对不同重要性和敏感性的改革议题分配了差异化的注意力和控制力。一般而言，对迫切性高、战略性强、敏感度高的改革议题，中共中央通常会赋予额外的注意力，对政策试验进行全过程把控。[3] 国家监察体制改革是对政治权力格局的深刻调整，涉及人大机关、行政机关、司法机关、党的纪律检查机关的机构调整、职能整合与人员转隶等重要改革内容，应当在党中央的集中统一领导之下有序进行。

在归口领导体制之下，组织国家监察体制改革涉及的各党政机关主要负责

---

[1] See Mei C. & Liu Z., *Experiment-based Policy Making or Conscious Policy Design? The Case of Urban Housing Reform in China*, Policy Sciences, Vol. 47:3, p. 321 – 337 (2014).

[2] 《积极探索实践　形成宝贵经验　国家监察体制改革试点取得实效——国家监察体制改革试点工作综述》，载新华网，http://www.xinhuanet.com/politics/2017-11/05/c_1121908387.htm。

[3] 参见李娉、邹伟：《权威调控与知识生产：中国政策试验的双重逻辑——基于能源领域四项试点的案例比较》，载《中国行政管理》2022年第5期。

人组成高规格的党中央议事协调机构，是中共中央对国家监察体制改革这一事关全局的重大政治改革进行强有力领导和全方位把控的重要载体。“‘小组政治’是指在党政系统内，出于重视和力图解决某个问题的需要，由权力层级较高的人物和部门牵头，组成领导小组，联合多个部门，集中政治资源，协调和领导跨部门、跨系统或跨区域的政治活动。”[1]小组政治作为党和政府理顺交错的跨部门权责关系、协调复杂的多机构集体行动、构建紧密衔接的“决策—执行—监督—反馈”政策运行过程、实现高效的党政复合治理效能的中国特色治理机制，在丰富多彩的政治实践中呈现出领导小组、协调小组、委员会、指挥部和联席会议等不同的称谓，具有议事协调机构、决策议事协调机构等不同的功能定位。小组政治既服务于政策平稳时期对日常性的政党事务和国家事务开展常规化治理的现实需要，也适应了政策变动时期掌控政策改革方向和过程的内在要求。国家监察体制改革具有关联度高、涉及面广、影响深远等特征，在国家监察体制改革过程中成立领导小组，既有利于为国家监察体制改革的有序、平稳进行提供坚实的政治保障和组织保障，最大限度降低政治改革的风险，又有利于理顺国家监察体制改革涉及的中国共产党、人大机关、行政机关和司法机关等各个机构之间的职责权限与互动关系，协调各类党政机关共同贯彻落实党中央关于国家监察体制改革的重大决策部署。

2016年11月，中共中央办公厅印发的《关于在北京市、山西省、浙江省开展国家监察体制改革试点方案》要求：“要加强对试点工作的统一领导。中央成立深化监察体制改革试点工作领导小组，对试点工作进行指导、协调和服务。”[2]从领导小组的人员构成与机构设置来看，一般而言，“各层级各类型的领导小组，无论组织人员规模大小、存续时间长短、承担任务差异度高低，都是以‘三层次’的模式化组织架构为内核，即‘领导成员—部门成员（牵头部门成员）—办事机构’”[3]。在中央层面，公开资料显示，中央深化国家监察体制改革试点工作领导小组首任组长由时任中共中央政治局常委、中央纪委书记王岐山担任。

---

〔1〕 吴晓林：《“小组政治”研究：内涵、功能与研究展望》，载《求实》2009年第3期。

〔2〕 《中办印发〈关于在北京市、山西省、浙江省开展国家监察体制改革试点方案〉》，载《人民日报》2016年11月8日，第3版。

〔3〕 周望：《大国治理中的领导小组：一项治理机制的演化与精化》，载《中共天津市委党校学报》2019年第5期。

“中央政治局委员、中央纪委副书记、中央深化国家监察体制改革试点工作领导小组副组长兼办公室主任杨晓渡直接抓改革试点工作，主持召开领导小组办公室会议，听取改革试点推开工作进展情况汇报，研究部署下一阶段工作任务。”〔1〕

根据改革领域的直接相关性原则，中央深化国家监察体制改革试点工作领导小组的小组成员来自全国人大常委会、中央组织部、中央政法委和最高人民检察院等单位。中央深化国家监察体制改革试点工作领导小组认真贯彻落实党中央关于国家监察体制改革的重大决策部署，切实承担起对各地区国家监察体制改革试点工作进行指导、协调和服务的重要职责，对各地区呈交的试点改革方案、各地区深化监察体制改革试点工作小组成员名单进行审核把关，深入各试点地区进行调查研究和指导督促，有力保障国家监察体制改革在地方不走偏、不走样。“王岐山同志多次主持召开会议传达学习习近平总书记重要讲话精神，16次研究改革方案、10次研究部署试点工作，赴3省(市)调研指导。全国人大常委会迅速通过试点工作的决定，为试点工作提供法治保障。中央组织部研究提出试点地区监察委员会干部管理体制和任免审批程序。中央政法委加强协调，统筹司法执法机关积极配合改革试点。最高人民检察院坚决贯彻党中央决策部署，深入细致做好转隶人员思想政治工作和线索移交，确保工作有机衔接。中央编办对试点地区涉改单位人员编制机构转隶进行具体指导。通过扎实有效的工作，齐心协力把党中央要求落到实处。”〔2〕

3. 为开展国家监察体制改革试点提供政策依据

党的十八大以来，以习近平同志为核心的党中央将全面深化改革纳入“四个全面”战略布局，在全面依法治国的背景下，要求平衡好法律制度的稳定性与改革实践的变动性之间的关系，以法治思维和法治方式推进全面深化改革，从“改革突破论”到“重大改革于法有据论”的发展演进，反映以习近平同志为核心的党中央对协调推进全面深化改革和全面依法治国两个战略布局的重要认知深化和重大实践制度创新，着力“把改革发展决策同立法决策更好

〔1〕 黄武：《迈好第一步 站稳第一台阶》，载《中国纪检监察》2018年第1期。

〔2〕 《积极探索实践 形成宝贵经验 国家监察体制改革试点取得实效——国家监察体制改革试点工作综述》，载新华网，http://www.xinhuanet.com/politics/2017-11/05/c_1121908387.htm。

结合起来"[1],既通过深化改革完善法治,又通过更完善的法治保障各领域改革创新,确保国家发展、重大改革于法有据。

国家监察体制改革涉及对人大机关、司法机关和行政机关等多个国家机关的职权职责、机构设置和领导体制等事项的调整,是对人民代表大会制度的政体的改革和优化,获得全国人民代表大会及其常务委员会的改革授权,是保障国家监察体制改革于法有据的必要条件。中共中央办公厅印发的《关于在北京市、山西省、浙江省开展国家监察体制改革试点方案》以党的规范性文件的形式为试点地区开展国家监察体制改革试点提供政策依据,各试点地区紧锣密鼓地进行监察委员会筹备工作。"但是,设立国家监察委员会是一项事关全局的重大政治改革,涉及现行诸多法律法规的变动,必须获得全国人大的授权,并在法治轨道上进行。因此,全国人大常委会作出授权决定是进行国家监察体制改革的前提条件,也是保证改革合法性的重要制度基础。"[2] 2016 年 12 月 25 日,第十二届全国人民代表大会常务委员会第二十五次会议表决通过的《关于在北京市、山西省、浙江省开展国家监察体制改革试点工作的决定》指出:"根据党中央确定的《关于在北京市、山西省、浙江省开展国家监察体制改革试点方案》,为在全国推进国家监察体制改革探索积累经验,第十二届全国人民代表大会常务委员会第二十五次会议决定:在北京市、山西省、浙江省开展国家监察体制改革试点工作。"[3]从中共中央办公厅印发《关于在北京市、山西省、浙江省开展国家监察体制改革试点方案》,到全国人民代表大会常务委员会通过,国家监察体制改革由党的统一意志经过法定程序转化为国家意志,反映中共中央和全国人大在重大政治改革的倡议推动和合法性赋予等方面的密切合作关系,不仅意味着国家监察体制改革试点在执政党和国家政权建设层面正式启动,而且在很大程度上保障国家监察体制改革于法有据、依法有序进行。

4. 国家监察体制改革试点有序开展

中共中央办公厅印发的《关于在北京市、山西省、浙江省开展国家监察体制

[1] 《习近平在中央人大工作会议上发表重要讲话强调　坚持和完善人民代表大会制度　不断发展全过程人民民主》,载《人民日报》2021 年 10 月 15 日,第 1 版。

[2] 马怀德:《国家监察体制改革的重要意义和主要任务》,载《国家行政学院学报》2016 年第 6 期。

[3] 《全国人大常委会关于在北京市、山西省、浙江省开展国家监察体制改革试点工作的决定》,载《中国人大》2017 年第 1 期。

改革试点方案》指出："试点地区党组织要担负起主体责任，对试点工作负总责，成立深化监察体制改革试点工作小组，由省(市)委书记担任组长。……试点地区要加强调查研究，审慎稳妥推进改革，整合资源、调整结构，实现内涵发展，使改革取得人民群众满意的实效。"[1]在中央深化国家监察体制改革试点工作领导小组的指导推动和《关于在北京市、山西省、浙江省开展国家监察体制改革试点方案》的规范性要求之下，各个试点地区相继成立深化监察体制改革试点工作小组，小组组长通常由省(市)委书记担任，小组成员通常由党的纪律检查机关、党委组织部门、党委政法委、人民检察院、人大常委会等机构的主要负责人兼任。以浙江省为例，在《关于在北京市、山西省、浙江省开展国家监察体制改革试点方案》印发以后，浙江省委随即成立深化监察体制改革试点工作小组，时任省委书记夏宝龙担任组长，时任省委副书记袁家军，时任省委常委、省纪委书记任泽民担任副组长，省人大常委会、省检察院等相关部门负责同志担任成员。[2] 在党中央集中统一领导和中央深化监察体制改革试点工作领导小组的指导推动之下，各试点地区深化监察体制改革试点工作小组围绕职能整合、人员转隶、机构组建、建章立制和履行监察职责等方面，如火如荼地开展国家监察体制改革试点工作。

第一，从职能整合来看，国家监察体制改革试点将原本分散在行政监察机关、预防腐败局和人民检察院的反腐败职能整合至新成立的监察委员会之中，构建承担预防腐败和惩治腐败职能的综合性国家反腐败机构。《关于在北京市、山西省、浙江省开展国家监察体制改革试点工作的决定》指出："将试点地区人民政府的监察厅(局)、预防腐败局及人民检察院查处贪污贿赂、失职渎职以及预防职务犯罪等部门的相关职能整合至监察委员会。"[3]国家监察体制改革在对行政监察机关、预防腐败局进行职能整合与功能重塑时，遵循"定位精准、功能相关、范围适度"的原则，鉴于监察委员会作为"党统一领导下的国家反腐

〔1〕《中办印发〈关于在北京市、山西省、浙江省开展国家监察体制改革试点方案〉》，载《人民日报》2016年11月8日，第3版。

〔2〕张磊：《努力向党中央交出高质量答卷——浙江开展国家监察体制改革试点工作纪实(上)》，载《中国纪检监察报》2017年6月13日，第1版。

〔3〕《全国人大常委会关于在北京市、山西省、浙江省开展国家监察体制改革试点工作的决定》，载《中国人大》2017年第1期。

败工作机构"[1]的性质定位,在将行政监察机关、预防腐败局、人民检察院查处贪污贿赂、失职渎职及职务犯罪预防部门的反腐败职能整合至新成立的监察委员会之中的同时,并没有把原行政监察机关的执法监察和效能监察职责及人民检察院的法律监督职责整合进来。监察委员会这一综合性国家反腐败机构的创立,产生了如下两个方面的积极效果:"一方面,国家监察体制改革通过建立监察委员会的形式,减少了反腐败机构的数量和门类,降低了协调各反腐败机构之间的关系的复杂性,提高了反腐败行动的时效性。另一方面,国家监察体制改革将上述部门的工作人员也成建制转隶于监察委员会之中,这改变了以前各反腐败机构分属于不同的系统的局面,由统居其上和常设的监察委员会对各反腐败机构之间的关系进行内部协调,在很大程度上解决了原来平行的各反腐败机构之间关系难以协调的问题,为建立集中统一、权威高效的监察体系提供了机构上和体制上的保障。"[2]

第二,从机构组建来看,各试点地区按照中共中央关于国家监察体制改革的重大决策部署和《关于在北京市、山西省、浙江省开展国家监察体制改革试点方案》的要求,有序组建省、市、县三级或市区两级监察委员会,推动国家监察体制改革向基层和派驻机构延伸。十八届中央纪委七次全会工作报告将"扎实推进国家监察体制改革,完善党和国家自我监督"作为重要工作单独列项,制定了国家监察体制改革试点的"时间表""路线图",要求三个试点地区确保2017年3月底完成省级监察委员会组建工作,6月底完成市、县两级监察委员会组建工作[3]。在省级监察委员会层面,继2017年1月18日山西省监察委员会成立之后,同月20日北京市监察委员会和浙江省监察委员会也相继挂牌成立。由于新成立的监察委员会的组成人员需要经由同级人大机关选举、任免,三个试点地区将各级监察委员会组建工作与人大机关的换届工作统筹部署,根据县级人大机关先于市级人大机关换届的特点,因时制宜、因地制宜制定"先县后市"的

---

[1] 《中办印发〈关于在北京市、山西省、浙江省开展国家监察体制改革试点方案〉》,载《人民日报》2016年11月8日,第3版。

[2] 王立峰、吕永祥:《权力监督视角下国家监察体制改革的实践需要与现实意义》,载《南京社会科学》2017年第8期。

[3] 参见瞿芃等:《三省市监察体制改革试点工作透视》,载《中国纪检监察报》2017年1月25日,第1版。

国家监察体制改革试点工作推进顺序。“2017 年 1 月至 5 月，北京市及其所辖 16 区县，浙江省及其所辖 11 个地级市、90 个县市区，山西省及其所辖 11 个地级市、119 个县市区监察委员会全部宣告成立。”[1]

第三，从人员转隶来看，各国家监察体制改革试点地区集中力量抓住人员转隶这一关键环节，多措并举促进监察委员会工作人员的工作融合、思想融合。机构是履行职能的载体，与职能整合相伴随的是，行政监察机关、预防腐败局、人民检察院履行反腐败职能的相关人员也被转隶至新成立的监察委员会之中。“撤销检察机关反贪污贿赂、反渎职侵权、预防职务犯罪等部门，将相关职能整合至监察委员会，是监察体制改革的重要内容。如何做好人员转隶，确保‘思想不乱、工作不断、队伍不散’，是对试点地区的一次考验。”[2]人员转隶的效果，直接影响新成立的监察委员会中具有纪检、司法等工作经历的各类人员能否在反腐败工作中实现思维互通、知识互补和措施并用，是决定监察委员会能否发挥“1 +1 >2”的反腐败系统效应的重要影响因素。国家监察体制改革之前，党的纪律检查机关与行政监察机关合署办公，行政监察机关主要负责人又通常兼任同级人民政府预防腐败局主要负责人，行政监察机关和党的纪律检查机关、预防腐败局之间的人员交叉、工作融合程度很高，国家监察体制改革试点过程中人员转隶的工作重点是来自人民检察院查处贪污贿、失职渎职和预防职务犯罪等部门的人员。对此，2016 年年底，王岐山同志在北京市、山西省和浙江省三个地区调研国家监察体制改革试点工作时强调，在人员转隶工作中要“先完成检察机关反贪等部门的转隶，确保思想不乱、工作不断、队伍不散，推动人员融合和工作流程磨合”[3]。为此，三个试点地区把人员转隶作为推进国家监察体制改革试点工作的关键环节，“坚持高标准，逐个审核转隶人员档案，严把政治关、严格资格条件，对不适合到纪委、监委工作的不予转隶。按照时间服从质量的原则，扎实做好监察委员会组建工作，成熟一个组建一个，防止‘一刀切’。截至 2017 年 4 月 27 日，试点地区全面完成省、市、县监察委员会组建和转隶工作，

[1] 吴建雄：《监察体制改革试点积累的可复制经验》，载《中国党政干部论坛》2017 年第 9 期。

[2] 张磊：《努力向党中央交出高质量答卷——浙江开展国家监察体制改革试点工作纪实（上）》，载《中国纪检监察报》2017 年 6 月 13 日，第 1 版。

[3] 《王岐山在北京、山西、浙江调研监察体制改革试点工作时强调 实现对公职人员监察全覆盖 完善党和国家的自我监督》，载《中国纪检监察》2016 年第 23 期。

北京市共划转编制971名,实际转隶768人;山西省共划转编制2224名,实际转隶1884人;浙江省共划转编制1889名,实际转隶1645人"[1]。"干部思想认识到位,改革才能更好推进。北京市坚持把党的领导寓于思想政治工作之中,针对市级层面转隶机构多、人员多的实际,分别由纪委和检察院领导带队,开展三轮大规模谈心谈话,实现纪委和转隶人员谈心谈话全覆盖,做到'四个清楚':注重把改革的重大意义讲清楚,把改革的政策和要求讲清楚,把干部的思想动态摸清楚,把干部对改革的期望掌握清楚使思想政治工作长流水、不断线,最大程度地凝聚改革共识,形成改革的强大合力。"[2]"山西省三级纪委、监委主要负责同志逐一同转隶人员面对面谈心谈话,班子成员入户家访2807次,全省1.8万名纪检监察干部实现集中培训全覆盖。浙江省采取集中学习、专题研讨等多种方式进行业务培训,有效推动理念和工作融合。"[3]在注重业务知识培训教育的同时,试点地区纪委监委还将转隶人员与现有人员融合编制,纪委、监委班子成员同每名转隶人员谈心谈话,开展深入细致的思想政治工作,增强转隶人员政治认同和归属感,把纪检监察机关和检察机关的好传统、好作风融合在一起,传承下去。[4] 为推动监察委员会的人员融合和工作流程磨合,试点地区纪委监委根据纪检监察干部和转隶人员各自的工作经历、知识结构和优势短板,制定有针对性、差异化的教育培训计划,对来自人民检察院的转隶人员加强党章党规党纪教育,对纪检监察干部加强宪法法律知识培训,以提升监察委员会工作人员的综合素质和纪法衔接理念,在扬长避短、优势互补中实现执纪执法紧密衔接、双施双守。

第四,从履行职责来看,试点地区各级监察委员会高效履行监督调查处置职责,探索使用各项监察措施,监察委员会的制度优势与腐败治理效能日益展现出来。实现职能整合、人员转隶与机构组建仅是国家监察体制改革的起点,

---

[1] 《积极探索实践　形成宝贵经验　国家监察体制改革试点取得实效——国家监察体制改革试点工作综述》,载新华网,http://www.xinhuanet.com/politics/2017-11/05/c_1121908387.htm。

[2] 《改革"一号工程"精准施工记——北京市坚持首善标准构建党统一指挥全面覆盖权威高效的监督体系》,载《北京日报》2017年11月13日,第5版。

[3] 《积极探索实践　形成宝贵经验　国家监察体制改革试点取得实效——国家监察体制改革试点工作综述》,载新华网,http://www.xinhuanet.com/politics/2017-11/05/c_1121908387.htm。

[4] 参见《积极探索实践　形成宝贵经验　国家监察体制改革试点取得实效——国家监察体制改革试点工作综述》,载新华网,http://www.xinhuanet.com/politics/2017-11/05/c_1121908387.htm。

实现监察委员会高效反腐才是国家监察体制改革的落脚点。按照职责法定的原则，全国人大常委会《关于在北京市、山西省、浙江省开展国家监察体制改革试点工作的决定》将监察委员会的监察职责划分为监督、调查、处置三类，赋予监察委员会履行上述职责所需要使用的谈话、讯问、询问、查询、冻结、调取、查封、扣押、搜查、勘验检查、鉴定、留置等监察措施。[1]

首先，从监督职责的履行情况来看，按照国家监察全覆盖的改革目标，试点地区各级监察委员会推动国家监察向党政机关、人民团体、公办企事业单位和基层群众性自治组织等公共组织延伸，从监督"狭义政府"向监督"广义政府"转变，监察对象数量显著增加。北京市监察对象99.7万人，较改革前增加78.7万人。[2] 国家监察体制改革之后，截至2022年5月，浙江省监察对象达到70.1万人，较改革前增长了83.02%。[3] 从全国范围来看，"据统计，反腐机构重组后，全国监察系统人员增加10%，监督对象增加200%"[4]。

其次，从调查职责的履行情况来看，试点地区各级监察委员会内设的审查调查室承担党纪审查和监察调查两项职责，坚持执纪审查和监察调查同步进行。试点地区各级监察委员会按照能试尽试的原则，全要素使用各项监察措施。得益于刚柔并济、丰富灵活的各种监察措施的规范使用，监察委员会开展审查调查工作的效率显著提高。"试点期间，北京市审查局级干部用时由改革前的平均124天，缩短到34天；留置平均用时64.3天，较'两规'缩短14.4天；检察机关办理监察机关移送案件批捕、起诉平均用时仅7天、16天，反腐败工作机制运转高效。"[5]不仅如此，各试点地区监察委员会处置的问题线索数量、立案数量和政务处分人数的数量，较国家监察体制改革之前都有了显著的增长。2017年"1至8月，北京市处置问题线索6766件，同比上升29.7%；立案1840件，同比上升0.7%；处分1789人，同比上升35.4%。山西省处置问题线索

[1] 参见《全国人大常委会关于在北京市、山西省、浙江省开展国家监察体制改革试点工作的决定》，载《中国人大》2017年第1期。

[2] 参见《改革"一号工程"精准施工记——北京市坚持首善标准构建党统一指挥全面覆盖权威高效的监督体系》，载《北京日报》2017年11月13日，第5版。

[3] 参见颜新文等：《推动制度优势释放更大治理效能》，载《浙江日报》2022年5月28日，第2版。

[4] 彭训文：《四大亮点引领国家反腐败立法（发布与解读）》，载《人民日报（海外版）》2018年3月26日，第5版。

[5] 张硕辅：《深化国家监察体制改革　把制度优势转化为治理效能》，载《求是》2018年第13期。

30,587 件,同比上升40.4%;立案11,261 件,同比上升26.4%;处分10,557 人,同比上升11.7%。浙江省处置问题线索25,988 件,同比上升91.5%;立案11,000 件,同比上升15.5%;处分9389 人,同比上升16.1%。"[1]

最后,从处置职责的履行情况来看,各试点地区监察委员会探索党纪处分与政务处分的衔接机制以及执纪执法衔接机制,加大对监察对象的政务处分和监察问责力度,体现国家监察的威慑力和严肃性。北京市监察委员会按照纪法贯通的原则,探索建立执纪执法"一程序两报告"制度,由审查调查部门对同时存在违纪问题和职务违法问题的党员监察对象履行一条调查程序,形成执纪审查、职务执法犯罪调查两份报告,由案件审理部门对两个报告同时审核,党纪处分和政务处分并行不悖,对涉嫌职务犯罪的,将调查结果移送人民检察院依法审查、提起公诉,取得了良好的实践效果。[2]

从试点地区监察委员会履行监督、调查、处置职责的情况以及相关统计数据可以看出,试点地区监察委员会的制度优势日益彰显,逐渐转化为高效的腐败治理效能。试点工作取得明显成效,加强了各级党委对反腐败斗争的领导,优化了反腐败体制机制,确保惩治腐败力度不减,为改革在全国推开积累了经验。

(二)国家监察体制改革试点的政策扩散

艾弗利特·罗杰斯(Everett Rogers)指出:"一项创新传播的过程就是扩散,它包括一种新思想随着时间在社会系统中的交流。"[3]政策扩散是在政策试点取得显著成效并取得中央的认可和批准后,政策创新从试点地区向其他地区推广的政策发展新阶段。"政策扩散通常是指创新型政策的扩散,即一项或一组公共政策创新方案从发源地向其他区域扩散的过程。"[4]具体到国家监察体制改革领域,试点地区国家监察体制改革试点的有序开展,逐渐细化国家监察体

[1] 《积极探索实践　形成宝贵经验　国家监察体制改革试点取得实效——国家监察体制改革试点工作综述》,载新华网,http://www.xinhuanet.com/politics/2017-11/05/c_1121908387.htm。

[2] 参见北京市纪委:《北京:探索执纪执法"一程序两报告"工作模式》,载中央纪委国家监委网,https://www.ccdi.gov.cn/yaowen/201801/t20180118_162071.html。

[3] Everett Rogers, *Diffusion of Innovations*, Free Press, 1983, p.5.

[4] 周望:《连接理论与经验:政策扩散理论与中国的"政策试验"》,中国行政管理学会2011年年会论文。

制改革的政策方案,丰富推进国家监察体制改革的政策工具,为在全国范围内推广国家监察体制改革试点积累了可复制、可推广的有益经验。

1. 为国家监察体制改革试点的政策扩散提供政策依据

从政策扩散理论来看,在政策试点成果的扩散过程中,试点地区共同的上级政府特别是中央政府通常发挥着“把关者”和“决策者”的角色,拥有同意或否决地方政策试点进入政策扩散阶段的决断权威。正如有学者所说:“通常而言,形成于下级政府局部性试验中的政策方案在被应用到更大范围之前,首先必须获得上级政府的认可。这些新的政策选项只有被上级政府所‘吸纳’,并进行相应的整合和调适,才能获得进一步扩散的‘许可’。”[1]由此可见,纵向政府间关系特别是中央和地方关系,是影响政策创新扩散的一个重要因素。地方层面自主进行或在中央层面授意下进行的政策试点并非都会进入政策扩散阶段,得到中央认可和批准,是政策试点向政策扩散推进的必要条件。

从国家监察体制改革实践来看,考虑国家监察体制改革具有涉及重要改革领域、影响范围大和关联程度高等特征,国家监察体制改革试点必须得到中共中央和全国人大的认可和授权后,才能进入到政策扩散阶段。中共中央和全国人大对北京市、山西省、浙江省开展国家监察体制改革试点的成效、经验等进行考核评估,经过系统分析研判,认为具有向全国范围内推广的重要价值和可行性等必要条件,随后有序启动国家监察体制改革试点的政策扩散过程。2017年10月18日,习近平总书记在党的十九大报告中指出:“深化国家监察体制改革,将试点工作在全国推开,组建国家、省、市、县监察委员会,同党的纪律检查机关合署办公”[2],释放出即将在三个先行试点地区以外推广监察体制改革试点的重大信号。

中共中央办公厅和全国人民代表大会常务委员会的政策文件为国家监察体制改革试点的政策扩散提供了政策依据。2017年10月23日,在北京市、山西省、浙江省先行先试的基础上,中共中央办公厅印发的《关于在全国各地推开国家监察体制改革试点方案》指出:“党中央决定,北京市、山西省、浙江省继续

[1] 周望:《连接理论与经验:政策扩散理论与中国的“政策试验”》,中国行政管理学会2011年年会论文。

[2] 习近平:《决胜全面建成小康社会　夺取新时代中国特色社会主义伟大胜利——在中国共产党第十九次全国代表大会上的报告》,人民出版社2017年版,第67~68页。

深化改革试点，其他 28 个省（自治区、直辖市）设立省、市、县三级监察委员会”[1]，这就为三个先行试点地区以外推广国家监察体制改革试点提供了政策依据。2017 年 11 月 4 日，第十二届全国人民代表大会常务委员会第三十次会议通过《关于在全国各地推开国家监察体制改革试点工作的决定》，要求“在各省、自治区、直辖市、自治州、县、自治县、市、市辖区设立监察委员会，行使监察职权”[2]，经过法定程序将推广国家监察体制改革试点由党的意志转化为国家意志，为在全国范围内推广监察委员会试点提供合法性依据。国家监察体制改革从“局部地区试点”的政策试点阶段，进入“由点到面”的政策扩散阶段。

2. 国家监察体制改革试点向全国扩散

“进行‘政策试验’的目的不在于试验本身，关键是要将从试验中得来的成果应用到更大乃至全国性的范围内。因此，完全可以将政策扩散理论运用于有关政策试验成果推广过程的研究中，来描述与解析影响政策试验成果扩散的各种要素、扩散过程的运行机制与制约因素、创新型政策扩散的内在动因和规律等。”[3]政策扩散理论首先需要回答的一个问题是，创新型政策在府际之间是如何扩散的。研究者们基于对大量政策创新扩散案例的影响因素、动力机制和实施过程的归纳总结，从中概括提炼出政策创新扩散的不同实践机制。有学者指出：“政策创新扩散机制通常有学习机制、竞争机制、模仿机制、强制机制和社会化机制五种。”[4]但是需要指出的是，源于西方公共政策经验和现实的政策扩散理论，虽然对于解释中国独特的政策扩散模式具有一定的理论解释力，但是不存在“放之四海而皆准”的政策扩散理论，利用西方政策扩散理论解释中国特色的政策创新扩散实践必须注意理论的适用性和本土化改革问题，并对政策扩散理论因时、因地、因事制宜进行灵活调整，以适用不同类型政策试点的差异化扩散现实。

由于国家监察体制改革试点具有专业性、重要性和中央主导性等多种特

[1] 《中办印发〈关于在全国各地推开国家监察体制改革试点方案〉》，载《决策探索（上半月）》2017 年第 11 期。

[2] 《全国人民代表大会常务委员会关于在全国各地推开国家监察体制改革试点工作的决定》，载《先锋队》2017 年第 36 期。

[3] 周望：《连接理论与经验：政策扩散理论与中国的“政策试验”》，中国行政管理学会 2011 年年会论文。

[4] 张克：《西方公共政策创新扩散：理论谱系与方法演进》，载《国外理论动态》2017 年第 4 期。

征,以习近平同志为核心的党中央发挥总揽全局、协调各方的领导核心作用,中央深化国家监察体制改革试点工作领导小组的指挥、协调和服务在国家监察体制改革试点的政策扩散过程中也发挥了至关重要的作用。中央深化国家监察体制改革试点工作领导小组采取召开全国监察体制改革试点工作电视电话会议、组织相关人员深入各试点地区进行调查研究和指导督促、组织国家监察体制改革试点的后发地区向先行地区、示范地区学习经验等多种形式,运用指导机制、学习机制等多种政策创新扩散机制,来有序地在全国范围内推广国家监察体制改革试点。

首先,从国家监察体制改革试点扩散的指导机制来看,以习近平同志为核心的党中央对国家监察体制改革试点的全国推广作出顶层设计,中央深化监察体制改革试点领导小组通过统筹部署、开展调查研究等各种方式,加强对国家监察体制改革试点推广工作的组织和领导。"习近平总书记高度重视国家监察体制改革,亲自谋划、领导、推动,多次主持召开中央政治局会议、中央政治局常委会议、中央全面深化改革领导小组会议专题研究,多次在中央全会和中央纪委全会上作出重要部署,作出完善的顶层设计。"[1]中央深化国家监察体制改革试点工作领导小组将习近平总书记关于国家监察体制改革的一系列重要论述汇编整理成学习教材,纳入各地各级监察机关的必学内容,为各个试点地区推广国家监察体制改革试点提供思想指导和工作指导。

十九届中央纪委二次全会工作报告对全面推进国家监察体制改革作出重要部署,要求"中央深化国家监察体制改革试点工作领导小组要加强对全面推开试点工作的指导、协调和服务,统筹安排、组织实施、督促落实"[2]。中央深化国家监察体制改革试点工作领导小组通过召开全国推开国家监察体制改革试点工作动员部署电视电话会议的方式,加强对各试点地区开展国家监察体制改革试点的组织协调与统一指导。"经党中央批准的全国推开国家监察体制改革试点工作动员部署电视电话会议在太原召开,中央政治局常委、中央纪委书

[1] 《深化国家监察体制改革　总书记这样要求》,载《中国纪检监察》2019年第1期。
[2] 赵乐际:《以习近平新时代中国特色社会主义思想为指导　坚定不移落实党的十九大全面从严治党战略部署——在中国共产党第十九届中央纪律检查委员会第二次全体会议上的工作报告》,载《中国纪检监察》2018年第2期。

记赵乐际出席会议并讲话，对全面推开改革试点工作作出动员和部署。"[1]赵乐际要求各试点地区监察体制改革试点领导小组和监察体制改革试点工作小组在推广国家监察体制改革试点的过程中，要发挥好指导、组织协调、督促实施等重要作用，以保障各级监察委员会如期成立并有效运行。此外，中央纪委相关负责人还通过深入试点地区开展调查研究和加强指导的方式，加强对各试点地区推进国家监察体制改革试点工作的现场指导。2017年12月，时任中共中央政治局委员、中央纪委副书记杨晓渡赴宁夏和四川调研深化国家监察体制改革试点工作。2017年12月，时任中共中央政治局常委、中央纪委书记赵乐际赴福建省调研国家监察体制改革试点工作。"中央纪委有关负责同志分赴地方，采取实地调研、检查基础台账、召开座谈会等多种形式，深入了解改革试点进展情况，现场提出有针对性的指导意见，推动落实党委主责和纪委专责。"[2]

其次，从国家监察体制改革试点扩散的学习机制来看，中央深化国家监察体制改革试点工作领导小组注重发挥国家监察体制改革试点先行地区和模范地区的示范带动作用，通过组织国家监察体制改革试点的后发地区向先行地区、示范地区学习经验，总结提炼典型地区的有益经验并在全国范围内推广等多种方式，提高国家监察体制改革试点扩散的质量和效果。北京市、山西省和浙江省作为国家监察体制改革试点的先行地区，承载着为后续开展国家监察体制改革试点的地区分享先行先试经验的重要使命。十九届中央纪委二次全会工作报告要求："北京、山西、浙江3省市纪委、监委要在全面总结试点经验基础上，找准深化改革的主攻方向，把制度优势转化为治理效能，充分发挥先行先试的'探路者'作用，创造更多可复制可推广的经验。"[3]此外，树立正面典型也是中央深化国家监察体制改革试点工作领导小组推动国家监察体制改革试点有序扩散的一个重要方法，通过发挥国家监察体制改革试点工作的正面典型的示范带动作用，动员各地区在学习先进典型的过程中有序推进国家监察体制改革

---

[1] 本刊评论员：《扎实有序全面推开国家监察体制改革试点》，载《中国纪检监察》2017年第22期。
[2] 江琳：《按图施工　积极稳妥——2017年国家监察体制改革试点工作综述》，载《人民日报》2018年1月9日，第1版。
[3] 赵乐际：《以习近平新时代中国特色社会主义思想为指导　坚定不移落实党的十九大全面从严治党战略部署——在中国共产党第十九届中央纪律检查委员会第二次全体会议上的工作报告》，载《中国纪检监察》2018年第2期。

试点工作。比如,“中央纪委派人到辽宁省丹东市蹲点调研,现场解剖‘麻雀’,总结提炼县级监委组建有益经验,为其他试点地区提供参考”[1]。

在各种政策创新扩散机制的共同作用下,国家监察体制改革试点的政策扩散取得了显著的成果,全国31个省、自治区、直辖市和新疆生产建设兵团的省、市、县三级监察委员会相继挂牌成立。从省级监察委员会的组建来看,“2018年2月11日上午,青海省监察委员会领导班子按照法定程序产生。至此,全国31个省、自治区、直辖市和新疆生产建设兵团监察委员会领导班子全部按照法定程序产生”[2]。从地方各级监察委员会的组建来看,“2018年2月25日,随着广西壮族自治区崇左市大新县监察委员会正式成立,在三个多月的时间内,全国省、市、县三级监察委员会全部完成组建,为国家监察委员会组建打下坚实基础”[3]。十九届中央纪委二次全会工作报告提出的“在全国推开试点工作,2月底前全部产生省、市、县三级监察委员会”[4]的国家监察体制改革试点扩散目标如期完成。

(三)监察委员会制度成熟定型

从政策过程的角度看,在政策扩散阶段之后通常伴随的是政策创新的成熟定型阶段,由相应的公权力机关以规章制度甚至是国家法律的形式将政策创新的成果确定下来,并赋予其相应的合法地位。

1. 国家监察委员会挂牌成立

在省、市、县三级监察委员会相继挂牌成立之后,国家监察委员会的组建工作逐渐被提上议事日程。2017年1月6日,王岐山在十八届中央纪委七次全会工作报告中指出:“抓紧筹备组建国家监察委员会,编制‘三定’规定,为十三届全国人大一次会议审议通过国家监察法、设立国家监察委员会、产生国家监察

[1] 江琳:《按图施工　积极稳妥——2017年国家监察体制改革试点工作综述》,载《人民日报》2018年1月9日,第1版。

[2] 参见《全国31省区市监委领导班子全部产生》,载《廉政瞭望(上半月)》2018年第2期。

[3] 《健全党和国家监督体系的创制之举——国家监察委员会产生纪实》,载《先锋队》2018年第9期。

[4] 赵乐际:《以习近平新时代中国特色社会主义思想为指导　坚定不移落实党的十九大全面从严治党战略部署——在中国共产党第十九届中央纪律检查委员会第二次全体会议上的工作报告》,载《中国纪检监察》2018年第2期。

委员会组成人员,做好组织机构、干部人事、法律法规准备。"[1]2017年10月18日,习近平总书记在党的十九大报告中指出:"组建国家、省、市、县监察委员会"[2],从中可以看出监察机关将采取国家、省、市、县四级纵向层级设置模式。中华人民共和国国家监察委员会是我国最高监察机关,领导地方各级监察委员会的工作,组建中华人民共和国国家监察委员会是完成监察委员会组建任务的重中之重,对于健全监察委员会的领导体制、组织设置乃至完善人民代表大会制度的政体都具有重大意义。

2018年,中共中央印发《深化党和国家机构改革方案》,党中央机构改革的第一项重要任务就是"组建国家监察委员会"[3]。从职责设置来看,《深化党和国家改革方案》指出:"将监察部、国家预防腐败局的职责,最高人民检察院查处贪污贿赂、失职渎职以及预防职务犯罪等反腐败相关职责整合,组建国家监察委员会,同中央纪律检查委员会合署办公,履行纪检、监察两项职责,实行一套工作机构、两个机关名称。"[4]从机构设置来看,2018年3月17日,十三届全国人大一次会议审议通过国务院机构改革方案,明确国家监察体制改革涉及的国务院各职能部门的机构整合问题,指出"将监察部并入新组建的国家监察委员会。国家预防腐败局并入国家监察委员会。不再保留监察部、国家预防腐败局"。从人员构成来看,2018年3月18日,十三届全国人大一次会议第六次全体会议选举杨晓渡为中华人民共和国国家监察委员会主任。2018年3月21日,十三届全国人大常委会第一次会议分别经表决,任命刘金国、杨晓超、李书磊、徐令义、肖培、陈小江为国家监察委员会副主任,任命王鸿津、白少康、邹加怡、张春生、陈超英、侯凯、姜信治、凌激、崔鹏、卢希为国家监察委员会委员。2018年3月23日,"中华人民共和国国家监察委员会"正式揭牌,"至此,国家、省、市、县四级监察委员会全部组建产生,标志着监察体制改革由试点迈入全面深化新阶段,党和国家反腐败工作新的篇章就此开启"[5]。

---

[1] 王岐山:《推动全面从严治党向纵深发展　以优异成绩迎接党的十九大召开——在中国共产党第十八届中央纪律检查委员会第七次全体会议上的工作报告》,载《中国纪检监察》2017年第2期。

[2] 习近平:《决胜全面建成小康社会　夺取新时代中国特色社会主义伟大胜利——在中国共产党第十九次全国代表大会上的报告》,人民出版社2017年版,第68页。

[3] 《中共中央印发〈深化党和国家机构改革方案〉》,载《人民日报》2018年3月22日,第1版。

[4] 《中共中央印发〈深化党和国家机构改革方案〉》,载《人民日报》2018年3月22日,第1版。

[5] 《健全党和国家监督体系的创制之举——国家监察委员会产生纪实》,载《先锋队》2018年第9期。

2. 明确监察委员会的宪法和法律地位

党的十八届六中全会会议公报中强调："各级党委应当支持和保证同级人大、政府、监察机关、司法机关等对国家机关及公职人员依法进行监督。"[1]将监察机关与行政机关、司法机关并列表述，意味着国家监察体制改革新创设的监察委员会成立为与"一府两院"平行的国家监察机关，公权力系统的政治权力格局从"一府两院"转变为"一府一委两院"，是对人民代表大会制度的丰富和完善。这些重要的改革事项属于《中华人民共和国宪法》的调整范围，必须通过宪法层面的相应调整予以确认和保障。"如何在宪法中发现监察委员会的依据，既关系着宪法权威，又关系着监察委员会这一机构及其权力的正当性。改革涉及宪法权力配置结构的变动，通过宪法解释(constitutional interpretation)乃至宪法建造(constitutional construction)都是无法完成的。唯有修改方可解决其地位难题。"[2]习近平总书记强调："深化国家监察体制改革是党中央决策和推进的重大政治体制改革，需要在国家机构顶层设计上作出重要调整和完善，涉及宪法修改问题。"[3]2018年3月11日，十三届全国人大一次会议第三次全体会议表决通过《中华人民共和国宪法修正案》，专门增写"监察委员会"一节，确立监察委员会作为与行政机关、司法机关平行的国家机关的宪法地位，明确了监察委员会的性质定位、领导体制和组成人员等监察委员会制度最为基本的构成要素，以国家根本法的形式确认了国家监察体制改革取得的实践成果和制度建设成果，以法治方式和法治思维持续深化国家监察体制改革。以宪法修正案的形式明确监察委员会的宪制地位和制度构成，"这一方面是要保证政治体制改革得到宪法授权，既维护宪法权威，又增强改革的合宪性、合法性；另一方面是要将监察权上升到宪法高度，获得根本法保障"[4]。

十三届全国人大一次会议第三次全体会议表决通过的《中华人民共和国宪法修正案》，为深入推进国家监察体制改革提供宪法保障，对监察委员会制度作出最为原则、最为根本的规定，进一步推动监察委员会制度走向成熟定型。以法治方式保障监察委员会依法设立、规范运行，还需要制定更为具体化、专业化

---

〔1〕《中国共产党第十八届中央委员会第六次全体会议公报》，载《中国纪检监察》2016年第21期。

〔2〕秦前红：《国家监察体制改革宪法设计中的若干问题思考》，载《探索》2017年第6期。

〔3〕习近平：《论坚持全面依法治国》，中央文献出版社2020年版，第198页。

〔4〕李少文：《国家监察体制改革推进反腐败工作法治化》，载《学习时报》2021年2月24日，第2版。

的监察法律法规。2018 年 3 月 20 日，十三届全国人大一次会议通过《中华人民共和国监察法》，从总则、监察机关及其职责、监察范围和管辖、监察权限、监察程序、反腐败国际合作、对监察机关和监察人员的监督、法律责任以及附则等方面确立监察委员会制度的主要框架，标志着监察委员会制度正式定型。《中华人民共和国监察法》是一部综合性、基础性的国家反腐败法律，对国家监察工作具有统领性、规范性等重要作用。作为全国人大通过的基本法律，《中华人民共和国监察法》在我国反腐败制度体系中具有较高的法律地位，保障了执政党领导下的集中统一、权威高效反腐败体制优势得以发挥的持续性和稳定性，实现了监察机关的独立性和权威性，体现了法治反腐的重要战略意义，构成了国家监察体制改革不断深化的基本保障，是切实践行依法治国理论与实践有机统一的伟大创举。

监察法律法规从抽象化走向具体化、从孤立化走向体系化，是监察法治日益发展完善的必经过程。《中华人民共和国监察法》是监察法治的重要组成部分而非唯一组成部分，勾勒出监察委员会制度的基本框架而非所有内容，对于持续深化国家监察体制改革中出现的政务处分如何依法规范作出、监察官如何设置等具体问题，仍有必要以出台专门性、具体性的监察法律法规的形式作出回答，以进一步充实和完善监察法治体系，以法治方式继续深入推进国家监察体制改革。2018 年 12 月 13 日，习近平总书记在十九届中央政治局第十一次集体学习时指出："要制定同监察法配套的法律法规，将监察法中原则性、概括性的规定具体化，形成系统完备、科学规范、运行有效的法规体系。"[1] 为细化完善、贯彻落实《中华人民共和国监察法》关于公职人员政务处分、监察官管理的原则性规定，全国人大常委会陆续制定出台《中华人民共和国公职人员政务处分法》等监察法律，推进反腐败工作进一步法治化规范化。以《中华人民共和国宪法》为根本，以《中华人民共和国监察法》这一主干性监察法律为统领，以全国人大常委会通过的有关监察工作的专门性法律为支撑，监察法律规范体系逐渐建构起来并日益发展完善，对监察委员会制度的各个构成要素作出较为详细的规定，标志着国家监察委员会制度成熟定型。

---

〔1〕 习近平：《在新的起点上深化国家监察体制改革》，载《求是》2019 年第 5 期。

二、创设监察委员会对预防腐败的积极作用

(一)提升预防腐败机构的独立性和权威性

《联合国反腐败公约》对"预防性反腐败机构"专门作出规定,并要求"各缔约国均应当根据本国法律制度的基本原则,赋予本条第一款所述机构必要的独立性,使其能够有效地履行职能和免受任何不正当的影响"[1]。独立性是反腐败机构有效运行的一个必要条件,它能够保障反腐败机构开展腐败案件调查的公正性和无偏私[2],使反腐败机构相对超然于错综复杂的权责关系、利益关系和人情关系等干扰因素之外。联合国毒品和犯罪问题办公室从机构独立、经费独立、人事独立和职权独立四个维度综合阐释反腐败机构独立性的深层内涵,指出职权独立对于保障反腐败机构有效运行的关键作用。[3] 从全世界范围来看,不同国家和地区的反腐败机构的独立性和自主性,是影响其反腐败效能的一个重要因素。"中国香港特别行政区廉政公署和新加坡贪污调查局的成功在很大程度上正是因为两者具有很高程度的独立性。具体而言,中国香港特别行政区廉政公署和新加坡贪污调查局都独立于原有的权力机关序列,直接对行政首长负责,较少受到来自其他权力机关的压力和干扰;其运行经费经行政首长批准后在政府预算中单列拨付,中国香港特别行政区廉政公署长官和新加坡贪污调查局局长掌握本机构成员的人事任免权。与此相反,泰国反腐败机构的低效与其缺乏独立性密切相关。泰国实行多党竞争的政党政治,政治对手之间互相倾轧的现象比较突出,国家反腐败委员会缺乏实质意义上的职权独立,很容易受到执政党的掌控,难以保证反腐败调查的独立性和公正性。"[4] 监察机关是我国重要的反腐败机构,国家监察体制改革之后,行政监察机关、预防腐败局和人民检察院查处贪污贿赂、失职渎职、预防职务犯罪等部门的反腐败职能都

---

〔1〕 外交部条约法律司编译:《联合国反腐败公约及相关法律文件》,法律出版社2004年版,第7页。

〔2〕 See Klemencic G. & Stusek J., *Specialised Anti-corruption Institutions: Review of Models*, OECD Publishing, 2008, p. 6.

〔3〕 参见冉刚:《独立性:反腐败机构的生命线》,载《中国纪检监察报》2014年3月27日,第4版。

〔4〕 吕永祥、王立峰:《反腐败机构的模式比较及其启示》,载《中州学刊》2018年第9期。

被整合至监察委员会之中，监察机关在预防腐败体系中的重要性更加凸显。本部分通过对国家监察体制改革前后预防腐败体系的结构与功能的比较分析，揭示设立监察委员会对优化预防腐败体系的结构功能的积极作用，彰显创设监察委员会对于提高预防腐败的治理效能的重大现实意义。

1. 提升预防腐败机构的独立性

第一，从机构设置的角度看，国家监察体制改革将监察机关的法律地位由政府内设职能部门提升为与“一府两院”平行的国家监察机关，国家监察机关成为一个专门的国家机关序列，保障了其作为预防腐败机构的机构独立。国家监察体制改革之前，行政监察机关和预防腐败局作为两个重要的预防腐败机构，都隶属于行政组织序列，在机构属性上都属于同级人民政府的内设职能部门。监督主体与监督对象的地位大致对等，是保障权力监督的权威性和有效性的一个重要因素。受地位不对等等因素的限制，行政监察机关很难对行政机关领导班子成员以及其他内设职能部门负责人发挥切实有效的监督作用。正如有学者所说：“在原行政监察体制中，监察机关在政府序列中，属于政府的职能部门，独立性与权威性不够，难以摆脱同体监督的困境。”[1] 由于预防腐败局和行政监察部门一样都属于行政组织序列，在机构属性上都属于同级人民政府的内设职能部门，所以预防腐败局对行政机关工作人员开展预防腐败工作时同样难以摆脱同级监督的困扰。对此，国家监察体制改革将行政监察机关、预防腐败局整合至监察委员会之中，提升了监察委员会这一预防腐败机构的法律和政治地位。《中国共产党党内监督条例》第 37 条规定：“各级党委应当支持和保证同级人大、政府、监察机关、司法机关等对国家机关及公职人员依法进行监督”，将监察机关与行政机关、司法机关并列的表述方式，意味着监察机关处于与“一府两院”平行的法律地位。按照《中华人民共和国监察法》第 8 条和第 9 条的规定，国家监察委员会和地方各级监察委员会由本级人民代表大会产生，对其负责，受其监督。这就意味着公权力系统的政治权力格局将从人民代表大会之下的“一府两院”转变为人民代表大会之下的“一府一委两院”，监察机关成为与行政机关、人民检察院和人民法院平行的新型国家机关。由此产生的一个积极效应就是，国家监察体制改革之后，监察权与行政权实现了并列和分立，监察机关

---

[1] 秦强：《监督权力：国家监察委员会的文化传承与制度创新》，人民日报出版社 2017 年版，第 5 页。

对同级行政机关公务员的监督也由自下而上的监督转变为平行监督，由同体监督转变为异体监督，监察委员会作为反腐败机构的独立性和权威性得到显著提升。

第二，从人事任免的角度看，国家监察体制改革将各级监察委员会主任的人事任命权交给本级人民代表大会，赋予各级监察委员会主任对副主任、委员的提名权，保障监察机关开展预防腐败工作时的人事独立。与原行政监察机关组成人员的人事任免通常由本级人民政府决定不同，国家监察体制改革之后，监察委员会主任由同级人民代表大会选举和罢免，监察委员会副主任和委员由监察委员会主任提请本级人民代表大会常务委员会任免。2018 年 3 月 11 日，十三届全国人大一次会议通过的《中华人民共和国宪法修正案》第 41 条和第 42 条分别规定“宪法第六十二条‘全国人民代表大会行使下列职权’中增加一项，作为第七项‘（七）选举国家监察委员会主任’，第七项至第十五项相应改为第八项至第十六项”“宪法第六十三条‘全国人民代表大会有权罢免下列人员’中增加一项，作为第四项‘（四）国家监察委员会主任’，第四项、第五项相应改为第五项、第六项”。《中华人民共和国监察法》第 8 条和第 9 条进一步明确规定了各级人民代表大会对同级监察委员会主任的选举权以及各级人民代表大会常务委员会经同级监察委员会主任提请对监察委员会副主任、委员的任免权。上述法律规定意味着，国家监察体制改革以后，国家监察机关组成人员的人事任免权由同级人民代表大会及其常务委员会依法行使。《中华人民共和国监察官法》将各级监察委员会组成人员纳入监察法的组织序列，明确各级各类监察官的人事任免权限。《中华人民共和国监察官法》第 19 条规定：“国家监察委员会主任由全国人民代表大会选举和罢免，副主任、委员由国家监察委员会主任提请全国人民代表大会常务委员会任免。地方各级监察委员会主任由本级人民代表大会选举和罢免，副主任、委员由监察委员会主任提请本级人民代表大会常务委员会任免。新疆生产建设兵团各级监察委员会主任、副主任、委员，由新疆维吾尔自治区监察委员会主任提请自治区人民代表大会常务委员会任免。其他监察官的任免，按照管理权限和规定的程序办理。”在上述法律规定的制度保障之下，各级监察委员会主任对监察委员会副主任、委员享有提名权，对其他监察官享有人事任免权，为监察委员会有效履行预防腐败和惩治腐败职能提供了坚实的组织保障。

第三，从职权行使的角度看，国家监察体制改革将监察机关对行政机关的监察从同体监察转变为异体监察，监察机关作出的重要监察决定和提出的重要监察建议不再需要征得同级人民政府的同意，提升了监察机关履行权力监督、廉政教育和提出监察建议等预防腐败职能的自主性。

开展权力监督和提出监察建议是监察机关预防公权力腐败的重要职能支撑，国家监察体制改革之前，行政监察机关开展行政监察和提出监察建议时，面临体制机制不顺产生的瓶颈问题。国家监察体制改革之前，行政监察机关仅是行政机关的内设职能部门，行政监察机关对行政机关领导班子成员的监督属于自下而上的监督，监督主体和监督对象之间的地位不对等容易产生行政监察机关不敢监督、不愿监督的问题。不仅如此，按照原《中华人民共和国行政监察法》第35条的规定：监察机关作出的重要监察决定和提出的重要监察建议，应当报经本级人民政府和上一级监察机关同意。这就容易导致行政监察机关在行使提出监察建议这一重要的预防腐败职权时，容易缺乏相应的职权自主性。

为解决上述问题，国家监察体制改革在构建监察委员会制度时采取的是平行监督和异体监察模式。一方面，从开展权力监督来看，“监督最根本的特点在于监督权独立于被监督的权力。无论是监察权的属性，还是监察委员会的宪法地位，抑或监察权的行使方式，都具备了独立性的特点”。[1] 国家监察体制改革之后，监察机关的法律地位从行政机关内设职能部门上升为与“一府两院”平行的监察机关，监察机关对行政机关公务员开展的权力监督由自下而上的监督转变为平行监督，权力监督的权威性和独立性显著提升。另一方面，从提出监察建议来看，在异体监察模式下监察委员会对监察对象所在单位提出的监察建议具有独立性和自主性，其生效不需要以征求监察对象所在单位的同意为前置条件。“所谓异体监察，是与同体监察相对而言的，是指监察主体与监察对象不处于同一权力系统，而且相互间没有业务往来和其他利益关系的一种监察制度。”[2] 国家监察体制改革之后，监察委员会独立于“一府两院”之外，这就减少了监察主体与监察对象之间的利益纠葛和人情干扰，保障了监察机关依法行使国家监察权的独立性。不仅如此，《中华人民共和国监察法》还删除了原《中华

〔1〕 夏金莱：《论监察体制改革背景下的监察权与检察权》，载《政治与法律》2017年第8期。

〔2〕 王春业、王晨洋：《论监察委员会体制的异体监察模式》，载《天津行政学院学报》2017年第5期。

人民共和国行政监察法》中“监察机关作出的重要监察决定和提出的重要监察建议,应当报经本级人民政府和上一级监察机关同意”的条款,《中华人民共和国监察法》第62条规定:“有关单位拒不执行监察机关作出的处理决定,或者无正当理由拒不采纳监察建议的,由其主管部门、上级机关责令改正,对单位给予通报批评;对负有责任的领导人员和直接责任人员依法给予处理。”由此可以看出,监察委员会提出的监察建议对监察对象所在单位具有法律约束力,以常态化的责任追究机制为后盾督促监察对象所在单位加强廉政建设和监督管理。

2. 提升预防腐败机构的权威性

“公共行政监督体现着监督权对行政权的制约,这种制约的效果如何,主要取决于监督主体所拥有的地位和权力。”[1]其中“监督主体所拥有的地位和权力”集中体现为监察机关的权威性。监察主体是否享有相对于监察对象的权威性,是影响监察机关运行有效性的一个关键因素,直接影响监察机关作为监察主体是否具有崇高地位、采取的监察手段是否具有足够的威慑力和所作出的惩处决定是否具有刚性约束力。衡量监察机关的权威性的高低,既要统筹考虑监察机关与其监察对象所在单位的法律地位和权力关系,也要在纪检监察机关合署办公的政治制度安排之下,综合考虑党的纪律检查机关和监察委员会的政治地位的高低。

第一,从监察机关和行政机关的关系来看,国家监察体制改革之前,行政监察机关是行政机关的内设职能部门,行政监察机关对行政机关开展的监督属于自下而上的监督,监督主体不仅没有崇高的地位,而且缺乏具有强有力的监察措施,这在很大程度上导致行政监察机关缺乏足够的权威性。原《中华人民共和国行政监察法》和原《中华人民共和国行政监察法实施条例》虽然赋予行政监察机关检查、调查、建议和行政处分等权力,但是并未赋予监察机关行使查封、扣押等强制措施以及强制执行的权力,这在一定程度上影响了监察效用的发挥。[2] 行政监察手段缺乏强制性和约束力,容易导致行政监察机关对行政机关及其工作人员的调查、处分因缺乏威慑力而流于形式。作为一种强有力的监

〔1〕 陈奇星:《中国公共行政监督机制现状分析与对策思考》,载《国家行政学院学报》2003年第3期。

〔2〕 参见马怀德:《国家监察体制改革的重要意义和主要任务》,载《国家行政学院学报》2016年第6期。

察手段，在原合署办公体制中纪检监察机关采取的“双规”措施虽然通过限制犯罪嫌疑人的人身自由发挥了防止其打探案情、外逃、销毁和转移证据等重要作用，大大提高了腐败案件侦破的可能性和纪检监察手段的威慑力，对于提高腐败治理的有效性大有裨益，但是其运行程序的公开性、合法性和犯罪嫌疑人的权利救济等问题仍有待解决。针对这些问题，国家监察体制改革赋予监察机关更高的法律地位和更强有力的监察措施。一方面，从监察机关的法律地位来看，国家监察体制改革之后，监察委员会成为与“一府两院”平行的监察机关，而非行政机关的内设职能部门，监察委员会对同级人民政府的监督由自下而上的监督转变为平行监督，监察机关相对于监察对象所在单位的法律地位得到显著提升，大大提高了其作为监察主体的权威性。另一方面，从监察手段来看，国家监察体制改革立足有效查处腐败案件的客观需要，用留置取代“双规”，推动监察手段更为合法高效。《中华人民共和国监察法实施条例》第 55 条规定：“监察机关在初步核实中，可以依法采取谈话、询问、查询、调取、勘验检查、鉴定措施；立案后可以采取讯问、留置、冻结、搜查、查封、扣押、通缉措施”，为监察委员会依法行使监督、调查和处置等监察职权提供了刚柔并济的监察手段。不仅如此，留置作为监察委员会的一种法定的强制措施，既具有“双规”措施方便案件审理和调查取证的重要功能，又比“双规”在审批权限、运行过程和有效期限等方面有着更加严格的法律规范，以留置取代“双规”，有助于实现纪检监察机关反腐败手段的程序合法性和结果有效性相统一。[1]

第二，从监察委员会与党的纪律检查机关的关系来看，国家监察体制改革之前，由于党的纪律检查机关相对于行政监察机关享有更高的政治地位、掌握更多的权力资源，往往先行介入违纪违法案件的调查和处置之中，在原纪检监察合署办公体制中纪律检查职能和行政监察职能的资源配置和履行效果并不均衡。“伴随着纪检部门在反腐败领域发挥的作用越来越大，与之形成鲜明对照的是行政监察的作用相对式微。”[2]在原纪检监察合署办公体制中行政监察职能被屏蔽的一个重要表征，就是行政监察机关对不具有中国共产党党员身份

---

〔1〕 参见王立峰、吕永祥：《纪委与监察委员会合署办公的理论内涵、现实意义与优化路径》，载《河南社会科学》2017 年第 11 期。

〔2〕 杨建顺：《国家监察体制改革十大课题》，载《中国法律评论》2017 年第 6 期。

的行政机关工作人员开展的行政监察有所弱化。“据统计,2015 年,全国查办的征地拆迁、医药卫生、生态环保、扶贫救灾等民生领域腐败犯罪案件涉案达 32,132 人,其中非党员占 45%,这就暴露出非党员公务员的纪律约束存在空白地带。”[1]行政监察职能弱化,削弱了行政监察机关在维护行政纪律、改善行政管理、提高行政效率和加强廉洁政府建设等方面的重要作用。针对上述问题,国家监察体制改革不仅以《中华人民共和国监察法》的形式赋予监察委员会与“一府两院”平行的法律地位,而且还通过纪检监察机关领导班子成员相互兼任的人员配置模式,提升了监察机关及其主要负责人的法律和政治地位,有力地保障了纪检监察机关合署办公体制中监察机关及其开展的国家监察活动的权威性。在地方各级监察委员会领导班子成员的人员构成中,地方各级党的纪律检查机关的书记和副书记分别兼任同级监察委员会的主任和副主任,中华人民共和国国家监察委员会主任则由担任中共中央政治局委员的中央纪委副书记兼任。纪检监察机关领导班子成员交叉任职,提升了监察机关作为党的政治机关的政治地位,为监察委员会有效履行监督检查、廉政教育和向监察对象所在单位提出监察建议等预防腐败职能创造了有利的条件。不仅如此,在纪检监察机关合署办公体制中,各级纪委监委还建立起统一决策、一体运行的执纪执法权力运行机制,既按照《中国共产党章程》《中国共产党纪律处分条例》等党内法规的规定履行监督执纪问责职责,也按照《中华人民共和国宪法》《中华人民共和国监察法》等国家法律的规定履行监督、调查、处置等监察职责,使执纪监督和执法监督、纪律审查和监察调查、党纪处分和政务处分以及党内问责和监察问责有序对接,实现执纪执法紧密衔接、有效贯通,有效防止履行纪律检查和国家监察两项职能顾此失彼。

(二)整合分散的预防腐败职能

反腐败机构是一系列具有常设性质的公共机构的统称,它的使命在于通过采取预防性的和惩罚性的措施来打击腐败,减少腐败机会的产生。[2]虽然不同

---

[1] 王鹏志:《实现监察全覆盖的破冰之举》,载《中国纪检监察报》2016 年 11 月 19 日,第 4 版。

[2] See Luis De Sousa, *Anti-corruption Agencies: Between Empowerment and Irrelevance*, Crime Law and Social Change, Vol. 53:1, p. 5–22 (2010).

国家和地区的反腐败机构之间存在差异,但它们通常至少承担下述一种反腐败职能:首先,调查和处置职能。反腐败机构负责调查腐败案件、收集相关证据和线索,在对腐败主体作出惩罚后将其移交司法机关。其次,预防腐败职能。反腐败机构为权力机关提供改革其权力结构和工作程序的建议,以减少腐败机会的产生。最后,提高关于腐败的公共认知的职能。反腐败机构通过媒体宣传和公众教育等途径,宣传腐败的危害,普及反腐败的知识。[1] 预防腐败职能是反腐败机构的职能配置的主要组成部分,预防腐败职能的设置是否科学合理,直接影响反腐败机构开展预防腐败工作的实际效能。

国家监察体制改革之前,我国已经构建起专司预防腐败职能的国家反腐败机构——预防腐败局,但是党的纪律检查机关、行政监察机关、人民检察院等反腐败机构也承担相应的预防腐败职能。整个预防腐败体系具有多元分散的特点,不仅体现在预防腐败职能由多个反腐败机构共同承担,而且还体现在预防腐败只是国家预防腐败局之外的其他反腐败机构的其中一项职能。反腐败职能的多元分散配置,分散了反腐败机构原本有限的资源和精力,影响到其预防腐败和惩治腐败的作用的充分发挥。[2] 受到预防腐败的成效需要比较长的周期才能显现出来、预防腐败的政绩不易量化考核等因素的影响,除了国家预防腐败局专司履行预防腐败职能以外,其他反腐败机构履行预防腐败职能和惩治腐败职能的资源投入和注意力分配并不均衡,在个别情况下存在重视查办腐败案件等"显绩",对履行权力监督、廉政教育等"隐绩"资源投入相对不足的问题。正如有学者所言:"就纪律检查委员会和行政监察机关的预防腐败而言,最大的问题在于纪律检查委员会、行政监察机关的工作重心始终放在查办腐败案件上面,基本上没有足够的人力、物力、财力来开展有效的预防腐败工作。这导致许多地方纪律检查委员会、行政监察机关的预防腐败效果十分有限。"[3] 此外,人民检察院在机构属性上属于司法监督机关,承担着刑事侦查、提起公诉和预防职务犯罪等多种职能,反腐败职能特别是其中的预防职务犯罪职能,并非

---

〔1〕 See Robert Williams & Alan Doig, *A Good Idea Gone Wrong? Anti-corruption Commissions in the Twenty-first Century*, The Christian Michelsen Institute, 2004.

〔2〕 参见王立峰、吕永祥:《权力监督视角下国家监察体制改革的实践需要与现实意义》,载《南京社会科学》2017 年第 8 期。

〔3〕 朱立恒:《中国反腐败体制之反思与改革》,载《时代法学》2017 年第 2 期。

人民检察院最为主要的职能。就人民检察院履行预防腐败职能的具体情况而言,有学者指出,实践中客观存在的问题是:在反腐职责上,人民检察院所查处的只是构成犯罪的腐败行为,大量违纪违规问题无权管辖,不能抓早抓小的制度梗阻导致打不胜打,防不胜防。[1]

全国人大常委会《关于在北京市、山西省、浙江省开展国家监察体制改革试点工作的决定》指出:"将试点地区人民政府的监察厅(局)、预防腐败局及人民检察院查处贪污贿赂、失职渎职以及预防职务犯罪等部门的相关职能整合至监察委员会。"[2]这里所说的"相关职能"主要是与监察委员会作为"国家反腐败机构"的机构属性直接相关的反腐败职能,其中包括预防腐败职能。国家监察体制改革对我国的反腐败体系进行结构调整与职能整合,将原来分散于预防腐败局、行政监察机关、人民检察院的反腐败职能整合至新设立的监察委员会之中,为监察委员会有效开展预防腐败工作提供了充分的职能支撑。预防腐败的措施包括教育预防、制度预防和监督预防三个方面[3],《中华人民共和国监察法》赋予监察委员会的权力监督、廉政教育和提出监察建议等预防腐败职能体现出鲜明的理性设计的特征,通过有针对性地消除公共权力、腐败动机和腐败机会等公权力腐败的构成要件,来达到将公权力腐败禁于未然之中的预防效果。首先,公共权力是公权力腐败得以发生的一个前提条件,监察委员会将原来分散于行政监察机关、预防腐败局和人民检察院的反腐败监督权整合起来,对于防范公职人员滥用公共权力具有重要的作用。其次,腐败动机是公职人员从事腐败行为的内在诱因,监察委员会将行政监察机关的廉政宣传教育职能和人民检察院开展预防职务犯罪教育的职能等廉政教育职能充分整合起来,有助于以更加多样的廉政教育活动和更加充足的廉政教育资源来更加有效地抑制公职人员的腐败动机,以消除滋生公权力腐败的内在诱因。最后,制度缺陷为公职人员提供了腐败机会,《中华人民共和国监察法》《中华人民共和国监察法

---

[1] 参见吴建雄:《国家监察体制改革的法治逻辑与法治理念》,载《中南大学学报(社会科学版)》2017年第4期。

[2] 《全国人大常委会关于在北京市、山西省、浙江省开展国家监察体制改革试点工作的决定》,载《中国人大》2017年第1期。

[3] 参见胡杨主编:《反腐败导论》,中共中央党校出版社2012年版,第98页;吴建雄:《国家监察体制改革的法治逻辑与法治理》,载《中南大学学报(社会科学版)》2017年第4期;高金章:《深入推进预防腐败工作的几个问题》,载《政策》2009年第5期。

实施条例》等监察法律法规赋予监察委员会具有提出法律约束力且聚焦廉政建设的监察建议职能，更好地推动各监察对象所在单位完善其廉政规章制度，通过加强廉政制度建设减少公职人员可以利用的腐败机会。

(三)构建党统一领导、集中统一的预防腐败体系

从组织机构的角度看，预防腐败体系是一个由若干个专门履行或者辅助履行预防腐败职能的反腐败机构及其相互关系所构成的有机系统，预防腐败体系中预防腐败机构的数量、不同预防腐败机构之间的权责划分和沟通协调情况等因素都影响着预防腐败体系的运行有效性和实际治理效能。《联合国反腐败公约》第6条规定："确保设有一个或酌情设有多个机构通过诸如下列措施预防腐败：(一)实施本公约第五条所述政策，并在适当情况下对这些政策的实施进行监督和协调；(二)积累和传播预防腐败的知识。"[1]从该规定可以看出，设立专门的预防腐败机构，本身就是一项重要的预防腐败措施。虽然设立预防腐败机构是世界各个国家和地区预防腐败的一种常见举措，但是这并非意味着预防腐败机构的数量越多、种类越多样，一个国家和地区的预防公权力腐败的效果就越好。从全世界范围来看，有学者根据反腐败机构的数量和职能、反腐败机构与原有权力机关之间的关系，将反腐败机构划分为单一机构模式和多机构模式两种主要类型。所谓单一机构模式，即在传统的权力机关之外建立一个独立、强大、集中、统一的反腐败机构，由其全面承担教育、预防、调查等反腐败职能；所谓多机构模式，即在保留原有行政机关和司法机关的反腐败能力的同时，成立新的职业化的反腐败机构，两者分别承担一定的反腐败职能，反腐败行动的有效性依赖于两者的协调和配合。[2] 国家监察体制改革之前，我国反腐败机构的模式接近多机构模式，党的纪律检查机关、行政监察机关、预防腐败局以及人民检察院等机构都承担着特定的反腐败职能，不同的反腐败机构彼此分工、相互作用，共同构成我国的反腐败体系。有学者将我国的反腐败体系概括为党

---

[1] 外交部条约法律司编译：《联合国反腐败公约及相关法律文件》，法律出版社2004年版，第7~14页。

[2] See Patrick Meagher, *Anti-corruption Agencies: Rhetoric Versus Reality*, Journal of Economic Policy Reform, Vol. 8:1, p. 69 – 103 (2005).

的纪律检查机关、行政监察机关和司法机关“三驾马车”模式。[1] 还有学者则将这种模式概括为反腐败体系的“内部多元主义”[2]对于这种接近多机构模式的预防腐败体系而言，各个预防腐败机构之间的权责划分是否清晰合理、沟通协调机制是否畅通等事项，是影响预防腐败体系的运行有效性的重要因素，直接关涉整个预防腐败体系是否能够形成预防公权力腐败的系统效应与整体效能。

国家监察体制改革之前，在我国的反腐败机构中，除预防腐败局专门履行预防腐败职能以外，行政监察机关、党的纪律检查机关、人民检察院等反腐败机构也都同时承担着预防腐败和惩治腐败两个方面的职能，专业化、独立化的预防腐败机构相对较少，预防腐败体系呈现出主体多元、种类多样的特征。在这种多元分散的预防腐败体系中，虽然党的纪律检查机关和反腐败协调小组在反腐败体系中发挥组织协调的功能，但是由于不同的反腐败机构分属不同的组织序列、具有不同的领导体制和考核指标，仅仅依靠党的纪律检查机关和反腐败协调小组的组织协调并不能完全理顺预防腐败体系中错综复杂的权责边界和领导关系。除了沟通协调难度较高外，各个反腐败机构之间的权责分工不清晰的问题也比较突出。职责法定是现代法治社会的一项基本原则，虽然国家法律和党内法规对各个反腐败机构的职责权限作出较为清晰的规定，但是各个反腐败机构如何在预防腐败工作中进行清晰分工与密切协作尚待厘清，这就容易产生责任推诿和利益竞争的问题。有学者将这种多元分散的预防腐败体系的产生的消极后果概括为：“反腐机构呈现纵向多头管理的状态，往往导致机构林立、权力分散、条块分割、各守阵地、以机构对抗机构的局面。”[3]

解决预防腐败体系中存在的多元分散、职责交叉和协调困难等问题，构成实施国家监察体制改革的迫切实践需要。《关于在北京市、山西省、浙江省开展国家监察体制改革试点方案》提出：“实施组织和制度创新，整合反腐败资源力量，扩大监察范围，丰富监察手段，实现对行使公权力的公职人员监察全面覆

---

〔1〕 参见秦前红：《困境、改革与出路：从“三驾马车”到国家监察——我国监察体系的宪制思考》，载《中国法律评论》2017 年第 1 期。

〔2〕 参见郑永年：《中国怎样反腐败才会有效？》，载《中国经济周刊》2014 年第 26 期。

〔3〕 燕继荣：《中国腐败治理的制度选择》，载《哈尔滨工业大学学报（社会科学版）》2013 年第 3 期。

盖,建立集中统一、权威高效的监察体系"[1]的重要改革目标,为构建党统一领导、集中统一、权威高效的反腐败体系指明方向。国家监察体制改革构建集中统一、权威高效的预防腐败体系乃至整个反腐败体系的主要路径,是在党的全面领导下对反腐败机构进行机构调整与职能整合。

1. 加强党对预防腐败体系的统一领导

2017 年 10 月 26 日,时任中共中央纪律检查委员会副书记肖培在党的十九大专题新闻发布会上表示:"反腐败九龙治水不行,必须把拳头攥起来。这次深化国家监察体制改革,根本目的就是要加强党对反腐败斗争的统一领导,把党执纪与国家执法有机贯通起来,把过去分散的行政监察、预防腐败以及检察机关的反贪、反渎力量整合起来,攥成拳头。"[2]坚持党的领导,是我国预防腐败工作的一项基本原则。国家监察体制改革之前,原预防腐败体系存在的多元分散、协调困难等问题,造成了党的领导对象的多元化和分散化。习近平总书记在十八届中央纪委六次全会上强调:"要坚持党对党风廉政建设和反腐败工作的统一领导,扩大监察范围,整合监察力量,健全国家监察组织架构,形成全面覆盖国家机关及其公务员的国家监察体系。"[3]《关于在北京市、山西省、浙江省开展国家监察体制改革试点方案》指出,"深化国家监察体制改革的目标,是建立党统一领导下的国家反腐败工作机构"[4],这就在官方文件中将加强党的统一领导纳入国家监察体制改革的目标体系之中。十九届中央纪委二次全会工作报告明确指出,"深化国家监察体制改革的根本目的,是加强党对反腐败工作的统一领导,推进国家治理体系和治理能力现代化"[5]。

《中华人民共和国宪法》第 123 条规定:"中华人民共和国各级监察委员会是国家的监察机关。"这是立足全国人民代表大会制度的政体对监察委员会的

---

[1] 《中办印发〈关于在北京市、山西省、浙江省开展国家监察体制改革试点方案〉》,载《人民日报》2016 年 11 月 8 日,第 3 版。

[2] 《十九大新闻发言人召开解读十九大报告专题新闻发布会》,载中央纪委监察部网,https://www.ccdi.gov.cn/xxgk/ldjg/xiaopei/zyhd/201712/t20171221_156890.html。

[3] 《习近平谈治国理政》(第 2 卷),外文出版社 2017 年版,第 169 页。

[4] 《中办印发〈关于在北京市、山西省、浙江省开展国家监察体制改革试点方案〉》,载《人民日报》2016 年 11 月 8 日,第 3 版。

[5] 赵乐际:《以习近平新时代中国特色社会主义思想为指导　坚定不移落实党的十九大全面从严治党战略部署——在中国共产党第十九届中央纪律检查委员会第二次全体会议上的工作报告》,载《中国纪检监察》2018 年第 2 期。

机构属性的宪法定位。从领导体制来看,《中华人民共和国宪法》第126条规定:“国家监察委员会对全国人民代表大会和全国人民代表大会常务委员会负责。地方各级监察委员会对产生它的国家权力机关和上一级监察委员会负责。”国家监察工作不仅具有高度的专业性,也具有鲜明的政治属性,除了监察委员会与同级人民代表大会、上级监察委员会的领导与被领导关系外,中国共产党对监察机关的领导也是建立健全监察委员会的领导体制的一个非常重要的维度。基于此,《中华人民共和国监察法实施条例》第10条第1款规定:“国家监察委员会在党中央领导下开展工作。地方各级监察委员会在同级党委和上级监察委员会双重领导下工作,监督执法调查工作以上级监察委员会领导为主,线索处置和案件查办在向同级党委报告的同时应当一并向上一级监察委员会报告。”在中国共产党对国家和社会实施全面领导的前提下,监察委员会不仅是负责对所有行使公权力的公职人员进行国家监察全覆盖的监察机关,而且也是“实现党和国家自我监督的政治机关”[1],监察委员会开展监督、调查和处置等各项监察工作都处于党的领导之下。《〈中华人民共和国监察法〉释义》指出:“监察委员会不设党组、不决定人事事项,本质上就是党的工作机构。”[2]《中华人民共和国监察法实施条例》第2条中“增强政治意识、大局意识、核心意识、看齐意识”“坚决维护党中央权威和集中统一领导”这些规定也印证了监察委员会作为党的政治机关的机构属性,党的政治机关的机构属性为构建党统一领导下的国家反腐败机构提供了合法性和正当性。

2. 构建集中统一的预防腐败体系

全国人大常委会《关于在北京市、山西省、浙江省开展国家监察体制改革试点工作的决定》指出:“将试点地区人民政府的监察厅(局)、预防腐败局及人民检察院查处贪污贿赂、失职渎职以及预防职务犯罪等部门的相关职能整合至监察委员会。”[3]在预防腐败局、行政监察机关、人民检察院查处贪污贿赂、失职

---

[1] 中共中央纪律检查委员会法规室、中华人民共和国国家监察委员会法规室编写:《〈中华人民共和国监察法〉释义》,中国方正出版社2018年版,第62页。

[2] 中共中央纪律检查委员会法规室、中华人民共和国国家监察委员会法规室编写:《〈中华人民共和国监察法〉释义》,中国方正出版社2018年版,第62页。

[3] 《全国人大常委会关于在北京市、山西省、浙江省开展国家监察体制改革试点工作的决定》,载《中国人大》2017年第1期。

渎职以及预防职务犯罪等部门的反腐败职能和人员都被整合至监察委员会以后,监察委员会成为一个履行预防腐败和惩治腐败职能的综合性国家反腐败机构。该举措整合了我国原本分散在行政机关、司法机关和党的纪律检查机关等多个组织序列的预防腐败职能和预防腐败资源,减少了预防腐败机构的数量和类别,降低了监察委员会与其他预防腐败机构之间的沟通协调成本与职能厘清难度,对提升预防腐败体系的集中统一性大有裨益。不仅如此,国家监察体制改革还继承和发展了纪检监察机关合署办公体制,纪检监察机关共同设置内设机构,统筹使用各项资源,协同使用各项反腐败措施,进一步将党内监督机关与国家监察机关的预防腐败的职能、人员和资源充分整合到一起,既提高了我国预防腐败体系的集中统一性,又借助党的纪律检查机关的资源和权威提升监察机关履行权力监督、廉政教育和监察建议等预防腐败职能的有效性。

第三章　监察委员会预防腐败的职能设置

古人云："先其未然谓之防，发而止之谓之救，行而责之谓之戒。防为上，救次之，戒为下。"预防、挽救和惩戒，是各种社会问题常见的治理方式，也适用于对权力腐败这种社会公共问题的治理之中。预防腐败和惩治腐败是我国反腐败战略的两个重要组成部分，在腐败治理中相辅相成、相互促进。预防腐败主要针对尚未发生的腐败行为，侧重于对公权力腐败的源头治理，强调综合运用监督、教育和制度等各种治理方式筑牢不想腐的思想堤坝和不能腐的制度之笼，将公权力腐败行为禁于未然之中。惩治腐败主要针对已经发生的腐败行为，侧重于对公权力腐败的事后惩戒，强调严格查处腐败分子并对其予以严肃惩处和通报曝光，使腐败分子得不偿失。就预防腐败与惩治腐败的关系而言，正所谓"善除害者察其本，善理疾者绝其源"，推动腐败治理由治标向治本转变、由侧重个案处理向侧重类案防治转变，应形成事前预防胜于事后惩治的腐败治理理念。

预防胜于惩治的反腐败理念，既是世界各国在反腐败理念达成的一项普遍共识，也符合我国反腐败战略方针发展演进的前进方向。一方面，从全世界范围来看，"仅仅依靠刑罚手段去惩罚腐败分子是远远不够的"[1]，第四届国

---

〔1〕［美］苏珊·罗斯·艾克曼：《腐败与政府》，王江、程文浩译，新华出版社2000年版，第301页。

际反贪污大会强调，消除贪污、腐败要以预防为主。《联合国反腐败公约》第二章将“预防措施”作为首要一项反腐败措施，并将其置于“定罪和执法”[1]之前，从中透露出“预防优先”的反腐败思路。2008 年 12 月通过的《俄罗斯联邦反腐败法》第 3 条明确将预防腐败措施优先原则规定为反腐败的一项基本原则，并从在社会上营造抵制腐败行为的氛围、对法令及国家计划进行反腐败成效的评估等方面详细列举六项预防腐败的具体措施。[2] 另一方面，就国内反腐败战略的发展演进来看，针对改革开放以后经济转轨、体制转型和社会分化过程中涌现出的腐败问题，邓小平指出：“做几件使人民满意的事情。主要是两个方面，一个是更大胆地改革开放，另一个是抓紧惩治腐败。”[3]严查大案要案并对腐败官员进行严肃的责任追究乃至于法律制裁，是彰显党和政府的反腐败决心、净化党员干部队伍和社会风气、维护执政合法性的必要举措。与此同时，腐败治理绝不能止步于惩治，这是人类与腐败斗争的最根本经验，由严惩腐败向以减少腐败发生机会、提高腐败发现可能为中心的治理转型，是积极治理主义理念确立的根本标志。[4] 随着党和政府对腐败防治规律的认识不断深化，预防腐败在我国反腐败战略中的重要性不断提升，党的十八大报告中提出的“标本兼治、综合治理、惩防并举、注重预防”[5]成为我国反腐败工作的重要方针。习近平总书记在十八届中央纪委二次全会上强调，“坚持标本兼治、综合治理、惩防并举、注重预防方针，更加科学有效地防治腐败，坚定不移把党风廉政建设和反腐败斗争引向深入”[6]。2022 年 6 月 17 日，习近平总书记在中共中央政治局第四十次集体学习时强调：“要从源头着手，完善管权治吏的体制机制，更加常态化、长效化地防范和治理腐败问题”[7]，进一步彰显预防腐败在腐败治理中的重要地位和作用。

---

[1] 外交部条约法律司编译：《联合国反腐败公约及相关法律文件》，法律出版社 2004 年版，第 7～14 页。

[2] 参见杜永明：《俄罗斯联邦反腐败法》，载《环球法律评论》2010 年第 3 期。

[3] 《邓小平文选》（第 3 卷），人民出版社 1993 年版，第 313 页。

[4] 参见魏昌东：《腐败治理模式与中国反腐立法选择》，载《社会科学战线》2016 年第 6 期。

[5] 胡锦涛：《坚定不移沿着中国特色社会主义道路前进　为全面建成小康社会而奋斗——在中国共产党第十八次全国代表大会上的报告》，载《求是》2012 年第 22 期。

[6] 《习近平谈治国理政》（第 1 卷），外文出版社 2018 年版，第 385 页。

[7] 《习近平在中共中央政治局第四十次集体学习时强调　提高一体推进“三不腐”能力和水平　全面打赢反腐败斗争攻坚战持久战》，载《人民日报》2022 年 6 月 19 日，第 1 版。

一、监察委员会预防腐败职能设置的整体框架

预防腐败在腐败治理中具有治本作用,预防腐败方略应该如何科学设计,既是摆在反腐败机构面前亟待破解的重要实践问题,也是摆在廉政学术界面前亟待研究和回应的重大理论命题,回答该问题需要结合理论与实践,兼顾政策与法律。本研究以中共中央关于预防腐败的顶层设计与政策规定为宏观背景,从国内外廉政学术界关于预防腐败的前沿研究成果中汲取理论资源,立足《中华人民共和国监察法》《中华人民共和国监察法实施条例》等监察法律法规对监察委员会的职责职能的配置方案,深入阐明监察委员会的各项监察职能在预防腐败中的重要作用及其作用机理,从中提炼概括权力监督、廉政教育和提出监察建议三管齐下这一监察委员会的预防腐败职能设置的整合性分析框架。

(一)教育、制度、监督并重:预防腐败体系的政策框架

习近平总书记在十八届中央纪委三次全会上指出:“建立健全惩治和预防腐败体系是国家战略和顶层设计”[1],监察委员会的预防腐败职能设置深受惩治和预防腐败体系的政策设计的影响和塑造。2003 年 10 月,党的十六届三中全会提出:“建立健全与社会主义市场经济体制相适应的教育、制度、监督并重的惩治和预防腐败体系”[2],“教育、制度、监督并重”构成中国特色惩治和预防腐败体系设计的总体方略。2005 年 1 月,中共中央印发《建立健全教育、制度、监督并重的惩治和预防腐败体系实施纲要》作为我国反腐败的纲领性文件,从教育、制度和监督三个方面奠定了我国惩治和预防腐败战略的基本格局。有学者指出:该实施纲要的颁布表明,我国反腐败战略的重点从惩治腐败向预防腐败转移,在预防腐败战略的指导下,党和政府对制度建设、廉政教育和改善权力监督机制等预防腐败措施给予更多的关注。[3] 2013 年,中共中央印发《建立健

[1] 《习近平谈治国理政》(第 1 卷),外文出版社 2018 年版,第 394 页。
[2] 《中共中央关于完善社会主义市场经济体制若干问题的决定》,载《党的建设》2003 年第 11 期。
[3] See Qianwei Zhu, *Reorientation and Prospect of China's Combat Against Corruption*, Crime, Law & Social Change, Vol. 49:2, p. 81 – 95(2008).

全惩治和预防腐败体系2013—2017年工作规划》,从深化党风廉政教育、加强反腐倡廉法律法规制度建设和强化权力运行制约和监督三个方面对科学有效预防腐败作出重大部署[1],进一步揭示教育、制度和监督在预防腐败中发挥的重要作用,教育、制度和监督三管齐下构成我国预防腐败战略的主要组成部分。党的十八大以来,从党的十八届四中全会正式提出"形成不敢腐、不能腐、不想腐的有效机制"[2]到党的十九大提出"强化不敢腐的震慑,扎牢不能腐的笼子,增强不想腐的自觉"[3],从习近平总书记在十九届中央纪委四次全会上将"一体推进不敢腐、不能腐、不想腐"定位为"反腐败斗争的基本方针"和"新时代全面从严治党的重要方略"[4],到2021年4月习近平总书记在广西考察时提出"使不敢腐、不能腐、不想腐一体化推进有更多的制度性成果和更大的治理成效"[5]的目标任务,以习近平同志为核心的党中央对一体推进不敢腐、不能腐、不想腐的整体性内涵、战略性地位、系统化效应、制度化发展、治理性成效的认识日益系统深刻,提出的目标任务更加清晰具体。一体推进不敢腐、不能腐、不想腐的反腐败基本方针,综合考虑提高腐败成本、抑制腐败动机、消除腐败机会的多种有效实现机制,是对教育、制度和监督并重的预防腐败方略的创造性转化和创新性发展,标志着中国共产党对反腐败斗争战略的表述方式从策略手段主导型向效果机制主导型转变,其优势在于:不敢腐、不能腐、不想腐等任何一种反腐败效果的实现机制都是多元复杂的,它既将教育、制度和监督等传统的预防腐败机制囊括其中,也为开发传统预防腐败机制的新功能与新的预防腐败有效机制提供了空间和可能。一体推进不敢腐、不能腐、不想腐的前提和基础,是强化不想腐的思想觉悟、不能腐的制度约束和不敢腐的惩治威慑,而实现这些反腐败目标又要求反腐败机构必须科学配置反腐败职能,充分发挥廉政教育、监督检查和制度建设在腐败防治中的重要作用。

---

[1] 参见《中共中央印发〈建立健全惩治和预防腐败体系2013—2017年工作规划〉》,载《人民日报》2013年12月26日,第1版。

[2] 《中共中央关于全面推进依法治国若干重大问题的决定》,人民出版社2014年版,第13页。

[3] 习近平:《决胜全面建成小康社会　夺取新时代中国特色社会主义伟大胜利——在中国共产党第十九次全国代表大会上的报告》,人民出版社2017年版,第67页。

[4] 《习近平谈治国理政》(第3卷),外文出版社2020年版,第549页。

[5] 《习近平在广西考察时强调　解放思想深化改革凝心聚力担当实干　建设新时代中国特色社会主义壮美广西》,载求是网,http://www.qstheory.cn/yaowen/2021-04/27/c_1127382839.htm。

(二)监督、教育、制度并重:监察委员会预防腐败职能的整体框架

国家监察体制改革是党中央主导实施的事关全局的重大政治改革,它所创制的监察委员会制度是以习近平同志为核心的党中央对反腐败体制的顶层设计,其监察职能设置体现对公权力腐败发生机理及其防治规律的理性认识。监察委员会作为国家监察体制改革新创制的中国特色国家反腐败机构,整合了行政监察机关、预防腐败局、人民检察院查处贪污贿赂、失职渎职以及预防职务犯罪等部门的预防腐败职能和人员,是我国预防腐败战略的重要执行者。在持续深化不敢腐、不能腐、不想腐一体推进的反腐败战略方针的指引之下,新成立的监察委员会具备哪些预防腐败职能?又是如何运用这些预防腐败职能有效开展预防腐败工作的?

监察委员会的预防腐败职能,是政策制定者科学配置和理性设计的结果。罗伯特·E. 古丁指出,制度生成有突发事件、演化和有意识地安排三种模式[1],三者分别揭示具有偶然性与重大影响的突发事件、制度的自发自生与自我演化以及具有理性能力与知识经验的制度设计者在制度生成中的重要作用。不同的制度建构模式适用于不同国家和不同情景的制度生成过程之中,"人为设计说"将制度建构视为制度制定者"运用理性能力和知识经验来进行规划和设计的过程"[2],对具有坚强领导核心和科学理论指导的后发国家的制度建构具有较强的解释力。理性选择制度主义对"人为设计说"进行系统阐发,用功能主义解释制度产生的动因,形成理性设计的制度生成观,对监察委员会预防腐败职能的制度设计有较强的解释力。

监察法律法规对监察委员会的反腐败方针和国家监察工作的基本原则作出明确规定。《中华人民共和国监察法》第6条规定:"国家监察工作坚持标本兼治、综合治理,强化监督问责,严厉惩治腐败;深化改革、健全法治,有效制约和监督权力;加强法治教育和道德教育,弘扬中华优秀传统文化,构建不敢腐、不能腐、不想腐的长效机制。"在此基础上,《中华人民共和国监察法实施条例》第5条进一步规定:"监察机关应当坚定不移惩治腐败,推动深化改革、完善制

---

[1] See Robert E. Goodin, *The Theory of Institutional Design*, Cambridge University Press, 1996, p. 24.

[2] 文军:《制度建构的理性构成及其困境》,载《社会科学》2010年第4期。

度，规范权力运行，加强思想道德教育、法治教育、廉洁教育，引导公职人员提高觉悟、担当作为、依法履职，一体推进不敢腐、不能腐、不想腐体制机制建设。”上述规定从一个侧面揭示出监察委员会一体构建不敢腐、不能腐、不想腐的长效机制，应当有针对性地具备防范公共权力滥用、消除腐败机会以及抑制腐败动机的反腐败职能设置，有效贯彻落实权力监督、制度约束以及提高觉悟等反腐败方略。按照功能主义的制度设计观，全国人大依据职能法定的法治原则，在《中华人民共和国监察法》中赋予监察委员会权力监督、廉政教育和监察建议三项预防腐败职能，旨在构筑不想腐的思想道德防线和不能腐的权力监督体系与制度防范体系，消除腐败动机、公共权力和腐败机会等公权力腐败的构成要件，多措并举使公权力腐败行为禁于未然之前，在实践中形成了权力监督、廉政教育和监察建议三管齐下这一监察委员会预防腐败的主要模式。监察委员会的权力监督、监察建议和廉政教育三项预防腐败职能体现事前主动预防和事后被动预防两种预防腐败模式的分工与耦合。首先，权力监督主要作用于公权力腐败发生之前，旨在以事前监督主动防范公共权力滥用，属于事前主动预防。其次，依据监督、调查结果提出监察建议，通常发生于公权力腐败行为发生之后，旨在通过完善规章制度消除腐败机会，防止同类腐败案件重复发生，属于事后被动预防。最后，廉政教育体现事前主动预防和事后被动预防的耦合，既包括旨在主动防范公权力腐败行为发生的思想道德教育，也包括寓于腐败案件惩治之中的警示教育。

在权力监督、廉政教育和监察建议三管齐下这一监察委员会的综合性预防腐败模式之下，本章以结构功能主义理论作为分析视角，主要回答下列问题：第一，机构是职能的履行主体，监察委员会的内设职能部门和外派机构中具体负责履行权力监督、廉政教育和向监察对象提出监察建议等监察职能的专业化机构有哪些？它们履行上述监察职能的主要方式有哪些？第二，监察委员会通过履行权力监督、廉政教育和监察建议这三项监察职能来预防公权力腐败的作用机理分别是什么？

二、监察委员会预防腐败的监督职能

(一)权力监督是不同时期监察机关开展腐败治理的一项共性职能

从历史的角度看,对公权力的监督和制约与公权力的产生和发展相伴而生,加强对公权力的监督和制约,是人类政治生活的一项永恒的主题,也是不同时期的制度设计者赋予监察机关的一项重要的使命。

公共权力是一把"双刃剑",既可以用来维护和增进广大人民群众的福祉,也存在被权力行使主体用来谋取私利的风险,对公共权力的监督与制约,与公共权力的形成和发展相伴而生。"为了防止权力的滥用和异化对政治统治和公民权利造成侵害,探寻如何有效地监督和约束权力就成为人类政治生活中一项永恒的主题。尽管古今中外权力监督的目标和性质各不相同,但是以权力监督权力成为各国政治制度设计中一种共通的模式。"[1]习近平总书记指出:"我们的先人们早就认识到,反腐倡廉的核心是制约和监督权力。我国古代很早就有监察、御史、弹劾、谏官等方面的制度。"[2]专制政体中的这些权力监督制度虽然在一定程度上发挥净化官僚队伍、防止政权腐化变质、缓和阶级矛盾等积极作用,但是本质上是服务统治阶级专制统治的工具,无法解决最高统治者处于监督范围之外、监督的力度与效果取决于最高统治者的个人意愿等内在缺陷。

进入近代社会,孙中山认识到西方权力制约思想的弊端并结合中国古代监督制度和考试制度的优良传统,提出了"五权宪法"的制度设计构想。根据"五权宪法"的设计方案,"中华民国中央政府由行政院、立法院、司法院、考试院和监察院五院组成,五院皆对国民大会负责,各院人员失职,由监察院向国民大会弹劾罢黜"[3]。孙中山的"五权宪法"思想将监察权提升为与立法权、行政权和司法权并列的国家权力的高度,并交由监察院独立行使,从制度设计层面有效解决此前监察权依附于行政权等体制性问题。

---

[1] 王立峰、吕永祥:《权力监督视角下国家监察体制改革的实践需要与现实意义》,载《南京社会科学》2017 年第 8 期。

[2] 本书编写组编著:《〈中共中央关于全面深化改革若干重大问题的决定〉辅导读本》,人民出版社 2013 年版,第 75 页。

[3] 《孙中山选集》(上卷),人民出版社 1956 年版,第 151 页。

进入现代民主社会以后，权力监督经历从专制监督向民主监督的重要转型，权力监督的性质、目标、依靠力量和方式方法等方面发生实质性变化，监察机关对公共权力行使主体开展的监察监督，也由代表最高统治者对其他官僚机构及其成员进行的专制监督，发展为代表广大人民群众和民意代表机关对公权力机关及其工作人员进行的民主监督。基于对民主监督的必要性和重要性的高度重视，1945 年，毛泽东在"窑洞对"中谈及跳出"历史周期率"的第一个答案时指出："我们已经找到新路，我们能跳出这周期率。这条新路，就是民主。只有让人民来监督政府，政府才不敢松懈。只有人人起来负责，才不会人亡政息。"[1]群众监督具有监督主体数量庞大、监督渠道灵活多样、监督动力相对充足等优势，对于推动执政党发现和解决自身问题、改进各项工作、提高决策民主化科学化水平意义重大。[2] 与群众监督相比，权力监督机构开展的专门监督具有专业性更强、组织性更高等优势，建立专司监督职能的权力监督机构是对公共权力行使主体和公共权力行使过程进行全天候、常态化、专业化监督的客观要求。邓小平指出，"对各级干部的职权范围和政治、生活待遇，要制定各种条例，最重要的是要有专门的机构进行铁面无私的监督检查"[3]。在党和国家监督体系中，监察机关对行使公权力的公共机关及其工作人员的监察监督是不可或缺的重要一环。在原行政监察制度中，监察机关作为人民政府行使监察职能的机关，依法对国家行政机关、国家公务员和国家行政机关任命的其他人员实施执法监察、廉政监察和效能监察，监察监督在防止行政权力滥用、加强廉洁政府建设和改善行政管理等方面发挥着重要的作用。在纪检监察机关合署办公过程中，党的纪律检查机关通过建立健全巡视巡察上下联动机制、实施派驻机构改革等多种途径，逐步实现党内监督全覆盖。与之形成鲜明对比的是，囿于监察权的法律地位、监察机关的机构独立性和职权自主性亟待提升等因素的限制，行政监察机关对行政权力乃至国家公权力的监督存在较大的盲区。鉴于此，以习近平同志为核心的党中央对权力监督体系进行顶层设计与重大调整，主导实施国家监察体制改革这一事关全局的重大政治改革，推动监察委员会对

---

〔1〕 黄炎培：《八十年来》，中国文史出版社 1982 年版，第 157 页。

〔2〕 参见吕永祥：《深刻理解跳出历史周期率的"两个答案"》，载《理论探索》2022 年第 5 期。

〔3〕《邓小平文选》(第 2 卷)，人民出版社 1994 年版，第 332 页。

所有行使公权力的公职人员进行国家监察全覆盖，“解决了过去党内监督和国家监察不同步、部分行使公权力人员处于监督之外的问题，实现了对公权力监督和反腐败的全覆盖、无死角”[1]。

从机构定位和权力属性的角度看，国家监察体制改革是对权力监督体系的重大调整，国家监察体制改革新设立的监察委员会具有权力监督机构的属性，对所有行使公权力的公职人员进行国家监察全覆盖。“监察委员会的属性定位是监察体制改革的首要问题”[2]，对国家监察体制改革所创制的监察委员会的机构属性持有何种定位，直接影响其对国家监察权的性质和内容等事项的不同认知。关于监察委员会的性质定位，监察法律法规和官方政策文件作出“行使国家监察职能的专责机关”“党统一领导下的国家反腐败工作机构”“监督执法机关”等不同的界定，这些界定既相互兼容又各有侧重，从监督、监察和反腐等密切相关的多个维度揭示了监察委员会的机构属性与职能定位的不同侧面。全方位揭示监察委员会的多重属性还存在一定的学理探讨空间，监察权的合理定位与有效运行，建基于权力结构的科学设置。基于此，有学者指出，“权力制约为基础，监察权是独立于立法权、行政权和司法权的国家权力，属于权力监督的范畴”[3]。从中可以合理推导出，国家监察权作为一种新型的和复合的国家权力，具有监督权的内在属性。从内容上看，作为对多个国家机关的权力监督权能进行充分整合后产生的综合性权力监督机构，监察委员会行使的监督权具有复合性的特征，在内容上“集党纪监督、行政监督与法律监督于一体”[4]，适应在纪检监察机关合署办公体制中执政党进行自我监督和对国家机器进行公权力监督等多重监督需要，显著提升权力监督的覆盖面和有效性。2016 年 1 月 12 日，习近平总书记在十八届中央纪委六次全会上指出，“完善监督制度，做好监督体系顶层设计”“扩大监察范围，整合监察力量，健全国家监察组织架构，形成全面覆盖国家机关及其公务员的国家监察体系”[5]，揭示监察体制改革在完

[1] 习近平：《论坚持全面依法治国》，中央文献出版社 2020 年版，第 239 页。

[2] 魏昌东：《国家监察委员会改革方案之辨正：属性、职能与职责定位》，载《法学》2017 年第 3 期。

[3] 夏金莱：《论监察体制改革背景下的监察权与检察权》，载《政治与法律》2017 年第 8 期。

[4] 韩大元：《论国家监察体制改革中的若干宪法问题》，载《法学评论》2017 年第 3 期。

[5] 习近平：《在第十八届中央纪律检查委员会第六次全体会议上的讲话》，载《中国纪检监察》2016 年第 10 期。

善党和国家监督体系中的关键地位和重要作用。“国家监察体制改革的本质是权力监督改革，这一改革的制度逻辑实际是将权力监督的分散格局整合于一个统一的机构内部。”[1]国家监察体制改革将原来的行政监察机关、预防腐败局及人民检察院查处贪污贿赂、失职渎职以及预防职务犯罪等部门的相关职能整合至监察委员会之中，以《中华人民共和国监察法》《中华人民共和国监察法实施条例》等监察法律法规的形式赋予监察委员会履行监察职权所需要的各种监察手段，构建起党统一领导、集中统一、权威高效的监督体系，为监察委员会对所有行使公权力的公职人员进行国家监察全覆盖奠定坚实的基础。

（二）监督职能是监察委员会的首要职能

从词源释义来看，《后汉书·郑孔荀列传》中所载：“臣闻古之遣将，上设监督之重，下建副二之任，所以尊严国命，谋而鲜过者也”[2]。其中“监督”是指负责对将领指挥战争进行监视和督促的监军一职。《辞海》将“监督”一词解释为“监察督促”[3]。从学理阐释来看，有学者指出：“监督，是对某一特定环节、过程进行追踪、督促和管理，使其结果能够达到预定目的。”[4]本文所说的“监督”主要是公权力监督，是指对公共权力行使主体、公共权力行使过程和公共权力行使结果的监察和督促行动。“监督是权力正确运行的保证，是国家制度和治理体系有效运转的重要支撑，在管党治党、治国理政中居于基础性、保障性地位。”[5]监督无以自行，需要借助特定的机构及其人员作为实施载体，才能对权力行使者产生具体的影响，而监察机关正是我国一类专门的权力监督机构。

监督职能是指监察机关在权力监督活动中为达成其权力净化、纠正权力运行偏差等目标所应发挥的正向功能作用。不仅《中华人民共和国监察法》《中华

---

〔1〕 李莉：《国家监察体制改革视域下的制度设计变迁——新中国成立以来权力监督的历史梳理》，载《当代世界与社会主义》2018年第3期。

〔2〕 （南朝宋）范晔：《后汉书》，浙江古籍出版社2000年版，第648页。

〔3〕 辞海编辑委员会：《辞海（普及本）》（第6版），上海辞书出版社2010年版，第1832页。

〔4〕 钱小平：《监察委员会监督职能激活及其制度构建——兼评〈监察法〉的中国特色》，载《华东政法大学学报》2018年第3期。

〔5〕 赵乐际：《坚持和完善党和国家监督体系 为全面建成小康社会提供坚强保障——在中国共产党第十九届中央纪律检查委员会第四次全体会议上的工作报告》，载《中国纪检监察》2020年第5期。

人民共和国监察法实施条例》等监察法律法规在各项监察职能的排序上将监督职能置于优先位置,而且党和国家领导人在重要讲话中也进一步明确监督职能作为首要监察职能的重要地位。2018 年 12 月 13 日,习近平总书记在十九届中央政治局第十一次集体学习时明确指出,“国家监察是对公权力最直接最有效的监督,监察委员会第一项职责就是‘对公职人员开展廉政教育,对其依法履职、秉公用权、廉洁从政从业以及道德操守情况进行监督检查’”[1]。2019 年 1 月 11 日,赵乐际在十九届中央纪委三次全会上的工作报告中旗帜鲜明地指出,“监督是纪检监察机关的基本职责、第一职责”[2]。之所以说监督是监察委员会的首要职能,主要是基于以下理由。

1. 开展监察监督是监察委员会的日常性和基础性工作

对行使公权力的公职人员进行监督是监察委员会的一项主要工作,在监察委员会的各项监察工作中占据重要的地位,具有日常性和基础性的特点。2018 年 3 月 5 日,时任中共中央政治局委员、中央纪委副书记、监察部部长杨晓渡在全国两会“部长通道”上接受记者采访时指出:“我们做的大量工作,是日常‘拉拉袖子’、提个醒的工作,是监督的工作,是防止人由犯小错误变成犯大错误”[3]。判断何种工作是监察委员会的基础性工作,需要借助于一定的量化判断标准,综合考虑组织机构设置、政策安排等因素对开展国家监察工作的影响。一方面,在结构功能主义理论看来,结构是履行职能的载体,结构复杂、组织严密的大规模公共组织通常需要进行精细化分工,赋予不同的组织结构各自专业化的职能配置和任务分工,以应对公共治理复杂化和专业化的现实需要。公共组织在进行机构设置、职能配置和资源配置的时候并不是平均用力的,而是按照结构与功能相匹配、任务与资源相适应的公共管理原则,将其组织机构、人员配置和经费设施等资源向重点工作和主要职责倾斜,以保障公共组织有足够的资源和能力达成组织的核心目标任务。基于此,监察委员会履行监督职能的内设机构及其工作人员在监察委员会的整个组织体系和工作人员队伍中所占的

---

[1] 习近平:《论坚持全面依法治国》,中央文献出版社 2020 年版,第 241 页。

[2] 赵乐际:《忠实履行党章和宪法赋予的职责 努力实现新时代纪检监察工作高质量发展——在中国共产党第十九届中央纪律检查委员会第三次全体会议上的工作报告》,载《中国纪检监察》2019 年第 4 期。

[3] 徐怀顺:《监察委首要职责是监督》,载《中国纪检监察报》2018 年 3 月 7 日,第 2 版。

比重,在很大程度上可以成为观察和分析监察委员会的核心工作的重要角度。另一方面,精准运用监督执纪“四种形态”是纪检监察机关的一项主要工作,监督执纪“四种形态”的梯级配置和逐层推进蕴含着政策制定者对纪检监察机关履行监督执纪问责、监督调查处置等纪检监察职责的不同侧重点安排和价值期许,纪检监察机关运用监督执纪“第一种形态”的频率和处分的人数在监督执纪“四种形态”中所占的比重,在一定程度上可以成为判断监督工作在纪检监察机关的各项纪检监察工作中是否具有日常性和基础性的重要指标。基于此,笔者从监察委员会履行监督职能的内设机构及其工作人员在整个组织机构和工作人员队伍中所占的比重以及纪检监察机关运用监督执纪“第一种形态”的频率和处理的人数在监督执纪“四种形态”中所占的比重两个方面入手,分析监督工作在监察委员会的各项监察工作中具有的日常性和基础性地位。

第一,从机构设置和人员配备的角度看,为实现推动国家监察全覆盖和提升权力监督有效性等国家监察体制改革的重要目标,各级监察委员会纷纷采取机构、编制、人员向监督工作一线倾斜的做法,为有效履行监督职能这一首要职能奠定坚实的组织基础,提供充足的资源保障。组织资源是达成组织目标的物质基础,是否拥有充分的资源保障是影响权力监督机构运行是否有效的一个重要因素。在国外反腐败机构研究者看来,衡量一个反腐败机构是否拥有充足的人力资源的一个重要指标,是该机构的职员数(监督主体数目)与人口数(监督对象数目)之间的比值。该数值越小,表明该反腐败机构的人力资源越不充足,反之亦然。[1] 监察委员会既是中国特色反腐败工作机构,监察主体和监察对象之间的数量比例,是衡量监察委员会是否拥有充足的人力资源的一个重要指标。

一方面,从监察对象的角度看,国家监察体制改革将实现国家监察全覆盖作为一项重要的改革目标,将所有行使公权力的公职人员纳入监察委员会的监察对象,极大地拓展了监察机关的监察范围,各级监察委员会的监察对象数目显著增加。以三个最早试点地区为例,“改革后,北京市监察对象达到 99.7 万人,较改革前增加 78.7 万人;山西省监察对象达到 131.5 万人,较改革前增加

[1] See Quah, J. S. T., *Benchmarking for Excellence: A Comparative Analysis of Seven Asian Anti-corruption Agencies*, Asian Journal of Public Administration, Vol. 31:2, p. 171 – 195(2009).

53万人;浙江省监察对象达到70.1万人,较改革前增加31.8万人"[1]。此外,在行政监察转变为国家监察的情况下,其他改革地区的监察对象数量增加也较为明显。"福建省监察对象从22.48万人增加到74.21万人,吉林省监察对象由20.6万人增加至67.95万人……数据显示,监察法实施后各地的监察对象数量显著增加。"[2]从全国范围来看,"据统计,反腐机构重组后,全国监察系统人员增加10%,监督对象增加200%"[3]。

另一方面,从监察主体的角度看,各试点地区监察委员会按照《关于在北京市、山西省、浙江省开展国家监察体制改革试点方案》中"整合资源、调整结构,实现内涵发展"[4]的要求,走的是"人员、机构、编制三个不增加"的内涵式发展道路,内设组织机构与工作人员的数量并没有随着监察对象数量的显著增加而成比例增加。权力监督具有"量"和"质"两个维度,前者指向权力监督的覆盖面,事关权力监督体系的闭合性;后者指向权力监督的有效性,事关权力监督的力度、深度和效果。为了在权力监督全覆盖的条件下提升权力监督的有效性,纪检监察机关必须实现组织机构和工作人员等人力资源的高度整合与优化合理配置,按照权责一致、任务与资源相匹配等组织管理原则将主要资源优化配置给中心工作。对此,赵乐际在十九届中央纪委三次全会工作报告中指出:"牢牢把握监督基本职责,定位向监督聚焦,责任向监督压实,力量向监督倾斜。"[5]《关于在北京市、山西省、浙江省开展国家监察体制改革试点方案》中"整合资源、调整结构,实现内涵发展"[6]的要求,国家监察体制改革以后各级各地纪检监察机关共同设立内设机构,在"人员、机构、编制不增加"的前提条件

---

[1] 《积极探索实践 形成宝贵经验 国家监察体制改革试点取得实效——国家监察体制改革试点工作综述》,载新华网,http://www.xinhuanet.com/politics/2017-11/05/c_1121908387.htm。

[2] 王卓、程威:《肩负使命再出发——写在国家监察委员会成立一周年之际》,载《中国纪检监察报》2019年3月23日,第1版。

[3] 彭训文:《四大亮点引领国家反腐败立法(发布与解读)》,载《人民日报(海外版)》2018年3月26日,第5版。

[4] 《中办印发〈关于在北京市、山西省、浙江省开展国家监察体制改革试点方案〉》,载《人民日报》2016年11月8日,第3版。

[5] 赵乐际:《忠实履行党章和宪法赋予的职责 努力实现新时代纪检监察工作高质量发展——在中国共产党第十九届中央纪律检查委员会第三次全体会议上的工作报告》,载《中国纪检监察》2019年第4期。

[6] 《中办印发〈关于在北京市、山西省、浙江省开展国家监察体制改革试点方案〉》,载《人民日报》2016年11月8日,第3版。

下实现纪检监察资源的优化合理配置,将纪检监察资源向监督执纪一线倾斜,压实监督这一首要职责。“北京市纪委、监委设立29个内设机构,监督执纪部门的机构数、编制数占总数的79%和74%;山西省纪委、监委设立21个内设机构,监督执纪部门的机构数、编制数占总数的76.2%和74.6%;浙江省纪委、监委设立25个内设机构,监督执纪部门的机构数、编制数占总数的76%和77.6%”[1]。将组织机构与人员编制向监督执纪工作一线倾斜,是包括省级纪检监察机关在内的各级纪检监察机关配置资源的一项重要原则。以青海省为例,“改革中,青海实现了机构、编制、职数三个不增加,工作力量向监督执纪执法一线倾斜。青海省纪委监委机关设立内设机构18个,监督执纪执法部门的机构数、编制数分别占总数的77.8%和66.5%;市州纪委监委机关平均设立内设机构11个,监督执纪执法部门的机构数、编制数分别占总数的74.2%和72.8%;县市区纪委监委机关平均设立内设机构7个,监督执纪执法部门的机构数、编制数分别占总数的81.2%和82.1%”[2]。

第二,从运用监督执纪“第一种形态”的具体情况来看,精准运用监督执纪“第一种形态”是纪检监察机关开展纪检监察工作的一项重要内容,通过监督执纪“第一种形态”的基础性定位和常态化运用发挥监察监督的提醒警示、及时纠错等重要作用,管好“好同志”和“阶下囚”之间的空白地带。

2016年10月,党的十八届六中全会审议通过了《中国共产党党内监督条例》。2017年10月,党的十九大把运用监督执纪“四种形态”写入党章。监督执纪“四种形态”是党的纪律检查机关加强党内监督的重要举措,对于监察委员会在纪检监察机关合署办公体制中做好国家监察工作同样适用,这在很大程度上是由监察委员会的机构属性和国家监察工作的基本方针所决定的。一方面,国家监察工作既具有高度的专业性,也具有鲜明的政治性,《中华人民共和国监察法》第2条明确规定“坚持中国共产党对国家监察工作的领导”,各级监察委员会作为党统一领导下的国家反腐败机构,具有党的政治机关的机构属性。监察委员会在纪检监察机关合署办公的制度安排之下,手握党内法规和国家法律

---

[1] 《积极探索实践 形成宝贵经验 国家监察体制改革试点取得实效——国家监察体制改革试点工作综述》,载新华网,http://www.xinhuanet.com/politics/2017-11/05/c_1121908387.htm。

[2] 姜峰:《青海 监督执纪力量向一线倾斜》,载《人民日报》2018年6月11日,第13版。

“两把尺子”，按照党规党纪的要求精准适用监督执纪“四种形态”同样也应该成为监察委员会履行国家监察职能的重要举措。另一方面，从国家监察的基本方针的角度看，《中华人民共和国监察法》第5条将“惩戒与教育相结合，宽严相济”确立为监察委员会开展国家监察工作的一项基本方针，这与监督执纪“四种形态”所秉持的惩前毖后、治病救人方针是高度一致的。基于此，《中华人民共和国监察法实施条例》进一步将监督执纪“四种形态”所蕴含的惩前毖后、治病救人的理念和精神具体体现到国家监察工作之中。《中华人民共和国监察法实施条例》第4条规定：“监察机关应当依法履行监督、调查、处置职责，坚持实事求是，坚持惩前毖后、治病救人，坚持惩戒与教育相结合，实现政治效果、法律效果和社会效果相统一。”这显示纪检监察机关对监督、执纪、问责三项纪检职责和监督、调查、处置三项监察职能的一体部署、贯通履行。《中华人民共和国监察法》第45条规定，监察机关“对有职务违法行为但情节较轻的公职人员，按照管理权限，直接或者委托有关机关、人员，进行谈话提醒、批评教育、责令检查，或者予以诫勉”，这与精准运用监督执纪“第一种形态”的要求也相吻合。在监督实践中，监察委员会秉持靠前监督、主动监督的监督理念，通过对出现苗头性、倾向性问题的公职人员进行谈话提醒、函询和批评教育等方式来履行监督职能，从监督执纪“四种形态”的角度看大体上属于监督执纪“第一种形态”的范畴，这一判断也得到了纪检监察实务部门领导的印证。根据江苏省纪委有关领导介绍：“按照‘四种形态’，执纪监督部门运用第一种形态处置反映省管干部问题线索，第二、三、四种形态由执纪审查部门负责实施。”[1] 2018年1月至9月，全国纪检监察机关运用监督执纪“四种形态”处理114万人次。其中，运用“第一种形态”占63.9%。与2017年同期相比，“第一种形态”上升了5.7个百分点，第二、三、四种形态均呈下降趋势，“倒金字塔”的分布结构越发明显。这一变化，说明在保持反腐败高压态势不变的同时，更加强调把监督这一首要职能挺在前面、更加注重抓早抓小，让监督“长牙”“带电”。[2] 中央纪委国家监委通报的2021年全国纪检监察机关监督检查审查调查情况，2021年，全国纪检监

---

〔1〕 颜新文：《探索执纪监督和执纪审查部门分设——建立健全内部协调制约机制》，载《中国纪检监察》2017年第12期。

〔2〕 参见田国垒：《正风肃纪反腐　一刻不能停歇》，载《中国纪检监察报》2018年12月26日，第1版。

察机关运用“四种形态”批评教育帮助和处理共212.5万人次。其中，运用“第一种形态”批评教育帮助148.7万人次，占总人次的70%；运用“第二种形态”处理49.4万人次，占23.2%；运用“第三种形态”处理7万人次，占3.3%；运用“第四种形态”处理7.4万人次，占3.5%。[1]

从上述数据可以看出，监督执纪“第一种形态”在监督执纪“四种形态”中始终占据较高的比例，从一个侧面揭示纪检监察机关侧重于通过开展事前监督、主动监督抓早抓小、防微杜渐，在切断由小错向大错、由破纪向违法蜕变的行为链条中释放出预防腐败的治理效能。

2. 监察监督在时序性和重要性上优先于监察调查和监察处置

第一，从各项监察职能的排布顺序来看，监督职能在监察委员会的各项监察职能的排布顺序中居于首要地位。“职权法定，是法治国家一切公权运行的基础与前提”[2]，也是制度设计者设置监察机关的职能职权的一项基本原则。按照原《中华人民共和国行政监察法》第18条第1项的规定，行政监察机关应当履行的一项重要职责是，检查国家行政机关在遵守和执行法律、法规和人民政府的决定、命令中的问题。检查权作为行政监察权的重要组成部分，是权力监督和检查督促等公权力运行偏差纠正活动的相互叠加，具有监督检查权的属性。虽然原《中华人民共和国行政监察法》在行政监察职能的排序上将检查权放在调查权和处分权之前，但是在公开的党和国家领导人的重要讲话、法律法规、政策文件中并未明确阐明检查权是行政监察机关的首要职权。不仅如此，在行政监察机关与党的纪律检查机关合署办公的情况下，纪检监察机关内设的纪检监察室统一行使执纪监督和审查调查两项重要职权，不仅机构设置和资源配置并未明显呈现出向监督检查工作一线倾斜的趋势，而且有时为弥补查办大案要案的人力物力财力投入相对不足的问题，专司监督检查职能的人员和资源也无法得到切实保障。鉴于此，党中央主导实施的国家监察体制改革对监察机关的性质地位、职能职责、领导体制和组成人员等事项进行重大调整，在继承和发展原行政监察机关的监督检查职能以及整合预防腐败局、人民检察院查处贪

[1] 《中央纪委国家监委通报2021年全国纪检监察机关监督检查审查调查情况》，载《中国纪检监察报》2022年1月21日，第1版。

[2] 魏昌东：《监督职能是国家监察委员会的第一职能：理论逻辑与实现路径——兼论中国特色监察监督系统的规范性创建》，载《法学论坛》2019年第1期。

污贿赂、失职渎职以及预防职务犯罪等部门原本分散的权力监督职能的基础上,基于对权力监督的基础性地位和关键性作用的高度重视,将监督职能置于国家监察职能的首要位置。《中华人民共和国监察法》第 11 条规定:"监察委员会依照本法和有关法律规定履行监督、调查、处置职责",其中首要职责是"对公职人员开展廉政教育,对其依法履职、秉公用权、廉洁从政从业以及道德操守情况进行监督检查"。

第二,从各项监察职能的履行时序上来看,监察委员会往往首先履行监督职能,是否在监督检查中发现违纪违法行为问题线索通常是监察委员会决定是否启动监察调查和监察处置程序的主要依据。为适应从源头上治理腐败的现实要求,监察委员会需要以各项反腐败工作的时效性为标准,来统筹安排分配到各项监察职能上的具体资源。要成功惩治一个腐败行为,在时间上一般都要经过发现、调查和惩处这三个前后相继的阶段。[1] 这三个阶段与监察委员会的监督、调查和处置三项职权恰好逐一对应。从时序性的角度看,事前监督和事中监督通常发生于公权力腐败行为发生之前,属于从"源头上预防腐败"的范畴,而调查和处置则通常运用于腐败行为发生之后,属于"惩治腐败"的范畴。监督职能的履行时间通常发生在调查和处置职能之前,是由预防腐败先于惩治腐败的时序特征决定的。监督检查室在日常监督和专项检查中发现的问题线索正是审查调查部门启动调查程序的重要依据。"没有强有力的监督,审查调查和问责处置就没有基础。"[2] 而越早开展反腐败工作,公权力腐败就越容易被扼杀在萌芽状态,减少腐败存量和遏制腐败增量的效果就越好。2013 年,习近平总书记在主持第十八届中共中央政治局第五次集体学习时强调,"要坚持标本兼治、综合治理、惩防并举、注重预防方针,更加科学有效地防治腐败,全面推进惩治和预防腐败体系建设"[3]。将监督职能确立为监察委员会的首要职能契合我国惩防并举、更加重视预防的反腐败方针。有学者指出:《中华人民共和国监察法》将监督职责设定为首要、独立职责,在位序上优位于调查与处置职责,这一设定,实现了我国腐败治理总体战略与治理理念的重大转型,具有积

[1] 参见任建明、杜治洲:《腐败与反腐败:理论、模型和方法》,清华大学出版社 2009 年版,第 132 页。
[2] 《把监督这个首要职责履行好》,载《中国纪检监察报》2018 年 6 月 19 日,第 1 版。
[3] 中共中央文献研究室编:《习近平关于全面深化改革论述摘编》,中央文献出版社 2014 年版,第 74 页。

极的立法导向意义。[1]

第三,从各项监察职能对于反腐败工作的重要性来看,监察委员会的监督职能主要属于预防腐败的范畴,调查和处置职能主要属于惩治腐败的范畴,预防胜于惩治已经成为反腐败实务部门和廉政学界的基本共识。“没有监督的权力必然导致腐败,这是一条铁律。”[2]监察委员会具有权力监督机构的属性,权力监督的重要性以监察委员会的监督职能在各项监察职能中占据首要地位的方式具体呈现出来。而监察委员会的监督职能之所以比调查和处置两项职能更为重要,可以从预防腐败和惩治腐败之间关系的角度具体进行揭示。“世界各国反腐败机构主要有两大类:一类是惩处与预防机构分设,另一类是惩处与预防兼而有之。”[3]作为新创设的综合性国家反腐败机构,监察委员会兼有预防和惩治两个方面的职能。具体来讲,监察委员会的监督职能主要指向预防性监督,以防范公共权力滥用为目标,主要运用于公权力腐败发生之前,属于预防腐败的范畴。而监察委员会的调查和处置职能主要与查办案件有关,通常针对的是已经发生的腐败行为,属于惩治腐败的范畴。从监督和查办腐败案件之间的关系这一微观层面来看,“监察机关是一个‘监督机关’而不是‘办案机关’”[4],其首要任务是依照《中华人民共和国宪法》《中华人民共和国监察法》等有关法律法规,监督所有公职人员行使公权力的行为,确保公权力不被滥用。从预防腐败和惩治腐败之间的关系这一宏观层面来看,“制度反腐中,预防与惩治是相辅相成的,但应重在预防,而非打击”[5]。如果不通过开展有效的预防腐败工作消除滋生公权力腐败的制度缺陷,反腐败机构的惩治腐败工作就会陷入“头痛医头,脚痛医脚”的恶性循环中。预防胜于惩治已经成为反腐败实务部门和廉政学界的基本共识。基于上述两个理由,我们可以说从反腐败工作的长远布局来看,监察委员会的监督职能在很大程度上比调查和处置两项职能对于预防公权力腐败更为重要。

---

〔1〕 参见魏昌东:《监督职能是国家监察委员会的第一职能:理论逻辑与实现路径——兼论中国特色监察监督系统的规范性创建》,载《法学论坛》2019 年第 1 期。

〔2〕 中共中央文献研究室编:《十八大以来重要文献选编》(上),中央文献出版社 2014 年版,第 342 页。

〔3〕 康贵民:《国外是如何开展预防腐败工作的》,载《中国党政干部论坛》2008 年第 6 期。

〔4〕 王希鹏:《深化国家监察体制改革须重点把握好五个问题》,载《中国党政干部论坛》2018 年第 9 期。

〔5〕 朱光磊、盛林:《过程防腐:制度反腐向更深层次推进的重要途径》,载《南开学报》2006 年第 4 期。

3. 将监督确立为监察委员会的首要职能是应对最大执政挑战的现实需要

中国共产党是我国的执政党和领导党，在夺取和巩固全国政权的过程中，既利用手中掌握的国家权力维护和增进最广大人民群众的根本利益、维护政治稳定和社会秩序，也在处理应对党员领导干部的贪污腐化、官僚主义等问题的过程中对公共权力的腐蚀性、自我扩张性形成日益深刻的认识。公共权力是一把"双刃剑"，在执掌国家政权和长期执政的过程中，中国共产党面临的一个重要挑战就是，"如何在利用公共权力实现自己的执政目标的同时，又防止自身因为执掌公共权力而被腐蚀变质"[1]。有学者将这种现象概括为"中国共产党长期执政与防止权力滥用的挑战"[2]。破解执政条件下的权力监督难题，是贯穿中国共产党跳出历史周期率的各种实践探索的一条逻辑主线。

为避免重蹈专制政权人亡政息的历史覆辙，毛泽东以安而不忘危、存而不忘亡的忧患意识以及谋一时者需谋万世、谋一域者需谋全局的远见卓识，在局部执政时期就开始跳出历史周期率的实践探索。1945 年 7 月，毛泽东在与黄炎培的"窑洞对"中指出："我们已经找到新路，我们能跳出这周期律。这条新路，就是民主。只有让人民来监督政府，政府才不敢松懈。只有人人起来负责，才不会人亡政息。"[3]中华人民共和国成立以后，中国共产党成为全国范围内的执政党，加强权力监督对于处于长期执政和全面领导地位的中国共产党而言尤为重要。习近平总书记深刻指出，"我们党全面领导、长期执政，面临的最大挑战是对权力的监督"[4]。建立健全权力监督机制是防范公共权力滥用、防止公共权力腐化变质的重要路径。中国共产党解决执政党内部的权力腐败问题的重要途径是强化执政党和国家机器的自我监督。强化党和国家的自我监督，是中国共产党在长期执政条件下解决权力滥用问题、实现自我净化的有效路径，是一场深刻的刀刃向内的自我革命。习近平总书记提出："自我监督是世界性难题，是国家治理的哥德巴赫猜想。"[5]自我监督之难，难就难在执政党要有直

---

[1] 王长江：《现代政党执政规律研究》，上海人民出版社 2002 年版，第 208 ~ 209 页。

[2] 周光辉：《当代中国决策体制的形成与变革》，载《中国社会科学》2011 年第 3 期。

[3] 黄炎培：《八十年来》，中国文史出版社 1982 年版，第 157 页。

[4] 中共中央党史和文献研究院编：《十九大以来重要文献选编》(上)，中央文献出版社 2019 年版，第 191 页。

[5] 《习近平谈治国理政》(第 3 卷)，外文出版社 2020 年版，第 511 页。

面问题的自觉和刮骨疗毒的勇气，敢于正视和解决党内存在的问题；难就难在公共权力行使主体要控制公共权力的任性恣意，习惯在受到监督和约束的环境中行使公共权力；难就难在公共权力行使主体要以追求国家利益和社会公共利益的公心抑制牟取个人利益的私心。鉴于此，以习近平同志为核心的党中央作出实施国家监察体制改革这一强化党和国家自我监督的重大决策部署，对包括监察监督在内的权力监督体系进行重大调整和改革完善，为破解自我监督的世界性难题提供了中国智慧和中国方案。习近平总书记指出："深化国家监察体制改革的初心，就是要把增强对公权力和公职人员的监督全覆盖、有效性作为着力点，推进公权力运行法治化，消除权力监督的真空地带，压缩权力行使的任性空间，建立完善的监督管理机制、有效的权力制约机制、严肃的责任追究机制。"[1]为了破解对权力的监督这一中国共产党长期执政面临的挑战，国家监察体制改革通过组织创新、制度创新等方式作出有力的回应。国家监察体制改革不仅提升了监察机关这一专业化的权力监督机构的法律和政治地位，推动其对所有行使公权力的公职人员进行国家监察全覆盖，而且赋予其监督、调查、处置等监察职能以及履行各项监察职能所需要的一系列丰富的监察手段，为提升权力监督的覆盖面和有效性提供了坚实的制度基础。在监察职能职责方面，国家监察体制改革对原本分散在行政监察机关、预防腐败局、人民检察院等反腐败机构的监督职能进行充分整合，将监督职能确立为监察委员会的首要职能，并在监察委员会的内设机构与资源配置上向监督执纪一线工作倾斜，通过织密监督网络、强化监督管理、丰富监督方式等途径防止权力任性妄为，充分发挥权力监督的预防、警示、教育和纠错等功能，筑牢防止公共权力滥用的监督防线。

（三）监察委员会监督职能的履行主体与履行方式

在结构功能主义理论看来，机构是履行职能的载体，每一个体系结构往往都存在自身专业化的功能设置，专业化的职能配置是组织结构复杂的大规模组织提升管理科学化水平的一个重要基础。正如结构功能主义的代表人物阿尔蒙德和鲍威尔所指出的那样："许多现代的社会结构都具有结构高度分化的特

---

〔1〕 习近平：《在新的起点上深化国家监察体制改革》，载《求是》2019 年第 5 期。

征，结构内出现的每个角色都是专门从事不同的任务的。”[1]监察委员会作为一个新创设的国家反腐败机构，也具有内部结构高度分化与职能设置日益专业化的特征。按照职能任务与资源配置相匹配的原则，新成立的各级监察委员会应优化机构设置和资源配置，为反腐败职能的有效行使提供切实有效的组织保障和资源支持。十八届中央纪律检查委员会向中国共产党第十九次全国代表大会的工作报告对纪检监察机关内设机构改革作出重要部署，要求“坚持实事求是、求真务实，内涵发展、盘活存量，依靠组织制度创新，组建中央纪委组织部、宣传部、党风政风监督室、国际合作局，增设纪检监察室，设立纪检监察干部监督室。推动纪检监察机关调整内设机构，监督执纪力量大为增强”[2]。十九届中央纪委二次全会工作报告指出：“合理设置纪委、监委内设机构，科学调配各方面人员，优化干部队伍结构，进一步增强监督执纪和审查调查力量。”[3]纪检监察机关内设机构改革是纪检监察体制改革的重要组成部分，是通过组织制度创新和结构功能优化更好发挥纪检监察合署办公制度的制度优势并将其转化为高效的腐败治理效能的重要举措。对监察委员会监督职能的理论研究不能仅仅停留在监察委员会这一抽象笼统的宏观层面，而应深入到其内设机构的结构功能之中，只有这样才能准确揭示监察委员会履行监督职能的运作机理。基于此，本部分主要回答的问题是：在监察委员会的各个内设机构中履行监督职能的机构主要有哪些？它们主要是采取何种方式来履行监督职能的？

1. 监督检查部门的监督职能及其履职方式

第一，从机构设置背景的角度看，为了适应国家监察体制改革背景下防止纪检监察权滥用和专业化履行监督职能等现实需要，市地级以上纪委监委实行监督检查和审查调查部门分设，设置专门履行监督职能的监督检查部门。

国家监察体制改革之前，纪检监察机关内设的纪检监察室的权力相对集中“既有对领导干部的日常监督权，还有发现问题线索后的立案审查权、立案后的

---

[1] [美]加布里埃尔·A.阿尔蒙德、小G.宾厄姆·鲍威尔：《比较政治学——体系、过程和政策》，曹沛霖等译，东方出版社2007年版，第62页。

[2] 《十八届中央纪律检查委员会向中国共产党第十九次全国代表大会的工作报告》，载《求是》2017年第21期。

[3] 赵乐际：《以习近平新时代中国特色社会主义思想为指导　坚定不移落实党的十九大全面从严治党战略部署——在中国共产党第十九届中央纪律检查委员会第二次全体会议上的工作报告》，载《中国纪检监察》2018年第2期。

调查取证权,某种程度上相当于一个'小纪委'"[1]。过于集中的权力配置,对纪检监察权力规范廉洁行使产生了一定的消极影响。一方面,从纪检监察权行使的廉洁性来看,纪检监察室集中行使监督检查权和审查调查权,在一定程度上增加了纪检监察干部被"围猎"的风险,"一系列纪检干部违纪违法案例,凸显了对监督执纪权进行有效监督的必要性、紧迫性"[2]。一系列纪检监察干部违纪违法案例的发生,凸显了对纪检监察权进行合理分工、有效监督制约的必要性、紧迫性。另一方面,从纪检监察权行使的有效性来看,纪检监察室集中行使监督检查权和审查调查权,在注意力分配和人力、物力、财力等资源相对有限的前提下,不可避免地会涉及履行两种纪检监察职权的资源分配和侧重点设置等问题,可能在以查办大案要案"论英雄"等错误导向的影响下削弱履行监督检查职能的积极性和主动性,产生"纪检监察机关缺乏专门、足够的力量履行执纪监督职责"[3]的问题。

究其根源,虽然监督检查和审查调查都是纪检监察机关查处贪污腐败分子所必须具备的职能职责,但是两者之间的角色分化和结构分化的程度却会对职能职责履行效果产生重要的影响。监督检查和审查调查之间的角色分化和结构分化不够彻底,成为纪检监察室产生滥用职权、重办案轻监督等问题的症结所在。角色分化和功能专业化是政治发展的重要表现形式,也是纪检监察机关进行内部机构设置和功能配置的一个重要发展动向。"所谓角色分化和结构分化,不仅仅是指新一类角色的出现和旧一类角色的变化,而且包括角色之间或结构之间相互关系上可能发生的变化。"[4]对于纪检监察室的改革创新而言,国家监察体制改革虽然没有在监督检查、审查调查之外赋予其新的功能和角色,却改变了监督检查与审查调查的实施主体及其互动关系。《中国共产党纪律检查机关监督执纪工作规则》第11条规定:"纪检监察机关应当建立监督检

[1] 颜新文:《探索执纪监督和执纪审查部门分设——建立健全内部协调制约机制》,载《中国纪检监察》2017年第12期。

[2] 颜新文:《探索执纪监督和执纪审查部门分设——建立健全内部协调制约机制》,载《中国纪检监察》2017年第12期。

[3] 杜倩博:《监察委员会内部机构设置与运行机制:流程导向的组织变革》,载《中共中央党校学报》2018年第4期。

[4] [美]加布里埃尔·A.阿尔蒙德、小G.宾厄姆·鲍威尔:《比较政治学——体系、过程和政策》,曹沛霖等译,东方出版社2007年版,第21页。

查、审查调查、案件监督管理、案件审理相互协调、相互制约的工作机制。市地级以上纪委监委实行监督检查和审查调查部门分设,监督检查部门主要负责联系地区和部门、单位的日常监督检查和对涉嫌一般违纪问题线索处置,审查调查部门主要负责对涉嫌严重违纪或者职务违法、职务犯罪问题线索进行初步核实和立案审查调查",以党内法规的形式对监督检查权和审查调查权予以分立设置,为促进监督检查权和审查调查权的专业化行使提供了制度保障。在国家监察体制改革过程中,监督检查与审查调查职能分离、部门分设,成为合署办公体制中纪检监察机关共同设置内设机构的一项基本原则。十九届中央纪委三次全会工作报告将监督检查与审查调查部门分设作为实现"创新纪检监察体制机制,切实把制度优势转化为治理效能"的目标任务的一个重要举措,要求"全面完成地方纪委监委派驻机构改革和市地级以上纪委监委监督检查与审查调查部门分设"[1]。

一方面,从各地纪检监察机关监督检查与审查调查职能分离、部门分设的实践情况来看,有的地方纪检监察机关从名称上将监督检查部门和审查调查部门区分开来,单独设立名为"执纪监督室"或"监督检查室"的监督检查部门,由其专司履行监督检查职能;单独设立名为"审查调查室"的审查调查部门,由其专司履行审查调查职能。例如,天津市纪委监委设置第一至第八监督检查室,由其专司履行监督检查职能,设立第九至第十四审查调查室,由其专司履行审查调查职能。与之不同的是,还有的地方纪检监察机关保留"纪检监察室"称谓不变,分别划拨一定数量的"纪检监察室"分别承担执纪监督和审查调查职能。例如,浙江省纪委、省监委共设13个纪检监察室,其中7个室为执纪监督部门,6个室为执纪审查部门。北京市纪委、市监委共设立17个纪检监察室,其中8个室负责执纪监督、8个室负责执纪审查、1个室负责追逃追赃。从更大的范围来看,截至2018年6月8日,《中国纪检监察报》记者陆续收集到北京、天津、山西、内蒙古等22个省区市的相关数据。据初步统计,22个省级纪检监察机关共设有152个执纪监督部门,编制1378人;128个审查调查部门,编制1558人。

---

[1] 赵乐际:《忠实履行党章和宪法赋予的职责 努力实现新时代纪检监察工作高质量发展——在中国共产党第十九届中央纪律检查委员会第三次全体会议上的工作报告》,载《中国纪检监察》2019年第4期。

平均每个省级纪委监委设有执纪监督部门6.9个、审查调查部门5.8个,平均每个执纪监督部门拥有人员编制9个,平均每个审查调查部门拥有人员编制12.2个。[1]

另一方面,从中央纪委国家监委内设机构设置情况来看,中央纪委国家监委在内设机构改革中,将原有的12个纪检监察室调整为11个监督检查室和5个审查调查室,并明确第一至第十一监督检查室主要履行依纪依法监督的职责,第十二至第十六审查调查室主要履行执纪审查和依法调查处置的职责。[2]《中华人民共和国监察法实施条例》第258条第2款规定:"监督检查和调查部门实行分工协作、相互制约。"将国家监察体制改革和纪检监察机关内设机构改革的成果以监察法规的形式固定下来,监察权的职权配置与机构设置遵循相互分工、相互制约与相互协调的原则。

第二,从职能设置的角度看,监督检查部门是监察委员会内设职能部门中履行监督职责的专责机构,负责对对口联系的地区、部门和单位的党员干部和公职人员进行监督检查。

按照《中华人民共和国监察法实施条例》第258条和《中国共产党纪律检查机关监督执纪工作规则》第11条的规定,纪检监察机关共同设置监督检查部门,主要负责联系地区、部门、单位的日常监督检查和对涉嫌一般违法问题线索处置。在纪检监察机关合署办公的制度安排之下,监督检查部门履行纪律检查和国家监察两项职责,既要按照党章和其他党内法规的规定,负责对对口联系地区、部门和单位党组织、党员干部贯彻执行党章和党内法规,贯彻执行党中央和地方各级党委重大决策部署等情况进行监督检查,又要按照《中华人民共和国监察法》《中华人民共和国监察法实施条例》等法律法规的规定,负责对联系地区、部门或者单位公职人员依法履职、秉公用权、廉洁从政从业以及道德操守情况进行监督检查。在实践中,监督检查部门履行的监督职能远比《中华人民共和国监察法》和《中国共产党纪律检查机关监督执纪工作规则》的规定更为多元和丰富。党的十九大首轮中央巡视后,为了充分发挥巡视制度的纠错功效,

[1] 参见瞿芃:《"前台后台"分设　相互监督制衡——纪检监察机关强化自我监督系列报道(五)》,载《中国纪检监察报》2018年6月8日,第1版。

[2] 《组织机构》,载中央纪委国家监委网,https://www.ccdi.gov.cn/xxgkn/zzjg/202104/t20210412_40535.html。

推动巡视问题整改落到实处,“习近平总书记明确要求,纪检监察机关和组织部门要担起巡视整改日常监督责任。中央赋予纪检监察机关这一新职责,是信任更是责任,是党中央强化巡视整改的创新举措,更是检验驻部纪检监察组‘四个意识’的试金石”[1]。监察委员会的监督检查部门还要承担对联系地区、部门和单位的巡视整改情况进行日常监督的职能。“2018 年 8 月,在中央纪委国家监委有关领导同志带领下,中央纪委国家监委第二监督检查室有关同志,先后调研 4 家联系单位,面对面与党组书记进行沟通,重点监督被巡视单位党组履行巡视整改主体责任情况,同时督促派驻纪检监察组强化对党组整改的全过程监督。第二监督检查室还对照巡视整改清单和巡视移交问题线索,跟进每一个节点,紧盯每一条线索,确保整改见实效。”[2]此外,从监察机关内部的领导体制和权力关系来看,按照《中华人民共和国监察法实施条例》第 12 条的规定,监察委员会派驻或者派出的监察机构、监察专员开展监察工作受派出机关领导,作为派出机关对派驻或者派出监察机构、监察专员实施领导的组织载体,由监察委员会内设的监督检查部门具体履行对对口联系的下级监察委员会以及本级监察委员会派驻或者派出监察机构、监察专员进行监督指导的重要职能。《纪检监察机关派驻机构工作规则》第 13 条规定:“派出机关相关部门根据职能职责,加强对派驻机构的指导、联系、服务和保障。监督检查部门协助分管领导联系派驻机构日常工作:(一)指导督促派驻机构履行职责;(二)对派驻机构请示报告的问题、事项进行审核把关;(三)对派出机关交办的重要案件、事项进行督促办理;(四)办理派驻机构提请支持、协调的重要事项;(五)向派驻机构通报驻在单位领导班子及其成员、驻在单位上级党委管理的其他人员的一般性问题和谈话提醒、批评教育、责令检查、诫勉谈话等情况;(六)联系开展其他工作。”中央纪委国家监委网对中央纪委国家监委内设监督检查部门的职责范围进行如下全面系统的列举:“监督检查联系单位(地区)领导班子及中管干部遵守和执行党的章程和其他党内法规,遵守和执行党的路线方针政策和决议、国家法律法规,推进全面从严治党,依法履职、秉公用权、廉洁从政从业以及道德

---

〔1〕 郭惠芳:《切实担负起巡视整改日常监督责任——专访中央纪委国家监委驻住房和城乡建设部纪检监察组组长宋寒松》,载《中国纪检监察》2018 年第 22 期。

〔2〕 黄武:《让监督更有力量》,载《中国纪检监察》2019 年第 1 期。

操守等方面的情况；监督检查联系单位（地区）党委（党组）落实管党治党主体责任的情况，指导、检查、督促纪委监委（派驻、派出机构）落实纪检、监察责任，实施问责；向监察对象所在单位提出监察建议；综合分析研判问题线索，按程序提出处置意见或移交审查调查室；综合、协调、指导联系单位（地区）及其系统的纪检监察工作等。”[1]

第三，从履职方式的角度看，监察委员会内设的监督检查部门通常会依据《中华人民共和国监察法》《中华人民共和国监察法实施条例》等监察法律法规的相关规定，采取听取汇报、重点谈话、查阅资料、参加监察对象所在单位的民主生活会与述职述廉会以及开展专项检查、专项治理等方式，加强对联系地区、部门和单位的公职人员依法履职、秉公用权、廉洁从政从业以及道德操守情况的监督检查。

第四，监督方式是对监察委员会履行监督职能职责所采取的各种方式方法的统称，以保障监督对象廉洁、规范、高效行使权力、履行职责为主要目标。监督方式的灵活性、丰富性与有效性，是影响监察委员会履行监督职责实际效果的一个重要因素。

在制度层面，《中国共产党纪律检查机关监督执纪工作规则》第 15 条规定：“纪检监察机关应当结合被监督对象的职责，加强对行使权力情况的日常监督，通过多种方式了解被监督对象的思想、工作、作风、生活情况，发现苗头性、倾向性问题或者轻微违纪问题，应当及时约谈提醒、批评教育、责令检查、诫勉谈话，提高监督的针对性和实效性。”该项规定要求将各种监督方式嵌入监督对象行使权力的过程之中，将发现问题作为对各种监督方式的价值期许，以多种监督方式的恰当使用和相互配合来提高监督的针对性和有效性。《中华人民共和国监察法实施条例》第 17 条规定：“监察机关应当结合公职人员的职责加强日常监督，通过收集群众反映、座谈走访、查阅资料、召集或者列席会议、听取工作汇报和述责述廉、开展监督检查等方式，促进公职人员依法用权、秉公用权、廉洁用权。”该规定将监察实践中监察委员会采取的各种切实有效的监督方式以监察法规的形式规定下来，为各地各级监察委员会对行使公权力的公职人员进行

---

〔1〕《组织机构》，载中央纪委国家监委网，https://www.ccdi.gov.cn/xxgkn/zzjg/202104/t20210412_40535.html。

日常监督发挥规范和保障作用。

在实践层面,各地各级监察委员会对监察法律法规中规定的各种监督方式进行实践探索和细化完善,以适应不断发展变化的客观形势与实际需要。例如,成都市纪委监委第一纪检监察室对联系的成都天府新区开展监督检查,现场参加了成都天府新区党风廉政建设会议,详细听取成都天府新区纪工委关于党风廉政建设和反腐败工作情况汇报,与成都天府新区有关党工委领导班子成员、纪工委负责人以及部分党员、干部、群众的代表进行个别谈话,并现场查阅相关资料,着力发现在落实全面从严治党主体责任、监督责任以及相关人员行使公权力中存在的问题,督促整改到位。对发现的问题线索,按照问题线索处置相关规定确定为谈话函询的,对有关监督对象进行谈话函询。[1] 海南省纪委监委出台执纪监督工作暂行办法,明确第一至第六纪检监察室重点负责省管干部的监督,通过履行提出问题线索处置建议、谈话函询、实施问责、建立廉政活页夹、研判政治生态、提出纪律检查建议和监察建议等职能开展监督。[2] 在以监察法律法规指导监察实践和以监察实践推动监察法律法规不断发展完善的互动互促过程中,监督方式在发展创新过程中日益丰富完善,为监察委员会有效履行监督职责提供丰富多样的有效工具。

2. 党风政风监督室的监督职能及其履职方式

第一,从机构设置背景的角度看,党风政风建设是反腐败工作的重要组成部分,党风政风监督室的机构名称和职能设置的发展演变,适应了不同时期纪检监察机关开展反腐败斗争的现实需要。

作风建设是党的建设总体布局的重要一环,党风政风对社会风气具有引领、带动作用,是观察分析一个地区政治生态状况和政治文化氛围的重要指标。纪检监察机关内设的党风政风监督室是纠正基层不正之风、开展"四风"问题专项整治的专门机构,在党的十八大以前通常与行政机关纠正行业不正之风办公室合署办公。党的十八大以后,为了推动纪检监察机关改变不合理参与本地区议事协调机构和部门业务工作的状态,更加聚焦主业主责,十八届中央纪委三

---

〔1〕 参见本书编写组编:《纪检监察监督工作实践探索》,中国方正出版社 2018 年版,第 16 页。

〔2〕 参见瞿芃:《"前台后台"分设 相互监督制衡——纪检监察机关强化自我监督系列报道(五)》,载《中国纪检监察报》2018 年 6 月 8 日,第 1 版。

次全会指出，“必须明确纪检监察机关职责定位，围绕党章、党内法规和行政监察法赋予的职责，转职能、转方式、转作风”“纪检监察机关要转职能、转方式、转作风，明确职责定位，把不该管的工作交还主责部门，做到不越位、不缺位、不错位”[1]。各地各级纪检监察机关全面开展“转职能”“转作风”“转方式”的改革，推动职能相近、工作相关的内设机构进行有效整合，将原来的党风室、纠风室、执法室和效能室等内设机构整合组建为党风政风监督室。根据2014年3月17日中央纪委监察部网公布的内设机构改革方案，中央纪委监察部党风政风监督室由原党风政风监督室与执法和效能监督室整合而来。在党的纪律检查体制改革、国家监察体制改革和纪检监察机关内设机构改革统筹谋划、一体推进的背景下，纪检监察机关对其内设的党风政风监督室的职能设置与人员构成进行新的调整。国家监察体制改革之后，各级监察委员会大多撤销了原来的预防腐败室，该室承担的源头治理与预防腐败的职能和人员有很大一部分被划入党风政风监督室。[2]

第二，从职能设置的角度看，监察委员会内设的党风政风监督室作为专司党风政风监督和推动监察委员会有效履行监督职责的综合统筹协调部门，通过综合协调有效整合监察委员会内部各种监督力量，推动监察委员会内部各监督检查部门合力开展监督工作。“党风政风监督是纪检监察职责的重要组成部分，其工作内容聚焦党风政风，但从本质属性看，重音在‘监督’上。”[3]关于党风政风监督室的职责设置，《中国共产党纪律检查机关监督执纪工作规则》第12条规定：“党风政风监督部门应当加强对党风政风建设的综合协调，做好督促检查、通报曝光和综合分析等工作。”与对行使公权力的公职人员进行对人的监督不同，党风政风监督属于对事的监督的范畴，其监督内容是一个地区党政机关及其工作人员行使权力、履行职责的整体风气。由于党风政风在构成要素、结构功能和评价指标等方面具有综合性、整体性和复合性等特征，党风政风

[1] 王岐山：《聚焦中心任务　创新体制机制　深入推进党风廉政建设和反腐败斗争——在中国共产党第十八届中央纪律检查委员会第三次全体会议上的工作报告》，载《中国监察》2014年第3期。

[2] 参见陈艾、刘飞、程廷静：《从“融”开始　反腐合力初显——走进成都市纪委监委（上）》，载《成都日报》2018年8月1日，第9版。

[3] 陈学东：《做好新时代党风政风监督工作　增强监督的严肃性协同性有效性》，载中央纪委国家监委网，https://www.ccdi.gov.cn/toutiao/202001/t20200109_207417.html。

监督室对其管辖范围内党风政风问题的分析研判通常需要建立在对各种监督检查渠道获取的有效信息和问题线索进行有效整合的基础之上,着力以全面、完整、准确、及时的各类监督信息对一个地区部门单位的党风政风作出精准的综合分析。基于此,根据中央纪委国家监委网信息公开栏披露的公开信息,党风政风监督室的主要职责包括以下几个方面:"负责综合协调贯彻执行党的路线方针政策和决议、国家法律法规等情况的监督检查;综合协调党的政治纪律和政治规矩执行、贯彻落实中央八项规定精神、纠正'四风'工作、整治群众身边和扶贫领域的腐败和作风问题;综合协调党内监督、问责等方面工作等。"[1]根据中央纪委国家监委机关"三定"方案,党风政风监督室承担"六项综合协调"职能,包括综合协调政治纪律和政治规矩执行、党内监督、党的问责、纠正"四风"、整治群众身边和扶贫领域腐败和作风问题、事故事件调查处理等方面。[2]由此来看,党风政风监督室履行监督职能的一个重要特征,就是在综合协调中开展监督工作。

第三,从履职方式的角度看,党风政风监督室在实践中探索开展群众身边不正之风与腐败问题专项治理活动、节假日公职人员贯彻落实中央八项规定精神专项检查活动、行业不正之风专项督察活动、对被监督单位的政治生态进行分析研判等一系列监督活动,推动党风政风持续向好。党风政风监督室履行监督职责的方式与监督检查部门等其他监督主体既存在共性特征也存在具体差异。时任北京市纪委监委党风政风监督室副主任肖飒告诉记者,除了参会监督外,纪委监委还明确了专项检查、督促巡视整改、职能部门监督成果利用、谈话函询、调查问题线索、抽查核实、党风廉政意见回复、检查考核、通报监督情况等十余种监督方式[3]。另外,点名道姓通报曝光也是党风政风监督室监督中央八项规定精神落实的重要手段。2022 年 9 月,中央纪委国家监委公开通报十起违反中央八项规定精神典型问题,对存在违规收受礼品、礼金,接受可能影响公

---

[1] 《组织机构》,载中央纪委国家监委网,https://www.ccdi.gov.cn/xxgkn/zzjg/202104/t20210412_40535.html。

[2] 参见陈学东:《做好新时代党风政风监督工作 增强监督的严肃性协同性有效性》,载中央纪委国家监委网,https://www.ccdi.gov.cn/toutiao/202001/t20200109_207417.html。

[3] 参见李兵:《北京完善监督范围、创新监督方式、提升监督实效——履行好监督这个首要职责》,载《中国纪检监察报》2018 年 5 月 30 日,第 5 版。

正执行公务的宴请等问题的十名党员领导干部进行通报曝光,显示持续深化纠治"四风"问题的坚定决心。不仅如此,聚焦"四风"问题和群众身边的腐败问题与不正之风等开展专项整治和集中督查,也是党风政风监督室开展党风政风建设的重要抓手。2017 年 10 月 18 日,习近平总书记在党的十九大报告中对纪检监察机关提出"继续整治'四风'问题"和"加大整治群众身边腐败问题力度"[1]等要求,四川省紧扣"纠四风"和整治扶贫领域"微腐败"问题这两项重要任务,每年都由省监察委员会领导带队,组成正风肃纪专项督查组,对各个市(州)以及省级单位的党风政风进行至少两轮集中督查。此外,四川省纪委监委还先后开展三轮扶贫领域"微腐败"问题集中专项治理活动,全省查处扶贫领域腐败和作风问题 1897 个,处理 2821 人,党纪政纪处分 2477 人。[2] 由于党风政风反映的是一个地区、部门和单位作风建设的整体风貌而不仅仅是公职人员的个人问题,所以党风政风监督室还"积极探索政治生态的评估,通过优化责任制考核方法、开展执纪监督谈话、加强领导干部廉政档案动态管理、重点抽查、问卷调查等方式,深入分析各地各单位的政治生态状况"[3]。

3. 纪检监察干部监督室的监督职能及其履职方式

第一,从机构设置背景的角度看,设立纪检监察干部监督室是纪检监察机关以彻底的自我革命精神消除纪检监察干部队伍中的"害群之马",探索解决"谁来监督监督者"难题的重要举措,在当前国家监察体制改革背景下对于保障国家监察权的廉洁规范行使、构建清正廉洁的纪检监察干部具有重要的现实意义。

孟德斯鸠指出:"一切有权力的人都容易滥用权力,这是万古不易的一条经验。有权力的人们使用权力一直到遇有界限的地方才休止。"[4]历史与实践反复证明,公共权力具有腐蚀性、扩张性等特性,不受监督与制约的公共权力通常很容易被滥用。随着纪检监察体制改革日益深入推进,特别是纪检监察机关合

[1] 习近平:《决胜全面建成小康社会　夺取新时代中国特色社会主义伟大胜利——在中国共产党第十九次全国代表大会上的报告》,载《求是》2017 年第 21 期。

[2] 参见曹笑:《走进省监委》,载《华西都市报》2018 年 5 月 23 日,A1 版。

[3] 浙江省杭州市纪委监委调研课题组:《坚持党风政风监督鲜明政治属性——关于深化新形势下党风政风监督工作的实践与思考》,载《中国纪检监察报》2019 年 1 月 31 日,第 8 版。

[4] [法]孟德斯鸠:《论法的精神》(上册),张雁深译,商务印书馆 1959 年版,第 184 页。

署办公以后,纪检监察机关的监督范围和职能职权有所扩展、监察手段和权限更为丰富,纪检监察干部也成为一些别有用心之人"围猎"的重点对象,客观上增加了纪检监察干部违纪违法的风险和诱惑。党的十九大以来,各级纪检监察机关相继查处了一批违纪违法的纪检监察干部。根据中央纪委国家监委通报的2021年纪检监察干部监督检查审查调查情况,"全国纪检监察系统共接收涉及纪检监察干部问题线索或反映3万余件次,处置涉及纪检监察干部问题线索2.5万余件,谈话函询纪检监察干部9500余人次,对纪检监察干部立案2700余件,处分2900余人,移送司法机关110余人,其中,处分厅局级及以上干部82人、县处级干部600余人"[1]。根据中央纪委国家监委通报的2022年纪检监察干部监督检查审查调查情况,"全国纪检监察机关共接收涉及纪检监察干部问题线索或反映2.21万件次,处置涉及纪检监察干部问题线索1.72万件,谈话函询纪检监察干部7000余件次,对纪检监察干部立案2200余件,处分2300余人,移送司法机关110人。其中,处分厅局级及以上干部77人、县处级干部460余人"[2]。纪检监察干部对腐败并不具备天然免疫力,对纪检监察干部的信任并不能代替对他们的有力监督。正如笔者在另一文章中所说:"纪检监察机关同时扮演着监督主体和监督对象两种政治角色,既要赋予它充分的反腐败职权,又要防止它滥用权力。"[3]

2018年12月13日,习近平总书记在中共中央政治局第十一次集体学习时提出"规范和正确行使国家监察权"[4]这一重大命题。"廉洁性是世界各国成功的反腐败机构的一个共性标准"[5],反腐败机构要具备廉洁特征同样离不开监督,监察委员会作为中国特色国家反腐败机构,遵循国际上有效的反腐败机构设置的一般标准。海外著名腐败问题研究专家柯受田对不同国家和地区的有效的反腐败机构与无效的反腐败机构进行对比研究发现,有效的反腐败机构

---

[1] 《中央纪委国家监委通报2021年对纪检监察干部监督检查审查调查情况》,载《中国纪检监察报》2022年2月23日,第1版。

[2] 《中央纪委国家监委通报2022年对纪检监察干部监督检查审查调查情况》,载《中国纪检监察报》2023年2月7日,第1版。

[3] 吕永祥、王立峰:《"纪委"与"监察委"合署办公的现实问题与解决路径——以政治系统论为分析视角》,载《中南大学学报(社会科学版)》2018年第3期。

[4] 习近平:《在新的起点上深化国家监察体制改革》,载《求是》2019年第5期。

[5] 参见吕永祥、王立峰:《反腐败机构的模式比较及其启示》,载《中州学刊》2018年第9期。

在制度设计上往往有一些相同的特征,即至少满足三个条件。"第一,反腐败机构必须接受监督和问责,以避免自身存在腐败问题。第二,反腐败机构必须独立于警察机关,免受其他不当的政治干预。第三,反腐败机构必须拥有充足的人员和资源。"[1]廉洁性是反腐败机构有效运行的一个必要条件,它是指反腐败机构在行使反腐败职权的同时,还必须解决内部机构和工作人员滥用反腐败权力的问题,通过使行使反腐败权力的组织和人员无例外地接受来自内部和外部的全方位监督,确保反腐败权力得到规范、廉洁地行使。建立防范反腐败机构滥用职权的全方位监督机制,有助于避免反腐败机构因自身出现腐败问题而损害其公信力,是解决"谁来监督监督者"之难题的重要举措。不同国家和地区在建设反腐败机构的监督机制方面存在较大差异。从各个国家和地区反腐败机构的比较分析来看,权力监督水平与反腐败机构自身的廉洁性程度直接相关,中国香港特别行政区廉政公署成立后很少出现内部腐败问题,这在很大程度上得益于香港特别行政区有健全的监督机制。中国香港特别行政区廉政公署除反腐败机构的模式比较及其启示了接受行政长官的监督外,还受到四个咨询委员会以及神秘 L 组等内部监督机构的监督。此外,公民和媒体也可以根据公布的年度工作报告,对其履职情况进行外部监督。与此形成鲜明对比的是,一些国家和地区的反腐败机构之所以频繁出现腐败问题,一个重要原因是其针对反腐败机构的监督机制不健全。[2] 国际上反腐败机构设置的经验教训,为中国构建廉洁有效的反腐败机构提供有益的借鉴和参考。

反腐败机构自身的内部监督,是构筑对反腐败机构的权力监督体系的重要一环。十九届中央纪委二次全会工作报告指出:"各级纪检监察机关在行使权力上要慎之又慎,在自我约束上要严之又严,认真执行监督执纪工作规则和相关法律法规,强化自我监督,健全内控机制,把权力关进制度笼子,坚决防止发生以案谋私、跑风漏气、执纪违纪问题。"[3]《中华人民共和国监察官法》第 7 条

---

〔1〕 Quah J. S. T, *Anti-corruption Agencies in Four Asian Countries: A Comparative Analysi*, Research in Public Policy Analysis & Management, Vol. 17:17, p. 85 – 109(2007).

〔2〕 参见吕永祥、王立峰:《反腐败机构的模式比较及其启示》,载《中州学刊》2018 年第 9 期。

〔3〕 赵乐际:《以习近平新时代中国特色社会主义思想为指导 坚定不移落实党的十九大全面从严治党战略部署——在中国共产党第十九届中央纪律检查委员会第二次全体会议上的工作报告》,载《中国纪检监察》2018 年第 2 期。

第 1 款规定:“监察机关应当建立健全对监察官的监督制度和机制,确保权力受到严格约束。”建立健全防止监察机关和监察官滥用监察权的权力监督体系,既需要发挥民主监督、社会监督和舆论监督等外部监督机制在提供问题线索、纠正权力运行偏差、推动启动调查和处置程序等方面的积极作用,也需要建立健全监察机关行使监察权的内部监督与制约机制,充分发挥内部监督与制约机制全天候嵌入监察权力运行各方面全过程、熟悉情况、具备专业特长等优势。基于构建国家监察机关内部监督机制的必要性和重要性的深刻认识,《中华人民共和国监察官法》第 42 条规定:“监察机关应当规范工作流程,加强内部监督制约机制建设,强化对监察官执行职务和遵守法律情况的监督。”随着监察委员会的内部监督功能日益走向专业化和精细化,专业化功能日益需要专门化机构承担和履行,正如有学者所言:“在分化中角色发生变化,变得更加专门化或自主化,出现了新型的专门角色,出现了或创造了新的专门化的结构和次体系。”[1]

由此来看,纪检监察机关解决“灯下黑”问题,应“从组织创新和制度建设上加强和完善内部监督机制”[2]。纪检监察机关的监督职能包括内部监督和外部监督两个方面,“加强纪检监察机关的内部监督机制建设,反映在内部机构设置上,就是要建立健全纪检监察干部监督室这一内部监督机构”[3]。就监察机关而言,《中华人民共和国监察法》第 55 条规定:“监察机关通过设立内部专门的监督机构等方式,加强对监察人员执行职务和遵守法律情况的监督,建设忠诚、干净、担当的监察队伍。”该条款为纪检监察机关设置专司内部监督职能的纪检监察干部监督室提供了法律依据。中央纪委国家监委设立纪检监察干部监督室,加强对中央纪委国家监委机关、中央纪委国家监委派驻纪检监察组、各省区市、中央和国家机关纪检监察干部的执纪监督。与中央纪委国家监委的机构设置保持“上下对口”,省市两级纪委监委也大都成立了纪检监察干部监督室这一专业化的内部监督机构,很多县级纪委监委也设立专门的机构或者安排专人从事纪检监察干部监督工作。建立健全职能完整、机构独立、覆盖全面的纪

---

〔1〕 [美]加布里埃尔·A.阿尔蒙德、小 G.宾厄姆·鲍威尔:《比较政治学——体系、过程和政策》,曹沛霖等译,东方出版社 2007 年版,第 21 页。

〔2〕 中共中央文献研究室编:《十八大以来重要文献选编》(上),中央文献出版社 2014 年版,第 738 页。

〔3〕 吕永祥、王立峰:《“纪委”与“监察委”合署办公的现实问题与解决路径——以政治系统论为分析视角》,载《中南大学学报(社会科学版)》2018 年第 3 期。

检监察干部监督机构，是充实完善纪检监察机关"内控机制"的重要举措，适应对全系统的纪检监察干部进行专业化、全天候监督的现实需要，为保障纪检监察权力廉洁、规范行使提供了有力的组织保障和制度保障。

第二，从职能设置的角度看，纪检监察干部监督室是纪检监察机关对系统内部的纪检监察干部进行内部监督的专门部门，是监察委员会开展内部监督的重要组织主体。纪检监察干部监督室的监督职能与监督检查室的监督职能之间既有重合也有差异。与监督检查部门主要负责对联系地区、部门和单位的公职人员进行外部监督不同，纪检监察干部监督室主要负责对纪检监察干部进行内部监督，两者形成对外监督与对内监督之间的分工与协同。就职能设置而言，在监察体制改革实行监督检查与审查调查职能分离、部门分设之后，干部监督室是唯一一个完整承担监督检查和审查调查两项职能的部门，总的来讲有监督检查、审查调查和内部督查三方面职能。具体而言，根据中央纪委国家监委网信息公开栏目的介绍，纪检监察干部监督室主要承担下列职能："负责监督检查纪检监察系统干部遵守和执行党的章程和其他党内法规，遵守和执行党的路线方针政策和决议、国家法律法规等方面的情况；受理对有关纪检监察领导干部涉嫌违反党纪、职务违法和职务犯罪等问题的举报，提出处置意见并负责问题线索初步核实及立案审查调查工作等。"[1]

第三，从履职方式的角度看，纪检监察干部监督室在实践中探索出加强纪检监察机关廉政风险防控、实施纪检监察机关内部巡察、开展八小时以外监督等多种监督方式。党内巡视是党内监督的战略性制度安排，党的十八大以来，巡视监督作为党内监督的一种重要方式，在各级各类党组织中逐渐形成"横向到边、纵向到底"的全覆盖巡视监督网络，不仅在各级党组织层面实现党内巡视巡察上下联动，而且在党的机关和国有企事业单位中探索开展内部巡察。开展纪检监察机关内部巡察，是对巡视监督适用范围的丰富拓展和对巡视监督方式方法的有效运用，从制度举措层面有效回答"如何监督监督者"的问题。截至2018年8月，成都市纪委监委纪检监察干部监督室已经对3个市纪委派驻纪检

---

[1] 《组织机构》，载中央纪委国家监委网，https://www.ccdi.gov.cn/xxgkn/zzjg/202104/t20210412_40535.html。

组、3个市属院校、4个市属国有企业进行纪检监察系统内部巡察。[1] 此外,以纪检监察干部述职述责述廉制度为载体,加强对述职述责述廉对象工作中存在问题的督促整改、跟踪落实和情况通报,也是纪检监察干部监督室加强纪检监察干部内部监督的一种重要方式。例如,在成都市纪委监委出台的《区(市)县纪委和市纪委派驻(出)机构主要负责人向市纪委常委会述职述责述廉办法》中,纪检监察干部监督室主要负责对述职述责述廉对象工作中存在的问题进行督促整改,对其述职述廉工作进行跟踪落实,并向市纪委常委会报告。与此同时,纪检监察干部监督室还将适时开展回访,督促整改到位,并在下一次述职述责述廉会上对相关情况进行通报。[2] 从履职效果来看,各级纪检监察机关在行使纪检监察职权的过程中注重加强内控机制建设,着力解决"灯下黑"问题,在纪检监察干部监督室等部门的通力合作之下,大力消除纪检监察干部队伍中的"害群之马",对保障纪检监察权干净、规范行使发挥重要作用。纪检监察干部监督室设立之后,纪检监察机关内部监督取得了显著的效果:"一是纪检监察干部真切感受到有了专门机构和人员履行监督职责,接受监督的意识更强了。二是与之前相比,内部监督标准更高、要求更严。三是真查真办,对我们自身问题更是'零容忍',绝不姑息、毫不手软,坚决清理门户,形成有力震慑。"[3]

4. 派驻或派出监察机构、监察专员的监督职能及其履职方式

第一,从机构设置背景的角度看,在当前国家监察全覆盖的背景下,监察机关的监察对象具有数量众多、点多面广和分布广泛等特点,监察委员会向监察对象所在单位派驻或者派出监察机构、监察专员并赋予其监察职能,是应对"自上而下的监督太远"这一难题的重大举措,有助于发挥派驻或派出监察机构、监察专员的"派"的权威和"驻"的优势,对分散在各个驻在部门的公职人员进行近距离、全天候和常态化的监督。派驻或派出监察机构、监察专员是监察机关的重要组织延伸,是监察职能的重要履行主体。原《中华人民共和国行政监察

[1] 参见陈艾、刘飞、程廷静:《从"融"开始 反腐合力初显——走进成都市纪委监委(下)》,载《成都日报》2018年8月1日,第8版。

[2] 参见李明韬:《成都 纪检监察机构负责人集体"迎考"》,载《中国纪检监察报》2019年2月12日,第3版。

[3] 《中央纪委纪检监察干部监督室:严查违纪纪检监察干部 坚决防止"灯下黑"》,载中央纪委国家监委网,http://v.ccdi.gov.cn/2017/01/04/VIDEmroJbVEaIBgmMDmBjQcd170104.shtml。

法》第 8 条规定："县级以上各级人民政府监察机关根据工作需要，经本级人民政府批准，可以向政府所属部门派出监察机构或者监察人员。监察机关派出的监察机构或者监察人员，对监察机关负责并报告工作。监察机关对派出的监察机构和监察人员实行统一管理，对派出的监察人员实行交流制度。"按照该条规定，各级行政监察机关向本级人民政府所属各部门派驻或者派出监察机构、监察人员。国家监察体制改革以后，在国家监察全覆盖的背景下派驻监督的适用范围得到进一步拓展。为了消除原行政监察监督在监督范围的空白地带，将所有行使公权力的公职人员都纳入监察范围，《中华人民共和国监察法》第 12 条第 1 款规定："各级监察委员会可以向本级中国共产党机关、国家机关、法律法规授权或者委托管理公共事务的组织和单位以及所管辖的行政区域、国有企业等派驻或者派出监察机构、监察专员。"将所有行使公权力的公职人员都纳入监察范围之后，监察委员会向国有企业、公立院校等机构派驻或派出监察机构、监察专员的条件逐渐成熟。

2018 年 10 月，《关于深化中央纪委国家监委派驻机构改革的意见》强调，"分类施策推进中管企业、中管金融企业、党委书记和校长列入中央管理的高校纪检监察体制改革"[1]，强化对上述机构的监察监督。纪检监察机关向国有企业、公立院校和中管金融企业等机构单独或联合派驻或者派出纪检监察组并赋予其监察权，"做实了派驻全覆盖和监察全覆盖的范围，将监督的触角延伸得更深更广，将监督的网络织得更密更牢，有利于进一步强化'四个全覆盖'权力监督格局，实现党内监督和国家机关监督、党的纪律检查和国家监察的有机统一"[2]。2022 年 6 月 22 日，中共中央办公厅发布的《纪检监察机关派驻机构工作规则》对各级纪检监察机关设置派驻纪检监察机构的情形、对象和方式等事项作出系统规定。《纪检监察机关派驻机构工作规则》第 6 条规定："中央纪律检查委员会国家监察委员会向中央一级党和国家机关、中管金融企业派驻纪检监察组。地方各级纪律检查委员会监察委员会向本级党和国家机关、所管辖的国有金融企业派驻纪检监察组。中央纪律检查委员会国家监察委员会、地方各级纪律检查委员会监察委员会按照规定向国有企业、普通高等学校等单位派驻

〔1〕《中办印发〈关于深化中央纪委国家监委派驻机构改革的意见〉》，载《中国纪检监察》2018 年第 22 期。
〔2〕王诗雨：《赋予监察权让派驻机构多了一把"尺子"》，载《中国纪检监察》2018 年第 22 期。

纪检监察组;或者依法派驻监察机构,派驻监察专员并设立监察专员办公室,与该单位党的纪律检查机构合署办公。对系统规模大、直属单位多、监督对象多的单位,可以单独派驻纪检监察组;对业务关联度高,或者需要统筹力量实施监督的相关单位,可以综合派驻纪检监察组。"

第二,从职能设置的角度看,派驻或派出监察机构、监察专员的首要职能是监督职能,它们享有多少调查和处置权限要取决于作为其派出机构的监察委员会的具体授权以及其监察对象的干部管理权限。派驻或派出监察机构、监察专员,是监察委员会的重要组织延伸,是监察委员会对行使公权力的中国共产党机关、国家机关、人民团体等公共组织的管理人员进行派驻监督的组织载体。《中华人民共和国监察法》第12条规定:"各级监察委员会可以向本级中国共产党机关、国家机关、法律法规授权或者委托管理公共事务的组织和单位以及所管辖的行政区域、国有企业等派驻或者派出监察机构、监察专员。监察机构、监察专员对派驻或者派出它的监察委员会负责。"为了满足《中华人民共和国监察法》对6类法定监察对象特别是对不设人民代表大会的行政区域的各类监察对象进行派驻监督的现实需要,进一步明确派驻监察的适用对象和具体情形,《中华人民共和国监察法实施条例》进一步具体化、明确化《中华人民共和国监察法》中的派驻监察条款。《中华人民共和国监察法实施条例》第12条规定:"各级监察委员会依法向本级中国共产党机关、国家机关、法律法规授权或者受委托管理公共事务的组织和单位以及所管辖的国有企业事业单位等派驻或者派出监察机构、监察专员。省级和设区的市级监察委员会依法向地区、盟、开发区等不设置人民代表大会的区域派出监察机构或者监察专员。县级监察委员会和直辖市所辖区(县)监察委员会可以向街道、乡镇等区域派出监察机构或者监察专员。监察机构、监察专员开展监察工作,受派出机关领导。"关于派驻或派出监察机构、监察专员的监察职责权限,《中华人民共和国监察法》第13条规定:"派驻或者派出的监察机构、监察专员根据授权,按照管理权限依法对公职人员进行监督,提出监察建议,依法对公职人员进行调查、处置。"派驻或派出监察机构、监察专员享有何种监察职能权限,主要取决于派出机关的授权和干部管理权限两个标准。对此,《中华人民共和国监察法实施条例》第13条规定:"派驻或者派出的监察机构、监察专员根据派出机关授权,按照管理权限依法对派驻或者派出监督单位、区域等的公职人员开展监督,对职务违法和职务犯罪进行调查、处置。”在监察委员会授权的情况下，派驻或派出监察机构、监察专员通常拥有监督权、对驻在部门一定级别公职人员的调查权以及对轻微违纪违法问题的处置权。

在监督、调查和处置三项职能中，本书对派驻或者派出监察机构、监察专员的职能设置的探讨主要聚焦于监督职能这一方面。《党组讨论和决定党员处分事项工作程序规定（试行）》第2条规定，驻在部门党组应当认真履行全面从严治党主体责任，派驻纪检监察组应当认真履行监督责任。按照《关于深化中央纪委国家监委派驻机构改革的意见》的相关规定，监察委员会派驻或者派出监察机构、监察专员在与党的纪律检查机关派出的纪工委、纪检组合署办公时，既要“加强对驻在部门党组织的监督，重点检查遵守党章党规党纪和宪法法律、贯彻落实党的路线方针政策和决议等情况，确保党中央政令畅通”〔1〕，又要对驻在部门行使公权力的公职人员依法履职、秉公用权、廉洁从政从业以及道德操守等情况进行监督检查。在监督对象上，派驻或者派出监察机构、监察专员重点监督驻在部门领导班子及其成员、驻在部门内设机构及直属单位的负责人这一“关键少数”〔2〕。以中央纪委国家监委派驻纪检监察组为例，“派驻纪检监察组由中央纪委国家监委统一领导，首要任务是监督驻在部门领导班子及其成员和司局级干部”〔3〕。在监督内容上，派驻或者派出监察机构、监察专员紧盯驻在单位用权履责的关键事项，加强对驻在部门“三重一大”事项的全过程监督。以选人用人监督为例，截至2018年10月，海南省“各级派驻机构坚持靶向发力，把选人用人作为监督重点，严把干部使用的政治关、廉洁关、形象关，共回复干部廉政意见4712人次，取消199人次的提拔、重用资格，防止干部带病提拔”〔4〕。从重大事项监督的运行流程来看，派驻或者派出监察机构、监察专员“对党委（党组）会研究事项提前介入了解，做到会前心中有底；对讨论决策过程全程录音录像，强化过程监督；对会后落实情况开展跟踪督查，保障决策部署不

---

〔1〕《中办印发〈关于深化中央纪委国家监委派驻机构改革的意见〉》，载《中国纪检监察》2018年第22期。

〔2〕参见王卓：《践行“两个维护”的必然要求——深化中央纪委国家监委派驻机构改革系列解读之一》，载《中国纪检监察报》2018年11月2日，第3版。

〔3〕王卓：《践行“两个维护”的必然要求——深化中央纪委国家监委派驻机构改革系列解读之一》，载《中国纪检监察报》2018年11月2日，第3版。

〔4〕参见尤梦瑜、陈凤娇：《充分发挥“探头”作用　增强派驻监督威力——海南省纪委监委派驻监督全覆盖两周年纪实》，载《海南日报》2018年10月11日，第5版。

走样、不跑偏、不落空"[1]。

第三,从监督方式的角度看,派驻或者派出监察机构、监察专员为加强对驻在部门公职人员的全天候和常态化监督,在实践中逐渐探索出现场式监督、提醒式监督等多种监督方式。《纪检监察机关派驻机构工作规则》第32条规定:"派驻机构开展日常监督应当深入实际、深入群众,监督方式包括:(一)参加会议。参加或者列席驻在单位领导班子会议等重要会议,了解学习贯彻党中央决策部署以及上级党组织决定情况和班子成员的意见态度,'三重一大'决策制度执行情况,按照规定向派出机关报告。(二)谈心谈话。同党员、干部和群众广泛谈心谈话,听取对监督对象的反映,发现监督对象存在苗头性、倾向性问题的,进行谈话提醒、批评教育。(三)听取汇报。听取驻在单位党组(党委)管理的领导班子及其成员履行管党治党责任情况的汇报,发现责任落实不到位的,进行提醒纠正。(四)查阅资料。按照规定查阅、复制驻在单位有关文件、资料、数据等材料,了解核实有关情况。(五)沟通情况。加强与驻在单位机关党委、党委办公室和组织人事、巡视巡察、法规法务、财务审计等部门的沟通,及时发现和通报问题。(六)分析研判。分析信访举报、党风廉政等情况,对典型性、普遍性问题向驻在单位提出意见建议。(七)廉政把关。建立健全、动态更新驻在单位党组(党委)管理的领导干部廉政档案,严把党风廉政意见回复关。(八)实地调查。开展驻点调研、现场核查,精准发现驻在单位存在的突出问题。(九)其他开展日常监督的方式。"一方面,派驻或者派出监察机构、监察专员通过列席驻在部门领导班子民主生活会、述职述廉会和"三重一大"问题讨论会等方式对驻在部门进行现场式监督,提高监督活动的及时性。另一方面,派驻或者派出监察机构、监察专员通过对驻在部门出现倾向性问题和轻微违纪问题的公职人员和党员干部开展廉政谈话,对其进行提醒式监督,发挥教育在前、防范为先的警示和预防作用。此外,派驻或者派出监察机构、监察专员对驻在部门公职人员的常见的监督方式还有召开驻在部门廉情分析会、进行驻在部门政治生态分析研判、督促驻在部门党组抓好巡视反馈问题整改和移交线索处置等。

---

[1] 江苏省淮安市纪委监委:《担好首要职能　织密监督天网》,载《中国纪检监察报》2018年10月30日,第6版。

(四)重视发挥权力监督的防腐功能:积极主义腐败治理的核心要旨

从腐败治理模式的角度看,充分发挥权力监督的预防腐败功能,是积极主义腐败治理模式的核心要义。依据腐败治理的重心是事后惩治还是事前预防,有学者将腐败治理的理念和模式划分为消极治理主义和积极治理主义两种类型,较之重视“直接打击”和“事后惩治”的消极治理,积极治理更强调“间接打击”和事前预防的重要性,针对现代公共权力架构,积极扩展预防措施的作用场域,深化预防措施的作用效果,形成以预防为主导的治理模式。[1]

在不同的腐败治理模式下,国家监察机关对各项监察职能的功能作用具有不同的重要性认知与注意力分配,在履行各项监察职能的过程中具有不同的侧重。现代化过程容易滋生腐败问题,针对经济体制改革和政治体制改革过程中出现的腐败问题,邓小平指出,“要整好我们的党,实现我们的战略目标,不惩治腐败,特别是党内的高层的腐败现象,确实有失败的危险”[2]。对高压惩治腐败的高度重视,要求包括行政监察机关在内的各个反腐败机构将反腐败工作的重心转移到查处腐败案件特别是大案要案之上。邓小平指出:“惩治腐败,至少抓一二十件大案,透明度要高,处理不能迟。”[3]在以惩治腐败为重心的腐败治理模式下,行政监察机关在履行检查、调查和处分等监察职权时,倾向于将各种反腐败资源投入腐败案件调查处理之中。有的地方和部门将重视惩治腐败异化为以查办大案要案“论英雄”,对防范腐败行为发生的权力监督机制不受重视,对由此产生的轻微违纪违法问题视而不见,势必容易加剧“要么是好同志,要么是阶下囚”的问题。针对消极治理主义的腐败治理模式的被动性、治标性等内在不足,党的十八大以来,以习近平同志为核心的党中央更加注重从源头上治理腐败,大力贯彻“坚持标本兼治、综合治理、惩防并举、注重预防”的反腐败方针。习近平总书记强调:“要有效防止腐败滋长,把反腐败防线前移,加强日常管理监督,精准运用‘四种形态’,抓早抓小、防微杜渐、层层设防。”[4]监察

[1] 参见魏昌东:《腐败治理模式与中国反腐立法选择》,载《社会科学战线》2016年第6期。
[2] 《邓小平文选》(第3卷),人民出版社1993年版,第313页。
[3] 《邓小平文选》(第3卷),人民出版社1993年版,第313页。
[4] 《习近平在中共中央政治局第四十次集体学习时强调　提高一体推进“三不腐”能力和水平　全面打赢反腐败斗争攻坚战持久战》,载《人民日报》2022年6月19日,第1版。

机关防止小错酿成大错,防止轻微违纪问题蜕变为职务违法、职务犯罪问题,必须适时调整国家监察工作的重心,引入"提前介入、抓早抓小、防微杜渐"的积极治理主义的腐败治理模式。正如有学者所说:"'腐败治理、预防第一'是积极治理主义腐败治理理念的灵魂,实现预防第一的唯一路径是'监督第一',这是中共十八大以来中国腐败治理最重大的一次观念转型。"[1]加强对权力运行的制约和监督,精准运用监督执纪"第一种形态"的提醒、教育和纠错功能,充分发挥事前监督的预防腐败作用,是监察委员会预防公权力腐败的重要路径。

(五)以事前监督防范公权力滥用:监察监督在预防腐败中的作用机理

不受监督与制约的权力很容易被滥用,权力监督是防范公共权力滥用的重要一环。习近平总书记指出:"许多违纪违法的一把手之所以从'好干部'沦为'阶下囚',有理想信念动摇、外部'围猎'的原因,更有日常管理监督不力的原因。领导干部责任越重大、岗位越重要,就越要加强监督。"[2]在预防和惩治腐败体系中,"权力监督是预防腐败的关键"[3]。

《中华人民共和国监察法》第 11 条将监督作为与调查、处置并列并且排列在两者之前的一项重要职能,形成发现违纪违法问题、调查违纪违法问题和处置违纪违法问题的完整工作链条。与调查与处置两项监察职权主要运用于对已经发生的腐败行为进行事后惩治不同,监察委员会的监督职能主要针对的是潜在的腐败行为,其目标是通过发挥监督的事前预防功能来预防公权力腐败的发生。监督是监察委员会的首要监察职能,根据具体功能的不同,有学者将监察委员会的监督划分为"预防性监督"、"发现性监督"和"惩治性监督"三种类型[4]。"预防性监督"针对的是尚未发生的公权力腐败行为,是指监察委员会前移权力监督的关口,通过主动监督、事前监督切断公权力滥用行为的发生链

[1] 魏昌东:《监督职能是国家监察委员会的第一职能:理论逻辑与实现路径——兼论中国特色监察监督系统的规范性创建》,载《法学论坛》2019 年第 1 期。

[2] 习近平:《在第十八届中央纪律检查委员会第六次全体会议上的讲话》,载《中国纪检监察》2016 年第 10 期。

[3] 胡杨主编:《反腐败导论》,中共中央党校出版社 2012 年版,第 196 页。

[4] 参见钱小平:《监察委员会监督职能激活及其制度构建——兼评〈监察法〉的中国特色》,载《华东政法大学学报》2018 年第 3 期。

条,将防范公共权力滥用作为权力监督的主要目标。"发现性监督"针对的是已经发生的腐败行为,是指监察委员会运用各种监督渠道收集整理涉及行使公权力的公职人员的违纪违法问题线索,从而提高公权力腐败行为被发现和查处的概率。"惩治性监督"针对的也是已经发生的公权力腐败行为,是指监察委员会通过提高腐败行为被发现和惩处的概率,以此形成"莫伸手,伸手必被抓"的腐败行为预期,提高公职人员从事腐败行为的成本。由于权力监督介入公权力运行过程的时间节点和预期目标的不同,监察委员会在行使监督权时具有不同的功能侧重。与国家监察体制改革之前纪检监察机关内设的纪检监察室一体履行监督检查和审查调查两项职能不同,国家监察体制改革之后市级以上纪检监察机关在设置内设机构时遵循监督检查与审查调查机构分设、职能分离的原则,监督检查部门成为履行执纪监督和执法监督职能的专门机构,并且往往配备充足的人员,这为监察委员会通过有效履行监督职能来预防公权力腐败创造了有利的条件。"监督有一个重要的功能是预防,即通过事前监督能够提前发现管理过程中出现的各种偏差,从而发现和寻找各种对未来工作产生不利影响的现实因素或潜在因素,以预防、阻止各种错误和偏差的出现,起到防患于未然的作用。"[1]监察委员会通过对所有行使公权力的公职人员进行"预防性监督"来有效预防公权力腐败的发生,其作用机理主要体现在以预防性监督来主动防范和提前纠正公职人员滥用公共权力的行为,防止公职人员的轻微违纪问题进一步蜕化为腐败问题,从而填补"好的公职人员"和"阶下囚"之间的监督管理空白地带。下面对监察委员会以预防性监督来预防公权力腐败的作用机理进行具体阐释。

从腐败行为演变规律来看,"风起于青蘋之末,浪成于微澜之间"。公职人员走上腐败犯罪道路一般都会经历一个从小错到大错、从违纪到违法犯罪的演变过程,对公职人员的轻微违纪行为的姑息放任是导致他们敢于进一步滥用公共权力的重要原因。虽然公职人员行使公共权力的行为可能会发生偏差,但是这些偏差并非必然演变成公权力腐败问题,仍有小错与大错、违纪和违法等性质和程度的区分。党规党纪严于国家法律,是中国特色社会主义制度体系的一个鲜明特征。根据公职人员行使公权力的行为触犯党规党纪和国家法律的性

---

〔1〕 胡杨主编:《反腐败导论》,中共中央党校出版社2012年版,第196页。

质与程度的差异,可以将其行为划分为违纪行为、职务违法行为和职务犯罪行为三种类型。“政治监督的内容应当既包括不良或不端政治行为,又包括违法犯罪行为。”[1]违纪行为与不良或不端政治行为只是潜在的腐败行为,而违法犯罪行为往往指向已经发生的腐败行为。虽然监察委员会在进行权力监督时要将各方面监督内容都涵盖进去,但是监督内容侧重点的不同在很大程度上决定了监察委员会的监督职能发挥事前预防功能的程度上的差异。

鉴于此,为防止小错酿成大错,前移预防公职人员的职务违法和职务犯罪行为发生的时间关口,监察委员会在设置监督内容时,在强调对行使公权力的公职人员的严重违纪行为和违法犯罪行为进行严肃查处的同时,往往侧重于及时发现和处理行使公权力的公职人员的轻微违纪行为,防止它们进一步演变成严重的职务违法和职务犯罪行为。“健全的权力监督不仅应包括对权力运行结果的监督,更应包括对权力运行过程的监督,且过程环节是权力监督的重点。”[2]针对在监督检查中发现的公职人员行使公权力过程中出现的苗头性、倾向性问题,监察委员会严格贯彻执行《中华人民共和国监察法》第 5 条规定的“惩戒与教育相结合,宽严相济”的监察原则,侧重于运用谈话提醒、批评教育等方式对其予以检查督促、警示提醒。《中华人民共和国监察法实施条例》第 18 条进一步明确规定:“监察机关可以与公职人员进行谈心谈话,发现政治品行、行使公权力和道德操守方面有苗头性、倾向性问题的,及时进行教育提醒。”

监察监督的落脚点不是为了惩处追责,而且要发挥事前预防和警示教育功能,正如有学者所说:“如是单纯强调处分、惩戒,忽视教育工作,虽然制裁了犯错者,但其本人的认识并没有提高,思想未受到触动,其他监察对象也未从中吸取应有的教训,这就没有达到监察工作的目的。”[3]监察委员会通过灵活运用这些互动性和说理性比较强的轻处分方式,将权力监督活动寓于批评教育和说服挽救之中,使受到处分的公职人员切实认识到自身所犯的错误,从而端正行使公共权力的态度,筑牢防止公权力腐败的思想堤坝。简言之,监察委员会在

[1] 何增科:《中国政治监督 40 年来的变迁、成绩与问题》,载《中国人民大学学报》2018 年第 4 期。
[2] 朱光磊、盛林:《过程防腐:制度反腐向更深层次推进的重要途径》,载《南开学报》2006 年第 4 期。
[3] 杜兴洋主编:《行政监察学》,武汉大学出版社 2008 年版,第 10 页。

设置监督内容时在国家法律这一底线之前设置一道党规党纪防线,在选择监督方式时侧重于对轻微违纪问题采取谈话提醒、批评教育等说服教育方式,意在防止公职人员的轻微违纪问题因为缺乏有效的监督、提醒和处置而进一步演化为职务违法和职务犯罪行为,对于填补"好的公职人员"和"阶下囚"之间的空白地带具有重要的预防作用。监督检查部门将工作重心转向事前监督,"把更多的时间和精力花在抓早抓小上,对党员干部身上存在的苗头性、倾向性问题做到早提醒、早预防"[1]。正如纪检监察实务工作者所言:"通过监督,围绕问题抓早抓小,把源头把握好了,案件就少了,预防腐败的效果也就达到了。同时,党风政风监督室也透过监督中发现的规律性问题,强化预防腐败的制度建设,扎紧权力运行的'篱笆'。"[2]

三、监察委员会预防腐败的廉政教育职能

(一)对公职人员开展廉政教育是监察委员会一项重要的监察职能

第一,从历史的角度来看,受马克思主义哲学对事物变化发展的内外因之间关系的辩证看法的影响,廉政教育策略长期以来都是我国抑制公职人员腐败动机的一个重要策略。马克思主义内外因辩证关系原理认为,内因是事物变化发展的根本原因,外因通过内因起作用。公权力腐败的构成要件是多元而又复杂的,是理想信念动摇、思想道德蜕化等内因和不良社会风气的浸染、规章制度的缺陷等外因共同作用的结果。在公权力腐败的各种构成要件中,行使公权力的公职人员因为主观因素的蜕变产生腐败动机,构成公权力腐败行为产生的根源。习近平总书记深刻指出,"为什么党内这么多高级干部走上犯罪的道路?根本原因在于理想信念动摇了"[3]。将马克思主义内外因辩证关系原理应用到对公权力腐败成因的解释和对预防腐败策略的探讨中,就是在注重消除公权

---

[1] 《山东日照探索"1+3+N"执纪监督工作体系　"点线面"结合强化监督首要职责》,载《中国纪检监察报》2018年10月17日,第3版。

[2] 陈松:《四川省监委挂牌成立3个多月,新机关有何新气象——走进省监委》,载《四川日报》2018年5月23日,第7版。

[3] 习近平:《加强党对全面依法治国的领导》,载《求是》2019年第4期。

力腐败行为发生的外部条件和社会土壤的同时，更加重视抑制腐败动机在公权力腐败行为发生机理中的重要作用，将思想道德观念蜕化视为公职人员违法犯罪的内在原因，注重运用教育手段来抑制公职人员的腐败动机，筑牢公职人员防腐拒变的思想道德防线。受马克思主义哲学对内外因辩证关系认识的影响，基于对权力腐败的思想根源的深刻认识，我国历届党和国家领导人一直强调改造公职人员的主观世界的重要性，将公职人员的理想信念缺失和思想道德蜕化视为公权力腐败的主观诱因，强调通过开展廉政教育来抑制公职人员的腐败动机。对公职人员廉政教育的强调，见之于历届党和国家领导人的一系列重要讲话之中。毛泽东强调将思想政治教育和惩办典型案件结合起来，提出"惩前毖后，治病救人"[1]的廉政教育方针。针对党内存在的腐败问题，邓小平指出："我们主要通过两个手段来解决，一个是教育，一个是法律"[2]。关于腐败治理的综合方略，江泽民在党的十五大报告中强调，反腐败要"坚持标本兼治，教育是基础，法制是保证，监督是关键"[3]。2012 年，胡锦涛在党的十八大报告中提出"坚持标本兼治、综合治理、惩防并举、注重预防方针"，将"加强反腐倡廉教育和廉政文化建设"作为坚定不移反对腐败的一项重要举措。[4] 党的十八大以来，习近平总书记围绕廉政教育的重要性、构成内容与现实作用等议题作出一系列重要论述，为《中华人民共和国监察法》将对公职人员开展廉政教育确立为监察委员会的一项重要监察职能奠定了思想认识基础。2022 年 6 月 17 日，习近平总书记在中共中央政治局第四十次集体学习时强调："构筑拒腐防变的思想堤坝，用理想信念强基固本，用党的创新理论武装全党，用优秀传统文化正心明德，补足精神之'钙'，铸牢思想之'魂'，筑牢思想道德防线"[5]。引导公职人员筑牢拒腐防变的思想道德防线，是充分发挥廉政教育对公职人员的主观世界的改造作用的一个重要途径。

第二，从全世界范围来看，对公职人员开展廉政教育，是世界各个国家和

---

[1] 《毛泽东选集》(第 3 卷)，人民出版社 1991 年版，第 938 页。

[2] 《邓小平文选》(第 3 卷)，人民出版社 1993 年版，第 148 页。

[3] 《中国共产党第十五次全国代表大会文件汇编》，人民出版社 1997 年版，第 50 页。

[4] 胡锦涛：《坚定不移沿着中国特色社会主义道路前进　为全面建成小康社会而奋斗——在中国共产党第十八次全国代表大会上的报告》，载《求是》2012 年第 22 期。

[5] 《习近平在中共中央政治局第四十次集体学习时强调　提高一体推进"三不腐"能力和水平　全面打赢反腐败斗争攻坚战持久战》，载《人民日报》2022 年 6 月 19 日，第 1 版。

地区反腐败机构的一种常见职能。对公职人员乃至社会公众开展廉政教育，见之于《联合国反腐败公约》以及各个国家与地区的反腐败法律关于反腐败机构的职能设置之中。《联合国反腐败公约》第6条规定，预防性反腐败机构采用的一项重要的预防措施就是"积累和传播预防腐败的知识"[1]，而"传播预防腐败知识"正是廉政教育的一项重要功能。与之相近，《俄罗斯联邦反腐败法》第6条第1款规定，"在社会上营造抵制腐败行为的氛围"[2]是预防腐败的一项基本措施。而营造抵制腐败行为的社会氛围所依靠的主要手段，正是反腐败机构开展的廉政教育。中国香港特别行政区《廉政公署条例》第12条明确规定，中国香港特别行政区廉政公署的廉政专员承担"教育公众认识贪污的害处，及争取和促进公众支持打击贪污"的廉政教育职能。《澳门特别行政区廉政公署组织法》第4条第15款规定中国澳门特别行政区廉政公署的一项重要职权就是进行宣传教育工作，以遏止贪污及行政违法行为，并推动市民采取预防措施或减少各种有利犯罪行为发生的行为及情况的出现。对世界各个国家和地区反腐败机构的职能设置进行比较分析发现，世界各个国家和地区的反腐败机构除了具备调查和处置职能之外，大多还承担着开展廉政教育的职能，通过媒体宣传、公众教育等途径，宣传腐败的危害，普及反腐败的知识，改善政府官员和社会公众关于腐败的认知和态度，营造清正廉洁的社会氛围[3]。

第三，从监察委员会的机构属性和职能设置来看，监察委员会是具有中国特色的国家反腐败机构，廉政教育是监察委员会对行使公权力的公职人员开展教育的一项重要内容，对公职人员开展廉政教育是监察委员会一项重要的监察职能。监察委员会在贯彻执行我国反腐败战略中的教育策略时，要结合自身的机构属性和职能定位，对教育策略的具体内容进行相应的调适。在各种教育内容中，与监察委员会作为国家反腐败机构的机构属性相对应，监察委员会是对公职人员开展"廉政教育"的一个重要机构。"廉政教育是指一个社会或阶级根据一定的社会政治要求和受教育者的廉政认知水平，通过有目的、有机会、有组

---

〔1〕 外交部条约法律司编译：《联合国反腐败公约及相关法律文件》，法律出版社2004年版，第7页。

〔2〕 杜永明：《俄罗斯联邦反腐败法》，载《环球法律评论》2010年第3期。

〔3〕 See Robert Williams, Alan Doig, *A Good Idea Gone Wrong? Anti-corruption Commissions in the Twenty-first Century*, The Christian Mich-elsen Institute, 2004.

织的活动,对受教育者施加身心影响,以提高其对于廉洁从政的认识,并将廉洁意识转化为实际行动的过程。"[1]从现实功能来看,"廉政教育作为一种特殊类型的思想政治教育活动,是以预防腐败为出发点的"[2]。早在2013年12月,中共中央印发的《建立健全惩治和预防腐败体系2013—2017年工作规划》就将"深化党风廉政教育,筑牢拒腐防变的思想道德防线"作为"科学有效预防腐败"[3]的首要一环。出于对预防腐败的重要性以及廉政教育在预防腐败中的重要作用的深刻认识,《中华人民共和国监察法》第11条赋予监察委员会对公职人员开展廉政教育这一重要职能,并将其纳入监察监督的范畴。"廉政教育是防止公职人员发生腐败问题的基础性工作"[4],赋予监察委员会廉政教育职能,有助于实现《中华人民共和国监察法》第6条所确立的"构建不敢腐、不能腐、不想腐的长效机制"这一重要目标。《中华人民共和国监察法实施条例》第16条进一步明确规定,"监察机关应当加强对公职人员理想教育、为人民服务教育、宪法法律法规教育、优秀传统文化教育,弘扬社会主义核心价值观,深入开展警示教育,教育引导公职人员树立正确的权力观、责任观、利益观,保持为民务实清廉本色"。该条款进一步明确了监察委员会对公职人员开展廉政教育的具体内容、功能作用与目标任务,为各级监察委员会对公职人员开展灵活多样的廉政教育活动提供了制度遵循。

(二)监察委员会廉政教育职能的履职机构及其履职方式

在结构功能主义理论看来,机构是履行功能的载体,在社会分工日益精细化的背景下,大规模组织的功能配置的多元化要求精细化的机构设置与之相对应。正如有学者所言:"许多现代的社会结构都具有结构高度分化的特征,结构内出现的每个角色都是专门从事不同的任务的。"[5]监察委员会作为一个国家监察体制改革新设立的国家反腐败机构,也具有内部结构高度分化与职能设置

---

[1] 胡杨主编:《反腐败导论》,中共中央党校出版社2012年版,第154页。
[2] 倪星、肖滨主编:《中国廉政制度创新研究》,中山大学出版社2012年版,第272页。
[3] 《中共中央印发〈建立健全惩治和预防腐败体系2013—2017年工作规划〉》,载《人民日报》2013年12月26日,第1版。
[4] 《〈中华人民共和国监察法〉案例解读》,中国方正出版社2018年版,第35页。
[5] 《〈中华人民共和国监察法〉案例解读》,中国方正出版社2018年版,第35页。

日益专业化的特征。根据2021年4月中央纪委国家监委网“信息公开”一栏公布的中央纪委国家监委机构设置方案，中央纪委国家监委的机构设置分为内设职能部门、直属单位和派驻纪检监察组三大类，其中内设职能部门又进一步划分为办公厅、组织部、宣传部、研究室、法规室、党风政风监督室、信访室、监督检查室、审查调查室、案件审理室、案件监督管理室、纪检监察干部监督室等若干类型。[1] 对监察委员会廉政教育职能的实施主体开展精细化研究，需要深入到其下设机构之中，唯有如此才能准确揭示监察委员会履行廉政教育职能的组织支撑。

1. 宣传部的廉政教育职能及其履职方式

第一，从机构设置背景的角度看，纪检监察机关内设的宣传部经历一个名称变化和职能演变的发展过程。国家监察体制改革之前，纪检监察机关履行廉政教育职能的内设机构通常被称作“宣教室”。顾名思义，“宣教室”的职能主要包括廉政宣传和廉政教育两块。国家监察体制改革之后，纪检监察机关大多将原来的“宣教室”改名为“宣传部”。该名称与党委宣传部门的机构称谓保持一致性，预示着其职能配置将更为综合和多元。据某地纪检监察机关宣传部负责人介绍介绍：“以前宣教室更多侧重于教育，教育的对象主要是系统内的干部或者国家工作人员；宣传，是一个内涵更为丰富的理念，‘宣’，是大声说出来；‘传’，就是传播、传递，最核心的是到达率、是效果、是影响力。成立宣传部后，相应地工作方式也发生大的变化，统筹、组织、协调的工作量大大增加了。”[2] 从机构设置的角度看，据某地纪检监察机关宣传部负责人介绍：“宣传部一般下设新闻处、文化处、综合处三个处室，往往还会对口负责网络政务与电教中心等事业单位”[3]。

第二，从职能设置的角度看，宣传部是纪检监察机关常设的一个内设机构，既是维持纪检监察机关正常运转不可或缺的支持类机构，又是直接履行廉政教育职能的业务类机构，具有综合性内设机构的属性。有学者根据监察委员会各内设机构承担的职能与反腐败工作之间的关系，将各内设机构划分为支持类机

---

[1] 《组织机构》，载中央纪委国家监委网，https://www.ccdi.gov.cn/xxgkn/zzjg/202104/t20210412_40535.html。

[2] 曹笑：《走进省监委》，载《华西都市报》2018年5月23日，A1版。

[3] 曹笑：《走进省监委》，载《华西都市报》2018年5月23日，A1版。

构和业务类机构两种类型[1]。根据中央纪委国家监委网信息公开栏的介绍，中央纪委国家监委下设的宣传部主要履行下述职能："负责组织协调全面从严治党、党风廉政建设和反腐败宣传教育以及廉洁文化建设工作;归口管理机关承担宣传教育职责的单位;负责机关的新闻事务和有关网络信息工作等。"[2]由此可见,宣传部的职能范围较为广泛,既负责与上级纪检监察机关宣传平台、新闻媒体、社会公众的沟通联络与互动交流,也负责通过制作形象宣传片等方式来介绍纪检监察机关和宣传其反腐败工作的成效,还负责对党员干部和公职人员开展廉政教育。

本部分主要探讨的是监察委员会内设的宣传部对公职人员开展廉政教育这一重要职能及其履职方式。监察委员会开展廉政教育的内容与形式多种多样,"既包括以理想信念教育和宣传先进模范人物的正面教育,也包括通过公布'老虎''苍蝇'的反面典型材料对公职人员进行警示和预防腐败的教育"[3]。首先,"思想道德教育在反腐倡廉建设中发挥着基础性作用"[4],为加强党员干部和公职人员的思想道德教育,各地纪委监委宣传部在实践中逐渐探索出开展正面典型宣传报道、挖掘本地区的传统廉政文化资源以及制作廉政文化影视文化作品等灵活多样的履职方式。"近日,四川省纪委监委宣传部组织开展了以'不忘初心·清风扬帆'为主题的清廉蓉城创建引领行动和群众文艺巡演活动,巡演以歌舞、小品、情景诗朗诵等多种艺术形式呈现,弘扬清风正气,旨在全市营造崇廉尚洁的政治环境和社会氛围"[5]。其次,为加强对党员干部和公职人员的警示教育,宣传部还逐渐探索出向党员干部发放腐败分子忏悔录、组织党员干部收看警示教育专题片、结合典型案件召开干部警示教育大会、组织党员干部旁听法庭审判和参观监狱等灵活多样的警示教育形式。天津市监察委员会先后采取举办"利剑高悬　警钟长鸣"警示教育主题展览、充分利用审查调查

[1] 参见杜倩博:《监察委员会内部机构设置与运行机制:流程导向的组织变革》,载《中共中央党校学报》2018年第4期。

[2] 《组织机构》,载中央纪委国家监委网,http://www.ccdi.gov.cn/xxgk/zzjg/201905/t20190505_193379.html。

[3] 姜明安:《监察工作理论与实务》,中国法制出版社2018年版,第28页。

[4] 何增科:《廉洁政治与国家治理》,中央编译出版社2017年版,第89页。

[5] 陈艾、刘飞、程廷静:《从"融"开始　反腐合力初显——走进成都市纪委监委(下)》,载《成都日报》2018年8月1日,第8版。

对象《忏悔书》《廉政家书》《党风廉政建言书》等“六书六报告”开展警示教育，利用身边典型案例拍摄警示教育片等多种方式来提高警示教育的针对性和有效性。[1] 最后，纪检监察机关内设的宣传部作为一个负责对公职人员开展廉政教育的综合性业务部门，注重将正面的思想道德教育和廉政文化建设与反面的警示教育有机结合起来，这一点在四川省纪委监委宣传部探索出的“一书，两片，两基地”廉政教育模式中体现得比较明显。“一书”是指四川省纪委监委宣传部编辑出版的《忏悔实录》，“两片”是指警示教育片和形象宣传片，“两基地”即法纪教育基地和廉政文化基地，前者主要是反面典型警示教育，后者是以文化人、正面引导。[2]

2. 审查调查部门的警示教育职能及其履职方式

第一，从机构设置的角度看，国家监察体制改革之前，纪检监察机关下设的纪检监察室通常行使监督检查权和审查调查权，权力过于集中容易增加纪检监察权力被滥用的风险。针对此类问题，组织管理学家建议，“对各职能部门的职责进行进一步的划分，使每个人得以集中从事某些类型的工作”[3]。借鉴此种方法，国家监察体制改革之后，地级市以上纪委监委普遍采取监督检查与审查调查机构分设、职能分离的机构设置模式，审查调查部门成为纪委监委一个专业且重要的内设职能部门。机构是履行职能的载体，审查调查部门是否承担对公职人员开展警示教育的职能？它开展警示教育活动的主要方式有哪些？这是本部分立足回答的主要问题。

设置专门的宣传教育机构以反面典型人物和反面典型案件为依托来开展警示教育活动，是各个国家和地区反腐败机构的一个常见做法。中国香港特别行政区廉政公署也以执行处查处的反面典型案件为依托，对公职人员和社会公众开展警示教育。中国香港特别行政区廉政公署 2017 年年报显示，香港特别行政区廉政公署改编自真实个案的《廉政行动 2016》剧集于 2016 年播放，累计

---

[1] 参见李建彬：《天津用好“活教材”、打造“必修课”、绷紧“纪律弦”——纪律审查到哪　警示教育跟到哪》，载《中国纪检监察报》2018 年 5 月 16 日，第 7 版。

[2] 参见曹笑：《走进省监委》，载《华西都市报》2018 年 5 月 23 日，A1 版。

[3] See Peter M. Blau, *On the Nature of the Organization*, Willie Publishing Company, 1974, p. 305 - 306.

共有 960 万人次观看。[1] 我国内地反腐败机构也将对公职人员开展廉政教育特别是警示教育作为一项重要职能。2019 年 1 月 11 日，十九届中央纪委三次全会工作报告中指出："组织各地区各部门广泛开展警示教育，强化查处一案、警示一片、规范一方的治本作用"[2]。

第二，从职能设置的角度看，协助对党员干部和公职人员开展警示教育活动，是纪委监委内设的审查调查部门一项重要的衍生性职能。《中国共产党纪律检查机关监督执纪工作规则》第 11 条规定：审查调查部门主要负责对涉嫌严重违纪或者职务违法、职务犯罪问题线索进行初步核实和立案审查调查，这是否意味着审查调查部门并不承担对党员干部和公职人员开展廉政教育的职能呢？答案并非如此。在纪检监察实践中，纪检监察机关内设的审查调查部门依托其查处的反面典型人物和反面典型案件，积极投入到以案说纪、以案释法和以案施教等警示教育活动之中。这就表明，在纪检监察实践中审查调查部门也是警示教育活动的重要参与者，承担着配合纪委监委宣传部开展警示教育的重要职能。我们可以将纪委监委的职能划分为基础性职能和衍生性职能两种类型，前者是《中国共产党纪律检查机关监督执纪工作规则》和《中华人民共和国监察法》等党内法规和国家法律明确规定纪检监察机关必须履行的监督执纪问责和监督调查处置等法定职能，属于纪检监察机关的基础性职能的范畴。衍生性职能是纪检监察机关内设的审查调查部门在基础性职能的基础上，基于纪检监察工作的实际需要和我国反腐败工作的现实特点而延伸出来的具体职能。《中华人民共和国监察法实施条例》对《中华人民共和国监察法》中的监督、调查和处置职能予以细化，使监察委员会的监察职能体系更为充实完善，以适应监察委员会开展复杂多样的监察活动的现实需要。《中华人民共和国监察法实施条例》第 16 条将"深入开展警示教育"作为监察委员会的其中一项具体监察职能，并将其纳入"监察监督"的范畴。该规定意味着，警示教育是在监察委员会的监督职能这一基础性职能之中延伸出来的衍生性职能，是对权力监督发现

---

[1] 参见《香港特别行政区廉政公署 2017 年年报》，载香港特别行政区廉政公署网，https://www.icac.org.hk/filemanager/en/content_27/2017.pdf。

[2] 赵乐际：《忠实履行党章和宪法赋予的职责 努力实现新时代纪检监察工作高质量发展——在中国共产党第十九届中央纪律检查委员会第三次全体会议上的工作报告》，载《中国纪检监察》2019 年第 4 期。

的违纪违法问题线索和典型案件的深化运用。纪委监委内设的审查调查部门查处的典型违纪违法案件可以转化为对公职人员开展警示教育的宝贵的教育资源,这为其履行警示教育职能提供了可行性。赋予审查调查部门对党员干部和公职人员开展警示教育的职能,符合我国国家监察工作应当坚持的"惩戒与教育相结合,宽严相济"的监察原则。《中华人民共和国监察法》第5条规定,国家监察工作应当坚持"惩戒与教育相结合,宽严相济"的原则。在纪检监察机关实践中,纪检监察机关坚持"惩戒与教育相结合,宽严相济"原则的一种实践表现形式,就是对党员干部和公职人员开展警示教育,而作为警示教育活动的主要内容和鲜活素材的典型违纪违法案件往往是由负责查办案件的审查调查部门来提供的。审查调查部门开展的完整的反腐败工作绝不仅仅就是查案,还包括将自身查办的典型的违纪案件、职务违法案件和职务犯罪案件转化为开展警示教育的宝贵的资源,最大限度发挥查办腐败案件的惩治功能以及警示教育功能。

国家监察体制改革之前,人民检察院预防职务犯罪部门是以腐败案件为依托开展警示教育活动的重要机构,组织公职人员旁听法庭审判和参观监狱是人民检察院预防职务犯罪部门常见的警示教育方式。国家监察体制改革之后,基于职能相近、工作衔接和提高办案质量等现实考虑,人民检察院预防职务犯罪的一部分职能和人员被整合进监察委员会的审查调查部门,这为审查调查部门对党员干部和公职人员开展警示教育活动创造了有利条件。以山西省为例,国家监察体制改革后的山西省监察委员会,截至2018年1月共有省人民检察院转隶人员63名,安排在执纪监督部门17名、审查调查部门22名,占比62%。而放眼山西全省的市县两级监察机构,共有人民检察院转隶人员1822名,安排在执纪监督和审查调查部门共1165名,占比63.9%。据山西省纪委监委党纪教育基地负责人介绍,他所负责的山西省纪委监委第一执纪审查(调查)室14名工作人员中,有9人是从人民检察院转隶过来的。[1]

第三,从履职方式的角度看,结合审查调查部门查办案件的法定职能和

〔1〕 参见高晓东:《监察委员会"试水"的山西版本:反腐工作也要按"施工手册"来》,载瞭望东方周刊网2018年1月15日,https://www.sohu.com/a/216872205_118927。

工作特点，审查调查部门开展的警示教育活动主要是以典型的反面人物和反面案件为依托，召开违纪违法案件专题民主生活会、召开干部警示教育大会、发放落马官员的忏悔录是最为常见的警示教育活动形式。“有力的惩罚是最有力的教育”[1]，警示教育是监察委员会以反面典型案件和反面典型人物为依托，将教育寓于惩戒与说理之中，对公职人员开展的一种以人为鉴、以案为鉴的重要廉政教育类型。2018 年 1 月，赵乐际在十九届中央纪委二次全会上强调：“提高警示教育的政治性，凡查结的党员领导干部违纪违法案件，都要在本地区本部门本单位开展警示教育，用好反面教材，召开专题民主生活会，举一反三、以案明纪，让党员干部引为镜鉴”[2]。监察委员会内设的审查调查部门除了召开违纪违法案件专题民主生活会以外，还经常以查办的本地区发生的典型腐败案件为依托，组织落马官员所在系统的全体干部召开干部警示教育大会。以吉林省为例，吉林省纪委监委于 2018 年 12 月 28 日召开省市县三级纪检监察机关全体干部参加全省纪检监察系统警示教育电视电话会议，要求全省纪检监察干部以身边发生的典型案件为反面教材，查问题、找原因、抓整改、堵漏洞，推动干部队伍在政治、工作、纪律、作风等方面有一个大的提升。[3]

3. 派驻或者派出监察机构、监察专员的警示教育职能及其履职方式

第一，从机构设置来看，派驻或者派出监察机构、监察专员是监察委员会的重要组织延伸，是监察职能的重要履行主体。《中华人民共和国监察法》第 12 条规定：“各级监察委员会可以向本级中国共产党机关、国家机关、法律法规授权或者委托管理公共事务的组织和单位以及所管辖的行政区域、国有企业等派驻或者派出监察机构、监察专员。监察机构、监察专员对派驻或者派出它的监察委员会负责。”《中华人民共和国监察法实施条例》第 12 条规定：“各级监察委员会依法向本级中国共产党机关、国家机关、法律法规授权或者受委托管理公

[1] 刘宗洪：《“一把手”监督的难点及其应对——基于上海的调研分析》，载《中共中央党校学报》2015 年第 4 期。

[2] 赵乐际：《以习近平新时代中国特色社会主义思想为指导　坚定不移落实党的十九大全面从严治党战略部署——在中国共产党第十九届中央纪律检查委员会第二次全体会议上的工作报告》，载《中国纪检监察》2018 年第 2 期。

[3] 参见《吉林：总结反思邱大明案件教训　加强队伍自身建设》，载中央纪委国家监委网，http://www.ccdi.gov.cn/yaowen/201812/t20181229_185961.html。

共事务的组织和单位以及所管辖的国有企业事业单位等派驻或者派出监察机构、监察专员。省级和设区的市级监察委员会依法向地区、盟、开发区等不设置人民代表大会的区域派出监察机构或者监察专员。县级监察委员会和直辖市所辖区(县)监察委员会可以向街道、乡镇等区域派出监察机构或者监察专员。监察机构、监察专员开展监察工作,受派出机关领导。”该规定进一步细化了各级监察委员会派驻或派出监察机构、监察专员的适用对象和领导体制,为各级监察委员会向各类监察对象所在单位派驻或派出监察机构、监察专员提供了更为详细具体的制度依据。监察委员会向监察对象所在单位派驻或派出监察机构、监察专员,是实现对所有行使公权力的公职人员进行国家监察全覆盖的国家监察体制改革重要目标的现实要求,有利于充分发挥派驻监督所具有的“派”的权威和“驻”的优势,将权力监督的权威性和有效性更好地结合起来。

第二,从职能设置的角度看,派驻或派出监察机构、监察专员履行对驻在单位的公职人员开展警示教育,是从其监督职能和调查职能两项基础性职能之中延伸出来的衍生性职能。关于派驻或者派出监察机构、监察专员的职能权限,《中华人民共和国监察法》第 13 条规定,“派驻或者派出的监察机构、监察专员根据授权,按照管理权限依法对公职人员进行监督,提出监察建议,依法对公职人员进行调查、处置”。派驻或者派出监察机构、监察专员在实际工作中往往依托其查办的驻在单位发生的违纪违法案件,与驻在部门一起联合开展警示教育活动,对驻在单位的监察对象开展警示教育,实际上是从其监督职能和调查职能延伸出来的衍生性职能。之所以这样说,主要是基于以下两点理由:一方面,派驻或派出监察机构、监察专员在对驻在单位的监察对象进行监督检查过程中,对发生轻微违纪问题和倾向性问题的监察对象进行批评教育和谈话提醒,是其履行监督职能的重要方式,而这些履职方式在很大程度上可以归入警示教育的范畴。正如有学者所说:“可以将‘对公职人员开展廉政教育’视为广义的监督、积极的监督。”[1]另一方面,中共中央办公厅印发的《关于深化中央纪委国家监委派驻机构改革的意见》指出,“赋予派驻机构监察权,派驻机构既要依照党章和其他党内法规履行监督执纪问责职责,又要依照宪法和监察法履行监

---

[1] 参见姜明安:《监察工作理论与实务》,中国法制出版社 2018 年版,第 28 页。

督调查处置职责,对行使公权力的公职人员实行监察全覆盖。"这意味着派驻或派出监察机构、监察专员可以根据监察委员会的授权和干部管理权限对驻在单位相应层级的监察对象行使调查权,这就使它能够像监察委员会内设的审查调查部门那样,以驻在单位发生的典型的违纪违法案件为依托,组织开展以案说纪、以案释法和以案施教等警示教育活动。基于此,2022 年 6 月 22 日中共中央办公厅发布的《纪检监察机关派驻机构工作规则》第 26 条规定:"派驻机构应当结合派驻监督工作情况,推动驻在单位党组(党委)开展全面从严治党、党风廉政建设和反腐败工作的形势任务教育,强化纪法教育、警示教育,推进廉洁文化建设,教育引导党员、干部以及监察对象修身律己,筑牢思想道德防线。"该规定为派驻或派出监察机构、监察专员与驻在单位党委(党组)联合开展警示教育活动提供了重要依据。

第三,从履职方式的角度看,一方面,派驻或派出监察机构、监察专员与驻在单位党委(党组)联合召开警示教育大会,成为派驻或派出监察机构、监察专员对驻在单位监察对象开展警示教育活动的一种重要类型。自 2018 年 9 月 29 日中央和国家机关召开警示教育大会以来,据中央和国家机关纪检监察工委透露,"113 家中央和国家机关部门及其所属的 17 个国家局已全部开展集中警示教育活动,以案说法、以案明纪,汲取教训、举一反三,实现党组织全覆盖、党员干部全员参与"[1]。其中,中央纪委国家监委向各中央和国家机关派驻或者派出的纪检监察组成为开展警示教育活动的一支重要力量。近年来,中央纪委国监委驻公安部纪检监察组在严肃查处违纪违法案件的同时,以案件为依托扎实开展以案说纪、以案释法等警示教育活动。2016 年,在公安部党委的大力支持下,中央纪委国家监委驻公安部纪检监察组仔细筛选全国公安机关发生的 110 个典型案例,在中国人民公安大学举办警示教育展览,使来自公安系统的参观者受到很大的触动。此外,中央纪委国家监委驻公安部纪检监察组还以近年来公安系统发生的典型案例为素材,联合有关地方公安纪检组织,摄制了 30 部《警钟》系列警示教育片。与之相类似,民政部派驻纪检监察组也以自己查办的民政部违纪违法案件为主要素材来制作警示教育片,"录

[1] 参见王卓:《实现党组织全覆盖　党员干部全员参与　中央和国家机关各部门全部开展警示教育》,载《中国纪检监察报》2018 年 12 月 29 日,第 1 版。

制有关违纪违法人员的忏悔心声并向全体机关干部播放，用身边人、身边事教育机关干部深刻汲取教训，切实把警示教育做深做实"[1]。另一方面，派驻或派出监察机构、监察专员在贯通落实"两个责任"的同时，还以警示教育为契机，强化自身队伍建设，筑牢防止"灯下黑"的思想道德防线。"驻中央宣传部纪检监察组组织全组党员干部参观北京市全面从严治党警示教育基地，观看主题展览、学习纪律教育片、在展览体验区感受服刑人员日常生活，促使党员干部知敬畏、存戒惧、守底线。驻中央统战部纪检监察组强化经常性提醒警示，通过传达学习有关纪检监察干部违纪违法案件通报、组织干部积极参加廉政教育月活动等，从思想、工作、生活等各方面严格要求干部，深化主题教育成果，提升派驻监督质效。"[2]

（三）以廉政教育抑制腐败动机：廉政教育在预防腐败中的作用机理

国家监察体制改革之前，党的纪律检查机关、行政监察机关、人民检察院等反腐败机构都承担廉政教育职责，廉政教育主体具有多元化的特征，各个廉政教育主体之间的分工协作机制尚未充分地建立起来，廉政教育的整体合力有待加强。在宏观层面，国家监察体制改革之后，行政监察机关、预防腐败局及人民检察院查处贪污贿赂、失职渎职以及预防职务犯罪等部门的反腐败职能整合至监察委员会，廉政教育主体得到整合。在微观层面，纪检监察机关内设的宣教室升级为职能更为多元和综合的宣传部，对公职人员开展廉政教育所需要的人员、编制等资源得到进一步充实。这些举措都为监察委员会有效对公职人员开展廉政教育创造了有利条件。

监察委员会对公职人员开展廉政教育的最终落脚点，是抑制公职人员的腐败动机，筑牢公职人员拒腐防变的思想道德防线。"在我国，廉政教育作为一种特殊的思想政治教育活动，是以预防腐败为出发点的"[3]。对于廉政教育的预

---

〔1〕 参见王卓：《实现党组织全覆盖　党员干部全员参与　中央和国家机关各部门全部开展警示教育》，载《中国纪检监察报》2018 年 12 月 29 日，第 1 版。

〔2〕 薛鹏：《中央纪委国家监委派驻纪检监察组——贯通"两个责任"增强警示教育实效》，载中央纪委国家监委网，https://www.ccdi.gov.cn/special/bwcxljsm/dongtai_bwcx/201908/t20190829_199524.html。

〔3〕 倪星、肖滨主编：《中国廉政制度创新研究》，中山大学出版社 2012 年版，第 272 页。

防腐败功能,目前廉政学界的主流观点是,廉政教育作为一种预防腐败策略,主要针对的是腐败动机这一腐败行为构成要件,其目标是通过抑制乃至消除公职人员的腐败动机,铲除公权力腐败发生的内在诱因。虽然这一理论解释具有一定的概括性和启发性,但是太过笼统,并没有结合监察委员会廉政教育活动的不同类型及其特点来具体阐述每一种具体廉政教育类型的预防腐败机理。鉴于此,本部分在深入揭示监察委员会廉政教育的预防腐败机理之前,先对廉政教育进行类型学划分,并厘清腐败动机的影响因素与产生机理,然后再将不同的廉政教育类型与腐败动机的不同影响因素勾连起来,以期更加清晰和具体地揭示每一种主要廉政教育类型的预防腐败机理。

廉政教育有不同的类型学划分方法。《建立健全惩治和预防腐败体系2013—2017年工作规划》提出:"学习廉洁榜样,强化示范教育。剖析违纪违法案件,加强警示教育。"[1]该分类正是依据廉政教育方法所形成的廉政教育分类。在很多情况下,廉政教育的内容与廉政教育的方法是密不可分的,不同的廉政教育内容具有与之相适应的廉政教育方法。以廉政教育的内容和方法两个因素为标准,可以将廉政教育划分为正面的思想道德教育、党纪国法教育和反面的警示教育等类型。十九届中央纪委四次全会工作报告指出:"做深查办案件'后半篇文章',做实同级同类干部警示教育,以案释德、以案释纪、以案释法;加强思想道德和党纪国法教育,推进廉洁文化建设,注重家风建设,引导党员、干部修身律己、廉洁齐家,培养现代文明人格。"[2]廉政教育是由思想道德教育、党纪国法教育等正面教育和警示教育等反面教育共同组成的系统工程,既需要发挥负面典型的提醒警示、教育挽救作用,也需要发挥正面典型的示范引领作用。

"系统化的反腐败战略,从作用机理来讲,包括正面的诱导和反面的惩罚。"[3]基于此,有一些学者将廉政教育划分为思想道德教育和警示教育两种

[1] 《中共中央印发〈建立健全惩治和预防腐败体系2013—2017年工作规划〉》,载《人民日报》2013年12月26日,第1版。

[2] 赵乐际:《坚持和完善党和国家监督体系 为全面建成小康社会提供坚强保障——在中国共产党第十九届中央纪律检查委员会第四次全体会议上的工作报告》,载《中国纪检监察》2020年第5期。

[3] 倪星:《惩治与预防腐败体系的评价机制研究》,中山大学出版社2012年版,第220页。

主要类型[1]。习近平总书记在中共中央政治局第四十次集体学习时强调："要弘扬党的光荣传统和优良作风，开展有针对性的党性教育、警示教育，用廉洁文化滋养身心，建立符合新时代新阶段要求的干部考核评价体系，注重对年轻干部的教育引导。"[2]廉政教育是否能够达到预防腐败的效果，在很大程度上取决于廉政教育的正面教化与反面警示功能是否得到充分的发挥。本书借鉴了这种廉政教育的类型学划分方法，将廉政教育划分为思想道德教育和警示教育这两种主要类型。此外，廉政教育策略的主要目标是抑制公职人员的腐败动机，就腐败动机的产生根源与发生机理而言，著名腐败研究专家罗伯特·克利特加德提出"腐败动机＝贿赂－道德损失－（被发现和被制裁的机会×所受处罚）＞薪金＋廉洁的道德调足感"[3]这一腐败动机公式。本书对廉政教育的预防腐败机理的分析也建立在此公式的基础之上。"对监察对象的廉政教育贯穿监察活动的始终，在预防（腐败）阶段的重要性尤为突出。"[4]在完成了上述理论准备之后，本部分回答的主要问题是，监察委员会对公职人员开展的思想道德教育和警示教育分别影响的是腐败动机公式中的哪些构成要件？其预防腐败的作用机理是如何具体展现出来的？为此，本部分内容在借鉴上述廉政教育职能的类型学划分方法和腐败动机公式的基础上，将监察委员会的正反两项廉政教育职能与腐败动机的各个影响因素有机勾连起来，力求分别揭示监察委员会的思想道德教育和警示教育这一正一反两种廉政教育职能在预防腐败中的具体作用。

1. 思想道德教育使公职人员因廉洁的道德满足感太高而不想腐

"预防犯罪的再一项措施是：奖励美德。"[5]"廉政教育本质上属于道德教育范畴"[6]，正是在此种意义上，《中华人民共和国监察法实施条例》第16条将

---

[1] 参见姜明安：《监察工作理论与实务》，中国法制出版社2018年版，第28页；任建明、杜治洲：《腐败与反腐败：理论、模型和方法》，清华大学出版社2009年版，第187页；桑本谦、李华：《检察机关预防职务犯罪的困境和出路》，载《当代法学》2010年第3期。

[2] 《习近平在中共中央政治局第四十次集体学习时强调 提高一体推进"三不腐"能力和水平 全面打赢反腐败斗争攻坚战持久战》，载《人民日报》2022年6月19日，第1版。

[3] ［南非］罗伯特·克利特加德：《控制腐败》，杨光斌等译，中央编译出版社1998年版，第78~80页。

[4] 胡玉琴：《我国地方监察委员会权力配置及运行机制研究——以山西省为例》，武汉大学2018年硕士学位论文，第20页。

[5] ［意大利］贝卡里亚：《论犯罪与刑罚》，黄风译，中国法制出版社2002年版，第124页。

[6] 倪星、肖滨主编：《中国廉政制度创新研究》，中山大学出版社2012年版，第272页。

对公职人员开展的理想教育、为民服务教育、弘扬社会主义核心价值观教育等教育内容纳入广义的廉政教育的范畴。思想道德教育作为一种预防腐败策略，意在通过教育的手段引导公职人员抑制腐败动机，增强不想腐的自觉。腐败动机受到物质与精神等多种因素的复杂影响，在罗伯特·克利特加德的上述腐败动机公式中，思想道德教育作为监察委员会对行使公权力的公职人员开展的一种重要的廉政教育类型，直接影响的因素是公职人员腐败的道德损失和廉洁的道德满足感，间接影响的因素是公职人员的偏好层次以及对贿赂的自我满足效用的评价。监察委员会在对行使公权力的公职人员开展思想道德教育时，一方面，通过培育"贪污可耻"和对腐败行为零容忍的廉政文化，使公职人员高估腐败行为带来的道德损失，低估行贿者的贿赂（包括物品、金钱、关系）对自我效用满足的价值，进而达到降低公职人员对腐败净收益的估值的目标。另一方面，监察委员会通过对"廉洁光荣""廉洁可敬"等廉政理念的正面引导和对廉洁典型进行宣传报道、奖励表彰等方式，提升行使公权力的公职人员廉洁的道德满足感，从而达到使行使公权力的公职人员高估腐败成本的目标。在行使公权力的公职人员的预期腐败收益降低和预期腐败成本提升这一此消彼长的变化之中，行使公权力的公职人员作出廉洁或腐败的行为选择的理性核算结果被改变，很容易因为预期腐败收益太低和预期腐败成本太高而不会选择从事腐败行为，这就是监察委员会通过开展思想道德教育来预防公权力腐败的主要作用机理。

第一，从对公职人员的预期腐败收益的影响来看，监察委员会对行使公权力的公职人员开展思想道德教育，意在提升其职业道德和行政伦理水平，改变行使公权力的公职人员的偏好层次，使其低估贿赂对自我效用的满足价值，高估腐败的道德损失，进而达到使行使公权力的公职人员低估预期腐败收益的目标。从心理学的角度看，腐败动机往往是人的各种现实需求通过正当合法的渠道得不到满足的结果。按照马斯洛的需求层次理论，在公职人员的生理需求、安全需求、社会交往需求以及自我实现需求等多层次现实需求中，"受到公共行政二元性的影响"[1]，行使公权力的公职人员在心理层面对生理需求和不当的社会交往需求的过分强调和加权赋值，是导致他们滋生腐败动机并实施权钱交

[1] 倪星、肖滨主编：《中国廉政制度创新研究》，中山大学出版社 2012 年版，第 3 页。

易、权色交易等各种腐败行为的一个心理根源。“需要是个可变量,可以通过高尚的理想、信念、价值观予以引导,避免需要的非理性发展。”[1]行使公权力的公职人员偏好于何种层次的需求、满足这些需求的紧迫性如何、采取何种途径和方式来满足这些需求、满足这些需求到何种程度等情形,在很大程度上受到行使公权力的公职人员自身的价值观和道德观的影响。正如有学者所说:“根据经济人假设,人们是在不断地追求效用最大化,而效用取决于人们的偏好体系,最终到导源于价值观和道德观的不同。”[2]而改变行使公权力的公职人员的价值观和道德观的主要途径就是思想道德教育。

一方面,从思想道德教育对行使公权力的公职人员收取贿赂的自我效用满足程度的影响来看,在腐败实践中,行贿者对公职人员提供的贿赂大多是金钱、奢侈品等,这些贿赂立足于满足的主要是行使公权力的公职人员的生理需要和不当的社会交往需要等低层次需要。监察委员会在开展思想道德教育活动时,按照重要性和社会价值的大小,对公职人员的需求偏好层次按照自我实现需求、正当合理的社会交往需求、安全需求和生理需求的顺序重新进行排序,引导行使公权力的公职人员重视运用公权力来增进社会福祉而不是满足个人私欲。这就容易促使行使公权力的公职人员将生理需求的满足控制在必要、适度、合理、合法的限度之内,将更多的时间和精力投入到利用公权力为民造福之上,从而达到引导行使公权力的公职人员低估贿赂的自我效用满足程度的效果。

另一方面,从思想道德教育对行使公权力的公职人员腐败行为的道德成本的影响来看,作为一个先锋队政党,中国共产党对行使公权力的公职人员有比对普通公民更高的道德要求。在政治伦理体系中,公权力腐败行为不仅是一种职务违法或职务犯罪行为,更是一种在道德上需要被谴责的行为。基于此,监察委员会对行使公权力的公职人员开展思想道德教育时,在教育内容上往往倡导行使公权力的公职人员要遵守社会公德、职业道德和政治品德,将廉洁从政作为自己的日常行为准则甚至是道德底线。在教育方式上,监察委员会注重通过廉政宣传和严肃查办案件等方式在全社会营造对腐败分子“零容忍”的态度,通过对腐败分子点名道姓批评、公开审判和公布其忏悔材料等多种方式,使腐

[1] 邓杰、胡廷松:《反腐败的逻辑与制度》,北京大学出版社2015年版,第49页。

[2] 倪星:《试论中国反腐败方略的系统设计》,载《政治学研究》2003年第4期。

败分子遭受更大的社会舆论压力和道德谴责,从而提升行使公权力的公职人员从事腐败行为的道德损失。

第二,从对公职人员的预期腐败成本的影响来看,监察委员会在对行使公权力的公职人员开展思想道德教育活动时,在教育内容上强调行使公权力的公职人员要自觉遵守社会公德、职业道德和家庭美德,在教育方式上注重将说服教育与对廉洁典型进行宣传报道、奖励表彰等激励方式结合起来,从而引导整个社会形成“廉洁光荣、贪污可耻”的整体氛围,促使行使公权力的公职人员形成廉洁的道德满足感,使其因为预期腐败成本上升而不愿意从事腐败行为。“道德是一种内在的力量,它从内心深处影响着人们的行为选择,具有先发性优势。”〔1〕在罗伯特·克利特加德的腐败动机公式中,廉洁的道德满足感是行使公权力的公职人员的预期腐败成本的重要组成部分。而行使公权力的公职人员廉洁的道德满足感的高低,在很大程度上直接受到监察委员会的思想道德教育活动的影响。“廉政教育本质上是一种政治与行政伦理教育,是以舆论宣传、思想灌输和道德规劝为主要手段,引导受教育者不断改造主观世界以树立正确的价值观和道德观。”〔2〕监察委员会在对行使公权力的公职人员开展思想道德教育时,牢牢抓住社会公德、职业道德和家庭美德这条主线,立足于将廉洁从政、清正不阿等道德伦理要求从领导干部的政治道德转变为社会公众的日常道德,从领导干部的个人私德转变为受到社会公众的认可、赞誉和自觉遵从的社会公德。监察委员会推动上述伦理道德体系的转变,离不开典型报道、奖励表彰等重要宣传手段,依托于讲好中国清廉故事、描绘和歌颂中国清廉人物等大量扎实细致的工作,其理想目标是提升行使公权力的公职人员乃至社会公众廉洁的道德满足感。当行使公权力的公职人员廉洁的道德满足感非常强烈时,“政府官员即使遇到制度漏洞,有腐败机会时,也会选择洁身自好,廉洁从政”〔3〕。即使行使公权力的公职人员廉洁的道德满足感比较强,但是仍不足以完全抵消贿赂等预期腐败收益的巨大诱惑,行使公权力的公职人员在从事腐败行为时也必须首先摆脱习得的道德伦理观念对其行为的约束力,在突破自己内

〔1〕 贺卫:《寻租经济学》,中国发展出版社1999年版,第259页。
〔2〕 胡杨主编:《反腐败导论》,中共中央党校出版社2012年版,第155页。
〔3〕 倪星:《惩治与预防腐败体系的评价机制研究》,中山大学出版社2012年版,第103页。

心的伦理道德防线之后才能大胆实施腐败行为。这种情形对行使公权力的公职人员的腐败动机产生了削弱和迟滞,在一定程度上也发挥了预防腐败的功能。

第三,罗伯特·克利特加德提出的腐败动机公式建立在“经济人”假设这一逻辑前提之上,行使公权力的公职人员在某种程度上也具有趋利避害的“经济人”特性,当监察委员会开展的思想道德教育导致公职人员高估廉洁的道德满足感这一预期腐败成本并低估贿赂的效用这一预期腐败收益时,行使公权力的公职人员就更可能会因为预期腐败成本变高且预期腐败收益下降而选择抑制自己的腐败动机,从而增强其不想腐的自觉。从经济学的角度看,行使公权力的公职人员作为理性的个体,他们作出廉洁或腐败的个人决策,主要取决于他们对预期腐败收益和预期腐败成本之间比值的理性算计。基于此,监察委员会若想抑制行使公权力的公职人员的腐败动机,就需要在思想道德教育活动中改变行使公权力的公职人员对预期腐败成本和预期腐败收益之间比值的判断。“廉政教育本质上是一种政治与行政伦理教育,是以舆论宣传、思想灌输和道德规劝为主要手段,引导受教育者不断改造主观世界以树立正确的价值观和道德观。”[1]监察委员会对行使公权力的公职人员开展思想道德教育的目标,是培育行使公权力的公职人员的高尚的思想道德情操,“公职人员的道德情操越高尚,他们对腐败行为的道德损失的评估值越高,从而会相对低估腐败净收益;公职人员的道德情操越高尚,他们对廉洁的道德满足感的评估值越高,从而会相对高估腐败成本”[2]。在监察委员会对行使公权力的公职人员开展的思想道德教育活动的影响下,行贿者的贿赂对行使公权力的公职人员的效用满足程度下降,并且行使公权力的公职人员的廉洁的道德满足感上升,在这一降一升之中,行使公权力的公职人员从事腐败行为的成本收益核算的结果就更加容易被改变,行使公权力的公职人员便会因为预期腐败成本高于预期腐败收益而选择抑制其腐败动机,从而发挥使行使公权力的公职人员不想腐的预防腐败作用。

2. 警示教育使公职人员因预期腐败成本太高而不敢腐

古人云:“以铜为镜,可以正衣冠;以古为镜,可以知兴替;以人为镜,可以明

---

[1] 胡杨主编:《反腐败导论》,中共中央党校出版社2012年版,第155页。

[2] 邓杰、胡廷松:《反腐败的逻辑与制度》,北京大学出版社2015年版,第51页。

得失。”监察委员会在对公职人员开展廉政教育时，非常强调发挥警示教育的镜鉴教育作用。“廉洁教育内容包括正面教育和反面教育。”[1]正面教育的局限性在于它告诉受教育对象的是廉洁的好处，却无法让受教育对象认识到腐败的严重后果和危害。而与廉洁带来的抽象的道德好处相比，受教育对象往往更加关注的是腐败给自身带来的具体的和切实的损失和危害。“警示教育作为一种反面典型教育，恰好利用了受教育者对法律法规等刚性约束和惩罚机制的恐惧，因而能够直接诉诸受教育者的理性和感性，具有教育效果的可靠性。”[2]与监察委员会对行使公权力的公职人员开展的思想道德教育活动侧重于正面价值引导不同，警示教育侧重于以行使公权力的公职人员身边发生的典型案件和典型反面人物为镜鉴，使行使公权力的公职人员因为受到警醒和震慑而不敢从事腐败行为。“警示教育的实质是预防腐败”[3]，它对腐败动机公式的影响主要发生在预期腐败成本这一端，影响的是行使公权力的公职人员的腐败的道德损失和腐败行为被发现和被查处的概率这两项预期腐败成本。监察委员会对行使公权力的公职人员开展的警示教育活动，之所以具有预防腐败的功能作用，正是因为警示教育提高了行使公权力的公职人员对腐败的道德损失和腐败行为被发现和查处的概率这两项预期腐败成本的估值，使行使公权力的公职人员因为预期腐败成本太高而不敢从事腐败行为。监察委员会运用警示教育来预防公权力的作用机理主要体现在以下两个方面。

第一，监察委员会通过对违法乱纪的公职人员采取公开点名道姓批评、舆论曝光和公开审判等多种警示教育方式，使他们在警示教育过程中乃至所处惩罚期满解除之后，仍旧会面临来自社会舆论的批评、谴责乃至自我良知的拷问，使其进一步认识到腐败的道德损失是如此之高，因为从事腐败的道德成本太高而不敢从事腐败行为。在上述腐败动机公式中，腐败的道德损失是预期腐败成本的重要组成部分。“无论是腐败的个人还是腐败的群体，都是社会关系中的人。”[4]行使公权力的公职人员腐败的道德损失的大小，除了与他们自身的道

---

〔1〕 任建明、杜治洲：《腐败与反腐败：理论、模型和方法》，清华大学出版社2009年版，第187页。

〔2〕 倪星、肖滨主编：《中国廉政制度创新研究》，中山大学出版社2012年版，第280页。

〔3〕 彭龙富：《中共反腐警示教育的演进、意义与改进策略研究》，载《南昌大学学报（人文社会科学版）》2016年第1期。

〔4〕 喻中：《权力制约的中国语境》（第2版），法律出版社2013年版，第47页。

德水平有关以外,往往还会与他们受到社会舆论和道德谴责的程度相关。为发挥"不敢腐"的震慑作用,监察委员会在警示教育活动中采取"用身边事教育身边人"的警示教育模式,对典型的违纪违法分子不仅点名道姓进行批评,甚至会公开其自我忏悔的视频,这就使违纪违法的公职人员周边的同事和朋友了解其违纪违法事实并对其作出负面的评价,使违纪违法的公职人员在法定制裁解除之后仍然会面临一定的舆论压力。监察委员会不仅要依纪依法追究违纪违法的公职人员的纪律责任、政治责任和法律责任,而且还会对违纪违法的公职人员采取舆论曝光、公开审判、公开其忏悔视频以及让其撰写忏悔录并自我剖析腐败成因等灵活多样的警示教育方式,使他们在接受社会舆论批判和自我批判的过程中,受到来自社会伦理道德观念的谴责和自己良心的拷问,承受巨大的道德损失。上述举措使违法乱纪分子和接受警示教育的公职人员受到很大的触动和震撼,让其认识到一旦从事腐败行为就会在被查处之后付出巨大的道德成本,不仅要接受社会舆论的谴责,而且还要受到自我良知的拷问。道德成本是腐败成本的重要组成部分,行使公权力的公职人员对从事腐败行为的道德损失的高估,会使其倾向于作出预期腐败成本提高的判断,从而直接影响其对从事腐败行为成本收益的理性计算的结果。

第二,腐败行为被发现和查处的概率是预期腐败成本的关键构成要件,监察委员会利用"用身边事教育身边人"的警示教育模式,及时和大量公布与受教育对象处于相同地区、相同级别和相同岗位的公职人员发生的违法乱纪案件,促使行使公权力的公职人员高估本地区、本职级和本岗位的腐败行为被发现和查处的概率,从而使其因为预期腐败成本提高而不敢从事腐败行为。从经济学的角度看,"公职人员的经济理性是难以改变的"〔1〕,行使公权力的公职人员产生腐败动机的一个主要原因,是其基于经济人理性所做出的腐败预期成本太低且腐败预期收益较高的判断。在腐败预期收益相对稳定和明确的情况下,改变行使公权力的公职人员对腐败预期成本的估计和判断,是影响其行为选择的关键。"刑罚的威慑力不在于刑罚的严酷性,而在于其不可避免性。"〔2〕这一原理同样适用于对公权力腐败的分析之中。公权力腐败行为被发现和查处的概率,

〔1〕 任建明、杜治洲:《腐败与反腐败:理论、模型和方法》,清华大学出版社2009年版,第45页。
〔2〕 [意大利]贝卡里亚:《论犯罪与刑罚》,黄风译,中国法制出版社2002年版,第68页。

是行使公权力的公职人员的预期腐败成本的关键构成部分,常被称为“腐败黑数”。有学者指出:“在公职人员廉洁/腐败选择的成本—收益分析中,腐败行为被查处概率作为系数,其对于结果的影响是决定性的。”[1]监察委员会开展的警示教育活动的一个重要目标,是促使行使公权力的公职人员高估腐败行为被发现和查处的概率这一数值,进而达到使其因为预期腐败成本太高而抑制自己的腐败动机这一预防效果。具体而言,由于腐败行为的隐蔽性、信息不对称等因素的限制,“腐败黑数”总是客观存在并且难以准确判断,“腐败行为被发现和查处的概率只是行为人的主观估算值”[2]。因为某一地区、部门和单位行使公权力的公职人员难以系统掌握全国范围内的整体数据和全局信息,所以他们对腐败行为被发现和查处的概率这一数值的估计,主要是基于他们对本地区、本部门和本单位的腐败案件存量和腐败行为查处情况的判断。在本地区、本部门和本单位的腐败案件存量短期内相对稳定的情况下,纪检监察机关公开披露的本地区、本部门和本单位被查处的腐败案件数量越多,行使公权力的公职人员往往就越容易认为腐败行为被发现和查处的概率越高。鉴于这种情况,监察委员会有针对性地采取用“身边事教育身边人”的警示教育模式,大量公布和宣传与受教育对象处于同一地区、同一部门、同一单位、同一级别和同一岗位的公职人员发生的腐败案件,以增强警示教育内容与警示教育对象之间的匹配度,提高作为警示教育对象的公职人员对本地区、本部门、本单位和本岗位的腐败行为被发现和查处的概率的估计和判断,使他们正确认识同时提高对腐败行为被发现和查处的概率的估值,从而达到因为腐败预期成本太高而不敢从事腐败行为的效果。

四、监察委员会预防腐败的监察建议职能

制度具有根本性、决定性、长期性和全局性,改革开放以来历届党和国家领导人反复强调制度建设在党风廉政建设和开展反腐败斗争中的重要性,将扎紧

---

〔1〕 过勇:《经济转轨、制度与腐败——中国转轨期腐败蔓延原因的理论解释》,载《政治学研究》2006年第3期。

〔2〕 邓杰、胡廷松:《反腐败的逻辑与制度》,北京大学出版社2015年版,第50页。

制度的“笼子”作为预防和惩治腐败的重要一环。“所谓制度建设，是指在总结和概括反腐倡廉工作的经验教训及其规律的基础上，按照党章确立的原则和制度自身发展的规律，通过加强制度的建立、完善、贯彻执行和监督，形成结构完整、配置科学、程序严密、制约有效的制度法规体系，从而使反腐倡廉活动日益制度化、民主化、科学化的动态过程。”[1]鉴于制度建设在反腐败中的治本功能，有一些学者提出“制度反腐”的反腐败模式，并对其理论依据、构成要素、运行机理、功能作用、目标任务和历史进程等方面进行深入分析。[2]“制度既‘禁于未然之前’，又‘禁于未然之后’，具有惩治和预防的双重功能，是治标和治本的有机统一。”[3]从功能分析角度看，制度反腐功能应包括依靠制度预防腐败和依靠制度惩治腐败两个方面，鉴于制度的首要功能是约束人的行为，制度的预防腐败功能应当是第一位的。[4]就制度预防腐败而言，《建立健全惩治和预防腐败体系2013—2017年工作规划》将“加强反腐倡廉法律法规制度建设，把权力关进制度的笼子里”作为“科学有效预防腐败”的第二个重要环节。[5]加强反腐败制度建设，是公权力腐败的源头治理之策，习近平总书记在中共中央政治局第四十次集体学习时强调，“要从源头着手，完善管权治吏的体制机制，更加常态化、长效化地防范和治理腐败问题”[6]。制度建设是减少乃至消除规章制度中隐藏的腐败机会和廉政风险的一个重要策略，本部分对“制度建设”这一反腐败策略的探讨主要是从预防腐败的角度展开的。监察委员会作为综合性的国家反腐败机构，绝不仅仅是办案机关，同时也是“制度建设”这一预防腐

[1] 胡杨主编：《反腐败导论》，中共中央党校出版社2012年版，第124页。

[2] 参见刘守芬、许道敏：《制度反腐败论》，载《北京大学学报（哲学社会科学版）》2000年第1期；朱光磊、盛林：《过程防腐：制度反腐向更深层次推进的重要途径》，载《南开学报》2006年第4期；刘占虎：《制度反腐、过程防腐与文化倡廉——中国特色反腐倡廉道路的探索与思考》，载《马克思主义与现实》2014年第1期；蔡宝刚：《论制度功能与制度反腐》，载《扬州大学学报（人文社会科学版）》2020年第2期；张亚茹：《中国共产党制度反腐的历史考察及现实启示》，载《理论导刊》2021年第7期。

[3] 邹燕秋：《当前反腐败制度建设的缺陷及其完善对策》，载《理论与改革》2014年第4期。

[4] 参见朱光磊、盛林：《过程防腐：制度反腐向更深层次推进的重要途径》，载《南开学报》2006年第4期。

[5] 参见《中共中央印发〈建立健全惩治和预防腐败体系2013—2017年工作规划〉》，载《人民日报》2013年12月26日，第1版。

[6] 《习近平在中共中央政治局第四十次集体学习时强调　提高一体推进“三不腐”能力和水平　全面打赢反腐败斗争攻坚战持久战》，载《人民日报》2022年6月19日，第1版。

败方略的主要执行者。

世界各个国家和地区的反腐败机构主要分成两大类:“一类是惩处与预防机构分设,另一类是惩处与预防兼而有之。”[1]从监察委员会承担的监督、调查和处置三项监察职能来看,监察委员会是一个兼有预防腐败职能和惩治腐败职能的综合性国家反腐败机构。监察委员会既面临加强自身廉政制度建设的重要任务,同时也运用监察法律法规赋予的监察建议权督促和帮助各监察对象所在单位加强廉政制度建设。监察委员会运用提出监察建议这一处置权限,将监督检查和审查调查中发现的发案单位存在的制度漏洞归纳起来并深刻剖析其成因,向发案单位或其主管部门提出具有针对性的监察建议,督促它们采取相应的整改措施,完善规章制度,从而起到“查处案件—完善制度—预防腐败”的标本兼治的反腐败效果。

监察委员会贯彻执行制度建设这一预防腐败策略的法律手段是行使监察建议权。按照监察委员会可以根据监督检查和审查调查结果,向“廉政建设和履行职能中存在问题”的监察对象所在单位提出监察建议。“廉政建设中存在的问题”这一表述具有抽象性和包容性,囊括“监察对象所在单位廉政制度建设中存在问题”这一具体情形[2]。为督促监察对象所在单位加强廉政制度建设,国家监察委员会运用提出监察建议这一处置手段,将监督检查和审查调查中发现的发案单位存在的制度漏洞归纳起来并深刻剖析其成因,据此向发案单位甚至其主管部门提出具有针对性的监察建议,督促它们采取相应的整改措施,完善规章制度,从而起到“查处案件—完善制度—预防腐败”的反腐败治本的效果。

(一)向监察对象所在单位提出监察建议是监察委员会的一项重要职能

“单纯的‘个案式’反腐主要针对已经发生的腐败现象,出现一个打击一个,但并不能从体制层面弥补反腐制度建设上的漏洞和不足,是对腐败被动的纠错。”[3]这

---

[1] 康贵民:《国外是如何开展预防腐败工作的》,载《中国党政干部论坛》2008 年第 6 期。

[2] 参见中央纪律检查委员会法规室、中华人民共和国国家监察委员会法规室编写:《〈中华人民共和国监察法〉释义》,中国方正出版社 2018 年版,第 208 页。

[3] 朱光磊、盛林:《过程防腐:制度反腐向更深层次推进的重要途径》,载《南开学报(哲学社会科学版)》2006 年第 4 期。

与《中华人民共和国监察法》第6条所确立的监察委员会通过“深化改革、健全法治，有效制约和监督权力”来“构建不敢腐、不能腐、不想腐的长效机制”的目标是背道而驰的。“反腐败机构不应当满足于日常的案件查办工作，还应当通过对案件的科学分析，掌握腐败犯罪的特点、规律，揭示腐败案件的行业分布和地域分布特征，预防腐败现象的新动向，以在长期反腐败实践中对诱发腐败的制度性因素的深刻认识为依据，有针对性地提出预防腐败的对策建议。”[1]

针对政府机关和公共机构的规章制度和管理程序中存在的缺陷提出改进建议，是反腐败机构一项常见的职权设置。有学者通过对多个国家和地区反腐败机构的职权设置的观察分析发现，为权力机关提供改进其规章制度和工作程序的建议，以减少腐败机会的产生，是反腐败机构一项重要的预防腐败功能[2]。按照中国香港特别行政区《廉政公署条例》第12条的相关规定，香港特别行政区廉政署承担对各政府部门及公共机构的规章制度和工作程序开展防贪审查和提出防贪建议的重要职能，即“(d)审查各政府部门及公共机构的工作常规及程序，以利便揭露贪污行为，并确保廉政专员认为可能助长贪污的工作方法或程序得以修正”“(f)向各政府部门或公共机构首长建议，在符合政府部门或公共机构有效执行职能的原则下，就其工作常规或程序作出廉政专员认为需要的修改，以减少发生贪污行为的可能性”。与之相近，中国澳门特别行政区廉政公署、新加坡贪污调查局和韩国腐败防止委员会等反腐败机构也享有向政府机关和公共部门提出帮助其堵塞制度漏洞的防贪建议的重要职能。由此来看，向政府机关和公共机构提出防贪建议，是世界范围内各个国家和地区反腐败机构一项常见的预防腐败职能。

那么我们不禁要问，监察委员会作为中国特色国家反腐败机构，它是运用何种监察手段来督促各公权力机构加强廉政制度建设以达到预防腐败的效果呢？答案是监察机关向监察对象所在单位提出的监察建议。与防贪建议的称谓不同，监察委员会针对公权力机关行使权力、履行职责过程中存在的廉政风险、制度缺陷和程序漏洞等问题提出的监察建议，是一种具有中国

[1] 何增科：《反腐新路：转型期中国腐败问题研究》，中央编译出版社2002年版，第311页。

[2] See Robert Williams & Alan Doig, *A Good Idea Gone Wrong? Anti-corruption Commissions in the Twenty-first Century*, The Christian Mich-elsen Institute, 2004.

特色的廉政制度建设手段。《中华人民共和国监察法》第45条第5项规定:监察机关根据监督、调查结果,对监察对象所在单位廉政建设和履行职责存在的问题等提出监察建议。该规定明确监察机关提出监察建议的前置条件、适用对象和具体情形,为监察委员会对监察对象所在单位提出监察建议提供了法律依据。

就监察建议的适用情形而言,《中华人民共和国监察法》第45条第5项规定,监察机关根据监督、调查结果,对监察对象所在单位廉政建设和履行职责存在的问题,有权提出监察建议。监察委员会提出监察建议的依据是"根据监督,调查结果",提出监察建议的情形是"监察对象所在单位廉政建设和履行职责存在问题"。《中华人民共和国公职人员政务处分法》对监察机关提出监察建议的情形予以丰富和拓展。《中华人民共和国公职人员政务处分法》第3条第3款规定,"监察机关发现公职人员任免机关、单位应当给予处分而未给予,或者给予的处分违法、不当的,应当及时提出监察建议"。从比较分析的角度来看,"前者规定的监察建议只涉及被建议单位廉政建设、体制机制等问题,后者规定的监察建议则涉及对有关人员的组织处理,二者关于监察建议适用情形的规定是一般规定与特别规定的关系,工作中应该根据监督、调查结果灵活运用"[1]。"廉政建设和履行职责存在的问题"这一表述具有抽象性和包容性,可以囊括监察对象所在单位廉政制度建设存在问题等各种具体情形。"在监察实践中,各地监察委员会发出的监察建议书,大都针对日常监督和调查中发现的执行法律法规政策有偏差、日常管理不严格不到位、不担当不作为、不认真履行职能等具体问题。"[2]对此,《中华人民共和国监察法实施条例》第36条第1款进一步明确规定,"监察机关根据监督、调查结果,发现监察对象所在单位在廉政建设、权力制约、监督管理、制度执行以及履行职责等方面存在问题需要整改纠正的,依法提出监察建议"。《中华人民共和国监察法实施条例》对监察建议的适用情形的丰富拓展和细化充实,拓展了监察建议这种监察手段的运用空间,为更好发挥监察建议的反腐败功能奠定了更为坚实的法律基础。

就监察建议的功能作用而言,"监察建议包括纠错、处置与反腐治本三方面

---

〔1〕 卢峰:《运用监察建议实践中的问题与思考》,载《中国纪检监察报》2019年7月25日,第8版。
〔2〕 毛翔:《监察建议书的"正确打开方式"》,载《中国纪检监察报》2018年10月14日,第1版。

的功能"[1]。与《中华人民共和国监察法》设置的监察建议侧重于发挥权力监督和案件查办的治本功能,将监察建议作为特殊预防、制度防范的重要载体不同,《中华人民共和国公职人员政务处分法》则侧重于发挥监察建议对公权力机关不行使或不正确行使处分权的行为的纠错功能,两者既各有侧重又协同配合,共同构筑起较为完整的监察建议制度体系。监察委员会从对监察对象的对人监察延伸到对监察对象所在单位廉政制度建设存在的问题的对事监察,"该制度的有效运行,实现了由'对人监督'反射'对事监督'、'个人监察'延伸'机关监察'、'个案治标'转向'源头治本'的权力监督与腐败治理体系革新。在实践中,监察机关充分发挥监察建议的监督效能,实现法制反腐与权力规制的双重目标"[2]。

(二)监察委员会监察建议职能的履职机构及其履职方式

十九届中央纪委六次全会工作报告在"2021 年工作回顾"中指出:"全国纪检监察机关提出纪检监察建议 9.9 万份"[3],从侧面反映提出监察建议作为纪检监察机关行使处置权的一种主要方式,成为督促其他公权力机关严格履行职责和加强廉政建设的重要手段。《中华人民共和国监察法》《中华人民共和国监察法实施条例》等监察法律法规将"根据监督、调查结果"作为提出监察建议的一个前置性条件,表明监察建议须附随对监察对象的监督、调查而发动,监察委员会在对监察对象(个人)的监督、调查中,若发现其所在单位牵连而出的相关问题,则可能会触发监察建议程序。[4] 监察委员会向监察对象所在单位制发的监察建议书虽然以监察委员会的名义签发,但是通常由行使监督检查、审查调查职权的内设职能部门具体负责草拟,再由监察委员会予以审批和发布。除了内设职能部门以外,派驻或派出监察机构、监察专员也可以根据监察委员会

---

〔1〕 周佑勇、周维栋:《宪法文本中的"执法部门"及其与监察机关之配合制约关系》,载《华东政法大学学报》2019 年第 6 期。

〔2〕 周维栋、汪进元:《监察建议的双重功能及其宪法边界》,载《法学评论》2021 年第 5 期。

〔3〕 赵乐际:《运用党的百年奋斗历史经验　推动纪检监察工作高质量发展　迎接党的二十大胜利召开——在中国共产党第十九届中央纪律检查委员会第六次全体会议上的工作报告》,载《人民日报》2022 年 2 月 25 日,第 2 版。

〔4〕 参见张滨:《监察建议的法解释学展开——概念构成、适用范围与法律效果》,载《北京行政学院学报》2021 年第 4 期。

的授权行使监督检查、审查调查等职权，也具备制作监察建议权的职能基础。《纪检监察机关派驻机构工作规则》第 44 条第 1 款明确规定："派驻机构发现驻在单位在贯彻党中央决策部署、落实全面从严治党主体责任、开展党风廉政建设以及决策机制、监督管理、制度执行等方面存在突出问题或者薄弱环节的，应当提出纪检监察建议。"由此可以看出，监察委员会向监察对象所在单位提出监察建议的职权，通常是由其内部承担监督检查、审查调查职权的内设职能部门或派驻或者派出监察机构、监察专员具体来承担的。

1. 审查调查部门提出监察建议的重要职能及其履行方式

第一，从职能设置的角度看，监察委员会内设审查调查部门可以根据审查调查结果提出监察建议，以监察委员会的名义发送给监察对象所在单位。《中国共产党纪律检查机关监督执纪工作规则》第 11 条规定，纪检监察机关内设的"审查调查部门主要负责对涉嫌严重违纪或者职务违法、职务犯罪问题线索进行初步核实和立案审查调查"。由此来看，"查案"是审查调查部门的主要职能。但是需要指出的是，审查调查部门查处严重违纪和职务违法、职务犯罪案件并不是"头痛医头，脚痛医脚"，而是充分发挥案件查办的治本功能，消除导致某一个领域、行业和单位存在的廉政风险、腐败机会及其产生的制度土壤。正如有学者所说："监察调查处置不仅是对'出笼'腐败的法纪处罚，而且可以起到'亡羊补牢'的作用。通过在办案中查找制度漏洞，及时发现'补笼'目标；帮助发案单位建章立制、促进权力规范行使，体现'筑笼'的法治价值。"[1] 为将查办案件与建章立制有机结合起来，实现反腐败标本兼治的目标，监察委员会非常重视审查调查部门在提出监察建议中发挥的重要作用。根据中央纪委国家监委信息公开栏显示的信息，中央纪委国家监委第十二至第十六审查调查室的职能主要包括：主要履行执纪审查和依法调查处置的职责。承办涉嫌严重违纪或者职务违法、职务犯罪问题线索的初步核实和立案审查调查，以及其他比较重要或者复杂案件的初步核实、审查调查，并提出处理建议。向监察对象所在单位提出监察建议。可以办理下一级监察机关管辖范围内的监察事项，必要时也可以办理所辖各级监察机关管辖范围内的监察事项等。这就进一步明确将向监察

[1] 吴建雄：《国家监察体制改革的法治逻辑与法治理念》，载《中南大学学报（社会科学版）》2017 年第 4 期。

对象所在单位提出监察建议作为审查调查部门的一项重要职能。审查调查部门向监察对象所在单位提出监察建议的职能,是从查办案件的基础职能中延伸出来的衍生性职能,是对案件查办的成果运用与深化拓展。监察委员会提出监察建议的依据是"对监察对象的监督、调查结果",提出监察建议的对象却是"监察对象所在单位",目的就是透过个体问题发现共性规律,推动问题在点上突破、线上延伸、面上拓展,努力实现纠正一类问题、规范一项工作、完善一套制度的综合效果,以监察建议这个"小切口",推动形成标本兼治"大格局"〔1〕。

第二,从履职方式的角度看,审查调查部门向监察对象所在单位提出监察建议书主要是以查办严重违纪和职务违法、职务犯罪案件为依托的,大体上按照"立案—查案—剖析案件成因—提出监察建议—以案促改—建章立制"的运作流程展开。"以系统论角度看,执纪审查(监察调查)并不是反腐败的全部,也不是反腐败的终点。查办一个案件、整改一类问题、警醒一群干部、建好一套制度,有效推进惩防衔接一体化,方能真正构成反腐败的系统闭环。"〔2〕为充分发挥查办案件的治本功能,审查调查部门在查办典型违纪违法案件的过程中,往往会组织骨干力量深刻剖析导致案件发生的制度根源,深入挖掘发案单位规章制度中可能存在的制度漏洞和廉政风险,据此向监察对象所在单位提出有针对性的监察建议,督促发案单位及其主管部门在以案促改的过程中堵塞制度漏洞,完善规章制度。审查调查部门提出监察建议的操作流程,分别与《中华人民共和国监察法实施条例》第 205 条规定的监察建议书应当包括的监督调查情况、调查中发现的主要问题及其产生的原因、整改建议、要求和期限、向监察机关反馈整改情况的要求等内容要件相对应,形成"查办腐败案件—分析发案单位存在的廉政风险和制度缺陷—提出制度改进建议—督促监察对象所在单位完善规章制度"的完整工作链条。监察委员会履行监察建议职能的案例并不鲜见,在实践中也发挥了督促监察对象所在单位完善其规章制度的预防腐败效果。举例而言,2018 年 9 月初,针对甘肃省扶贫办在脱贫攻坚工作中存在要求基层填报数据表格多、内容重复等问题,甘肃省纪委监委第十审查调查室向甘肃省扶贫办发出监察建议书。甘肃省扶贫办收到监察建议书后,对 2014 年以

---

〔1〕 参见《坚持标本兼治　用好监察建议》,载《中国纪检监察报》2018 年 8 月 14 日,第 6 版。

〔2〕 郝迎灿:《构筑惩防腐败"系统闭环"》,载《人民日报》2018 年 12 月 24 日,第 5 版。

来转发和制发的报表进行了全面排查,废止各类报表26份。[1] 再如,针对长沙市中级人民法院在部分严重违纪违法案件中暴露出来的问题,长沙市纪委监委向长沙市中级人民法院发出监察建议书,要求其严查违纪问题,严禁办理“人情案”“关系案”“金钱案”。长沙市中级人民法院在收到监察建议书之后,出台《全面从严治院十项规定》,从政治纪律、组织纪律、廉洁纪律、办案纪律等十个方面,划定“红线”和“禁区”。[2]

2. 监督检查部门提出监察建议的重要职能及其履职方式

第一,从职能设置的角度看,根据监督结果向监察对象所在单位提出监察建议,是监察委员会内设监督检查室的一项重要职能。从法律依据的角度看,《中华人民共和国监察法》第45条规定,监察委员会根据监督、调查结果,对监察对象所在单位廉政建设和履行职责存在的问题等提出监察建议。这就意味着监察委员会履行权力监督职能的情况和结果构成监察委员会对监察对象所在单位提出监察建议的一个前提条件和重要依据。《中国共产党纪律检查机关监督执纪工作规则》第19条进一步明确规定,“纪检监察机关对监督中发现的突出问题,应当向有关党组织或者单位提出纪律检查建议或者监察建议,通过督促召开专题民主生活会、组织开展专项检查等方式,督查督办,推动整改”。这就以党内法规的形式明确“发现权力监督中的突出问题—提出监察建议—推动问题整改或专项治理”的监察建议运作模式,与基于审查调查的监察建议运作模式形成了功能分殊与相互补充。监督检查部门是监察委员会履行监督检查职能的内设职能部门,既可以直接履行对监察对象行使权力、履行职责情况的监督检查职能,也可以由点到面、举一反三,进一步深入履行由监督检查结果延伸出来的监察建议职能,以监察建议推动监察对象所在单位严格依法履行职责、规范行使权力。

腐败机会通常隐藏在制度漏洞之中,由于制度设计者的有限理性、制度运行环境不断发展变化等因素的制约,完美无缺的制度几乎是不存在的,制度缺陷客观存在且具有不同的类型。有些制度缺陷是深层次的,这就需要审查调查

---

[1] 参见牛国徽:《一份监察建议书废止26份扶贫报表》,载中央纪委国家监委网,https://www.ccdi.gov.cn/yaowen/201812/t20181228_185907.html。

[2] 参见李静:《一份监察建议书的力量——2018年长沙党风廉政建设和反腐败工作系列报道之四》,载《长沙晚报》2019年1月23日。

部门以查办一个乃至一系列违纪违法案件为依托进行深入的分析研判。而另一些制度缺陷则是浅层次的和容易发现的,监察委员会内设监督检查部门通过对对口联系的地区、部门和单位行使公权力的公职人员进行日常监督和专项检查等监督检查活动,就能够发现这些制度缺陷,在分析制度缺陷的现实表征、复杂成因与危害后果的基础上,有针对性地提出监察建议,以督促和帮助监察对象所在单位完善其规章制度。"监察建议权也是与日常监督联系在一起的,对被监察单位提出的监察建议也体现了监察委员会远见卓识、防患于未然的能力。"[1]

第二,从履职方式的角度看,监察委员会内设监督检查部门通常会根据职能权限和处置手段的不同,将监督检查中发现的问题按照问题线索类、问责整改类、建议意见类进行归类整理,形成问题清单,分别提出处置意见。对于建议意见类问题,监督检查部门会通过向对口联系的地区、部门和单位发送监察建议书的方式进行处置,以督促其完善规章制度和工作程序,消除行业性和系统性廉政风险,防止此类问题再次发生。比如,上海市浦东新区监察委员会第四纪检监察组对归口监督单位浦东新区卫计委发出沪浦监建(2018)1号监察建议书,要求各医疗卫生机构以浦东新区卫计委发生的财务人员侵吞公款案为鉴,举一反三,建立健全财务管理制度和相应的内控机制。[2] 在实践中,监督检查部门并非"关起门来"草拟监察建议书,而是与被监督单位共同分析研判问题成因及其解决路径,以增强监察建议的针对性和有效性。比如,襄阳市纪委监委第三监督检查室在前期核查某问题线索时,发现东津新区在产业招商过程中存在重落地轻监管、失职失责等问题。该室迅速与东津新区管委会一起剖析问题产生原因,讨论整改落实措施,并实地走访查看涉及企业的经营状态,确保监察建议书指出的问题准、提出的建议实。

3. 派驻或派出监察机构、监察专员的监察建议职能及其履职方式

第一,从职能设置的角度看,向驻在单位提出监察建议,是派驻或派出监察机构、监察专员的一项重要职能。国家监察体制改革之前,按照原《中华人民共

---

[1] 胡玉琴:《我国地方监察委员会权力配置及运行机制研究——以山西省为例》,武汉大学2018年硕士学位论文,第21页。

[2] 参见李玉长:《用好监察建议这一利器——"如何开展监督"系列报道之三》,载《中国纪检监察报》2018年8月15日,第1版。

和国行政监察法》的相关规定，监察建议的法定提出主体只是行政监察机关。国家监察体制改革之后，除了各级监察委员会以外，派驻或派出监察机构、监察专员作为监察委员会的重要组织延伸和职能履行载体，在符合条件的情况下也成为向监察对象所在单位提出监察建议的法定主体。《中华人民共和国监察法》第13条规定："派驻或者派出的监察机构、监察专员根据授权，按照管理权限依法对公职人员进行监督，提出监察建议，依法对公职人员进行调查、处置。"该规定为派驻或派出的监察机构、监察专员根据监察委员会的授权和自身的管理权限，向监察对象所在单位提出监察建议提供了法律依据。《中华人民共和国监察法实施条例》第3条规定："监察机关与党的纪律检查机关合署办公，坚持法治思维和法治方式，促进执纪执法贯通、有效衔接司法，实现依纪监督和依法监察、适用纪律和适用法律有机融合。"在纪检监察机关合署办公的制度安排之下，监察委员会派驻或派出的监察机构、监察专员通常与同级党的纪律检查机关派出的纪检组或纪工委合署办公，统称为派驻或派出纪检监察组，履行纪律检查和国家监察双重职责。在国家监察体制改革过程中，各地纪检监察机关结合工作实际和客观需要，通过出台相关规章制度的形式，进一步细化监察委员会派驻或派出监察机构、监察专员向驻在单位提出监察建议的相关规定。在监察体制改革试点工作中，北京市纪委监委制定了《关于区监察委员会向街道派出监察组和向乡镇派出监察办公室的意见》，规定派出监察组（办公室）拥有根据监督结果提出监察建议的权力。[1] 浙江省平湖市监察委员会结合工作实践，制定出台《监察建议书制发工作程序规定（试行）》，对制发监察建议书的主体、适用情形、格式内容、审批程序等相关要求进行了明确。该规定明确，平湖市监察委员会、各派驻或者派出监察组以及派出各镇街道监察办公室在监督、调查等工作中，遇有"给国家利益、集体利益造成损害，需要采取补救措施""廉政建设制度不完善"等七种情形，可以向监察对象所在单位提出监察建议。[2]《纪检监察机关派驻机构工作规则》将国家监察体制改革的实践成果和制度建设成果吸收进来，以党内法规的形式对纪检监察机关派驻机构提出监察建议的

[1] 参见罗淦、宋甜甜、李琳：《监察机关是如何提出监察建议的》，载《中国纪检监察》2018年第12期。

[2] 参见浙江省纪委监委：《浙江平湖：一案一建议　为案发单位"精准把脉"》，载中央纪委国家监委网，https://www.ccdi.gov.cn/gzdt/jcfc/201909/t20190918_200818.html? from = groupmessage。

职权作出明确规定。《纪检监察机关派驻机构工作规则》第 44 条第 1 款明确规定:“派驻机构发现驻在单位在贯彻党中央决策部署、落实全面从严治党主体责任、开展党风廉政建设以及决策机制、监督管理、制度执行等方面存在突出问题或者薄弱环节的,应当提出纪检监察建议。”

第二,从履职方式的角度看,派驻或派出监察机构、监察专员根据监察委员会的授权,依据自身的管理权限,根据监督、调查结果,向驻在单位提出监察建议,是派驻或派出监察机构、监察专员提出监察建议的主要方式。派驻或派出监察机构、监察专员提出监察建议的客体是其驻在单位,提出监察建议的依据是监督、调查的结果。派驻或者派出监察机构、监察专员是国家监察委员会的外派机构,不受执纪监督与审查调查职能分离、机构分设这一地级市以上各级监察委员会内设机构设置原则的制约,根据监察委员会的授权可以综合行使监督、调查和处置等监察职权。派驻或派出监察机构、监察专员既可以依托查办的驻在单位发生的典型案件和重大案件,根据调查结果向驻在单位提出监察建议;也可以依托对驻在部门开展的日常监督、专项检查等监督检查活动,根据监督结果向驻在单位提出监察建议。监察建议书的运行过程通常可以划分为准备阶段、制定阶段、发送阶段和监督与反馈阶段四个主要环节,形成“提出监察建议—单位整改落实—跟踪督导调度—再监督再检查—结果综合运用”的完整工作链条。[1] 在当前派驻监督全覆盖和推动派驻或派出纪检监察组有效行使纪检监察职权的背景下,派驻或派出纪检监察组依据授权、管理权限和监督、调查结果向驻在单位提出的监察建议,是监察委员会提出监察建议中的一种重要类型。

在全国层面,十九届中央纪律检查委员会向中国共产党第二十次全国代表大会的工作报告指出:“五年来,纪检监察派驻机构发挥‘派’的权威和‘驻’的优势,共处置问题线索 150.5 万件、立案 39.9 万件、处分 36.9 万人,2020 年以来提出纪检监察建议 5.9 万份。”[2] 在地方层面,各地各级监察委员会监督检查部门根据监督结果向监察对象所在单位发出监察建议书,成为监察委员会行

[1] 参见《坚持标本兼治　用好监察建议》,载《中国纪检监察报》2018 年 8 月 14 日,第 6 版。

[2] 《十九届中央纪律检查委员会向中国共产党第二十次全国代表大会的工作报告》,载《人民日报》2022 年 10 月 28 日,第 1 版。

使监察建议权的一种重要方式。例如,上海市浦东新区纪委监委派驻第四纪检监察组针对浦东新区卫计委下属单位存在的财务漏洞、监督管理不力等问题,向浦东新区卫计委发出编号为沪浦监建(2018)1号监察建议书。[1] 又如,贵州省纪委监委第十八派驻纪检监察组通过调研发现部分县(区)自然资源局存在档案管理混乱等问题,"向省自然资源厅发出监察建议书,督促该厅出台10余项整改制度,清理档案卷宗1.3万余件,整改完善卷宗4423件"[2]。

4. 各个监察建议提出主体之间的协同配合

监督检查部门、审查调查部门与派驻或派出监察机构、监察专员等监察建议提出主体处于监察委员会的领导和统筹指挥之下,监察委员会的各个内设职能部门和派出机构草拟的监察建议书需要得到监察委员会的审核批准,并以监察委员会的名义签发。就监察建议适用对象的层次和范围来讲,对仅在驻在单位存在的特殊性问题,向驻在单位提出监察建议;对联系地区存在的共性问题,向联系地区党委政府发出监察建议;对同时发生在多个联系地区存在的普遍性问题,向多个联系地区共同的上一级机关发出监察建议。[3] 由于监督检查部门主要负责对对口联系地区、部门和单位的党员干部和公职人员进行日常监督,它所掌握的只是局部范围的权力运行状况和政治生态情况。古人云:"不谋全局者,不足谋一域。"监察委员会加强廉政制度建设,需要建立在对管辖区域内的全体监督对象和整体政治生态进行汇总分析和准确判断的基础上,只有这样监察委员会才能准确掌握本地区违法乱纪案件的整体特点和共性规律,从而进一步明确权力监督的重点领域、关键对象和要害环节,为监察委员会向各监察对象所在单位提出具有针对性的监察建议提供重点和方向。

《中国共产党纪律检查机关监督执纪工作规则》第12条规定,党风政风监督部门应当加强对党风政风建设的综合协调,做好督促检查、通报曝光和综合分析等工作。党风政风监督室汇总掌握监察委员会管辖范围内所有监察对象

[1] 参见潘永军:《上海浦东新区纪委监委着力提升监督实效——"1号监察建议书"的背后》,载《中国纪检监察报》2018年5月15日,第1版。

[2] 贵州省纪委监委课题组:《用好纪检监察建议有力武器》,载《中国纪检监察报》2021年9月2日,第7版。

[3] 参见李先华:《湖北省纪委监委加强监督工作系列谈①创新提高对联系地区日常监督质效》,载《中国纪检监察报》2019年1月2日,第8版。

的总体情况，这使它能够站在整体和全局的高度，通过对监督检查室、派驻或者派出监察机构、监察专员发现的问题线索进行统计汇总和综合分析，发现权力监督中暴露出来的共性问题和违纪违法案件的普遍规律，为监督检查部门向各监察对象所在单位提出督促其完善规章制度的监察建议提供重要依托。正如时任四川省监察委员会党风政风监督室副主任冯志高所说："党风政风监督室也透过监督中发现的规律性问题，强化预防腐败的制度建设，扎紧权力运行的'篱笆'。"[1]党风政风监督室对于监督检查部门和派驻或派出监察机构、监察专员根据监督结果提出的监察建议提供数据支撑和统计分析服务。

为提升监察建议的科学性与可操作性，监督检查部门、审查调查部门在提出监察建议之前，往往会与监察委员会内设的党风政风监督室、案件审理部门、政策法规研究部门等机构协同配合，共同对复杂案件发生的制度根源进行深度挖掘，以提出具有针对性和可行性的监察建议。比如，江苏省常州市武进区纪委监委坚持群策群力，监督检查室在制发过程中对一些深层次问题吃不准、吃不透的，由审查调查室、案件审理室、党风政风监督室等部门联合研讨，确保提出的建议全面而深刻。[2] 为执行切实保障监察委员会发出的监察建议书能够被不折不扣地执行下去，监察委员会还注重运用监督检查部门日常监督的全天候优势和派驻监督"驻"的优势，对监察建议书全程跟进督办，明确整改建议的责任主体、完成期限和考核评价，以确保监察建议书落实到位。云南省纪委监委印发《云南省纪检监察机关规范运用纪检监察建议工作办法（试行）》，要求建立纪检监察建议问题整改台账，由各监督检查室、派驻机构按照"谁建议谁跟踪"原则，建立专门台账，列出整改要求、具体责任人及整改时限，实行销账管理。[3]

（三）以制度建设减少腐败机会：监察建议在预防腐败中的作用机理

在丰富多彩的监察实践中，监察委员会对监察对象所在单位提出的监察建

---

〔1〕 陈松：《四川省监委挂牌成立3个多月，新机关有何新气象——走进省监委》，载《四川日报》2018年5月23日，第7版。

〔2〕 参见江苏省纪委监委：《江苏武进：精准运用纪检监察建议　提升监督质效》，载中央纪委国家监委网，https://www.ccdi.gov.cn/gzdtn/jcfc/202209/t20220906_216213.html。

〔3〕 参见云南省纪委监委党风政风监督室：《用好纪检监察建议书》，载《中国纪检监察报》2022年8月11日，第7版。

议具有多元的拟制主体、多样的使命任务和复合的功能作用。对监察建议承担的反腐败治本功能和公权力腐败行为预防功能的深入分析,建立在对复杂多样的监察建议进行类型化分析的基础之上。“就目前实践需求而言,监察建议内容一般可划分三种类型。一是纠正行为类,包括纠正拒不执行法律法规(违反法律法规)的行为,纠正违反法律法规政策的决定、命令等,纠正单位录用、任免、奖惩等决定,甚至包括纠正不合理、不公平的行为。二是督促行为类,包括督促采取补救措施等职务行为,督促给予违纪违法人员以处罚、惩戒。三是完善制度类,包括完善廉政建设、勤政制度等。”[1]

此外,还有学者以功能差异为标准将监察建议划分为督促型监察建议、纠错型监察建议和整改型监察建议三种类型,并深入揭示了这三类监察建议分别具有的对监察决定无法触及的内容予以补充、对内部处置明显失当的内容予以纠正和对个案暴露的廉政制度缺陷予以优化等功能作用。[2] 监察建议是督促被建议单位完善廉政规章制度的重要监察手段,十九届中央纪律检查委员会向中国共产党第二十次全国代表大会的工作报告指出:“针对案件暴露的漏洞和短板,提出纪检监察建议,推动审批、监管、金融信贷、资源交易、财政支出、科研管理、公共卫生应急管理等领域制度建设,完善权力运行监督制约机制,推动形成比较完善的反腐败法律体系。”[3] 与纠正行为类监察建议、督促行为类监察建议相比,完善制度类监察建议承担着预防腐败的重要使命,其在预防腐败中的作用机理主要体现在以下几个方面。

1. 通过个案“解剖麻雀”与类案汇总分析识别隐藏的腐败机会

按照《中华人民共和国监察法》第45条第5项的规定,根据监督、调查结果是监察委员会提出监察建议的前提基础。“监察建议具有依附性,包括提出类案建议在内,皆需建立在具体个案的基础上来提出,不得无‘的’放矢。”[4] 在对腐败案件的调查处置过程中,审查调查结果是监察委员会对发案单位提出监察

---

〔1〕 卢峰:《运用监察建议实践中的问题与思考》,载《中国纪检监察报》2019年7月25日,第8版。

〔2〕 参见秦前红、石泽华:《基于监察机关法定职权的监察建议:功能、定位及其法治化》,载《行政法学研究》2019年第2期。

〔3〕 《十九届中央纪律检查委员会向中国共产党第二十次全国代表大会的工作报告》,载《人民日报》2022年10月28日,第1版。

〔4〕 秦前红、石泽华:《基于监察机关法定职权的监察建议:功能、定位及其法治化》,载《行政法学研究》2019年第2期。

建议的重要依据。监察委员会将对典型个案的深度剖析与对大量腐败案件的统计分析和汇总研判有机结合起来，充分调动审查调查部门、案件审理部门等各个机构的骨干力量，深入剖析和识别出隐藏在这些腐败案件背后的腐败机会，为监察委员会通过提出监察建议的方式来督促发案单位弥补制度缺陷奠定基础。“只撤换腐败的官员而不消除腐败的机会并保证将诚实的官员任命到受委托的职位上是不够的……替代‘烂苹果’的那个人也会受到同样的诱惑。”〔1〕监察委员会消除腐败机会的前提条件，是通过对已经发生的腐败案件的深度剖析，精准识别隐藏在发案单位的制度缺陷中的腐败机会。“从这种意义上来说，每一个腐败案例，每一种腐败手法，都能给预防腐败工作以重要的启示。如果我们不满足于侦破查处了某个案件，而是能够溯本求源，找到腐败行为的根源，就有望做到一叶知秋、举一反三。”〔2〕

需要指出的是，并不是每个腐败案件对监察委员会识别隐藏在制度缺陷中的腐败机会都是同样重要的，通常而言，一个腐败案件对发案单位乃至其所在行业和领域的现有制度的缺陷暴露得越充分、越彻底，它对监察委员会开展预防腐败研究和起草监察建议的价值和意义就越大。鉴于此，监察委员会在以查办的腐败案件为依托深入剖析导致这些腐败案件频繁发生的制度根源时，往往选择的是管辖区域内发生的大案要案。在开展预防腐败研究时，有时候个案研究的价值非常有限，“只有把腐败案件逐个剖析开来，提取每个案件所蕴含的腐败信息，并进行统计分析，才能相对比较准确地把握一系列案件背后的规律，找出滋生腐败的制度漏洞”〔3〕。鉴于此，监察委员会除了对典型腐败案件进行个案深度剖析以外，还会按照地域、行业和岗位等标准对属于同一类型的大量腐败案件进行统计汇总和分析研讨，以求从大量的腐败案件中总结归纳出某一类型腐败案件的特点、成因和发案规律，为监察委员会有针对性地铲除滋生这类案件的腐败机会及其制度土壤提供知识基础。在此过程中，案件监督管理部门的案件统计分析职能和党风政风监督室对监督结果的统计分析等职能，发挥重

---

〔1〕［新西兰］杰瑞米·波普：《制约腐败——建构国家廉政体系》，清华大学公共管理学院廉政研究室译，中国方正出版社 2003 年版，第 36 ~48 页。

〔2〕程文浩：《预防腐败》，清华大学出版社 2011 年版，“前言”第 5 页。

〔3〕过勇：《经济转轨滋生腐败机会的微观机制研究——从 594 个腐败要案中得出的结论》，载《经济社会体制比较》2006 年第 5 期。

要的作用,使监察委员会得以通过大数据分析来掌握管辖区域内的整体政治生态状况和权力滥用的共性规律,对监察委员会精准识别隐藏在腐败案件中的腐败机会大有助益。

2. 找出滋生腐败机会的制度缺陷

当某一地区、部门、单位、领域和岗位频繁发生腐败案件并且难以得到有效遏制的时候,我们剖析腐败成因的重点,就应当从对公职人员的思想道德水平等个性问题的分析,转变为对因制度缺陷产生的腐败机会等共性问题的分析。受到制度制定者的有限理性、制度运行环境的不断发展变化等因素的制约,十分完美的制度几乎是不存在的,各监察对象所在单位的规章制度难免会存在一定的缺陷。当这些制度缺陷为具有腐败动机的公职人员所利用并为他们从事腐败行为提供有利条件时,制度缺陷就演变为促使腐败动机转化为腐败行为的腐败机会。

监察委员会提出的监察建议,作为一种督促监察对象所在单位加强廉政制度建设的重要手段,其目标就是督促监察对象所在单位完善规章制度和工作程序,使身处其中的公职人员即使想从事腐败行为也无机可乘。监察委员会在剖析发案单位发生腐败案件的共性成因时,往往从制度分析的角度入手,以制度设计的科学性、合理性和可操作性等标准为参照,对发案单位的规章制度和工作程序的质量及其预防腐败效果进行深入的剖析。监察委员会剖析滋生腐败机会的制度缺陷的过程,贯穿于权力监督、立案、审查调查和案件审理等各个环节之中,监察委员会需要组织协调审查调查部门、案件审理部门、案件监督管理部门和政策法规研究部门等多个内设机构的专业人员,合力发掘腐败案件背后隐藏的制度缺陷。审查调查部门在查办腐败案件的过程中,要安排骨干人员专门负责案情分析,深入挖掘腐败案件产生的制度根源。案件审理部门在弄清楚违纪违法事实和基本案情的基础上,应引导贪腐官员撰写忏悔录,对腐败动机的形成与变化历程进行深入的自我剖析,对借助的制度缺陷及其作案手法进行细致的分析。政策法规研究部门要利用自己在国家法律、党内法规等方面的专长和优势,配合审查调查部门、案件审理部门等机构对发案单位的规章制度中隐藏的制度漏洞进行深入的剖析。

3. 运用监察建议督促发案单位完善规章制度

"在消除腐败机会方面,最有效的做法,就是利用预防研究的成果来对法律法规进行相应的改进,从而把其中存在的制度漏洞降低到最低限度。”[1]在发现隐藏在腐败案件背后的制度缺陷之后,监察委员会面临的一个重要任务,就是运用监察建议来督促和帮助发案单位完善其规章制度,以消除制度缺陷中隐藏的腐败机会,防止此类案件再次发生。监察委员会提出的监察建议的科学性、具体性和可操作性,直接影响发案单位弥补其制度缺陷的效果。为提升监察建议的科学化水平,起到“查办一个重大案件—堵塞一类制度漏洞”的反腐败治本效果,负责查办案件的审查调查部门在起草监察建议的过程中往往还需要“与综合监督、政策法规研究等内设机构加强沟通,共同对案件的特点、手段、规律及发案环节作深入透彻的调查研究,确保把握问题准确,分析问题透彻,依据充足,为提高监察建议的质量夯实基础”[2]。监察委员会向发案单位提出监察建议的主要目标,是消除发案单位存在的制度缺陷及其隐藏的腐败机会,“消除腐败机会的前提,就是要集中专业人士,对各类腐败行为进行专项研究,找出这些腐败行为的制度成因,并提出相应的解决方案”[3]。

对于发案单位发生的大案要案,监察委员会通常会组织协调监督检查部门、审查调查部门、案件审理部门和政策法规研究部门等多个内设机构的人员与力量,充分发挥它们在廉情分析、审查调查、统计分析和案情复盘等方面的特长与优势,使它们共同参与到重要监察建议的起草过程之中。上述各个部门之间不断建立健全信息共享机制、线索移送机制、共同分析研判机制和成果共享机制,在监察委员会领导班子成员的组织协调下联合召开案情分析会,合力提升对隐藏在腐败案件背后的制度缺陷与腐败机会的识别水平和消除能力,推动各发案单位完善规章制度,筑牢防止权力滥用的“制度之笼”。

---

〔1〕 胡鞍钢主编:《中国:挑战腐败》,浙江人民出版社2001年版,第82页。
〔2〕 鄂恩法:《运用监察建议做好案件调查“后半篇文章”》,载《中国纪检监察》2018年第19期。
〔3〕 胡鞍钢主编:《中国:挑战腐败》,浙江人民出版社2001年版,第82页。

第四章　监察委员会履行预防腐败职能的目标任务

“监察委员会的设立是国家从源头预防腐败，构建腐败预防机制的体制机制创新。”[1]《中华人民共和国监察法》《中华人民共和国监察法实施条例》等监察法律法规从权力监督、廉政教育和提出监察建议三个方面对监察委员会的预防腐败职能作出科学规定与合理配置，体现事前主动预防和事后被动预防两种预防腐败模式的分工与耦合，为监察委员会构建监督、教育和制度三管齐下的综合性预防腐败模式提供了法律依据。首先，权力监督主要作用于公权力腐败发生之前，旨在以事前监督主动防范公共权力滥用，属于事前主动预防。其次，制度完善类监察建议通常发生于公权力腐败产生之后，旨在通过查办典型案件发现制度缺陷中隐藏的腐败机会，通过完善规章制度消除腐败机会的产生土壤，以达到从源头上治理腐败的治本目标，侧重于事后被动预防。最后，廉政教育既包括主动提高公职人员的思想觉悟以防范公权力腐败行为发生的思想道德教育，也包括将教育寓于腐败案件惩治之中的警示教育，具有正向激励和警示威慑双重功能，体现事前主动预防和事后

---

〔1〕钱小平主编：《创新与发展：监察委员会制度改革研究》，东南大学出版社2018年版，第141页。

被动预防的分工与耦合。

制度执行是将制度文本转化为制度实效的中介环节，监察委员会将预防腐败的制度优势转化为治理效能的关键，是有效履行监察法律法规赋予监察委员会的各项预防腐败职能。挂牌成立之后各级监察委员会随即投入到反腐败工作之中，日益实现对所有行使公权力的公职人员的国家监察全覆盖，组织开展了一系列形式多样的思想道德和党纪国法教育、警示教育活动，向在履行职责和廉政建设等方面存在的问题的监察对象所在单位提出监察建议，监察委员会预防腐败的制度优势正在逐渐转化成治理效能。与此同时，我们还应看到，预防腐败是一项具有长期性和艰巨性的系统工程，监察委员会虽然在履行各项预防腐败职能上进行了一系列卓有成效的实践探索，在扩大监察监督的覆盖面、提高廉政教育的针对性和发挥监察建议的标本兼治功能等方面积累了一些成功经验，但是距离实现《中华人民共和国监察法》第6条提出的“构建不敢腐、不能腐、不想腐的长效机制”这一国家监察工作的长远目标仍有一定的差距。2022年6月17日，习近平总书记在十九届中共中央政治局第四十次集体学习时指出：“一体推进不敢腐、不能腐、不想腐，必须三者同时发力、同向发力、综合发力，把不敢腐的强大震慑效能、不能腐的刚性制度约束、不想腐的思想教育优势融于一体，用‘全周期管理’方式，推动各项措施在政策取向上相互配合、在实施过程中相互促进、在工作成效上相得益彰。”[1]监察委员会有效遏制腐败增量，需要围绕增强不敢腐的震慑、不想腐的思想自觉、不能腐的制度约束设计各项预防腐败职能的目标任务，不断增强教育的感化力、制度的约束力、监督的有效力[2]。

一、实现监察监督的全面覆盖和有效覆盖

(一)国家监察全覆盖的核心要义是监察监督的全面覆盖和有效覆盖

党的十八大以来，以习近平同志为核心的党中央对党内监督体系进行重大

[1] 《习近平在中共中央政治局第四十次集体学习时强调　提高一体推进“三不腐”能力和水平　全面打赢反腐败斗争攻坚战持久战》，载《人民日报》2022年6月19日，第1版。

[2] 参见高金章：《深入推进预防腐败工作的几个问题》，载《政策》2009年第5期。

改革和深层次调整，深入开展纪律检查体制改革和派驻机构改革，实现巡视巡察上下联动，“党内监督得到有效加强，监督对象覆盖所有党员，但对其他行使公权力的公职人员的监督存在薄弱环节，尤其是非党员村干部、学校和国企管理人员、基层站所工作人员等，往往处于监督的边缘地带”[1]。推动党内监督和国家监察的均衡发展，是坚持和完善党和国家监督体系的一项重要任务。2016年1月12日，习近平总书记在十八届中央纪委六次全会上强调：“要坚持党对党风廉政建设和反腐败工作的统一领导，扩大监察范围，整合监察力量，健全国家监察组织架构，形成全面覆盖国家机关及其公务员的国家监察体系。”[2]2017年10月18日，习近平总书记在党的十九大报告中指出：“深化国家监察体制改革，将试点工作在全国推开，组建国家、省、市、县监察委员会，同党的纪律检查机关合署办公，实现对所有行使公权力的公职人员监察全覆盖。”[3]《中华人民共和国监察法》以国家监察立法的形式将国家监察体制改革的成果确认下来，为监察委员会实现国家监察全覆盖提供了法律依据。《中华人民共和国监察法》第1条将“加强对所有行使公权力的公职人员的监督，实现国家监察全面覆盖”作为国家监察工作的一项重要目标。“‘全覆盖’从内涵层面来说，顾名思义，就是把应该覆盖的对象全部覆盖进去，不能有任何的疏忽与遗漏，即‘无禁区、零容忍、全方位、无死角’。”[4]所谓“国家监察全覆盖”，即把监察机关所有法定的监察对象和监察事项纳入监察范围，从而对所有监察对象实现全覆盖式的对人监察，对所有监察事项实现全方位式的对事监察。

增强监察监督的覆盖面，是对监察监督的量的要求，指向监察监督的范围大小，旨在按照“有权必有责、用权受监督”的原则将所有行使公权力的公职人员都纳入监察范围，防止出现不受监督与制约的公权力和公职人员，增强权力监督体系的闭合性。增强监察监督的有效性，是对监察监督的质的要求，指向监察监督的实效功能，旨在按照“权责对等”的原则推动所有被纳入监察范围内

[1] 颜新文、杜玲玲：《监察全覆盖，消除权力监督的真空地带》，载《中国纪检监察》2019年第1期。

[2] 习近平：《在第十八届中央纪律检查委员会第六次全体会议上的讲话》，载《中国纪检监察》2016年第10期。

[3] 习近平：《决胜全面建成小康社会　夺取新时代中国特色社会主义伟大胜利——在中国共产党第十九次全国代表大会上的报告》，载《求是》2017年第21期。

[4] 陈伟：《国家监察全覆盖的内涵、原则及重点》，载《学术论坛》2020年第2期。

的监察对象都受到有效的监督和制约。增强监察监督的覆盖面和有效性，从质和量两个维度对监察委员会履行监督职能提出更高标准、更严要求，构成深化国家监察体制改革过程中监察委员会有效履行监督职能的两项重要的目标。基于此，2018 年 12 月 13 日，习近平总书记在十九届中共中央政治局第十一次集体学习时强调："深化国家监察体制改革的初心，就是要把增强对公权力和公职人员的监督全覆盖、有效性作为着力点，推进公权力运行法治化，消除权力监督的真空地带，压缩权力行使的任性空间，建立完善的监督管理机制、有效的权力制约机制、严肃的责任追究机制。"[1]赵乐际在十九届中央纪委三次全会工作报告中指出："持续深化国家监察体制改革，把增强对公权力和公职人员的监督全覆盖、有效性作为着力点，全面贯彻监察法，把法定监察对象全部纳入监督范围。"[2]将实现权力监督全覆盖和提升权力监督有效性作为监察委员会履行监督职能的两项主要目标。监察监督是党和国家监督体系中的重要组成部分，增强监察监督的覆盖面和有效性，是建立健全党统一领导、全面覆盖、权威高效的监察体系的重要目标任务。

（二）监察监督的覆盖面拓展与有效性提升是深化改革的重要任务

1. 监察监督全覆盖有待向"纵向到底、横向到边"目标继续推进

监督职责是监察委员会的首要职责，国家监察全覆盖首先体现在监察监督全覆盖。就监察监督的推进路径而言，与权力关系具有纵向权力关系和横向权力关系相对应，监察监督呈现出纵向监督和横向监督两个维度，对监察监督全覆盖的程度和水平的评价，也可以从这两个维度展开。从监察监督的实际覆盖面来看，距离"纵向到底、横向到边"的监察监督全覆盖目标，推动监察监督向最基层延伸和提高纪检监察派驻监督全覆盖质量仍需要在深化国家监察体制改革阶段深入破题。

（1）监察监督全覆盖有待进一步向基层延伸

从纵向监督来看，推动监察监督向基层延伸，仍需要积极探索监察职能向

---

〔1〕 习近平：《在新的起点上深化国家监察体制改革》，载《求是》2019 年第 5 期。

〔2〕 赵乐际：《忠实履行党章和宪法赋予的职责　努力实现新时代纪检监察工作高质量发展——在中国共产党第十九届中央纪律检查委员会第三次全体会议上的工作报告》，载《中国纪检监察》2019 年第 4 期。

乡镇、村居延伸的有效途径,配齐配强基层监察监督力量,破解国家监察全覆盖向基层延伸的"最后一百米"。依据《中华人民共和国宪法》所确定的四级行政区划,《中华人民共和国监察法》塑造的国家监察体制采取的是国家监察委员会、省级监察委员会、市级监察委员会和县级监察委员会四级组织层级设置模式,乡镇(街道)并不设立一级监察机关。按照《中华人民共和国监察法》第 15 条的规定,监察机关依法对公办的教育、科研、文化、医疗卫生、体育等单位中从事管理的人员以及基层群众性自治组织中从事管理的人员进行监察。基层监察体制改革,是国家监察体制改革的重要组成部分,也是完善党和国家监督体系、加强对基层"微权力"的权力监督的题中应有之义。为解决自上而下的监督太远的问题,充分发挥"派"的权威与"驻"的优势,各地县级监察机关依据《中华人民共和国监察法实施条例》第 12 条第 2 款关于"县级监察委员会和直辖市所辖区(县)监察委员会可以向街道、乡镇等区域派出监察机构或者监察专员"的规定,在实践中大多采取向街道、乡镇等区域派出监察机构或者监察专员,与乡镇(街道)纪(工)委合署办公的形式,实行一套机构、两块牌子,履行纪检、监察两项职能。向乡镇(街道)派驻或派出监察机构、监察专员,是一些地方推进基层监察体制改革、推动监察职能向基层延伸的重要探索。作为监察体制改革的首批试点地区,浙江探索在全省乡镇(街道)设立监察办公室,监察办公室履行对基层所有行使公权力人员的纪检监察职能。截至 2018 年 7 月底,全省 1389 个乡镇(街道)已全部完成监察办公室设置和人员任职工作,任命监察办公室主任 1360 人、副主任 1178 人、监察员 3986 人。北京市纪委监委指导全市 16 家区级监察委员会向街道派出监察组、向乡镇派出监察办公室,截至 2018 年 10 月,所有乡镇(街道)均实现监察机构、人员、职能"三到位"。[1] 对一些规模小、监察对象数量少的乡镇,也可以不派出监察室,而改为派出监察专员。针对群众自治组织中从事集体事务管理的人员占比大的实际情况,山西省纪委监委制定下发《关于推进乡镇监察工作的指导意见》,探索在全省乡镇设立监察员。按照《关于推进乡镇监察工作的指导意见》,山西每个乡镇一般设 2 名监察员,1

---

〔1〕 参见江琳:《打通监察全覆盖"最后一公里"(前沿观察)》,载《人民日报》2018 年 10 月 9 日,第 17 版。

名由乡镇纪委书记兼任,1 名由乡镇机关具有公务员身份的专职纪检干部担任。[1] 县级监察机关向街道(乡镇)派驻或派出监察机构、监察专员,成为推动监察职能向基层延伸、推动监察力量向基层下沉的有效举措,在推动基层监察监督全覆盖上迈出坚实的一步。

村居、社区是公权力体系的"神经末梢",基层小微权力具有点多面广、较为分散等特征。"监察体制改革前,村(社区)一级非党员村干部难以得到有效监督,脱贫攻坚、'三资'管理、征地拆迁等工作中,基层'微腐败'等问题依然存在。"[2]《中华人民共和国监察法》《中华人民共和国监察法实施条例》等监察法律法规,虽然将基层群众性自治组织中从事管理的人员纳入法定监察对象,为推动基层小微权力规范廉洁行使提供重要的法律支撑,但是并没有明确监察机关对基层群众自治性组织中从事管理的人员开展监察监督的方式方法。如何推动监察职能向村居、社区延伸,基层监察如何与村务监督委员会等基层监督方式衔接协调,是破解基层监察监督全覆盖的"最后一百米"的实践问题,仍需要基层监察力量在实践中深入破题。

(2)监察监督全覆盖有待进一步向国有企事业单位延伸拓展

从横向监督来看,派驻监督是监察委员会对各监察对象所在单位行使公权力的公职人员进行近距离、全天候监督的一种重要方式,派驻监督的全面覆盖是实现国家监察全覆盖目标的一个重要途径。在国企、金融企业和高校等公共机构深入推进纪检监察机构改革,是推进监察监督全覆盖的重点领域。

在规范层面,《中华人民共和国监察法》第 15 条将"国有企业管理人员""公办的教育、科研、文化、医疗卫生、体育等单位中从事管理的人员"纳入监察范围,并在第 12 条规定"各级监察委员会可以向本级中国共产党机关、国家机关、法律法规授权或者委托管理公共事务的组织和单位以及所管辖的行政区域、国有企业等派驻或者派出监察机构、监察专员",为监察委员会对管辖区域内的国有企事业单位进行派驻监督提供了法律依据。2018 年 10 月,中共中央办公厅印发的《关于深化中央纪委国家监委派驻机构改革的意见》明确提出:

---

〔1〕 参见江琳:《打通监察全覆盖"最后一公里"(前沿观察)》,载《人民日报》2018 年 10 月 9 日,第 17 版。

〔2〕 江琳:《打通监察全覆盖"最后一公里"(前沿观察)》,载《人民日报》2018 年 10 月 9 日,第 17 版。

“分类施策推进中管企业、中管金融企业、党委书记和校长列入中央管理的高校纪检监察体制改革”[1]，探索以派驻监督形式将中管企业、中管金融企业、党委书记和校长列入中央管理的高校等机构行使公权力的公职人员有效纳入监察监督的范围。“2019年5月，中央纪委办公会议审议通过《关于深化垂直管理单位纪检监察体制改革的意见(试行)》，确定在国家发展改革委、交通运输部、应急管理部、中国人民银行、海关总署、国家税务总局、中国银保监会、中国证监会等单位先期进行试点。”[2]十九届中央纪委六次全会工作报告指出：“制定《关于深化中管高校纪检监察体制改革的意见》，明确中管高校纪委书记担任国家监委派驻监察专员。扩大垂直管理单位和部分以上级管理为主单位纪检监察体制改革试点，加强对中管金融企业、中管企业深化纪检监察体制改革指导，扩大省级纪委监委向省管高校和国有企业派驻纪检监察组试点，深化省市县派驻机构改革。”[3]

在实践层面，2018年11月中旬至2019年1月初，“中央纪委国家监委分类推进体制机制创新，分类分领域召开党政机关、中管企业、中管金融企业和中管高校纪检监察体制改革推进会，进一步明确思路举措和工作要求。同时，制定中管企业、中管金融企业推进改革的实施意见，印发党政机关分工方案和中管高校任务清单，进一步明确了改革的路径和时间表、路线图。中管企业设立企业纪检监察组或者监察专员办公室，由国家监委赋予监察权；15家中管金融企业内设纪检机构陆续改设为中央纪委国家监委派驻纪检监察组，受中央纪委国家监委直接领导，中央纪委国家监委通过召开驻‘一行两会’和15家中管金融企业纪检监察组负责同志碰头会等，加强日常联系与指导，增强派驻监督权威；中管高校纪委书记的提名、考察、任命，改由中央纪委国家监委会同主管部门党组进行，武汉大学、中山大学、兰州大学、西北农林科技大学、厦门大学等相继迎

---

[1] 《中办印发〈关于深化中央纪委国家监委派驻机构改革的意见〉》，载《中国纪检监察》2018年第22期。

[2] 王诗雨：《把党的领导和监督一贯到底——深化垂管单位纪检监察体制改革8家先期试点单位工作纪实》，载《中国纪检监察》2021年第20期。

[3] 赵乐际：《运用党的百年奋斗历史经验　推动纪检监察工作高质量发展　迎接党的二十大胜利召开——在中国共产党第十九届中央纪律检查委员会第六次全体会议上的工作报告》，载《人民日报》2022年2月25日，第2版。

来由中央纪委国家监委同意任命的新任纪委书记"[1]。分类施策推进省管企业、省管金融企业、省属公办本科高校纪检监察体制改革,与中央层面改革同频共振、同向同行,是深化地方纪检监察体制改革和地方派驻机构改革的重要组成部分,也是提高派驻监督全覆盖质量的内在要求,适应推进监察监督纵向到底的现实需要。"福建省委办公厅印发关于深化省纪委监委派驻机构改革的意见,分类施策推进省管企业、省管金融企业、省属公办本科高校纪检监察体制改革,明确省管企业纪委书记由省纪委监委任命为监察专员,设立监察专员办公室,与纪委合署办公;将省管金融企业纪委改设为省纪委监委派驻省管金融企业纪检监察组,撤销企业内设监察部门,充实派驻纪检监察组;省属公办本科高校纪委书记由省纪委监委任命为监察专员,设立监察专员办公室,与纪委合署办公。"[2]"海南省纪委监委在10家省属高校、10家省属企业明确设置专职纪委书记或纪检监察组组长,明确机构、编制和领导职数设置。结合正在开展的规范化建设,出台《省属企业和高校纪检监察机构干部管理办法(试行)》,对省属企业和高校纪检监察机构干部身份、任免、交流、考核、监督、退出等作出详细规定。"[3]

需要指出的是,在深化纪检监察体制改革阶段,中央层面和地方纪检监察体制改革都仍处于推进过程之中,从采取改革举措到改革举措释放治理效能,中间需要经历一个或长或短的过程。深化纪检监察体制改革,需要在不同层次不同领域实现改革步伐与改革领域的均衡发展,有效解决改革过程中出现的新情况新问题。

一方面,在中央层面,基于垂直管理单位在管理体制上的特殊性、在党和国家治理体系中肩负的重要使命以及垂直管理单位反腐败斗争形势依旧严峻复杂等原因[4],除了深入开展国有企事业单位纪检监察体制改革试点以外,纪检

---

[1] 李玉长:《分类施策深化改革 提高派驻监督全覆盖质量》,载《中国纪检监察报》2019年7月20日,第1版。

[2] 李玉长:《分类施策深化改革 提高派驻监督全覆盖质量》,载《中国纪检监察报》2019年7月20日,第1版。

[3] 李灵娜:《提升专业能力 精准规范履职 国企高校派驻改革持续推进》,载《中国纪检监察报》2020年8月17日,第1版。

[4] 参见王诗雨:《把党的领导和监督一贯到底——深化垂管单位纪检监察体制改革8家先期试点单位工作纪实》,载《中国纪检监察》2021年第20期。

监察体制改革还需要进一步向垂直管理单位和以上级管理为主单位拓展。中管企业、中管金融企业的组织分布与管理链条具有点多、面广、线长的特征,在深入推进中管金融企业纪检监察体制改革、中管企业纪检监察体制改革的同时,还应推动纪检监察体制改革向中管金融企业、中管企业的下级单位延伸拓展。不仅如此,“高校纪检监察体制改革正处于攻坚期,还面临诸多体制性障碍、机制性梗阻和政策性创新问题,特别是教育部直属非中管高校的纪检监察体制改革滞后”[1]。实现中管高校、教育部直属非中管高校和省管高校等机构纪检监察体制改革的协调发展与共同推进,对于全面深化高校纪检监察体制改革具有重要意义。

另一方面,在地方层面,深入推进省管企业、省管金融企业和省属公办本科高校的纪检监察体制改革,需要处理好监察对象范围显著扩大与监察主体内涵式发展、派驻机构改革实践先行与派驻机构改革依法推进之间的关系,注意解决省属高校纪检监察派驻制度改革中出现的派驻干部业务能力有待提升、相关法律法规不够完善、二级单位派驻监督尚未铺开和派驻监督合力未能有效构建等问题。[2] “实现组织机构全覆盖,只是派驻监督全覆盖的第一步,更重要的是提高派驻监督全覆盖质量。”[3]如何切实发挥派驻机构对驻在单位开展近距离、全天候、常态化监督的优势,提升派驻监督实效,是推动派驻监督从有形覆盖向有效覆盖转变需要解决的重点课题。

2. 监察监督全覆盖有待从有形覆盖向有效覆盖转变

从监察监督的有效性来看,监督职责是监察委员会的首要职责,监察委员会能否有效履行监督职责,能否在日常监督、长期监督上创新突破,直接关乎国家监察体制改革能否彰显制度优势,关乎纪检监察体制改革能否发挥治理效能,关乎国家监察工作能否实现高质量发展。监察监督全面覆盖的发展目标是从有形覆盖向有效覆盖转变,与监察监督的有形覆盖相比,监察监督能否实现有效覆盖,即是否能够对行使公权力的公职人员切实起到规范和约束作用,筑

---

[1] 庄德水:《持续深化高校纪检监察体制改革》,载《中国党政干部论坛》2023 年第 3 期。

[2] 参见张恒、刘梦茹:《省属高校纪检监察派驻制度改革的显著优势、现实困境与完善路径》,载《决策与信息》2022 年第 12 期。

[3] 李玉长:《分类施策深化改革　提高派驻监督全覆盖质量》,载《中国纪检监察报》2019 年 7 月 20 日,第 1 版。

牢防范权力滥用的监督防线,同样甚至更加重要。

就实际情况而言,国家监察体制改革以后,监督职能成为监察委员会的首要职能,地级市以上监察委员会采取监督检查与审查调查机构分设、职能分离,资源配置和人员编制向监督执纪第一线倾斜,这些改革举措都为监察委员会有效履行监督职能、提高监察监督的有效性提供了有利条件。与此同时,我们还应客观地看到,监察监督的有效性与深化国家监察体制改革对监察监督提出的更高标准、重点遏制腐败增量的政策部署对监察监督提出的更高要求以及人民群众对监察监督的更高期待相比,仍有可以提升的空间。在中央层面,十九届中央纪委六次全会工作报告指出:“同时要看到,我们的工作与党中央要求和人民期待相比还有差距,素质能力与高质量发展要求相比还有差距,纪律作风与打铁必须自身硬要求相比还有差距。理论学习不深不透、政治站位不高、对当前腐败和作风问题新特征把握不准的问题,不重视监督、不愿监督、不敢监督、不会监督的问题,聚焦职责不够、越位缺位错位的问题,法治意识和专业能力不强、执纪执法贯通能力不足的问题,权力内控机制不健全、严管严治不到位、‘灯下黑’的问题,还不同程度存在。”[1]“不重视监督、不愿监督、不敢监督、不善监督的问题”,削弱监察委员会对行使公权力的公职人员开展监督检查的积极性、主动性和创造性,是制约监察监督有效性提升的瓶颈因素。在地方层面,各地纪检监察机关在围绕监督质效开展实地调研的过程中,也发现一些影响监督职责有效履行的问题。江苏省常州市纪委监委成立课题组,对如何增强监督严肃性、协同性、有效性,切实提升监督质效开展调研。调研发现,少数纪检监察干部的监督理念存在“认知偏差”问题、监督方式存在“缺乏抓手”问题、监督能力存在“不相适应”问题,难以适应纪检监察工作高质量发展背景下对监察监督有效性提出的更高要求。[2]

“一把手”作为领导干部群体中的“关键少数”,掌握着管辖区域内至关重要的政治权力,是监察委员会开展监察监督的重点和难点。监察委员会对“一

---

〔1〕 赵乐际:《运用党的百年奋斗历史经验 推动纪检监察工作高质量发展 迎接党的二十大胜利召开——在中国共产党第十九届中央纪律检查委员会第六次全体会议上的工作报告》,载《人民日报》2022 年 2 月 25 日,第 2 版。

〔2〕 参见江苏省常州市纪委监委课题组:《增强监督工作的严肃性协同性有效性》,载《中国纪检监察报》2019 年 11 月 14 日,第 8 版。

把手”的监督是否坚决有力，是检测监察委员会监察监督的有效性的“试金石”，是观测监察委员会对党政领导干部的监督效果的“风向标”。“梳理各级纪委监委发布的审查调查消息和‘双开’通报发现，查处的腐败分子中，‘一把手’为数不少。以2020年的数据为例，全国纪检监察机关共立案审查调查县处级及以上‘一把手’5836人。党的十九大至2020年底，中央纪委国家监委网站‘审查调查’栏目通报的受党纪政务处分的厅局级及以上领导干部中，曾担任‘一把手’的占总人数的八成以上。从一些省份的情况来看，海南省19个县市中有16个在党的十八大以来发生过党政‘一把手’违法犯罪问题，占比达84.2%；广东省自党的十九大至2020年8月底共立案审查调查厅级干部418人，其中‘一把手’或曾任‘一把手’的242人，占比58%。”[1]“一把手”违纪违法共性问题，凸显纪检监察机关不断强化“一把手”监督的重要性和紧迫性。究其根源，“一把手”违纪违法案件的发生，除了与“一把手”自身的理想信念动摇、思想道德滑坡等主观因素有关以外，对“一把手”的监督失效也是其中一个重要原因。习近平总书记深刻指出：“许多违纪违法的一把手之所以从‘好干部’沦为‘阶下囚’，有理想信念动摇、外部‘围猎’的原因，更有日常管理监督不力的原因。”[2]对此，党的十九届四中全会通过的《中共中央关于坚持和完善中国特色社会主义制度　推进国家治理体系和治理能力现代化若干重大问题的决定》指出：“重点加强对高级干部、各级主要领导干部的监督，完善领导班子内部监督制度，破解对‘一把手’监督和同级监督难题。”[3]纪检监察机关是履行党内监督和国家监察专责的机构，破解“一把手”监督难题，是摆在各级纪检监察机关面前的重大实践课题。“近年来，许多地方都针对‘一把手’的监督进行了积极探索，但‘上级监督太远，同级监督太软，下级监督太难’的问题仍然不同程度存在，使对‘一把手’的监督任务仍然十分紧迫。梳理相关案例发现，有的上级党组织只注重对下级‘一把手’工作情况的监督，对其思想、作风，特别是廉洁自律和履行管党治党主体责任情况的监督往往视而不见；有的监督方式单一，局限在定期汇报、

[1] 王卓、陆丽环：《破解一把手监督难题》，载《中国纪检监察报》2021年6月7日，第4版。

[2] 习近平：《在第十八届中央纪律检查委员会第六次全体会议上的讲话》，载《中国纪检监察》2016年第10期。

[3] 《中共中央关于坚持和完善中国特色社会主义制度　推进国家治理体系和治理能力现代化若干重大问题的决定》，载《人民日报》2019年11月6日，第1版。

书面报告、考察调研等方面,没有形成规范化、常态化的制度机制。"[1]2021 年 3 月,《中共中央关于加强对"一把手"和领导班子监督的意见》指出,"同时,必须清醒看到,对'一把手'监督仍是薄弱环节,完善党内监督体系、落实监督责任的任务依然十分紧迫"[2]。

二、增强廉政教育的针对性和感染力

"廉政教育是防止公职人员发生腐败的基础性工作"[3],是我国预防腐败战略的重要组成部分。廉政教育作为一种预防腐败方式,主要针对的是腐败动机这一腐败行为构成要件,其目标是通过抑制乃至消除公职人员的腐败动机,消除公权力腐败行为发生的内在诱因,筑牢不想腐的思想堤坝。《建立健全惩治和预防腐败体系 2013—2017 年工作规划》将"深化党风廉政教育,筑牢拒腐防变的思想道德防线"作为"科学有效预防腐败"的首要一环。[4]《中华人民共和国监察法》第 11 条第 1 项将"对公职人员开展廉政教育"确立为监察委员会的一项具体职能,将其纳入监察监督的范畴,不仅能厘清监督检查和廉政教育之间的辩证关系,而且能进一步凸显对公职人员开展廉政教育在监察职能中的重要地位。习近平总书记指出:"国家监察是对公权力最直接最有效的监督,监察委员会第一项职责就是'对公职人员开展廉政教育,对其依法履职、秉公用权、廉洁从政从业以及道德操守情况进行监督检查'。"[5]《唐律疏议》在《名例》篇开宗明义道:"德礼为政教之本,刑罚为政教之用,犹昏晓阳秋相须而成者也。"[6]监察委员会在对行使公权力的公职人员开展廉政教育时,也要将道德教化的浸润功能与纪法约束的惩戒警醒功能有机结合起来,实现思想道德教育

[1] 王卓、陆丽环:《破解一把手监督难题》,载《中国纪检监察报》2021 年 6 月 7 日,第 4 版。

[2] 《中共中央关于加强对"一把手"和领导班子监督的意见》,载《人民日报》2021 年 6 月 2 日,第 1 版。

[3] 中共中央纪律检查委员会法规室、中华人民共和国国家监察委员会法规室编写:《〈中华人民共和国监察法〉释义》,中国方正出版社 2018 年版,第 91 页。

[4] 《中共中央印发〈建立健全惩治和预防腐败体系 2013—2017 年工作规划〉》,载《人民日报》2013 年 12 月 26 日,第 1 版。

[5] 习近平:《在新的起点上深化国家监察体制改革》,载《求是》2019 年第 5 期。

[6] (唐)长孙无忌等:《唐律疏议》,刘俊文点校,法律出版社 1999 年版,第 31 页。

和党纪国法教育、警示教育相辅相成、相得益彰。对公职人员开展廉政教育，是监察委员会教育引导行使公权力的公职人员筑牢拒腐防变的思想道德防线和党纪国法底线的重要举措。

（一）增强不想腐的思想自觉要求提升廉政教育的针对性和感染力

2023年1月9日，习近平总书记在二十届中央纪委二次全会上的讲话中指出："要在不想腐上巩固提升，更加注重正本清源、固本培元，加强新时代廉洁文化建设，涵养求真务实、团结奋斗的时代新风。"[1]监察委员会以廉政教育为抓手构建不想腐的长效机制，需要不断增强廉政教育的针对性和感染力，以抑制乃至消除公职人员的腐败动机，教育引导公职人员增强不想腐的思想自觉。对此，习近平总书记指出："要采取多种形式，深入开展革命传统教育、形势政策教育、先进典型教育和警示教育，增强学习教育针对性、实效性、感染力。"[2]在当前深化国家监察体制改革的背景下，增强廉政教育的针对性和感染力，是对监察委员会对公职人员开展廉政教育提出的更高标准、更严要求。

第一，从廉政教育的针对性来看，监察委员会的廉政教育对象是所有行使公权力的公职人员，公职人员群体具有多元性、差异性等特征，在监察委员会开展的廉政教育活动中具有个性化的特点和差异化的需求。推动廉政教育从粗放化向精细化发展，需要监察委员会实现廉政教育对象与廉政教育内容的精准匹配，在因人施教的过程中提高廉政教育的针对性和精准性。2022年6月17日，习近平总书记在十九届中共中央政治局第四十次集体学习时的讲话中指出："要弘扬党的光荣传统和优良作风，开展有针对性的党性教育、警示教育，用廉洁文化滋养身心，建立符合新时代新阶段要求的干部考核评价体系，注重对年轻干部的教育引导。"[3]与思想道德和党纪国法教育以一整套统一的伦理道德规范和党纪国法规范为教育内容不同，监察委员会对公职人员开展警示教育通常以具备特定时空背景和影响范围的违纪违法案件为"活教材"，强调"用身

---

〔1〕《习近平在二十届中央纪委二次全会上发表重要讲话强调　一刻不停推进全面从严治党　保障党的二十大决策部署贯彻落实》，载《人民日报》2023年1月10日，第1版。

〔2〕习近平：《在"不忘初心、牢记使命"主题教育工作会议上的讲话》，载《求是》2019年第13期。

〔3〕《习近平在中共中央政治局第四十次集体学习时强调　提高一体推进"三不腐"能力和水平　全面打赢反腐败斗争攻坚战持久战》，载《人民日报》2022年6月19日，第1版。

边事教育身边人",警示教育的针对性体现得更为明显。对此,十九届中央纪委四次全会工作报告强调:"做深查办案件'后半篇文章',做实同级同类干部警示教育,以案释德、以案释纪、以案释法;加强思想道德和党纪国法教育,推进廉洁文化建设,注重家风建设,引导党员、干部修身律己、廉洁齐家,培养现代文明人格。"[1]其中"做实同级同类干部警示教育"旨在通过对警示教育对象的分类施教增强警示教育的针对性。

第二,从廉政教育的感染力来看,监察委员会对公职人员开展的廉政教育能否入脑入心,在很大程度上取决于廉政教育是否具有感染力,是否能够引发接受廉政教育的公职人员的思想共振与情感共鸣。监察委员会对公职人员开展的廉政教育不是千篇一律的说教和抽象空洞的说理,而是具有灵活多样的形式载体和饱满生动的教育内容。2019 年 5 月 31 日,习近平总书记在"不忘初心、牢记使命"主题教育工作会议上指出:"要采取多种形式,深入开展革命传统教育、形势政策教育、先进典型教育和警示教育,增强学习教育针对性、实效性、感染力。要宣传那些秉持理想信念、保持崇高境界、坚守初心使命、敢于担当作为的先进典型,形成学习先进、争当先进的良好风尚。"[2]该重要论述不仅将增强学习教育的感染力纳入廉政教育的目标体系,而且以正面典型教育为抓手为增强廉政教育的感染力指明前进方向。感染力是指能够引起别人产生共情或共鸣的力量,廉政教育的感染力指向廉政教育对象对廉政教育主体在廉政教育内容、廉政教育活动中传达的廉洁文化以及清正廉洁价值观的认同和接受程度。与抽象枯燥的书面教育内容相比,先进典型一般具有感人的事迹、崇高的情怀,是开展廉政教育的鲜活素材。以鲜活生动的形式开展正面典型教育,是增强廉政教育感染力的一个重要突破口。

第三,从廉政教育的针对性与感染力之间的关系来看,廉政教育的针对性和感染力分别是对廉政教育系统工程不同构成要素及其互动关系所提出的规范性要求,对两者互动关系的全面认识,应置于廉政教育系统工程的整体视域之中。廉政教育是一项由廉政教育主体、廉政教育对象、廉政教育内容、廉政教

[1] 赵乐际:《坚持和完善党和国家监督体系　为全面建成小康社会提供坚强保障——在中国共产党第十九届中央纪律检查委员会第四次全体会议上的工作报告》,载《中国纪检监察》2020 年第 5 期。

[2] 习近平:《在"不忘初心、牢记使命"主题教育工作会议上的讲话》,载《求是》2019 年第 13 期。

育载体、廉政教育活动和廉政教育效果等构成要素及其互动关系组成的系统工程,以廉政教育内容、廉政教育载体和廉政教育活动为中介桥梁,将廉政教育主体和廉政教育对象连接起来,在预防和惩治腐败中的作用最终以廉政教育效果的形式呈现出来。针对性解决的是廉政教育内容与廉政教育对象之间的匹配度问题,廉政教育内容千篇一律就难以满足各级各类廉政教育对象对廉政教育内容的差异化需求。感染力解决的是廉政教育对象对廉政教育内容的代入感和认同度的问题,廉政教育缺乏感染力就难以对公职人员产生实质性的触动和影响。就二者之间的关系而言,提高廉政教育内容和廉政教育对象之间的针对性,是增强廉政教育的感染力的重要途径,而廉政教育具有感染力才能对廉政教育对象产生强烈的内心触动,发挥出廉政教育的提醒警示、教育挽救功能。

(二)监察委员会开展廉政教育的针对性、感染力仍有提升空间

意大利刑法学者贝卡里亚指出:“预防犯罪的最可靠也是最艰难的措施是完善教育”[1],对于公权力腐败这种职务违法和职务犯罪行为而言,想要减少腐败,一个根本的方法是改变人们对腐败的态度[2]。基于此,有学者认为,不敢腐、不能腐、不想腐是一个有机整体,不敢腐是前提,不能腐是关键,不想腐是根本。[3] 就实现路径而言,监察委员会对行使公权力的公职人员开展廉政教育,是教育引导公职人员增强不想腐的思想自觉的重要途径。廉政教育涉及对公职人员的主观世界改造,囿于主观世界改造的艰巨性、复杂性及其效果转化的不确定性等因素,廉政教育很可能是最艰难的预防腐败措施。受主客观因素的限制,监察委员会对公职人员开展廉政教育的实际效果有时会与预期效果存在一定的偏差。中央纪委国家监委在开展“三不”一体推进专题调研时发现,“在日常监督工作中,有的纪检监察干部只列禁区、只提要求,不善于做告知和疏导工作,影响教育转化效果。有的地区和单位搞‘大呼隆’教育多,开展同级同类警示教育少,一些以案促改专题民主生活会流于形式”[4]。

---

[1] [意大利]贝卡里亚:《论犯罪与刑罚》,黄风译,中国法制出版社2002年版,第131页。

[2] See Scott Ian & Gong T. , *Corruption Prevention and Governance in Hong Kong*, Routledge Press, 2018.

[3] 参见罗星:《一体推进“三不腐”》,中国方正出版社2023年版,第33页。

[4] 中央纪委国家监委“三不”一体推进专题调研组:《将“三不”一体理念融入监督全过程》,载《中国纪检监察报》2021年12月23日,第7版。

1. 廉政教育的针对性有待提升

所谓针对性是指对特定的对象采取与之相匹配的措施,从教育学的一般原理来看,"廉政教育只有先解决对象需求的针对性,才能确保教育结果的实用性"[1]。廉政教育对象对廉政教育内容的内化程度如何,在很大程度上取决于廉政教育主体提供的廉政教育内容是否契合廉政教育对象当时当地的现实需要。依据《中华人民共和国监察法》第3条和第15条的规定,监察委员会的廉政教育对象与监察对象趋同,指向所有行使公权力的公职人员,他们来自党政群企等各个公共机构,往往具有多元化的类型、特点和需要。即使是在同一个公权力机关内部,领导干部与非领导干部、关键岗位的公职人员与一般岗位的公职人员、刚入职的公职人员和即将退休的公职人员的廉政风险点和对廉政教育的实际需求也往往是不同的。廉政教育对象的分类分层特征,决定了监察委员会在对公职人员开展廉政教育时,只有采取因材施教的廉政教育方略,为不同类型的廉政教育对象提供与其现实需要和群体特征相匹配的廉政教育内容,才能有效提升廉政教育活动的针对性和有效性。反之,如果无视廉政教育对象的分类分层特征,对不同层级不同职务不同岗位的公职人员提供同质化的廉政教育内容,势必会因无法考虑到廉政教育对象的差异化需求而脱离部分廉政教育对象的客观实际,从而削弱廉政教育的针对性和有效性。

在廉政教育实践中,有的地方和单位廉政教育内容千篇一律、廉政教育方式单一刻板的问题仍旧存在,并未根据各级各类廉政教育对象的不同特点和具体需求匹配差异化的廉政教育内容和形式多样的廉政教育活动,廉政教育的针对性亟待提升。一方面,就思想道德和党纪国法教育而言,新疆维吾尔自治区纪委监委宣传部对全区开展思想道德和党纪国法教育情况进行专题调研时发现,"有的开展思想道德和党纪国法教育方式陈旧单一,仍局限于靠集中学习、做学习笔记等方式,受众对象多以被动接受为主,不会用、不善用新媒体新技术加强教育"[2]。另一方面,就警示教育而言,有的地区和单位在开展警示教育时以地区、部门而非更为精细化的职级和岗位为依据来确定廉政教育对象、设

---

[1] 张增田、房静:《公务员廉政教育参与意愿实证研究:教育满意度的中介效应》,载《广州大学学报(社会科学版)》2015年第3期。

[2] 新疆维吾尔自治区纪委监委宣传部:《筑牢思想道德和党纪国法两道防线》,载《中国纪检监察报》2020年12月17日,第8版。

计廉政教育内容,一套廉政教育内容适用于一个地区和单位所有的公职人员。中国纪检监察报刊文指出:“有的单位开展警示教育针对性不强,没有分级分类开展警示教育,往往用一套案例材料警示教育不同行业、不同层级的干部,无法引起受教育对象的思想共鸣,警示效果不佳。”[1]还有的地方和单位忽视领导干部与非领导干部、关键岗位的公职人员与一般岗位的公职人员的差异化的廉政教育需求,没有根据廉政教育对象的职务、岗位和身份匹配与之相适应的廉政教育内容,削弱了廉政教育的针对性。中国纪检监察报刊文指出:“不少地方观看警示教育片成了警示教育的主要方式,但题材大多以省、市、县级领导干部违纪违法案例为主,和基层党员干部的工作生活联系不紧密,导致有些党员干部产生‘基层哪有那么大的权力,与我无关’的错觉。”[2]

2. 廉政教育的感染力有待提升

“廉政教育是以促进廉洁从政为目的的多形式感化、教化活动”[3],具有感染力的廉政教育通常能够增强廉政教育对象的代入感和参与度,激发廉政教育对象对廉政教育主体传达的廉洁价值理念的思想共振与情感共鸣。反之,缺乏感染力的廉政教育则容易导致廉政教育对象产生事不关己的“旁观者”心态。中国纪检监察报刊文指出,有的地方和单位开展警示教育存在如下乱象:“一些党员干部参加警示教育活动,依然抱着‘看戏’心态,把自己当‘吃瓜群众’。有的翻看贪官忏悔录,对贪腐情节的‘新奇特’津津有味、品头论足,除了增加一点茶余饭后的谈资之外,自己没有产生任何触动、警醒。”[4]这些乱象成为有的地方和单位开展的警示教育缺乏感染力的现实表征,廉政教育对象并没有真正投入廉政教育活动之中。廉政教育对象的“旁观者”态度与“看戏”心态表明,接受廉政教育的公职人员只是在形式上参与到廉政教育活动之中,并没有对教育主体传递的廉洁从政、反对贪腐等讯息进行解码、吸收和内化,更遑论主动接受和自觉践行廉政教育主体传达的廉洁文化和清正廉洁价值理念。“受教育者是廉政教育的主体,他们参与廉政教育的程度是教育效果高低的首要决定因素,

[1] 冯新舟、胡楠:《发挥以案促改治本功效》,载《中国纪检监察报》2021年2月25日,第8版。

[2] 李张光:《精准做好案件警示教育》,载《中国纪检监察报》2020年11月10日,第7版。

[3] 乔德福等:《廉政教育论》,中国社会出版社2015年版,第7页。

[4] 兰琳宗:《让警示教育“把对脉”“疗效长”》,载《中国纪检监察报》2018年11月28日,第2版。

零星、非系统和被动的卷入不可能获得良好的教育效果。”[1]

“廉政教育方法是廉政教育者为了改造廉政教育对象廉洁从政的知、情、意、行而在廉政教育过程中采用的各类手段和操作的总和。”[2]廉政教育是否具有感染力，在很大程度上取决于廉政教育主体是否借助富有冲击力和触动力的廉政教育载体，是否采取灵活多样的廉政教育方法。在廉政教育实践中，新疆维吾尔自治区纪委监委宣传部在对全区开展思想道德和党纪国法教育情况开展专题调研时发现，有的地方和单位对思想道德教育和党纪国法教育重视程度不够，“仅满足于完成上级‘规定动作’，结合实际的‘创新动作’少，教育缺乏吸引力和感染力”[3]。增强廉政教育的感染力，需要借助于富有冲击力和触动力的廉政教育载体。忏悔录是违纪违法官员对其亲身经历的腐败行为及其复杂成因的深刻自我剖析，是纪检监察机关开展廉政教育的“活教材”，本应对接受廉政教育的党员干部和公职人员形成强烈的警醒和触动。然而，从实际情况来看，在有的地方和单位，忏悔录在警示教育中的震慑、警醒和教育作用并没有得到充分的发挥。比如，贵州省纪委监委课题组调研期间抽查基层纪委监委制作的多篇忏悔书或检讨书，内容言之无物，缺乏警示教育价值。[4] 忏悔录中缺乏对腐败动机的深入挖掘、对腐败行为的准确刻画和对腐败成因的深刻剖析，难以使警示教育对象触动心灵、自我警醒。

三、增强监察建议的科学性和执行力

提出监察建议属于监察处置权的范畴，在强制处置层面，监察建议有具体性监察建议和抽象性监察建议之分，前者侧重于对监察对象的不当行为予以处置和纠正，后者侧重于督促监察对象所在单位完善其内部规章制度。[5] 监察委员会在对监察对象进行监督、审查过程中发现监察对象所在单位存在共性问

---

〔1〕 倪星、肖滨主编：《中国廉政制度创新研究》，中山大学出版社 2012 年版，第 277 页。

〔2〕 张仙凤：《廉政教育的理想类型论析》，载《广州大学学报（社会科学版）》2015 年第 5 期。

〔3〕 新疆维吾尔自治区纪委监委宣传部：《筑牢思想道德和党纪国法两道防线》，载《中国纪检监察报》2020 年 12 月 17 日，第 8 版。

〔4〕 参见冯新舟、胡楠：《发挥以案促改治本功效》，载《中国纪检监察报》2021 年 2 月 25 日，第 8 版。

〔5〕 周维栋、汪进元：《监察建议的双重功能及其宪法边界》，载《法学评论》2021 年第 5 期。

题,针对监察对象所在单位廉政制度建设中存在的问题提出监察建议,是推动监察对象所在单位加强廉政制度建设的一个重要手段。“监察机关针对个案中归纳提炼的规律、共性和问题,通过监察建议向被监察单位提出系统优化方案,从每一个被监察单位内部腐败预防体系着手,推动整改问题、完善制度,进而推动完善整个国家腐败预防体系。”[1]

(一)强化不能腐的制度约束要求提升监察建议的科学性和执行力

2018年12月13日,习近平总书记在十九届中共中央政治局第十一次集体学习时指出:“要扎牢不能腐的笼子,把‘当下改’和‘长久立’结合起来,形成靠制度管权、管事、管人的长效机制。”[2]2022年10月22日,党的二十大通过的十九届中央纪律检查委员会向中国共产党第二十次全国代表大会的工作报告指出:“坚持不敢腐、不能腐、不想腐一体推进,惩治震慑、制度约束、提高觉悟一体发力,以发现问题推动查补漏洞,以查办案件促进整改整治,以典型案例开展警示教育。针对案件暴露的漏洞和短板,提出纪检监察建议,推动审批、监管、金融信贷、资源交易、财政支出、科研管理、公共卫生应急管理等领域制度建设,完善权力运行监督制约机制,推动形成比较完善的反腐败法律体系。”[3]上述内容进一步彰显监察委员会向监察对象所在单位提出的监察建议,对推动被建议单位健全防治腐败滋生蔓延的廉政制度体系中的重要作用。在当前国家监察全覆盖的背景下,监察委员会提出的监察建议适用于党政群企等各类监察对象所在单位,监察委员会提出监察建议的质量和效果,直接影响我国廉政制度建设的效果。

加强廉政制度建设,是防治腐败的治本之策、长远之策。“从过程角度考察,制度建设应包含两个基本层面:一是规章制度的制定;二是规章制度的实现。制度制定是制度实现的基础,是制度建设内容的层面;制度实现是所制定规章制度的贯彻,是制度实际发挥作用的层面。制度建设的真正到位应以制度

---

[1] 秦前红、石泽华:《基于监察机关法定职权的监察建议:功能、定位及其法治化》,载《行政法学研究》2019年第2期。

[2] 习近平:《在新的起点上深化国家监察体制改革》,载《求是》2019年第5期。

[3] 《十九届中央纪律检查委员会向中国共产党第二十次全国代表大会的工作报告》,载《人民日报》2022年10月28日,第1版。

的实现,也即我们通常所说的贯彻和落实为标志。”[1]由此来看,廉政制度建设综合效果的显现,受到廉政制度建设质量和廉政制度执行情况等复杂因素的共同影响,科学合理的廉政制度与廉政制度的高效执行共同构成廉政制度建设的理想效果。而监察委员会恰好能够从制度完善和制度执行两个维度入手,推动各监察对象所在单位加强廉政制度建设。

第一,从制度完善来看,“就某一项具体制度来说,一些制度设计或制度安排可以有效防治腐败,而另一些制度设计则不能防治腐败,甚至会诱发腐败。这就是说,每一项具体制度如何设计,一定要遵守科学原则”[2]。受到制度设计者的有限理性和制度运行环境不断发展变化等因素的制约,所谓完美的制度设计几乎是不存在的,制度缺陷的存在具有其客观性。监察委员会针对监察对象所在单位廉政制度建设中存在的问题,提出制度完善类监察建议,推动监察对象所在单位完善其内部规章制度,减少乃至消除监察对象所在单位存在的制度缺陷及其隐藏的腐败机会,“由此使监察建议成为推进廉政建设、构建预防和惩治腐败体系、有效制约和监督权力、实现‘标本兼治、综合治理’,乃至构建不敢腐、不能腐、不想腐的长效机制的一道重要保障”[3]。鉴于制度完善类监察建议是监察委员会推动各监察对象所在单位加强廉政制度建设的重要手段,监察委员会提出的监察建议是否科学合理,直接影响监察对象所在单位弥补其制度缺陷的彻底性和有效性,对提升监察对象所在单位廉政制度的科学性有着重要的影响。因此,监察委员会要实现推动各监察对象所在单位完善廉政制度的目标,必须抓住监察建议的质量这个关键环节,着力提高监察建议的科学性。

第二,从制度执行来看,制度执行是制度文本向制度实效转化的中介环节,是廉政制度的制度优势转化为预防和惩治腐败的治理效能的关键所在。“反腐倡廉工作的成效,取决于制度的制定,更取决于制度的执行。制度执行力是决定反腐倡廉制度效用的核心因素。”[4]鉴于制度执行在廉政制度建设中的重要

---

〔1〕 朱光磊、盛林:《过程防腐:制度反腐向更深层次推进的重要途径》,载《南开学报(哲学社会科学版)》2006 年第 4 期。

〔2〕 任建明:《我国反腐败制度建设中应注意的几个问题》,载《中国监察》2007 年第 24 期。

〔3〕 秦前红、石泽华:《基于监察机关法定职权的监察建议:功能、定位及其法治化》,载《行政法学研究》2019 年第 2 期。

〔4〕 臧胜业:《提高反腐倡廉制度执行力》,中国方正出版社 2011 年版,第 11 页。

作用,依据《中华人民共和国监察法实施条例》第36条的规定,监察委员会根据监督、调查结果,不仅可以对监察对象所在单位廉政制度建设存在的问题提出监察建议,而且还可以对监察对象所在单位在制度执行方面存在的问题提出监察建议,这就使监察委员会提出的监察建议能够成为推动监察对象所在单位提高廉政制度执行力的重要手段。制度的生命力在于被执行,除了监察对象所在单位需要在监察建议的推动下提高廉政制度执行力以外,监察委员会提出的监察建议本身也存在贯彻执行的问题。监察委员会向监察对象所在单位提出的监察建议即使再科学合理,倘若其无法被监察对象所在单位严格贯彻执行,也无法转化为推动监察对象所在单位提高廉政制度执行力的有效推动力量,监察建议的权威性和公信力也很容易受到质疑。鉴于此,监察委员会运用监督检查、跟踪督办等方式推动监察建议在监察对象所在单位落地见效,也是监察委员会履行向监察对象所在单位提出监察建议的职能时需要完成的一个重要任务。

第三,从制度完善与制度执行的关系来看,良制是善治的前提,高效的制度执行是良制向善治转化的关键环节。监察委员会运用监察建议推动监察对象所在单位加强廉政制度建设时,需要从制度完善和制度执行两个方面统筹考虑,兼顾监察建议的科学性和执行力对推动监察对象所在单位加强廉政制度建设的互补功能与互促效应。监察建议的科学性不仅直接影响监察委员会推动监察对象所在单位加强廉政制度建设的科学性,而且构成影响监察建议在被建议单位的执行力的重要因素。监察委员会向监察对象所在单位提出监察建议时,应当着力提高自身提出的监察建议的科学性和执行力,并将其作为推动监察对象所在单位加强廉政制度建设的重要手段,运用监督检查、跟踪督办和考核评价等各种方式推动监察对象所在单位严格贯彻落实监察建议,提高廉政制度的科学性和执行力,从而充分释放监察建议将正风肃纪反腐与深化改革、完善制度、促进治理贯通起来的标本兼治功能。

(二)监察建议的科学性和执行力仍有提升空间

1.监察建议的科学性和执行力的评价标准

评价标准问题,是对监察委员会履行监察建议职责的实效进行评估的基础性问题,是增强评估结果的准确性、客观性和公信力的内在要求。评价监察建议的科学性和执行力的高低，首先需要一套科学合理、客观全面的评价标准。以《中华人民共和国监察法》《中华人民共和国监察法实施条例》等监察法律法规关于监察建议书的各构成要件及其贯彻实施要求的规定为基准，参考制度科学性和制度执行力的构成要素与影响因素，可以探索构建监察建议科学性和执行力的评价标准，进而为准确评价监察委员会履行监察建议职责的质量和效果提供重要依据。

第一，从监察建议的科学性来看，监察建议是《中华人民共和国监察法》《中华人民共和国监察法实施条例》等监察法律法规赋予监察机关的“监察利器”，是监察机关将正风肃纪反腐与深化改革、完善制度、促进治理有效贯通起来的重要载体，一份高质量的监察建议可以发挥“发出一份建议、解决一类问题、完善一批制度”的治本功效。在监察建议的质量评价体系中，科学性占据着核心位置。“所谓‘科学’是指通过抽象出事物的特征和本质形成概念，并经过分析和综合、归纳和演绎、比较和分类、判断和推理等逻辑思维过程所得到的反映现世界各种现象的本质和规律的知识体系。”[1]科学性是指一个事物具备科学的特征和性质，呈现为程序方法上的科学性和结果上的科学性两个维度。基于此，监察建议的科学性具有以下两个方面的含义：一是监察委员会起草的监察建议的过程，符合科学决策的方法和程序性要求，具有严谨性、规范性和合理性等特征。二是监察委员会制发的监察建议书符合具备科学的特质，本身是科学合理、务实管用的。从监察建议的科学性中可以延伸出监察建议的具体性、针对性和可操作性等一系列具体标准。科学的监察建议符合监察对象所在单位廉政建设的客观实际与发展方向，既为监察对象所在单位廉政制度建设中存在的问题提供“诊断单”，又为推动监察对象所在单位完善规章制度提供切实有效的“药方”。《中华人民共和国监察法实施条例》第 20 条规定：“监察机关应当以办案促进整改、以监督促进治理，在查清问题、依法处置的同时，剖析问题发生的原因，发现制度建设、权力配置、监督机制等方面存在的问题，向有关机关、单位提出改进工作的意见或者监察建议，促进完善制度，提高治理效能。”由此可见，监察委员会向监察对象所在单位提出的监察建议，应当涵盖发现问题、分

〔1〕 张智光：《决策的科学性与艺术性：基于决策科学体系的分析》，载《东南大学学报（哲学社会科学版）》2006 年第 3 期。

析问题、解决问题三项工作流程。《中华人民共和国监察法实施条例》第 205 条规定:“监察机关依法向监察对象所在单位提出监察建议的,应当经审批制作监察建议书。监察建议书一般应当包括下列内容:(一)监督调查情况;(二)调查中发现的主要问题及其产生的原因;(三)整改建议、要求和期限;(四)向监察机关反馈整改情况的要求。”完善制度类监察建议是监察建议的一种重要类型,完善制度类监察建议书的这四项构成要件,实际上是对监察建议在预防腐败中的作用机理的抽象概括,监察委员会提出的完善制度类监察建议形成“通过监督调查中发现监察对象所在单位存在的制度缺陷—剖析监察对象所在单位产生制度缺陷的原因—提出完善制度的意见建议—推动监察对象所在单位整改问题、建章立制”的完整工作链条。基于此,一份监察建议书是否科学合理,可以从是否准确揭示监察对象所在单位廉政制度建设中存在的问题、是否深入剖析监察对象所在单位廉政制度存在问题的复杂成因和是否提出切实可行的制度完善建议等方面作出综合评价。

第二,从监察建议的执行力来看,如同法律的生命力在于被执行一样,监察建议的生命力也在于被被建议单位严格贯彻落实。“天下之事,不难于立法,而难于法之必行。”“从根本上来说,提出高质量的监察建议固然重要,但是,监察建议的核心职能并不限于‘提出’即可,其生命力委之于监察建议的效能转化”[1],而监察建议的贯彻执行正是监察建议的治理效能转化的关键环节。监察委员会向监察对象所在单位发出的监察建议书,是一种具有法律约束力的监察文书,属于广义的监察制度的范畴。由此来看,监察建议的执行力与制度执行力具有一定的共通性。就制度执行力的影响因素而言,制度执行力是制度、制度相关人、制度执行要件、制度执行行动和生态环境等因素共同作用的结果。[2] 制度相关人是指制度制定、执行过程中的重要行动主体,包括制度的制定者、执行者和制度的约束对象。[3] 制度执行要件和制度执行行动是制度执行机制的重要组成部分,本书将其纳入制度执行机制这个包容性更广的范畴。

---

〔1〕 陈伟:《监察建议在监察全覆盖中的表现形态与规范运行》,载《南京师大学报(社会科学版)》2020 年第 6 期。

〔2〕 参见莫勇波、张定安:《制度执行力:概念辨析及构建要素》,载《中国行政管理》2011 年第 11 期。

〔3〕 参见王立峰、吕永祥:《新制度主义政治学视角下制度治党的现实梗阻与发展进路》,载《河南社会科学》2017 年第 7 期。

生态环境对制度执行力的影响通常是宏观而间接的，对生态环境予以影响和改造并非仅仅是监察委员会所能够独立完成的。鉴于此，本书借鉴制度、制度相关人和制度执行机制这三个制度执行力的分析要素，主要从监察建议自身的特质、监察建议的制发主体和适用对象以及监察建议的落实机制三个方面探讨监察建议执行力的影响因素与提升路径。监察建议的执行力是监察委员会推动监察建议落地见效投入的资源和力量、被建议单位贯彻执行监察委员会提出的监察建议的程度、监察委员会提出的监察建议所产生的推动被建议单位加强廉政制度建设的效果的多重合力。

2. 监察建议的科学性有待进一步提升

(1)监察建议制发程序不规范削弱监察建议的科学性

约翰·罗尔斯(John Rawls)指出："正义是社会制度的首要德性，正像真理是思想体系的首要德性一样。"[1]正义包括程序正义和实体正义两个维度，程序正义既具有区别于实体正义的独特价值，也为实现实体正义提供程序保障。边沁(Bentham)甚至指出，程序法的唯一正当目的，就是最大限度地实现实体法。[2]《中华人民共和国监察法》《中华人民共和国监察法实施条例》等监察法律法规所构建的监察建议规范由程序性规范和实体性规范两个部分组成，对制发监察建议书提出的程序性要求，不仅是防止监察建议权滥用的现实要求，而且也为监察建议的质量提供了程序性保障。围绕制发监察建议设计调查研究、集体会商、双向沟通等一整套程序性规范，有利于以决策的民主性和科学性程序防止监察建议起草过程中出现"拍脑袋"决策、"闭门造车"等乱象，从而保障监察建议的科学性。反之，由于在起草监察建议的过程中缺乏调查研究、集体会商和审核批准等程序机制的有效保障，有的地方和单位提出的监察建议的科学性仍有待提升。

第一，从调查研究来看，有的监察建议承办部门在起草监察建议的过程中，并未深入实地开展细致的调查研究，对被建议单位廉政制度建设存在的体制性障碍、机制性梗阻、制度性弊端、管理性漏洞及其形成的复杂原因并未进行深入

---

[1] [美]约翰·罗尔斯：《正义论》(修订版)，何怀宏、何包钢、廖申白译，中国社会科学出版社2009年版，第3页。

[2] See G. J. Postema, *The Principle of Utility and the Law of Procedure: Bentham's Theory of Adjudication*, Georgia Law Review, Vol. 11, p. 1393 – 1424 (1977).

的剖析,导致提出的监察建议缺乏具体性、针对性和可行性。

依据《中华人民共和国监察法》第45条、《中华人民共和国监察法实施条例》第20条等相关规定,监察委员会依据监督、调查结果,有权对监察对象所在单位廉政制度建设存在的问题提出监察建议。监督检查和审查调查作为监察委员会向监察对象所在单位提出监察建议的前置性环节和重要依据,既是监察委员会发现监察对象所在单位存在监察建议的适用情形的重要途径,也为监察委员会起草监察建议提供相应的信息支撑。掌握充分的信息,是监察委员会对行使公权力的公职人员作出处置的基础和依据。调查研究既是监察委员会对行使公权力的公职人员开展监督检查、审查调查的一种重要方式,同时又能够作为一种重要和直接的信息获取途径,弥补非在场化的监督检查和审查调查方式所可能产生的监察委员会与监察对象所在单位之间的信息不对称问题。习近平总书记指出:"调查研究是谋事之基、成事之道。没有调查,就没有发言权,更没有决策权。"[1]监察委员会能否起草出科学合理的监察建议,很大程度上取决于监察委员会对监察对象所在单位各方面信息掌握的丰富性和准确性,而深入实地开展调查研究,正是监察委员会解决与被建议单位之间的信息不对称问题、深入挖掘被建议单位的制度缺陷及其生成原因的有效方式。然而,调查研究在起草监察建议过程中的重要作用在有的地区和单位却没有得到足够的重视,由于缺乏实地了解和深入观察,监察建议起草部门对被建议单位廉政建设和履行职责的情况缺乏深入细致、系统全面的了解和掌握,从而导致"对被建议单位的问题把握不准,原因剖析不透,建议理由阐述不充分,提出的措施不具体,缺乏针对性、可操作性"[2]。江苏省扬州市纪委监委在对纪检监察建议运用情况开展专题调研时发现,有的忽视调查研究环节,未深挖问题背后的主体责任和制度机制原因,浮于表面、泛泛而谈,缺乏针对性、指导性、可操作性。[3]

第二,从集体会商来看,有的监察建议承办部门在起草监察建议的过程中

---

[1] 中共中央文献研究室编:《习近平关于全面深化改革论述摘编》,中央文献出版社2014年版,第37~38页。

[2] 陈瑜:《关于提高纪检监察建议质量的思考》,载《中国纪检监察报》2020年3月4日,第8版。

[3] 参见江苏省扬州市纪委监委课题组:《用好纪检监察建议有力武器》,载《中国纪检监察报》2020年5月7日,第8版。

未与监察委员会负责监察建议起草工作的其他内设职能部门与派出机构进行集体会商,存在“拍脑袋”决策等乱象,削弱监察建议的科学性。

“随着现代科学技术和社会经济的快速发展,政府管理活动的复杂性程度也在日益提高。面对这种变化,没有哪一个政府决策者能够掌握如此广泛的知识和信息,具有如此全面、丰富的经验,能凭个人智慧和才能来处理政府管理中所遇到的复杂多变的各种决策问题。因此,在政府决策过程中,实行民主参与并在此基础上开展充分的民主讨论,不仅是决策科学化的内在要求,更是决策民主化的具体表现。”[1]监察委员会向监察对象所在单位提出监察建议,在某种程度上也具有公共政策的属性,要提高监察建议的科学性需要符合决策科学化的一般性要求。

一方面,从决策科学化的角度来看,在知识和信息日益专业化和碎片化的时代背景下,每个机构所掌握的知识和信息对于管理复杂公共事务而言都是相对有限的。囿于知识的非完备性和信息的不充分性等因素,监察委员会针对监察对象所在单位廉政制度建设中存在的普遍性、系统性问题,起草涉及面广、专业性强、复杂度高的监察建议,通常并非某个内设职能部门或派驻机构所能单独完成。监察委员会负责起草监察建议的多个行动主体之间缺乏协调配合,导致起草高质量监察建议所需要的相关信息、专业知识和智力资源无法实现高度整合与高效使用,是涉及面广、专业性强、复杂度高的监察建议的科学性有待提升的一个重要原因。中国纪检监察报刊文指出,不少地方监督检查室、审查调查室、派驻纪检监察组制发纪检监察建议书都是单打独斗,缺乏有效统筹,导致建议工作处于“九龙治水”状态。[2] 监察建议起草主体的多元分散,导致起草科学的监察建议所需要的信息和知识等资源也处于缺乏有效整合的状态,难以通过集思广益、协同配合起草出更具科学性的监察建议。例如,新疆维吾尔自治区伊犁哈萨克自治州纪委监委围绕精准运用纪检监察建议推动标本兼治进行调研时发现,针对在审查调查、监督检查、日常监督和派驻监督中发现的问题,一些县市纪检监察机关缺乏会商研判机制,党风政风监督室、监督检查室、审查调查室和派驻纪检监察组之间,在建议工作协作配合机制方面还不够完善,存在信息不

〔1〕 丁煌:《听证制度:决策科学化和民主化的重要保证》,载《政治学研究》1999年第1期。
〔2〕 参见李张光:《用好纪检监察建议有力武器》,载《中国纪检监察报》2020年11月17日,第7版。

对称、节奏不合拍等问题,导致提出建议存在片面化、重复化等问题。[1]

另一方面,从决策民主化的角度来看,所谓民主是指在社会管理体制中社会成员大体上能直接或间接地参与或可以参与影响全体成员的决策[2],决策的民主化要求各类公共政策参与主体都能够直接或间接地参与到公共政策的制定过程当中。监察委员会负责起草监察建议的部门,包括监督检查部门、审查调查部门、政策法规研究部门和派驻或派出监察机构、监察专员等各类主体,虽然特定监察建议的起草工作由监察建议承办部门牵头负责,但是其他部门也能够以其专业知识和有益经验参与到监察建议起草过程之中。按照决策民主化的规范性要求,在监察委员会向监察对象所在单位正式发出监察建议书之前,监察建议承办部门应就监察建议相关内容与其他相关机构进行集体会商,以集体会商的民主决策程序保障监察委员会提出的监察建议务实管用。然而,在监察建议运用实践中,有的地方和单位在起草监察建议过程中并没有贯彻民主基础上的集中原则,在由监察委员会主要负责人审批前并未就监察建议相关内容进行集体协商和民主讨论。

第三,从审核批准来看,有的监察建议承办部门或派驻或者派出监察机构、监察专员未经监察委员会主要负责人审核批准,擅自向监察对象所在单位发出监察建议书,导致监察建议因为缺乏严格的质量把关而质量不高、效果不佳。

由于管理权限和权力关系等方面的原因,监督检查部门、审查调查部门或派驻或者派出监察机构、监察专员起草的监察建议,有时需要以监察委员会的名义签发。在向监察对象所在单位正式发出监察建议书之前,由监察委员会主要负责人对监察建议承办部门或派驻或者派出监察机构、监察专员起草的监察建议进行审核批准,既是监察委员会依据管理权限行使监察建议权的内在要求,也是严把监察建议的质量关的现实要求。基于此,“对监察建议书的制发程序,各地出台相关规定加以规范。重庆市纪委监委明确,制发监察建议必须要严格审批程序,应由承办部门起草文稿,报协管领导、分管领导、主要负责人审签后,印发相关单位,并抄送相关单位主管部门”[3]。然而,在监察建议运用实

[1] 参见新疆维吾尔自治区伊犁哈萨克自治州纪委监委政策研究室:《用好纪检监察建议有力武器》,载《中国纪检监察报》2021 年 3 月 4 日,第 8 版。

[2] 参见[美]科恩:《论民主》,聂崇信、朱秀贤译,商务印书馆 1988 年版,第 10 页。

[3] 毛翔:《监察建议书的“正确打开方式”》,载《中国纪检监察报》2018 年 10 月 14 日,第 1 版。

践中,由于事关监察建议制发程序的制度供给不足或监察建议制发程序执行不力等原因,有的监察建议承办部门或派驻或者派出监察机构、监察专员在向监察对象所在单位发出监察建议之前,并未履行审核批准程序,导致监察建议的质量缺乏监察委员会层面的审核把关。比如,江苏省宿迁市纪委监委围绕监察建议运用情况开展专题调研时发现,监察法律法规对制发监察建议的相关规定比较原则,对制发情形、制发程序等方面缺乏具体规定,有的派驻纪检监察机构,不经派出机关批准,就擅自以自己名义向驻在部门制发监察建议,导致监察建议质量不高、效果不佳。[1]

(2)监察建议起草主体能力不足削弱监察建议的科学性

监察建议起草工作是一项专业性强的监察工作,监察建议起草主体的理性能力和专业知识,是监察建议具备科学性的必要条件。赫伯特·西蒙(Herbert Simon)在对完全理性观点进行修正的基础上,提出"有限理性"决策模型。赫伯特·西蒙指出:与真实世界中要求我们用客观的理性——哪怕是相当接近客观理性的行为加以解决的问题的复杂程度相比,我们的大脑解决这些的能力是非常有限的。[2] 在不完全的信息、不确定的环境和政策制定者的有限理性等因素的共同影响之下,政策制定者所作出的决策在很多情况下仅是既定环境和可预测条件下的"次优解"。在理想状态下,科学的决策建立在政策制定者具备全面的信息、完备的知识和完全的理性等必要条件的基础之上。提升监察建议的科学性,需要监察委员会在制发监察建议书的过程中克服信息不对称、专业知识匮乏和供需不匹配等问题,从而使监察建议契合被建议单位加强廉政制度建设的客观实际、具体需求和方向。《中华人民共和国监察法》将所有行使公权力的公职人员都纳入监察对象范围,在国家监察全覆盖的背景下,监察对象所在单位具有多元化的类型、多样化的业务和广泛性的分布等特征,推动国家监察全覆盖从有形覆盖向有效覆盖转变,对监察委员会的信息收集能力、纪检监察业务能力、综合素质能力和学习能力提出更高要求。"实践中,监察机关工作人员对政治纪律、党内法规、法律规范等方面内容普遍较为熟悉,而对金融、医

---

[1] 参见江苏省宿迁市纪委监委课题组:《关于运用监察建议推动标本兼治的调研》,载《中国纪检监察报》2019年11月21日,第8版。

[2] See Herbert Simon, *Administrative Behavior: A Study of Decision-Making Process in Administrative Organizations*, The Free Press, 1957, p. 158.

疗、建设、环保等特定领域的专业知识则未必被充分掌握。在涉及制发这些专业性较强的监察建议时,如果不具备相应行业的专业知识,就有可能将问题停留在表面,无法结合行业特色对问题的发生根源进行深入剖析,有可能使监察建议的建设性、针对性略显不足。"[1]例如,贵州省纪委监委围绕纪检监察建议运用情况进行专题调研时发现,有的基层单位没有将纪检监察建议工作放在推动深化改革、完善制度机制、推进国家治理体系和治理能力现代化的高度来部署落实,没有花时间和精力对所涉及相关领域和部门业务知识、工作流程、职责权限进行深入细致了解,对问题背后的深层次根源挖掘不深,提出的措施内容空洞、笼统,缺乏针对性和可操作性。[2]

3. 监察建议的执行力有待进一步提升

"政策学者艾利森指出:在政府工作中,为了实现政府政策的目标,方案确定只占10%,而其余的90%取决于有效的执行。"[3]在任何政府工作中,执行之所以关键,正是因为执行是联通目标与效果的桥梁[4],是政策实施不可或缺的一环。监察委员会向监察对象所在单位发出监察建议书,并未代表监察建议运行程序的终结,推动监察建议在被建议单位落地见效,是监察委员会履行监察建议职责的延续和拓展。被建议单位贯彻落实监察建议的程度、能力和效果,是谓监察建议执行力。按照上文建构的监察建议执行力的评价标准,本书借鉴制度、制度相关人和制度执行机制这三个制度执行力的分析要素,主要从监察建议相关主体的思想认识与素质能力、监察建议自身的特质和监察建议的落实机制三个方面探讨监察建议执行力的影响因素与提升路径。

(1)监察建议制发主体的认知偏差与注意力分配不合理,削弱监察建议执行力

监察建议相关主体是与监察委员会行使监察建议权直接相关的所有行动主体的统称,主要包括监察建议制发主体和监察建议适用对象。监察建议作为

---

[1] 刘建、詹娇娥:《监察建议实施机制研究》,载《西南政法大学学报》2021年第6期。

[2] 参见贵州省纪委监委课题组:《用好纪检监察建议有力武器》,载《中国纪检监察报》2021年9月2日,第7版。

[3] 丁煌:《政策执行》,载《中国行政管理》1991年第11期。

[4] 参见[美]拉里·博西迪等:《执行:如何完成任务的学问》,刘祥亚等译,机械工业出版社2016年版,第2页。

中介桥梁,将作为监察建议制发主体的监察委员会与作为监察建议适用对象的监察对象所在单位连接起来,监察建议执行力在很大程度上取决于监察委员会与监察对象所在单位在监察建议运用各个环节上进行互动的结果。监察建议制发主体和监察建议适用对象的思想认识和素质能力,都会对监察建议执行力产生直接而又重要的影响。从监察建议制发主体来看,监察建议制发主体对监察建议运行流程的认知是否完整准确、是否存在重制定轻执行的注意力分配偏差,是影响监察建议执行力的间接因素。从监察建议适用对象来看,监察建议由被建议单位负责贯彻执行,被建议单位是否具有贯彻执行监察建议的充足意愿和足够能力,对监察建议执行力有着直接的影响。

第一,有的监察建议制发主体将制发监察建议作为监察建议工作的全部内容,"只及一点,不论其余"的认知偏差,导致出现监察建议"一发了之"现象。

思想是行动的先导,思想认识是否准确、全面直接影响行为选择是否发生偏差。"不谋万世者,不足谋一时;不谋全局者,不足谋一域。"对监察建议工作缺乏全面系统的整体认识,监察建议各个具体工作环节就难以形成相互补充、相互促进的系统效应。从对监察建议运行流程的认识来看,监察建议的运行流程包括提出、适用和反馈等环节,监察委员会提出监察建议并没有给监察建议画上"休止符",推动被建议单位贯彻落实监察建议、对监察建议执行情况进行跟踪反馈也是监察委员会行使监察建议权的重要使命。然而,在实践中有的监察建议制发主体仍然认为,行使监察建议权仅需向监察对象所在单位提出监察建议即可,对监察建议的执行等后续流程缺乏完整准确的认识,并未将监察建议的制发与执行贯通起来看待。中国纪检监察报刊文指出:"从实践看,有的纪检监察机关把送达建议书作为工作终点,整改报告'报来即结',存在'一发了之'现象"[1],并未将监察建议在被建议单位的执行情况及其实际效果纳入监督检查、跟踪问效范围。有的纪检监察机关虽然设置了跟踪反馈监察建议执行情况的专门机构,但是有的跟踪监督部门在制定完整改方案并下发给监察对象所在单位后,常常就宣告监察建议运行的结束,而没有对单位是否真正接受整改以及单位的整改情况进行全面的监督检查,这都使监察建议的效果受到

〔1〕《高质量用好纪检监察建议》,载《中国纪检监察报》2021年1月27日,第2版。

削弱。[1]

第二,有的监察建议制发主体对监察建议工作程序各运行环节的注意力分配不合理,存在"重制发轻执行"的错误倾向,导致监察建议的消极被动执行问题,削弱了监察建议的执行力。

"注意力"最初是心理学中的一个重要概念,"意指人将意识指向和集中于某种事物的心理活动和心理过程"[2],后被运用于组织学、管理学等相关学科之中,用来指不同的组织目标和管理任务被大规模组织所关注的程度。在现代公共事务管理日益复杂化和专业化的背景下,公共管理者需要适应信息海量、任务超载、有限理性和稀缺资源等基本环境,在此种背景下"注意力集中的时间和能力是有限的。人们可能同时关注所有的事情:接收的信号过多,与决策相关的事情过多"[3]。公共管理者处理好爆炸增长的海量信息与相对有限的信息处理能力之间的矛盾、多任务目标情景与相对有限的组织资源之间矛盾等多重内在张力,要求其对不同的组织目标和管理任务赋予不同的关注水平与重视程度。在议程设置超载的情况下,不同的组织目标和管理任务之间相互竞争被纳入决策议程的机会或被视为重要任务优先处理的机会,由此产生注意力分配问题。就"注意力分配"的内涵而言,威廉·詹姆斯(William James)指出:"注意是意识以清晰而迅速的形式,在多种可能性中选取一个物体或一系列想法的过程。意识的聚焦和集中是注意力的本质特征,注意力分配意味着对某些对象的忽视,以便高效地处理其他对象。"[4]注意力分配的内在本质是政策制定者的价值偏好排序,注意力分配总用来描述政策制定者优先处理某件事而暂缓处理甚至放弃其他事情。[5]

具体到国家监察领域,在对所有行使公权力的公职人员进行国家监察全覆盖的背景下,监察委员会处理好监察对象数量显著增长、监察任务日益繁重与监察机构、编制、人员的内涵式发展之间的张力,也需要运用好注意力分配策

[1] 参见刘建、詹娇娥:《监察建议实施机制研究》,载《西南政法大学学报》2021 年第 6 期。

[2] 代凯:《注意力分配:研究政府行为的新视角》,载《理论月刊》2017 年第 3 期。

[3] [美]詹姆斯·G. 马奇:《决策是如何产生的》,王元歌、章爱民译,机械工业出版社 2013 年版,第 8 页。

[4] [美]威廉·詹姆斯:《心理学原理》,方双虎等译,北京师范大学出版社 2019 年版,第 440 ~ 441 页。

[5] See Lauwereyns J., *The Anatomy of Bias: How Neural Circuits Weigh the Options*, MIT Press, 2010, p. 228.

略。在监察委员会履行监督、调查和处置等各项职责的资源总量相对有限的情况下，不仅提出监察建议这一项监察工作可能会与监督检查、审查调查等其他监察工作竞争注意力，而且监察委员会也会对监察建议运行程序的各个环节分配不同的注意力。虽然有的监察建议制发主体对监察建议运用的运行流程有一个完整准确的认识，但是却对监察建议的制发、执行、监督和反馈等运行环节持有不同的重视程度和关注力度。在监察建议的运行流程之中，监察建议的贯彻执行本应是将问题整改与深化改革、完善制度和促进治理结合起来的关键一环，是监察建议的制度优势转化为治理效能的重要步骤，然而，在监察建议实践中，有的监察建议制发主体却存在重制发轻执行的错误倾向，出现“一发了之”等现象。江苏省宿迁市纪委监委在对监察建议运用实践进行调研时发现，当前工作中，在一定程度上存在“重制发轻整改”现象，在起草监察建议时，为确保问题找得准、建议提得好，各职能部门往往能主动协作配合、共同发力，但制发后一些部门却对整改情况关注不够，存在“一发了之”“发后不闻”等现象，导致整改工作达不到应有效果。[1] 在由研判问题、分析成因、推进整改、成效评价和监督问责前后相继、环环相扣组成的监察建议起草工作闭环中，对被建议单位贯彻落实监察建议书的情况和效果进行监督检查、效果评价，是督促被建议单位贯彻落实监察建议的保障机制，监督检查机制和成效评价机制的健全程度与运行效果，直接影响监察建议的执行力。贵州省纪委监委围绕纪检监察建议运用情况进行专题调研时发现，有的纪检监察机关还未形成研判问题、分析成因、推进整改、成效评价和监督问责的工作闭环，监督执行不力、跟踪问效不多，建议书“一发了之”“报来即结”“不报不问”，导致被监督单位整改表面化，完善体制机制、堵塞制度漏洞等工作成效不够明显。[2]

第三，有的被建议单位对监察建议的作用与效力的漠视以及由此产生对监察建议的消极式执行，削弱监察建议的执行力。

监察建议是连接监察委员会和被建议单位之间的“中介桥梁”，被建议单位作为监察建议的适用对象，在贯彻执行监察建议的过程中并非完全是被动的。

---

〔1〕 参见江苏省宿迁市纪委监委课题组：《关于运用监察建议推动标本兼治的调研》，载《中国纪检监察报》2019 年 11 月 21 日，第 8 版。

〔2〕 参见贵州省纪委监委课题组：《用好纪检监察建议有力武器》，载《中国纪检监察报》2021 年 9 月 2 日，第 7 版。

监察委员会向监察对象所在单位提出监察建议之后，被建议单位对监察建议的重视程度以及贯彻执行监察建议的积极性和主动性同样会对监察建议的执行力产生直接的影响。监察建议的治理效能，需要借助于被建议单位采纳监察建议的实践行动才能释放出来。被建议单位在决定是否采纳监察建议、何时采纳监察建议和在何种程度上采纳监察建议等方面具有很高程度的自主性。如果被建议单位对监察委员会提出的监察建议不理解、不认同，甚至采取置之不理或象征性执行的消极态度，监察建议就很容易变为“一纸空文”。

被建议单位贯彻执行监察建议的意愿，是监察建议得以贯彻执行的内生动力的重要来源。被建议单位贯彻执行监察建议的意愿强弱，通常以对监察建议的重视程度的高低、贯彻执行监察建议的积极性和主动性的高低等形式呈现出来。之所以有的地区和单位监察建议书的落实效果不佳，其中一个重要原因是有的被建议单位对监察建议书的作用与效力的淡漠化认识，以及由此产生对监察建议的消极式执行。贵州省纪委监委围绕纪检监察建议运用情况进行专题调研时发现，有的被建议单位对建议书整改事项不够重视，未能以问题为导向排查整改，或者只做一些印发文件等象征性的“留痕”工作，问题整改的方式方法较为浅显。[1] 山东省威海市文登区纪委监委对纪检监察建议使用执行情况进行专题调研时发现，个别被建议单位存在被动应付、消极应对思想，不能够按时间要求及时报送整改报告，报告内容敷衍了事。[2]

(2)监察建议质量不高削弱监察建议执行力

监察建议的执行力是在监察建议的基础上产生出来的，监察建议自身的质量，是影响监察建议的执行力的“元因素”。监察建议是否具有科学性、针对性和可操作性，对监察建议的执行力具有直接而又重要的影响。“无论是纠错型的监察建议、督促型的监察建议还是制度完善型的监察建议，这都要求监察机关作出的监察建议本身是贴切实际且有积极价值的”[3]，否则，监察建议就会

---

[1] 参见贵州省纪委监委课题组:《用好纪检监察建议有力武器》，载《中国纪检监察报》2021 年 9 月 2 日，第 7 版。

[2] 参见姜梦:《文登　精准规范运用纪检监察建议》，载《中国纪检监察报》2020 年 9 月 10 日，第 8 版。

[3] 陈伟:《监察建议在监察全覆盖中的表现形态与规范运行》，载《南京师大学报(社会科学版)》2020 年第 6 期。

因为自身缺乏科学性、具体性、针对性和可操作性而无法被监察对象所在单位贯彻执行,或者即使贯彻执行下去也无法产生预期的治理效果。例如,江苏省扬州市纪委监委对纪检监察建议运用情况进行调研时发现,有的监察建议在整改评估中方法不多,直接导致建议"不落地不生根"或整改表面化等情况,督促被监督单位完善体制机制、堵塞制度漏洞等工作成效不够明显。[1] 又如,江苏省昆山市纪委监委在对监察建议运用情况进行调研时发现,部分监察建议书呈现出问题多、建议内容少的特点。这些监察建议书多是通过罗列在监督、调查中发现的问题,提出被建议机关要强化监管、完善制度等宏观建议,但对于强化何种监管、完善何种制度却很少提及,针对性和操作性并不强,往往最终造成被建议机关针对问题自行查找分析、自行完善整改的结果,监察监督的约束震慑作用发挥不充分。[2]

(3)执行监控机制不健全削弱监察建议执行力

监督为制度执行提供外在推动力,推动静态的制度文本在制度执行主体的执行活动中产生制度实效。"一项制度即便在理论上非常完善,如果背后没有监督机制使其得以严格执行,那么这项制度就形同虚设。"[3] 监督检查是制度执行的外驱力,监察委员会推动监察建议在被建议单位落地见效,既要信任被建议单位有贯彻执行监察建议的意愿和能力,又不能以信任代替监督,应将常态化的监督检查作为推动被建议单位贯彻执行监察建议的一种重要举措。《中华人民共和国监察法实施条例》第 36 条第 2 款规定:"监察机关应当跟踪了解监察建议的采纳情况,指导、督促有关单位限期整改,推动监察建议落实到位。"对被建议单位贯彻执行监察建议的情况进行跟踪督办,在性质上属于执行监督的范畴,旨在有效预防、及时发现被建议单位贯彻执行监察建议过程中的执行偏差,为执行评估、执行问责奠定信息基础、提供问题线索。执行监控机制是监察委员会围绕监察建议的贯彻落实问题所构建的专业化机制,不仅将作为监察建议制发主体的监察委员会与作为监察建议适用对象的被建议单位直接关联

---

[1] 参见江苏省扬州市纪委监委课题组:《用好纪检监察建议有力武器》,载《中国纪检监察报》2020 年 5 月 7 日,第 8 版。

[2] 参见卢峰:《运用监察建议实践中的问题与思考》,载《中国纪检监察报》2019 年 7 月 25 日,第 8 版。

[3] 石佑启、李杰:《论提高党内法规的执行力》,载《学术研究》2018 年第 5 期。

起来,而且在推动监察建议贯彻落实的过程中切实将监察建议的制度优势转化为腐败治理的实际效能,为提高监察建议的执行力提供专门性的机制支撑。

监察委员会主导构建的监察建议执行监控机制,由跟踪督办监察建议执行情况的专责行动主体、推动被建议单位贯彻执行监察建议的有效治理工具和推动被建议单位贯彻落实监察建议的配套活动三个方面共同组成。在由研判问题、分析成因、推进整改、成效评价和监督问责前后相继、环环相扣组成的监察建议起草工作闭环中,对被建议单位贯彻落实监察建议书的情况和效果进行监督检查、效果评价,是督促被建议单位贯彻落实监察建议的保障机制,监督检查机制和成效评价机制的健全程度与运行效果,直接影响监察建议的执行力。在监察建议运用实践中,各个地区、各个单位对构建监察建议执行监控机制的重视程度与建构水平并不相同。贵州省纪委监委围绕纪检监察建议运用情况进行专题调研时发现,有的纪检监察机关还未形成研判问题、分析成因、推进整改、成效评价和监督问责的工作闭环,监督执行不力、跟踪问效不多,建议书"一发了之""报来即结""不报不问",导致被监督单位整改表面化,完善体制机制、堵塞制度漏洞等工作成效不够明显。[1]

---

[1] 参见贵州省纪委监委课题组:《用好纪检监察建议有力武器》,载《中国纪检监察报》2021年9月2日,第7版。

第五章　监察委员会有效履行预防腐败职能的实践路径

2023年1月9日，李希在二十届中央纪委二次全会上的工作报告中指出："纪检监察体制改革已经进入打通理顺堵点难点、加强成果梳理对接、促进制度优势转化为治理效能的关键阶段。"[1]2023年全国纪检监察机关的一项主要工作是"深入推进纪检监察体制改革"。在持续深化纪检监察体制改革过程中将监察委员会的制度优势切实转换成预防腐败的治理效能，需要监察委员会有效应对运用权力监督、廉政教育和制度建设三项预防腐败方略的重点难点，按照习近平总书记在二十届中央纪委二次全会上提出的"要把不敢腐、不能腐、不想腐有效贯通起来，三者同时发力、同向发力、综合发力，把不敢腐的震慑力、不能腐的约束力、不想腐的感召力结合起来"[2]的目标任务，从多措并举提升监察委员会监察监督的覆盖面与有效性、构建主体协调、分类施教和高度卷入的精细化廉政教育模式和增加监察建议的科学性和执行力三个方面入手，进一步提升监察

[1] 李希：《深入学习贯彻党的二十大精神　在新征程上坚定不移推进全面从严治党——在中国共产党第二十届中央纪律检查委员会第二次全体会议上的工作报告》，载《中国纪检监察》2023年第5期。

[2] 《习近平在二十届中央纪委二次全会上发表重要讲话强调　一刻不停推进全面从严治党　保障党的二十大决策部署贯彻落实》，载《人民日报》2023年1月10日，第1版。

委员会预防腐败的治理效能。

一、多措并举扩大监察监督覆盖面、提升监察监督有效性

监督职责是监察委员会的首要职责，深化纪检监察体制改革对监察委员会履行监督职责的深度与广度提出更高标准、更严要求。2022年6月17日，习近平总书记在中共中央政治局第四十次集体学习时强调："要深化党和国家监督体制改革，以党内监督为主导，促进各类监督力量整合、工作融合，强化对权力监督的全覆盖、有效性，确保权力不被滥用。"[1]"国家监察是对公权力最直接最有效的监督"[2]，监察监督将所有行使公权力的公职人员都纳入监察范围，将监督触角延伸到公权力行使的各主体、各方面和各环节，在党和国家监督体系处于重要位置、发挥独特作用，扩大监察监督覆盖面并提升其有效性，对于实现党的二十大报告提出的"健全党统一领导、全面覆盖、权威高效的监督体系，完善权力监督制约机制"[3]的目标任务具有重要意义。

（一）推动监察监督纵向延伸和横向扩展

实现监察监督全覆盖，是监察委员会对所有行使公权力的公职人员进行国家监察全覆盖的核心要义。"'全覆盖'意味着政治权力的延伸范围与权力监督网络的覆盖范围之间要保持一致性"[4]，政治权力延伸至公权力体系的各个组织层级和各类公共单位之中，实现监察监督全覆盖需要将监察监督纵向延伸到底、横向拓展到边。"随着国家监察体制改革的深入推进，监察监督触角在纵向上已延伸到基层，在横向上已覆盖到所有公共领域，在过程上已贯穿于公权力

---

〔1〕《习近平在中共中央政治局第四十次集体学习时强调　提高一体推进"三不腐"能力和水平　全面打赢反腐败斗争攻坚战持久战》，载《人民日报》2022年6月19日，第1版。

〔2〕习近平：《在新的起点上深化国家监察体制改革》，载《求是》2019年第5期。

〔3〕习近平：《高举中国特色社会主义伟大旗帜　为全面建设社会主义现代化国家而团结奋斗——在中国共产党第二十次全国代表大会上的报告》，人民出版社2022年版，第66页。

〔4〕吕永祥、王立峰：《县级监察委员会的公权力监督存在的现实问题与优化路径》，载《河南社会科学》2018年第7期。

行使的各个环节"[1]。当前深化纪检监察体制改革仍在进行当中,监察委员会进一步实现监察监督全覆盖目标,仍需要推动监察监督纵向延伸、横向扩展,切实将所有法定监察对象有效纳入监察监督范围,提高监察监督全覆盖质量。

1. 推动监察监督纵向拓展至村居(社区),打通监督监察"最后一百米"

从理论上的"监察全覆盖",到实践层面的"监督无空白",还有大量工作要做,有很多问题需要破解。其中一个重要问题就是,在基层纪检监察力量相对比较薄弱的情况下,如何进一步推动监察职能向村居(社区)延伸,有效破解基层小微权力点多、面广、线长的问题。"村居、社区作为基层治理的'神经末梢'、国家治理体系中的最小单元,容易成为监督薄弱环节。"[2]2022 年,全国纪检监察机关共处分"乡科级干部 7.4 万人,一般干部 8.3 万人,农村、企业等其他人员 41.3 万人"[3]。基层小微权力具有点多、面广、线长等特征,管好管住基层小微权力、治理基层"微腐败",是摆在纪检监察机关面前的一个重要任务。对此,十九届中央纪委五次全会强调:"加强上级纪委监委对下级纪委监委的领导,指导地方丰富完善监督向基层延伸有效途径"[4],十九届中央纪委六次全会要求"健全基层监督制度"[5]。在当前深化基层纪检监察体制改革的背景下,推动基层小微权力规范廉洁行使、有效防治基层"微腐败",迫切需要探索完善监察监督向村居(社区)延伸的有效途径,打通监察监督"最后一百米"。

在深化基层纪检监察体制改革过程中,针对村居(社区)监察对象较多、乡镇(街道)监察力量相对薄弱的现实状况,各地探索设立乡镇纪检监察协作区,在村居(社区)建立监察联络站,聘请村居(社区)监察联络员和监察信息员,进一步健全基层监察组织、充实基层监察力量,为监察职能向最基层延伸提供有

〔1〕 庄德水:《监察监督的全过程人民民主建构研究》,载《广州大学学报(社会科学版)》2022 年第 3 期。

〔2〕 吕佳蓉:《监督下沉管好小微权力》,载《中国纪检监察报》2022 年 11 月 25 日,第 4 版。

〔3〕 《中央纪委国家监委通报 2022 年全国纪检监察机关监督检查审查调查情况》,载《中国纪检监察报》2023 年 1 月 13 日,第 1 版。

〔4〕 赵乐际:《推动新时代纪检监察工作高质量发展 以优异成绩庆祝中国共产党成立 100 周年——在中国共产党第十九届中央纪律检查委员会第五次全体会议上的工作报告》,载《人民日报》2021 年 3 月 16 日,第 2 版。

〔5〕 赵乐际:《运用党的百年奋斗历史经验 推动纪检监察工作高质量发展 迎接党的二十大胜利召开——在中国共产党第十九届中央纪律检查委员会第六次全体会议上的工作报告》,载《人民日报》2022 年 2 月 25 日,第 2 版。

力的组织支撑。上述基层监察主体在基层监督中发挥"前哨探头"作用,深度嵌入基层小微权力行使的各个主体、涉及的各个方面和运行的全部过程之中,近距离、全天候监督村(居)务监督委员会重大事项决策等情况,对推动基层小微权力规范廉洁行使发挥了积极的作用。推动监察监督向村居(社区)延伸,还需要在推动乡镇(街道)纪检监察力量下沉的同时,盘活村居(社区)自身的监督资源存量,充分发挥村(居)务监督委员会在基层监督中的"前哨"作用,建立健全基层纪检监察力量与村(居)务监督委员会的衔接机制,将自上而下的监察监督与自下而上的民主监督有机结合起来。对此,《中共中央　国务院关于抓好"三农"领域重点工作确保如期实现全面小康的意见》要求:"强化基层纪检监察组织与村务监督委员会的沟通协作、有效衔接,形成监督合力。"[1]二十届中央纪委二次全会工作报告进一步强调:"推动完善基层监督体系,统筹用好县乡监督力量,促进基层纪检监察组织和村务监督委员会有效衔接,构建基层公权力大数据监督平台,畅通群众监督渠道,健全基层监督网络。"[2]

促进基层纪检监察组织和村(居)务监督委员会有效衔接的关键环节,是建立县(区)、乡镇(街道)、村居(社区)三级监督主体联动机制,探索乡镇(街道)纪检监察组织开列村务监督委员会监督清单,在充分发挥村(居)务监督委员会对村居(社区)"三资"管理、"三务"公开、"小微权力"运行情况、项目建设、惠民政策落实等村居(社区)重点工作开展贴身监督的优势的同时,探索建立村(居)务监督委员会向乡镇(街道)监察办公室、监察专员定期通报村居(社区)"两委"廉洁用权情况、村居(社区)干部廉洁自律情况制度,使基层纪检监察组织及时掌握村居(社区)"两委"和村居(社区)干部行使权力的具体情况,建立廉情信息上传下达的畅通渠道。

进一步推动基层监察监督从有形覆盖向有效覆盖转变,还需要破解基层监察主体因为熟人社会不愿监督、因为缺乏职能支撑和方式方法而不愿监督等问题。对此,可将各地区开展村居(社区)监察的成熟做法与有益经验及时转化为

---

[1] 《中共中央　国务院关于抓好"三农"领域重点工作确保如期实现全面小康的意见》,载《人民日报》2020年2月6日,第1版。

[2] 李希:《深入学习贯彻党的二十大精神　在新征程上坚定不移推进全面从严治党——在中国共产党第二十届中央纪律检查委员会第二次全体会议上的工作报告》,载《中国纪检监察》2023年第5期。

规章制度，强化基层监察制度规范供给。探索发布村居(社区)监察联络站工作办法等文件，明确监察联络站的人员构成、职权职责、工作程序和保障措施，提高村居(社区)监察工作联络站履职规范化、专业化、精准化水平。制定出台村居(社区)监察联络员、监察信息员的管理办法、规范监察联络员和监察信息员的选聘、管理和考核评价等工作，明确监察联络员和监察信息员的职责清单和履责手段，解决监察联络员和监察信息员不会监督的问题。探索采取异地监督、交叉监督和直报直查等措施，破解基层熟人社会监督难题，激发基层监察主体的监督动力，激活基层监督"末梢"。

2. 分级分类推进派驻机构改革，推动派驻监督覆盖至各级各类公共机构

派驻监督是监察委员会对行使公权力的公职人员开展监察监督的一种重要方式，具有开展近距离、全天候、常态化监督的优势。派驻监督全覆盖，是推进国家监察全覆盖的一个重要突破口。实现监察监督纵向到底、横向到边的全覆盖目标，需要在派驻机构改革的纵向延伸和横向拓展上下功夫。

一方面，就纵向层面而言，中央纪委国家监委指导各地区各单位分类施策推进派驻机构改革，加强各地区各部门各单位派驻机构改革的组织协调、统筹联动，确保地方派驻机构改革与中管企业、中管金融企业、中管高校深化纪检监察体制改革上下衔接、相辅相成，提高派驻监督全覆盖质量。在地方层面，"深化地方派驻机构改革，推进省市县三级派驻机构设置和人员配备等工作，扩大省级纪委监委向省管高校和国有企业派驻纪检监察组试点"[1]。在横向上继续补短板，持续深化省属企业、金融企业和高校派驻机构改革，稳妥推进垂直管理单位、开发区、事业单位纪检监察体制改革，督促省级派驻机构工作规范运行、作用充分发挥。在纵向上继续强弱项，进一步加强对市县派驻机构改革的督促指导，深化派驻区管高校、区直企业试点改革，积极推动基层纪检监察组织和村务监督委员会有效衔接。[2]

另一方面，就横向层面而言，在中央派驻机构改革层面，中央纪委国家监委在全面落实向中央一级党和国家机关派驻纪检监察机构的同时，还应增强中管

---

〔1〕 李希：《深入学习贯彻党的二十大精神　在新征程上坚定不移推进全面从严治党——在中国共产党第二十届中央纪律检查委员会第二次全体会议上的工作报告》，载《中国纪检监察》2023 年第 5 期。

〔2〕 参见刘海泉：《以系统化思维巩固拓展改革成果》，载《中国纪检监察》2023 年第 6 期。

企业、中管金融企业、中管高校深化纪检监察体制改革的广度和深度，有序推进派驻监督全覆盖向所有符合条件的中管企业、中管金融企业、中管高校延伸，以派驻监督全覆盖助力党内监督全覆盖和国家监察全覆盖目标的进一步实现。二十届中央纪委二次全会工作报告指出："要认真落实《纪检监察机关派驻机构工作规则》，健全派驻机构领导管理体制，加强派出机关对派驻机构的领导，进一步推进派驻监督的有形覆盖和有效覆盖，充分发挥派驻监督探头作用。加强对中管企业、中管金融企业、中管高校深化纪检监察体制改革的指导，全面推进垂直管理单位纪检监察体制改革，提高派驻监督全覆盖质量。"[1]着眼派驻监督的有效覆盖，下一步应继续分级分类推进派驻机构改革，加强对《关于深化中管高校纪检监察体制改革的意见》等政策文件贯彻落实情况的监督检查，进一步明确和优化中管企业、中管金融企业、中管高校纪检监察机构的机构设置、职能配置和职责权限，健全派驻机构领导体制和工作机制，充分发挥"派"的权威和"驻"的优势，切实增强派驻监督效能。[2]

(二)推动监察监督全覆盖从有形覆盖向有效覆盖转变

推动监察监督全覆盖从有形覆盖向有效覆盖转变，是在国家监察全覆盖背景下对监察委员会开展监察监督的有效性提出的更高标准，是释放监察监督全覆盖的制度优势与治理效能的内在要求。推动监察监督全覆盖从有形覆盖向有效覆盖转变，其核心任务是在国家监察全覆盖的背景下推动监察委员会对所有法定监察对象开展有力有效的监察监督。监察委员会开展监察监督的有效性，受监察委员会的领导体制、工作机制和技术支撑等各项要素共同的影响和塑造。增强监察监督的有效性，可从领导体制、工作机制和技术支撑三个维度综合施策，强化对行使公权力的公职人员的监督实效。

1. 在监督检查环节加强上级监察委员会对下级监察委员会的领导

邓小平指出："领导制度、组织制度问题更带有根本性、全局性、稳定性和长

---

〔1〕 李希：《深入学习贯彻党的二十大精神 在新征程上坚定不移推进全面从严治党——在中国共产党第二十届中央纪律检查委员会第二次全体会议上的工作报告》，载《中国纪检监察》2023 年第 5 期。

〔2〕 参见宋全浩：《深入推进纪检监察体制改革》，载《中国纪检监察》2023 年第 5 期。

期性”[1]，监察委员会的领导体制是否科学合理，对监察委员会开展监察监督的有效性有着至关重要的影响。正如有学者所言：“领导体制解决的是谁来领导、怎么领导的问题，领导体制是否科学、顺畅，直接影响着工作的开展和成效。”[2]《中华人民共和国监察法》第10条关于“国家监察委员会领导地方各级监察委员会的工作，上级监察委员会领导下级监察委员会的工作”的规定，不仅有利于进一步加强监察系统的垂直领导，形成“全国一盘棋”的国家监察工作格局，而且与党章中关于纪委领导体制的要求相匹配，为落实双重领导体制提供了坚实的法治保障。在纪检监察机关合署办公的制度安排中，推进纪检监察工作双重领导具体化、程序化、制度化，是深化纪检监察体制改革的一项重要内容，也是保障纪检监察机关有效履行纪律检查和国家监察两项职责的必要条件。

为有效破解同级监督和“一把手”监督难题，推进纪检监察工作双重领导具体化、程序化、制度化的一个重要发展方向，是在监督检查等反腐败业务上加强上级纪委监委对下级纪委监委的领导，以保障纪检监察机关有效履行反腐败职责。《中华人民共和国监察法实施条例》第10条第1款规定：“国家监察委员会在党中央领导下开展工作。地方各级监察委员会在同级党委和上级监察委员会双重领导下工作，监督执法调查工作以上级监察委员会领导为主，线索处置和案件查办在向同级党委报告的同时应当一并向上一级监察委员会报告。”二十届中央纪委二次全会工作报告进一步强调：“深入推进纪检监察工作双重领导体制具体化、程序化、制度化，围绕监督检查、审查调查等关键环节加强上级纪委监委对下级纪委监委的领导，认真落实查办腐败案件以上级纪委监委领导为主要求，进一步完善下级纪委监委重要情况请示报告制度，推动整个纪检监察系统提高履职质量。”[3]

加强上级监察委员会对下级监察委员会的领导必须聚焦主责主业、突出核心业务。监督职责是监察委员会的首要职责，监察委员会对行使公权力的公职

---

[1] 《邓小平文选》(第2卷)，人民出版社1994年版，第333页。

[2] 黄月：《深化派驻机构改革必须健全领导体制》，载《中国纪检监察》2018年第22期。

[3] 李希：《深入学习贯彻党的二十大精神　在新征程上坚定不移推进全面从严治党——在中国共产党第二十届中央纪律检查委员会第二次全体会议上的工作报告》，载《中国纪检监察》2023年第5期。

人员开展监督检查的结果，构成启动审查调查程序和作出监察处置的前置性环节和重要依据。在监督检查这一关键环节上加强上级监察委员会对下级监察委员会的领导，既是深入推进纪检监察工作双重领导体制具体化、程序化、制度化的一个重要切入点，也是健全党统一领导、全面覆盖、权威高效的监督体系的内在要求，对于解决有的纪检监察干部不愿监督、不敢监督的问题具有重要意义。

就实践路径而言，在监督检查环节加强上级监察委员会对下级监察委员会的领导，应加强上级监察委员会对下级监察委员会履行监督检查情况的日常指导督办和考核评价机制，对下级监察委员会开展监督检查过程中需要请示、报告和备案的事项实行清单化管理，严格执行重大事项向上级监察委员会请示报告、审批备案制度。健全下级监察委员会向上级监察委员会述责述廉制度，加强对上级监察委员会对下级监察委员会履行职责情况的日常了解，在开展“关键少数”监督和重大事项监督时及时向上级监察委员会请示报告，争取上级监察委员会的领导和支持，消除履行监督检查职责过程中可能遇到的压力和阻力，有效减少或排除干扰。

2. 健全“室组”联动监督、“组组”协同监督工作机制，发挥监察监督的系统效应

监察委员会是一个上下对口、左右联动、内外协调的政治系统，在党和国家监督体系中充分发挥监察委员会的监督作用，既需要推动监察监督与纪律监督、派驻监督、巡视监督统筹衔接，也需要将监察委员会内部的监督主体和监督资源充分整合起来，发挥监察监督的系统优势。在国家监察全覆盖的背景下，推动监察监督从有形覆盖向有效覆盖转变的关键，是在内涵式发展的轨道上充分整合监察体系内部的各类监督力量和监督资源，以有效的工作机制为支撑形成系统集成、协同高效的监察体系，推动监察监督更好发挥“1 +1 >2”的系统效应。

工作机制是监察委员会履行监督检查、审查调查和监察处置职责所遵循的工作程序和工作规则等事项的统称，旨在回答“监察委员会如何开展国家监察工作”的问题。国家监察体制改革以来，在中央纪委国家监委的领导下，各派驻纪检监察组不断加强与派出机关、监督对象所在地的地方纪委监委的协作配合，提升监督执纪执法协同性，探索出“室组”联动监督、“室组地”联合办案机

制。党的二十大以来，中央纪委国家监委驻海关总署纪检监察组会同地方纪委监委对黄埔海关和海关总署口岸监管司等机关多名局处级干部进行审查调查。有关派驻金融机构纪检监察组协同地方纪委监委联动办案释放监督合力，提高治理金融领域腐败效能。[1] 形成和发挥监察监督的系统优势，既要加强监察委员会的内设职能部门与派驻机构之间的协同配合，也要加强监察委员会各个派驻机构之间的协同配合。在监督实践中，中共中央和中央纪委国家监委部署开展的专项监督、专项整治往往涉及多部门多领域，仅靠单个派驻纪检监察组的力量无法有效督促落实，而“组组”协同监督则为解决这一问题提供了有效路径。[2] 基于此，二十届中央纪委二次全会工作报告对“完善系统集成、协同高效的工作机制”作出重要部署，强调“树牢一盘棋思想，发挥系统优势，健全‘组组’协同监督、‘室组’联动监督、‘室组地’联合办案机制”[3]。“室组”联动监督和“组组”协同监督，是监察委员会履行监督检查职责的工作机制创新，是破解监察监督力量不足，促进监督执纪执法工作系统集成、协同高效的有效方法。《纪检监察机关派驻机构工作规则》规定纪检监察机关监督检查部门日常联系的六项内容、“室组”联动监督的六个方面、“室组地”联合办案的五个事项以及“组组”协作的六项工作[4]，为各地各级纪检监察机关在履行监督职责过程中开展“室组”联动监督和“组组”协同监督提供了制度依据。需要指出的是，“室组”联动监督和“组组”协同监督，作为纪检监察工作的创新举措，“目前处于探索阶段，实践中仍然存在统筹不够、衔接不畅等问题，必须认真研究加以对待”[5]。

健全“室组”联动监督和“组组”协同监督机制，可从以下两个方面入手。

第一，强化制度规范供给，明确“室组”联动监督、“组组”协同监督的具体

---

〔1〕 参见徐梦龙：《深入推进纪检监察体制改革》，载《中国纪检监察报》2023年3月4日，第1版。

〔2〕 参见宋全浩：《深入推进纪检监察体制改革》，载《中国纪检监察》2023年第5期。

〔3〕 李希：《深入学习贯彻党的二十大精神　在新征程上坚定不移推进全面从严治党——在中国共产党第二十届中央纪律检查委员会第二次全体会议上的工作报告》，载《中国纪检监察》2023年第5期。

〔4〕 参见贵州省纪委监委课题组：《加大“室组地”联合办案统筹协调力度》，载《中国纪检监察报》2022年8月4日，第7版。

〔5〕 福建省纪委监委第二纪检监察室课题组：《发挥“室组”联动优势　形成有效监督合力》，载《中国纪检监察报》2022年4月28日，第7版。

适用情形和清晰操作指南。对近年来“室组”联动监督、“组组”协同监督的成熟做法与有益经验进行梳理汇总,在《纪检监察机关派驻机构工作规则》相关规定的基础上,着手研究制定“室组”联动监督、“组组”协同监督的工作指引,细化专项检查、专项治理和重大复杂事项监督中“室组”联动监督、“组组”协同监督的工作程序和操作流程,探索形成监督信息实时互通、问题线索及时移交、线索处理随时反馈和复杂事项集体会商的工作模式。

第二,强化“室组”联动监督、“组组”协同监督的资源整合与力量集成,打造一支系统集成、协同高效的纪检监察干部队伍。针对重点专项工作、重要检查任务、疑难复杂信访和重要案件线索办理等重要监督工作,抽调监督检查部门、派驻纪检监察组和监督对象所在地纪委监委的骨干人员组成工作专班,发挥“室”“组”“地”各自在权力监督中的作用和优势,建立“室”统筹协调、“组”联动响应、“地”协同配合的工作机制,推动监督检查从“单兵出击”转变为“兵团作战”,充分释放监察监督的系统优势与整体效能。

3. 加强监督信息化建设,运用大数据技术为监察监督赋能提效

习近平总书记指出:“大数据是信息化发展的新阶段。随着信息技术和人类生产生活交汇融合,互联网快速普及,全球数据呈现爆发增长、海量集聚的特点,对经济发展、社会治理、国家管理、人民生活都产生了重大影响。”[1]在现代信息社会,大数据技术不仅深度地融入经济社会发展的各个方面各个环节,而且作为一种先进的治理工具被广泛应用于国家治理之中。监察监督因为具有广阔的监督空间、庞大的监督对象、海量的监督信息和繁重的监督任务等特点,可以而且应当成为大数据技术应用于国家治理的一个重要领域。实际上,早在国家监察体制改革之前,为解答“监察机关如何在信息社会条件下有效履行监察职责”的时代课题,关于数字监察、智能监督的实践探索、政策部署和理论研究就已经有条不紊地展开。“以数字化赋能国家监察,将会有力有效地提升国家监察现代化水平,有助于深化新时代国家监察体制改革。”[2]基于此,2016 年 1 月,王岐山在十八届中央纪委六次全会上提出:“建设覆盖全国纪检监察系统

---

〔1〕《习近平在中共中央政治局第二次集体学习时强调 审时度势精心谋划超前布局力争主动 实施国家大数据战略加快建设数字中国》,载《人民日报》2017 年 12 月 10 日,第 1 版。

〔2〕舒绍福、苏江涛:《数字赋能国家监察:特征、问题与推进》,载《电子政务》2022 年第 10 期。

的信息平台，建立情况明、数字准、可监控的数据库，为监督插上科技的翅膀。"[1]国家监察体制改革以后，监察机关的监察对象数量显著增加，分布的地域和领域更加广泛，运用大数据技术高质量完成繁重的监察任务的实践必要性更加凸显。2017年10月18日，习近平总书记在党的十九大报告中提出："建设覆盖纪检监察系统的检举举报平台"[2]，为将大数据技术应用于纪检监察工作提供了方向指引。2020年1月，十九届中央纪委四次全会工作报告对运用信息技术手段"发挥纪委监委专责监督作用，加强对权力运行的监督"作出重要部署，提出"建立权力运行可查询、可追溯的反馈机制，加强信息化监督平台建设，以公开促公正、以透明保廉洁"[3]的目标任务。2021年12月，中央网络安全和信息化委员会印发的《"十四五"国家信息化规划》指出："深化监督信息化建设，推进纪检监察工作数字化规范化智能化"[4]，监督信息化建设为监察委员会在数字纪检监察体系中有效履行监督检查职责提供先进的技术支撑。二十届中央纪委二次全会工作报告进一步指出："制定信息化建设五年规划，构建贯通全流程、全要素的数字纪检监察体系。"[5]

监督是纪检监察工作的首要环节，是调查和处置的前置程序与重要依据。构建贯通全流程、全要素的数字纪检监察体系，一个重要环节是加强监督信息化建设，以人工智能赋能监察监督。以人工智能赋能监察监督，推动监察委员会运用大数据技术提高监督信息的收集整理、汇总统计、分析研判和成果运用能力，在海量监督信息的交叉验证和比对分析中，及时发现各级各类监察对象行使权力的廉政风险点和违纪违法的问题线索，做到早发现、早预警、早处置，

---

[1] 王岐山：《全面从严治党　把纪律挺在前面　忠诚履行党章赋予的神圣职责——在中国共产党第十八届中央纪律检查委员会第六次全体会议上的工作报告》，载《人民日报》2016年1月25日，第3版。

[2] 习近平：《决胜全面建成小康社会　夺取新时代中国特色社会主义伟大胜利——在中国共产党第十九次全国代表大会上的报告》，人民出版社2017年版，第67页。

[3] 赵乐际：《坚持和完善党和国家监督体系　为全面建成小康社会提供坚强保障——在中国共产党第十九届中央纪律检查委员会第四次全体会议上的工作报告》，载《中国纪检监察》2020年第5期。

[4] 《"十四五"国家信息化规划》，载中国网信网，http://www.cac.gov.cn/202112/27/c_1642205314518676.htm。

[5] 李希：《深入学习贯彻党的二十大精神　在新征程上坚定不移推进全面从严治党——在中国共产党第二十届中央纪律检查委员会第二次全体会议上的工作报告》，载《中国纪检监察》2023年第5期。

借助先进的信息技术手段提高监察监督的效率和效果。正如有学者所言:"人工智能赋能权力监督是信息技术与监督制度的联结,可以实现权力运行流畅公开、可视可控,及时发现权力'出轨'的痕迹,从而以权力留痕常态化、多元监督透明化来不断提升权力监督效能。"[1]

就实践路径而言,运用大数据技术赋能监察监督,应加强纪检监察监督数字平台建设,在各级纪检监察机关之间、纪检监察机关各内设职能部门与派驻机构之间实现信息互联互通,并与组织、人事、税务、审计、财政和公安等部门建立信息共享共用机制,探索建立统一、规范的纪检监察监督信息数据中心,加强各类监督信息的统一管理、综合分析、集中研判,破解"信息孤岛"难题。在跨层级、跨部门、跨行业的监督信息的充分联通、高度整合中,提高纪检监察机关运用大数据技术及时发现违纪违法问题线索、深挖违纪违法问题产生的廉政风险点和腐败机会的能力。

把提高纪检监察干部的综合素质和数字治理能力作为各级纪检监察机关的重要教学培训内容,在提升纪检监察干部的党内法规、国家法律、财务、税收和审计等方面的专业技能的同时,对其开展人工智能、区块链和大数据等方面的教育培训,着力提高纪检监察干部的数字素养、数字平台操作技能和数据分析处理能力,为提高纪检监察信息工作的信息化、数字化、智能化水平提供坚实的人才支撑。

二、构建分类施教、沉浸体验、精准施治的新型廉政教育模式

"廉政教育是防止公职人员发生腐败的基础性工作"[2],它虽然不具有党纪国法那样的刚性约束功能和立竿见影效果,却具有潜移默化改造公职人员的主观世界的教育挽救功能,以及抑制乃至消除腐败动机的反腐败治本效果,旨在筑牢公职人员拒腐防变的思想道德防线。对于廉政教育在预防腐败中发挥的实际作用,我们应当抛弃"教育无能论"和"教育万能论"两种错误的观点,转

---

〔1〕 段光鹏:《人工智能赋能权力监督:图景、障碍与进路》,载《湖湘论坛》2023 年第 1 期。

〔2〕 庄德水:《监察监督的全过程人民民主建构研究》,载《广州大学学报(社会科学版)》2022 年第 3 期。

而采取一种辩证审视的态度,“既不能过度依赖教育以达到防治腐败的目的,也不能完全轻视教育,而要把教育作为反腐败的一个长期战略加以坚持”[1]。

增强不想腐的思想觉悟是一体推进“三不腐”的关键环节,在当前深化纪检监察体制改革的背景下,全面打赢反腐败斗争长期战攻坚战对监察委员会对公职人员开展廉政教育的质量和效果提出更高要求。2023 年 1 月 9 日,习近平总书记在二十届中央纪委二次全会上指出:“要在不想腐上巩固提升,更加注重正本清源、固本培元,加强新时代廉洁文化建设,涵养求真务实、团结奋斗的时代新风。”[2]监察委员会对公职人员开展廉政教,应坚持目标导向、结果导向和问题导向相统一,着力构建一种分类施教、沉浸体验、精准施治的新型廉政教育模式,以分众式廉政教育提高廉政教育的针对性,以体验式廉政教育增强廉政教育的感染力,双管齐下提高廉政教育的实效性,充分释放不想腐的思想感召力。

(一)以分众式廉政教育提高廉政教育的针对性

由于公职人员群体的差异性和多元性,监察委员会对公职人员开展的廉政教育并非千篇一律,在廉政教育内容上既要体现全国范围内的统一部署,又要体现各个地区、单位和行业的特色与差异,满足各级各类公职人员的差异化廉政教育需求。对此,2022 年 6 月 17 日,习近平总书记在中共中央政治局第四十次集体学习时强调:“要弘扬党的光荣传统和优良作风,开展有针对性的党性教育、警示教育,用廉洁文化滋养身心”[3],该重要讲话将提高廉政教育的目标任务贯穿于党性教育、警示教育之中,旨在对不同的廉政教育对象分类施教、精准施治,推动廉政教育更加有的放矢、入脑入心。

就理论基础而言,提高廉政教育的针对性是精准化治理理念在廉政教育领域的实践要求。按照《中华人民共和国监察法》第 11 条的规定,监察委员会的廉政教育对象是所有行使公权力的公职人员。“传统治理机制以注重整体性和

[1] 任建明、杜治洲:《腐败与反腐败:理论、模型和方法》,清华大学出版社 2009 年版,第 182 页。

[2] 《习近平在二十届中央纪委二次全会上发表重要讲话强调　一刻不停推进全面从严治党　保障党的二十大决策部署贯彻落实》,载《人民日报》2023 年 1 月 10 日,第 1 版。

[3] 《习近平在中共中央政治局第四十次集体学习时强调　提高一体推进“三不腐”能力和水平　全面打赢反腐败斗争攻坚战持久战》,载《人民日报》2022 年 6 月 19 日,第 1 版。

整齐划一为重要特征"[1]，受其影响，传统廉政教育将公职人员笼统地视为一个同质性的整体，侧重设计"千人一方"的廉政教育内容，忽视了不同级别、不同岗位和不同职业发展阶段的公职人员的差异性廉政教育需求以及因人施教的必要性和重要性。与之不同，"精细化治理的基础是确立尽可能最小化的治理单元，实施多样化和差异性的治理"[2]，而实现治理单元微观化的一个重要途径就是把握不同治理单元的亚群体特征，并据此对它们进行精细化分类。将精细化治理理论中的治理单位精细分类原则应用于廉政教育工作中，就是要对作为廉政教育对象的公职人员群体进行精细化分类，以实现因人施教的目标。

就实践路径而言，提高廉政教育的针对性，关键是推动廉政教育模式从统一化廉政教育向分众化廉政教育转型升级。"分众原是传播学的概念，指传播者依据受众的动机、需要、欲望等诸方面的差异，划分若干个受众群，从而确定传播方式的过程。"[3]所谓分众化廉政教育，是指廉政教育主体根据各层级、各类型、各领域廉政教育对象的不同特点和差异化需求，对其精准匹配精细化的廉政教育内容，从而实现分类施教、精准施治的廉政教育目标。分众化廉政教育是"具体问题具体分析"这一马克思主义活的灵魂和对治理对象、治理方法进行精细化分类的精准治理理念在廉政教育领域中的实践运用和具体体现，具有广阔的运用前景和重要的实践价值。

1. 因时制宜对处于不同职业发展阶段的公职人员分类开展廉政教育

"以权谋私基本都是有意识的行为，所以必然要借助于当事人的主观动机的推动。"[4]从心理学的角度来看，"动机是人们对实践活动的欲望或企盼。人们的动机不是凭空产生的，而是在一定的社会经济、政治、科技水平的条件下，由人们的种种需要产生的"[5]。廉政教育作为一种诉诸公职人员主观世界改造的预防腐败策略，其目标是抑制或消除公职人员的腐败动机，铲除公权力腐败行为产生的内在根源。公职人员的腐败动机并不是静止不变的，而是呈现出

[1] 吴晓燕：《精细化治理：从扶贫破局到治理模式的创新》，载《华中师范大学学报（人文社会科学版）》2016年第6期。

[2] 韩志明：《从三方面推进精细化治理》，载《学习时报》2018年9月17日，第6版。

[3] 张润枝：《以问题为导向的思想政治理论课分众教学模式探索》，载《思想理论教育》2015年第2期。

[4] 程文浩：《预防腐败》，清华大学出版社2011年版，第29页。

[5] 时运生：《论公权私用、滥用的动机和条件》，载《政治与法律》1996年第2期。

随着入职时间及职业生涯不同阶段而变化的特征[1]。以年龄作为对公职人员职业发展阶段的一个重要测量指标,通过对“25 岁腐败”[2]、“35 岁腐败”[3]和“59 岁腐败”[4]三种腐败现象进行比较分析可以发现,公职人员在不同职业发展阶段从事腐败行为通常是出于不同的需要和动机。不同的职业生涯发展阶段以及公职人员在该阶段所处的特殊境遇,会对其行为选择产生重要的影响。鉴于此,监察委员会对公职人员开展廉政教育,应考虑处在不同职业发展阶段的公职人员的内在心理和现实需要,据此有针对性地设计不同的廉政教育内容,以提升廉政教育活动的针对性和有效性。萨柏(Super)等将组织成员的职业生涯发展历程划分为探索期、立业期、维持期和衰退期四个主要阶段[5],初步描绘出职业发展阶段发展变化的动态过程。在相近的意义上,贝尔德(Baird)和克拉姆(Kram)则将组织成员的职业生涯发展阶段划分为建立期、发展期、维持期和退出期四个主要阶段[6]。基于此,本书尝试将公职人员的职业生涯发展历程划分为职业生涯建立期、发展期、维持期和退出期四个阶段,分别探讨处于上述四个职业发展阶段的公职人员的差异化腐败动机以及监察委员会分类应对这些腐败动机而设计的精细化廉政教育内容。

(1)对处于职业生涯建立期的公职人员加强财富观教育、权力观教育、理想信念教育和党纪国法教育

职业生涯建立期描述的是新入职的公职人员从“社会人”转变为“政治人”的过程,是他们获取公职人员资格和体认公职人员角色的发展阶段。进入国家

---

〔1〕 参见许欢:《官员腐败心理与预防控制研究》,武汉大学 2014 年博士学位论文。

〔2〕 参见程文浩:《预防腐败》,清华大学出版社 2011 年版,第 36 页;邓希泉、风笑天:《对“26 岁腐败现象”的社会学透视》,载《青少年犯罪问题》2003 年第 5 期。

〔3〕 参见应琛、刘绮黎:《贪腐:从“59 岁现象”到“35 岁现象”》,载《新民周刊》2014 年第 38 期;钟雯:《“35 岁现象”日渐突出　体制因素不容忽视》,载《党政干部文摘》2003 年第 9 期;《年轻公务员更应知道“35 岁现象”》,载《领导科学》2018 年第 4 期;翟校义、梁洁:《官场“35 岁现象”剖析》,载《决策》2008 年第 9 期。

〔4〕 参见郑利平:《59 岁现象的经济学分析》,载《中共中央党校学报》2000 年第 4 期;郭学德、邢古城:《领导干部违法犯罪“59 岁现象”的深层次思考》,载《科学社会主义》1998 年第 4 期;吴高庆、钱文杰:《扎紧制度篱笆　防治“59 岁现象”》,载《检察日报》2015 年 12 月 1 日,第 7 版。

〔5〕 See Donald E. & Super, *Assessment in Career Guidance: Toward Truly Developmental Counseling*, The Personnel and Guidance Journal, Vol. 61:9, p. 555 - 562(1983).

〔6〕 See Baird L. & Kram K., *Career Dynamics: Managing the Superior/Subordinate Relationship*, Organizational Dynamics, Vol. 11:4, p. 46 - 64(1983).

公职人员队伍之后,年轻公职人员被分配到一定的公共职位之上,初步获得行使公共权力的主体资格。公共权力的实质是戴维·伊斯顿所说的"对社会稀缺资源进行权威性分配的能力"[1],年轻公职人员行使公共权力时可以参与到对各种稀缺资源的管理和分配之中,为其从事腐败行为提供了可能的"资本"。刚入职的年轻公职人员初步接触和运用公共权力之后,见识到公共权力蕴含的支配稀缺资源分配甚至改变权力适用对象的命运的巨大能量,很容易被运用公共权力所带来的支配感、优越感和满足感所侵蚀,在社会不良风气的引导下走上以权谋私的歧路。职务犯罪中的所谓"26 岁现象"[2]就是一个典型的例子。在实践中"26 岁现象"并非孤例,梳理近年来年轻干部违纪违法案例可以发现,"出现了诸如'90 后'干部沉迷网络赌博挪用公款千万元,'95 后'干部爱慕虚荣、贪污公款千万元购买奢侈品等案例,令人惋惜、发人警醒"[3]。

从"26 岁现象"背后的腐败动机来看,一些年轻公职人员在畸形的消费观的诱导下产生享乐心理,过分追求生理需要的满足,为解决过高的消费水平和相对不高的工资收入水平之间的矛盾不惜铤而走险。有学者将公职人员为满足个人享乐而从事的腐败行为概括为基于贪婪的腐败[4]。就享乐心理的成因而言,与刚入职不久的公职人员所秉持的不健康的消费观、权力观以及知识结构的短板相关。

一方面,从消费观和权力观的角度来看,受到干部队伍知识化和年轻化这两个发展趋势的影响,近年来新入职的年轻公职人员往往以大学本科生和研究生为主要来源。该群体通常具有文化水平高、有城市生活经历、以独生子女居多、生活环境相对优渥和消费水平较高等特征。由于其价值观和消费观还不够成熟,在暴富群体奢靡生活的示范作用和各种消费刺激手段的鼓动下,他们很容易产生享乐心理,以追求所谓"时尚"和"高品质"的生活自居,形成不切实际的生活方式。"面对有限的收入与庞大的支出的矛盾,这些人便依靠非制度化

---

[1] [美]戴维·伊斯顿:《政治体系——政治学状况研究》,马清槐译,商务印书馆 1993 年版,第 122 页。

[2] 所谓职务犯罪中的"26 岁现象",就是指那些本科或研究生毕业后进入公务员队伍没几年,年龄在 26 岁左右的年轻公职人员,利用自己工作所赋予的公共权力谋取私利的现象。

[3] 薛鹏:《廉洁文化浸润人心》,载《中国纪检监察报》2023 年 3 月 24 日,第 4 版。

[4] See Tanzi V., *Corruption Around the World: Causes, Consequences, Scope, and Cures*, IMF Working Papers, 1998.

的方式来解决，即利用手中的权力进行贪污、受贿等腐败手段来加以解决。"[1] 当相对有限的工资收入无法满足其个人享乐的开支时，以权谋私便成为他们的行为选择。"由于他们没有多少权力和地位，所以他们对腐败行为的成本预期较低，再加上某些腐败行为的可观收益的诱惑，他们往往敢于铤而走险，突然发难。"[2]

另一方面，从知识结构的角度看，从整体上来看，目前小学、中学和大学的课程体系中还没有全面系统地设置廉洁教育课程，这使刚入职不久的年轻公职人员对腐败的概念、成本和危害缺乏清晰的认识，也不清楚廉洁和腐败、正常的礼物赠送与受贿之间的边界在哪里，这就使一些行贿者以送礼之名行贿赂之实。比如，某国企原年轻出纳在忏悔录中写道："由于自己爱美、自卑且贪慕虚荣，总是喜欢听别人说好听的话，结果被美容院的人引诱，从公司挪用了几十万元到自己手上，大部分都是在美容院消费，用来美容、养生等。而且因为自己的财务知识比较缺乏，法律意识比较淡薄，平常也不太关注这方面，所以也没有想过挪用公款的后果有多么严重，会给自己的生活造成什么影响。总想着日后从朋友、家里借钱来归还公司，把公司的账还上就会没事。"[3]

针对年轻干部违纪违法案件易发、多发的问题，2022 年 1 月 18 日，习近平总书记在十九届中央纪委六次全会上指出："要从严从实加强教育管理监督，引导年轻干部对党忠诚老实，坚定理想信念，牢记初心使命，正确对待权力，时刻自重自省，严守纪法规矩，扣好廉洁从政的'第一粒扣子'。"[4] 鉴于此，监察委员会在对刚入职的年轻公职人员开展廉政教育时，应围绕消除刚入职的公职人员的享乐心理和反腐败知识短板这一主要目标来设计廉政教育内容，着重对其加强财富观教育、权力观教育、理想信念教育和党纪国法教育。

第一，从财富观教育来看，鉴于处于职业生涯建立期的年轻公职人员处在消费观的形成时期，对金钱、财富的看法和态度具有较强的可塑性，监察委员会可通过理论阐释和举例说明等方式，教育引导刚入职的年轻公职人员形成对"财富"的多元认识，将物质财富与精神财富、个人财富与集体财富区分开来。

---

〔1〕 邓希泉、风笑天：《对"26 岁腐败现象"的社会学透视》，载《青少年犯罪问题》2003 年第 5 期。

〔2〕 程文浩：《预防腐败》，清华大学出版社 2011 年版，第 36 页。

〔3〕 本书编写组编著：《画访谈：违纪违法年轻干部案例警示录》，中国方正出版社 2022 年版，第 50 页。

〔4〕 《习近平谈治国理政》（第 4 卷），外文出版社 2022 年版，第 552 页。

教育引导刚入职的年轻公职人员树立“当官发财两条道，当官就不要发财，发财就不要当官”[1]的正确价值理念，形成清廉健康的生活方式和科学合理的社会价值评价体系，克服将金钱和奢侈的生活方式作为财富和个人成功的唯一衡量标准的拜金主义和享乐主义倾向。

第二，从权力观教育来看，监察委员会应通过正面典型引导和反面典型警示等方式，教育引导刚入职的年轻公职人员对公共权力的公共性、强制性和腐蚀性等特性形成全面深刻的了解，使他们清晰地认识到公共权力的公共性目标和公共权力行使主体的私人利益考量之间的二元张力，防止他们因为沉醉于运用公共权力所带来的支配感、优越感和满足感之中，而忽视公共权力本身的腐蚀性。权力观教育使刚入职的年轻公职人员认识到公共权力的实质是为最广大人民群众服务的公共责任，滥用公共权力将会面临被严厉制裁的否定性后果，引导他们形成廉洁用权、合法用权的观念。

第三，从理想信念教育来看，“需要是个可变量，可以通过高尚的理想、信念、价值观予以引导，避免需要的非理性发展”[2]。监察委员会对刚入职的年轻公职人员开展理想信念教育，有助于推动他们补足精神之“钙”，继承发扬优秀中国共产党人勤俭节约、艰苦朴素的优良传统和生活作风，形成理性、健康的消费观。

第四，从党纪国法教育来看，监察委员会对刚入职的年轻公职人员开展廉政教育，应着重向他们讲授党纪国法关于公职人员廉洁从政、廉洁从业的相关规定，讲解腐败的概念、表现形式、危害和后果，并以法规条文释义和典型案例剖析等方式让他们认识到廉洁和腐败、受贿和正常的礼物赠送之间的界限。此外，监察委员会还应对刚入职的年轻公职人员加强预防腐败知识和预防腐败技能的教育，向他们详细讲解当前行贿者行贿的主要方式以及回绝、检举和揭发各种行贿行为的具体方法，使刚入职的年轻公职人员在走上更重要的岗位和职务之前提前打好拒绝贪污腐败的“预防针”。

(2)对处于职业生涯发展期的公职人员着重加强权力观教育和党纪国法教育

职业生涯发展期是公职人员事业发展的上升阶段，在该阶段公职人员通常

---

〔1〕 中共中央文献研究室编：《十八大以来重要文献选编》(中)，中央文献出版社2016年版，第326页。

〔2〕 邓杰、胡廷松：《反腐败的逻辑与制度》，北京大学出版社2015年版，第49页。

面临较为充足的职业发展激励特别是晋升激励。关于职业生涯发展期与公职人员的腐败水平之间的关系,目前学术界的一种主流观点是,公职人员处于事业的稳定上升期时,往往会为了个人的政治前途而有所忌惮,腐败动机会处于相对抑制状态。相关经验研究表明,充足的"职业发展激励"[1]对公职人员的腐败动机具有明显的抑制作用[2],"在良好的职业发展预期的激励下,公职人员在任职初始之际仍然是以工作为重,腐败动机较弱"[3]。虽然上述观点具有一定的合理性,但是它仍然无法解释公职人员在投机心理驱使下产生的"边腐边升"现象。有学者指出:"公职人员可以通过取悦其上司和在那些用于评价其晋升资格的客观标准上获得好分数这两种行动路线来赢得晋升。"[4]处于职业生涯发展期的公职人员既可能基于对未来职业发展的良好预期以廉洁从政和积极作为获取晋升,也可能受到机会主义、功利主义和关系文化等消极文化的影响而形成投机心理,为实现个人职务晋升谋取非法利益。"搞政治投机""捞取政治资本""为个人职务升迁拉关系"等措辞在中央纪委国家监委对违纪违法官员的"双开通报"中时常出现。

从投机心理的成因来看,处于职业生涯发展期的公职人员基于对权力的来源、权力的宗旨等事项的错误看法而形成的畸形的权力观,以及淡薄的党纪国法意识,这是导致他们产生投机心理的重要原因。首先,从权力来源的角度看,习近平总书记指出:"有的认为权力是上级给的,想问题、办事情不怕群众不满意,只怕领导不注意,逢迎拍马、唯上是从。"[5]公职人员对权力来源的这种错误认识,导致他们容易产生政治攀附等投机行为。其次,从权力宗旨的角度看,公共权力具有二元性,背后反映的是"公"与"私"之争。一些处于职业生涯发展期的公职人员之所以千方百计地寻求扩大权力,就是因为他们把公共权力看

---

[1] 所谓职业发展激励,就是通过提供职业发展的通道与台阶,使公职人员在职业生涯中充分实现个人价值,进而调动其工作积极性。参见过勇、贺海峰:《"不必腐"机制:反腐败标本兼治的重要保障》,载《国家行政学院学报》2017 年第 6 期。

[2] 参见倪星、李泉主编:《廉政制度创新的中国经验》,中山大学出版社 2013 年版,第 274 页;虞崇胜:《腐败成本论——加强反腐败力度的新视角》,载《广州大学学报(社会科学版)》2009 年第 4 期;定明捷、史健:《我国基层腐败特点及其生成机理解析》,载《观察与思考》2016 年第 9 期。

[3] 定明捷、史健:《我国基层腐败特点及其生成机理解析》,载《观察与思考》2016 年第 9 期。

[4] [美]安东尼·唐斯:《官僚制内幕》,郭小聪译,中国人民大学出版社 2006 年版,第 98 ~ 99 页。

[5] 习近平:《领导干部要树立正确的世界观权力观事业观》,载《中国党政干部论坛》2010 年第 9 期。

作满足个人私利的工具，忘记了手中掌握的公共权力的公共属性和公共目标。比如，某贪腐官员在忏悔录中写道："我之所以一直不断地追求权力，主要是因为我对权力有着一种错误的认识，尽管口口声声说，权力是组织给的，是人民给的。用权要向组织负责，要向人民负责，但从骨子里还是觉得权力是靠自己努力和奋斗得来的，有了权力就有了一切。有了地位，有了金钱，也会有美色。"[1]最后，从党纪国法层面来看，党纪国法本应是领导干部行使公权力的约束和底线，但是有的领导干部平时不重视对党纪国法的学习，党纪国法意识淡薄、纪律底线失守，缺乏对党纪国法的敬畏成为他们铤而走险搞政治投机的一个重要原因。比如，某贪腐官员在忏悔录中写道："不学党纪国法，党纪国法意识太差。总觉得党纪国法离我很远，和我无关，对触犯党纪国法的严重性，认识不足。常常认为生活作风是小节不算什么大问题，接受别人主动送来的钱财也是正常现象，不会出什么大事。现在看来，这是多么无知啊！党纪国法意识差，真是害死人！"[2]

第一，监察委员会对处于职业生涯发展期的公职人员应加强权力观教育，将权力观与党史学习教育、"不忘初心、牢记使命"主题教育有机结合起来，从多个维度阐明公共权力的来源和行使宗旨，消除畸形的权力观对处于职业生涯发展期的公职人员行使权力的消极影响。一方面，从权力来源来看，监察委员会可以从中国共产党百年奋斗的初心使命、我国人民代表大会制度的政体以及《中华人民共和国宪法》第2条关于中华人民共和国的一切权力属于人民的规定等维度对职业生涯发展期的公职人员开展权力来源教育，着力实现对公共权力的正本溯源，教育引导处于职业生涯发展期的公职人员树立"权为民所赋"这一权力授予意识，使其牢记自己手中掌握的公共权力是人民群众而不是个别领导干部赋予的。另一方面，从权力行使的宗旨来看，公共性是公共权力的首要属性，监察委员会可以从公共权力的二元性及其优先顺序等角度入手，向处于职业生涯发展期的公职人员阐明全心全意为人民服务是执政党和国家机关运用公共权力的根本宗旨，教育引导处于职业生涯发展期的公职人员体认人民公仆这一政治角色，理顺国家公职人员和人民群众之间的"主仆关系"，使其深刻

---

[1] 《一个在贪欲中沉沦的"学者市长"》，载《先锋队》2017年第7期。

[2] 《一个在贪欲中沉沦的"学者市长"》，载《先锋队》2017年第7期。

认识到行使公共权力的根本宗旨在于维护和促进最广大人民群众的根本利益而不是满足个人私欲。

第二,监察委员会对处于职业生涯发展期的公职人员应加强党纪国法教育,使其因为敬畏党纪国法而不敢从事腐败行为,消除淡薄的党纪国法意识行使权力的消极影响。监察委员会对处于职业生涯发展期的公职人员要持续加强党章党规党纪教育和宪法法律教育,强化其法治意识和纪律规矩意识,教育引导广大公职人员明法纪、知敬畏、存戒惧、守底线,算好贪污腐败的“政治账”“经济账”“家庭账”“名誉账”“自由账”“健康账”,从而因为敬畏党纪国法而不敢从事腐败行为。

(3)处于职业生涯维持期的公职人员注重加强个人成败归因教育

职业生涯维持期是公职人员遭遇职业发展瓶颈的时期,在该时期公职人员的职业发展空间变得狭窄,职业上升渠道受阻。当公职人员处于职业发展瓶颈期或认为自己工作成绩突出却没有晋升到理想的职位时,他们往往容易受到“晋升结果不理想、经济上予以补偿”的补偿心理的影响,腐败动机趋于增强,这是“35 岁现象”发生的一个重要原因。中国纪检监察报刊文指出:“因觉得自己‘吃亏’而萌生‘补偿心理’,最终走上不归路的党员干部绝非个例。”[1]比如,某贪腐官员在忏悔录中写道:收入相比平时接触到的金融、高新企业的中高层、骨干有一定差距,加上中央八项规定后,车补、出差标准等大幅降低,接待费用取消,而作为处长又与同级别非领导职务待遇完全一样,觉得付出与回报不成比例[2]。随着职务的不断升迁,失衡心理越来越严重,逐渐产生通过滥用手中的职权来补偿自己的损失的想法,心态失衡后产生的补偿心理将其引向违法犯罪的深渊。

从补偿心理的成因来看,处于职业生涯维持期的公职人员对个人成败的防御性归因是导致其产生补偿心理的主要原因。韦纳(Weiner)将成败归因理论与行为动机理论结合起来,指出个人对自身成就和失败的不同归因会影响其情感反应和后续的行为动机,并从努力、能力、任务难度和机会四个维度概括了个

---

〔1〕 邱杰、任廷会:《透视落马“关键少数”的畸形心理》,载《中国纪检监察报》2019 年 1 月 30 日,第 5 版。

〔2〕 参见《不收现金收股权　聪明反被聪明误》,载中央纪委国家监委网,https://www.ccdi.gov.cn/yaowen/201902/t20190201_188179.html。

人成败的归因模型。[1] 一些处于职业生涯维持期的公职人员之所以会产生补偿心理，一个重要原因是他们对不理想的职务晋升结果进行了防御性归因，倾向于将以往取得的工作成绩归因为自己的能力和辛勤工作，从而产生一定的自豪感甚至是职务晋升“舍我其谁”的自满心理。在此种心理的作用影响下，倘若职务晋升结果不能令其满意，他们往往将其归咎于受到组织上的“亏待”，转而通过追求物质生理需求来“补偿”自己的损失。比如，某贪腐官员在忏悔录中写道：“到政府工作以后，随着地位的升高，权力的增大，自己总是飘飘然，认为自己走上领导岗位完全是自己个人努力、能力强。”之后市政府换届，该贪腐官员觉得自己是副市长不二人选却并未当选，仕途的不顺让其顿感心灰意冷、怨气横生，在行贿者的拉拢腐蚀下走向违法犯罪的深渊。

监察委员会应对处于职业生涯维持期的公职人员着重加强个人成就归因教育和个人成败归因教育，消除处于职业生涯维持期的公职人员基于对个人成败的不当归因而产生的补偿心理，教育引导他们对以往取得的工作成绩和现在面临的职业发展瓶颈进行正确的内部归因和外部归因。

第一，从个人成就归因来看，监察委员会应从组织支持与个人努力、内在能力与外部环境等多个维度入手，教育引导处于职业生涯维持期的公职人员认识到以前取得的工作成绩除了依靠自身的努力和能力以外，组织的正确领导、同事的大力支持和人民群众的积极拥护等因素同样不可或缺，消除其将工作成绩完全归因于自己的努力和能力等内因时产生的职务晋升“舍我其谁”的骄傲自满心理。教育引导职业生涯维持期的公职人员对以前取得的工作成绩进行适度的外部归因，让其明白“成绩取得有个人功劳，但最重要的还是大家共同努力。不能把成绩据为己有，更不能有担任某种职务‘非我莫属’的狂妄”[2]。经过适当的外部归因教育，处于职业生涯维持期的公职人员更容易将对职务晋升的期望值控制在合理和适度的范围内，从而减弱补偿心理及其对腐败动机的诱发作用。

第二，从个人成败归因来看，监察委员会应与党委组织部门积极配合，教育引导公职人员对现在遭遇的职业发展瓶颈进行适度的内部归因，从干部选拔任

---

[1] See Weiner B. , *Research on Motivation in Education*, Academic Press, 1984, p. 28 - 31.

[2] 米博华：《权力观地位观利益观也是“三关”》，载《中国纪检监察报》2019 年 4 月 1 日，第 2 版。

用的知识化、年轻化、革命化和专业化四大趋势以及德、能、勤、绩、廉五项指标等多个维度,向工作成绩突出却暂时未获政治晋升的公职人员耐心细致地讲解组织上选人用人的具体标准、长远考虑以及暂时未对其提拔使用的具体原因,教育引导处于职业生涯维持期的公职人员对自己未获政治晋升的事实进行正确内部归因,抑制其"晋升无望、经济补偿"的补偿心理及其腐败动机的诱发作用。

(4)对处于职业生涯退出期的公职人员着重加强职业声誉教育、职业操守教育和腐败成本教育

职业生涯退出期是公职人员职业生涯临近结束的阶段,到龄退休是公职人员职业生涯常见的一种退出形式。在法定退休年龄原本为60周岁的情况下,59岁是公职人员处于职业生涯退出期的一种典型表现形式。"'59岁现象'又被称作退休前腐败,是指官员退休前的腐败问题比较严重这一现象,尤其是指一些一向比较廉洁的官员在退休前走上了腐败道路。"[1]公共权力是公职人员手中掌握的一种具有时效性的稀缺资源,通常而言具有腐败动机的公职人员接近法定退休年龄更容易产生公共权力失而不复得的紧迫感和突击变现个人权力的牟利冲动。"59岁现象"折射出进入临近退休期的公职人员独特的腐败动机,归纳起来主要是"有权不用,过期作废"心理在作怪[2]。某贪腐官员在接受中国纪检监察报记者采访时坦承自己临期退休腐败的腐败动机:"当时觉得自己的年龄大了,算算年纪,再往上晋升的可能性不大。于是心里有了失衡的感觉,一种'有权不用,过期作废'的心态蠢蠢欲动。"[3]"有权不用,过期作废"心理,是临近退休的公职人员一种独特的腐败动机。

从"有权不用,过期作废"心理的成因来看,处于职业生涯退出期的公职人员缺乏相应的职业声誉观念和对腐败成本的错误认识,这是导致他们产生"有权不用,过期作废"心理的重要原因。一方面,从职业声誉的角度看,"59岁现象"是国家公职人员"晚节不保"的一种典型表现形式,而"晚节不保"中的"节"主要就是指节操和声誉。职业声誉理论认为,职业声誉与有形资产、金融资产类似,都需要长期的投入、经营和维护,否则就可能因为负面信息而面临失去的

〔1〕郑利平:《59岁现象的经济学分析》,载《中共中央党校学报》2000年第4期。

〔2〕See Luigi Manzetti & Charles H. Blake, *Market Reforms and Corruption in Latin America: New Means for Old Ways*, Review of International Political Economy, 1996(4).

〔3〕颜新文:《以权谋房　权财两空》,载《中国纪检监察报》2019年2月13日,第7版。

风险[1]。健康的职业声誉观念会对处于职业生涯退出期的公职人员产生一定的约束作用,使他们为了维护自身一生积累的职业声誉而抑制“最后捞一把”的冲动。反之,倘若缺乏相应的职业声誉观念,处于职业生涯退出期的公职人员就容易产生“有权不用,过期作废”心理,为了退休之后过上富足的生活而忽视职业声誉这一无形资产。另一方面,从腐败成本的角度看,处于职业生涯退出期的公职人员对腐败成本的预期较低,使他们倾向于将从事腐败行为看作一种收益高于成本的“理性选择”。通常而言,腐败成本由腐败行为被发现和查处的概率以及腐败行为被查处之后需要接受的法律制裁、政治处分、经济处罚和道德谴责等成本构成。处于职业生涯退出期的公职人员之所以对腐败成本的估值过低,主要是因为他们错误地认为自己并非反腐败机构的重点监督对象,在临近退休之前从事一两次腐败行为被反腐败机构发现和查处的概率很低。可观的腐败收益和被低估的腐败成本之间的巨大反差,使职业生涯退出期的公职人员铤而走险,利用自己即将失去的公共权力谋取个人私利。

为消除职务犯罪领域中的“59岁现象”,监察委员会对处于职业生涯退出期的公职人员特别是领导干部进行廉政教育时,应围绕消除其“有权不用,过期作废”心理这一目标来有针对性地设计廉政教育内容,重点对其加强职业观教育和腐败成本教育,引导他们树立“一朝滥用权力毁掉终生廉洁清誉”“腐败行为得不偿失”等价值理念。

第一,从职业观教育来看,“了却君王天下事,赢得生前身后名”不仅折射出古代士大夫的价值追求,也与当今社会国家公职人员实现社会价值的抱负相契合。监察委员会对进入临近退休期的公职人员开展廉政教育,应将这些优秀的传统文化与现代的职业操守教育、职业声望教育结合起来,充分调动即将退休的公职人员的个人荣誉和集体荣誉感,教育引导他们自觉抵制“有权不用,过期作废”心理。对长期保持清正廉洁的公职人员而言,只要他们在临近退休之前实施一次腐败行为,就很可能会毁掉一生积累的廉政清誉。鉴于此,监察委员会应对处于职业生涯退出期的公职人员着重加强职业声誉教育,应向受教育对象传达职业声誉是一笔伴随一生的无形资产和职业声誉易失不易得的理念,引

---

〔1〕 See Samuelson G., *Who Wants a Good Reputation?*, Review of Economic Studies, Vol. 68:2, p. 415 - 441(2001).

导他们从一生的廉政清誉这一高度来看待退休前腐败的腐败成本，提高他们的廉洁的道德满足感。

第二，从腐败成本教育来看，监察委员会可以通过开展反面典型警示教育等方式，向处于职业生涯退出期的公职人员详细讲解退休前腐败的高昂成本，使他们不敢、不愿从事退休前腐败行为。在教育方式和教育内容的选取上，监察委员会可以采取反面典型人物现身说法、向廉政教育对象发送落马官员忏悔录等多种警示教育方式，引导处于职业生涯退出期的公职人员对退休前腐败的法律成本、经济成本、政治成本、道德成本和家庭成本等腐败成本形成一个全面、理性和直观的认识，使他们从失去个人自由、毁掉终生廉洁清誉、失去晚年家庭幸福等维度全面认识退休前腐败的高昂成本，将腐败视为一种得不偿失的非理性行为。

2. 因地制宜用身边事教育身边人

监察委员会对公职人员开展廉政教育，本质上是做人的思想工作，以公职人员对腐败或廉洁的心理和意愿为作用对象。开展分众化廉政教育，需要监察机关及其工作人员深入掌握心理学的知识和原理。监察机关对公职人员开展警示教育的效果，在警示教育内容的选择上应当考虑心理学上的“涟漪效应”的影响。“涟漪效应”又称“衰减效应”，是指随着技术、信息、经验和新观念等在不同区域之间扩散传播，其能量不断消耗、速度逐渐降低、影响逐渐减小，像池塘中扩散的涟漪一样的现象。一块石头投入平静的湖水中，被砸中的那一点波动最大，外围水域的波动程度随着与中心点距离的增加而降低；投入水中的石头质量越大，形成的水波就越深，波及范围也越广。受到心理学上的“涟漪效应”的影响，作为警示教育“活教材”的典型案例和反面人物与警示教育对象之间的距离越远、相关性越低，对警示教育对象的触动性和感染力通常会越低。鉴于此，2017 年 1 月 6 日，王岐山在十八届中央纪委七次全会工作报告中指出，“忏悔录是用违纪干部的惨痛教训换来的，要系统整理、充分利用，在各级党校开设警示教育课程，能公开的都要公开，发给原单位党委（党组），用身边事教育身边人”[1]。用身边事教育身边人是分众化警示教育的一个重要表现形式，旨在通过拉近警示

〔1〕 王岐山：《推动全面从严治党向纵深发展　以优异成绩迎接党的十九大召开——在中国共产党第十八届中央纪律检查委员会第七次全体会议上的工作报告》，载《中国纪检监察》2017 年第 2 期。

教育对象与警示教育内容特别是“案中人”之间的距离，从而加强警示教育内容对警示教育对象的触动性，充分发挥警示教育提醒警示、教育挽救作用。

从地域层面来看，各地监察委员会及其派驻或者派出监察机构、监察专员在选取作为警示教育“活教材”的典型案例时，除了可以选取具有全国范围影响的重大违纪违法案件以外，还要注意选取本地区、本部门、本单位发生的典型案例，将其转化为对发案单位、本地区的其他相同类型机构及其主管部门的公职人员开展警示教育的“活教材”，在用身边事教育身边人的过程中强化对警示教育对象的触动和警醒。

就实践方式而言，纪检监察机关“督促指导发生重大违纪违法案件的相关单位党委（党组）召开专题民主生活会，举一反三、以案明纪”[1]，用发案单位的违纪违法案件对发案单位的公职人员开展警示教育，既实现警示教育内容的“就地取材”，又是做好以案促改、以案促教工作的现实要求。这种“零距离”的警示教育方式极大地拉近了警示教育内容和警示教育对象之间的距离，推动接受警示教育的公职人员直观感受“身边人”沦为“案中人”的蜕变历程和沉痛教训，从而在引以为鉴的过程中形成防止自己有朝一日也沦为“案中人”的警醒。此外，用本地区发生且受教育对象了解的其他典型案例对公职人员开展警示教育，同样也能够拉近警示教育内容和警示教育对象之间的距离，起到用身边事教育身边人的警示效果。比如，2016 年云南纪检监察机关在开展警示教育时紧抓“零距离”这一关键词，将离基层较远的贪腐案例调换为发生在干部群众身边的违纪违法案件，在改版后的省警示教育基地展示的 76 个典型腐败案例中，发生来自本省县乡基层的案例有 19 个，占 25%。一名接受警示教育的领导干部说：省警示教育基地用身边人身边事进行警示教育，一下子就把距离拉近了，给人很大的震撼和警醒。[2]

3. 因职务层级而宜分级分层开展警示教育

监察委员会对行使公权力的公职人员开展分众化警示教育，要按照分级分

---

〔1〕 李希：《深入学习贯彻党的二十大精神　在新征程上坚定不移推进全面从严治党——在中国共产党第二十届中央纪律检查委员会第二次全体会议上的工作报告》，载《中国纪检监察》2023 年第 5 期。

〔2〕 参见杨大庆、黎永平：《云南警示教育突出“零距离”——用身边事教育身边人》，载《中国纪检监察报》2016 年 3 月 8 日，第 3 版。

层原则对警示教育对象进行精细化分类，根据不同层级警示教育对象的具体特点和个性化需求，对其匹配精准化的廉政教育内容，实现警示教育的靶向施教、精准施治。

第一，从警示教育对象的精细化分类来看，按照职务职级的不同，可以将警示教育对象划分为非领导干部和领导干部、副职和正职等类型，监察委员会对行使公权力的公职人员开展分众化警示教育，要按照分级分层原则对警示教育对象进行精细化分类，对党政“一把手”、党政领导干部副职、基层干部分类开展专题警示教育活动。

国家对公职人员实行分级分类管理，依据公职人员职务职级的不同，可以将公职人员划分为领导干部和非领导干部两种类型。按照《领导干部报告个人有关事项规定》第2条的规定，领导干部包括“（一）各级党的机关、人大机关、行政机关、政协机关、审判机关、检察机关、民主党派机关中县处级副职以上的干部（含非领导职务干部，下同）；（二）参照公务员法管理的人民团体、事业单位中县处级副职以上的干部，未列入参照公务员法管理的人民团体、事业单位的领导班子成员及内设管理机构领导人员（相当于县处级副职以上）；（三）中央企业领导班子成员及中层管理人员，省（自治区、直辖市）、市（地、州、盟）管理的国有企业领导班子成员”。非领导干部主要是指上述机构中县处级副职以下的干部。领导干部和非领导干部在掌握的权力资源、参与重大事项决策的广度和深度等方面存在重要的差异，对两者开展警示教育应当做到既统筹安排又各有侧重。选择领导干部违纪违法的典型案例对非领导干部特别是基层公职人员开展警示教育，或者选取基层公职人员违纪违法典型案例对领导干部进行警示教育，都很有可能会因“案中人”与警示教育对象之间的职务职级差别较大、“案中人”的违纪违法情节偏离警示教育对象的工作生活和行使权力的客观实际等原因，使警示教育效果大打折扣。比如，中国纪检监察报刊文指出：“不少地方观看警示教育片成了警示教育的主要方式，但题材大多以省、市、县级领导干部违纪违法案例为主，和基层党员干部的工作生活联系不紧密，导致有些党员干部产生‘基层哪有那么大的权力，与我无关’的错觉。”[1]鉴于此，监察委员会应按照职务职级相同的原则，选择与警示教育对象相同层级的贪腐官员作为

---

〔1〕 李张光：《精准做好案件警示教育》，载《中国纪检监察报》2020年11月10日，第7版。

典型案例，从而增强警示教育对象对警示教育内容的代入感。在坚持“两点论”和“重点论”相统一的马克思主义唯物辩证法的指导下，监察委员会对所有行使公权力的公职人员开展警示教育时，要坚持全面覆盖和突出重点相结合，既要将广大的基层公职人员纳入警示教育范围，通过警示教育管住绝大多数，又要凸显对领导干部开展警示教育的重要性和特殊性，特别是把“一把手”作为一类重要而专门的警示教育对象，通过警示教育管住“关键少数”。

基于职务职级的不同，领导干部又可以进一步划分为正职和副职，两者在领导班子中具有不同的地位作用、掌握不同的权力资源。“一把手”作为领导班子的“班长”，掌握召集会议、议程设置、全面统筹等重要权力，在重大事项决策中发挥关键的作用。领导干部责任越大、岗位越重要，越要对其加强监督。习近平总书记强调，“突出加强对‘关键少数’特别是‘一把手’和领导班子的监督。”[1]《中华人民共和国监察法》将对公职人员开展廉政教育纳入监察监督范畴，加强对“一把手”的廉政教育特别是警示教育，是加强“一把手”监督的重要方式，对于破解“一把手”监督难题发挥重要的作用。基于此，监察委员会可将“一把手”作为一类专门而重要的警示教育对象，开展“一把手”专题警示教育，用“一把手”案例警示警醒“一把手”。

第二，从警示教育内容的精准化匹配来看，监察委员会应根据不同职务层级警示教育对象的具体特点和个性化需求，对其匹配精准化的廉政教育内容，实现警示教育的靶向施教、精准施治。

开展分众化警示教育，在警示教育内容设计层面，应做到分级分层建立典型案例资源库，编制同级同类干部警示教育典型案例手册，制作同级同类干部警示教育专题片，以“案中人”警示层级相同的警示教育对象，增加警示教育内容的针对性和精准性。针对基层公职人员违纪违法现象易发多发问题，监察委员会可将本地区基层公职人员违纪违法典型案例作为警示教育的“活教材”，编制基层公职人员违纪违法案例汇编，发放给本地区所有基层公职人员；制作基层公职人员违纪违法专题警示教育片，给本地区基层公职人员播放，用处于相同层级的“案中人”警示基层公职人员。紧紧抓住“县处级副职以上的干部”这

---

〔1〕《习近平在十九届中央纪委六次全会上发表重要讲话强调　坚持严的主基调不动摇　坚持不懈把全面从严治党向纵深推进》，载《中国纪检监察》2022 年第 3 期。

一警示教育对象中的“关键少数”，分级分层召开地厅级正职领导干部、地厅级副职领导干部、县处级正职领导干部、县处级副职领导干部等四类警示教育大会，因人因事精准警示。针对“一把手”违纪违法易发多发问题，监察委员会可组织开展“一把手”专题警示教育，选取本地区近年来发生的违纪违法典型案例，制作《蜕变的“一把手”》专题警示教育片，从心理失衡、理想缺失、作风不严、权力集中和监督缺位等方面深刻剖析违纪违法“一把手”的蜕变根源、堕落轨迹，给同为“一把手”的警示教育对象以极大的触动和警醒。

4. 因岗制宜对关键岗位和一般岗位分类开展警示教育

公职人员手中掌握的资源和权力的“含金量”，除了与公职人员的职务职级有关以外，还与其所处的岗位密切相关。“岗位是组织的‘细胞’，是连接个体与组织的桥梁”[1]，是公权力机关等组织类型的基本构成。根据不同岗位在资金密集程度、权力资源含量等方面的差异，可以将岗位划分为关键岗位和一般岗位。关键岗位具有资金密集、资源富集和权力集中等特征，比如，财务审计、物资采购、项目管理、招投标、人员考录、职称评定、低保社保审批和行政执法司法等岗位，因为这些岗位与资源分配权、人事任免权和行政执法权等重要权力的行使密切相关，对权力行使对象有着直接而重要的影响，所以身处这些岗位的公职人员相较于其他公职人员，更容易成为被“围猎”的对象。对一些“小官大贪”典型案例进行深入分析可以发现，“‘小官大贪’多发生在身处单位重要岗位、掌管关键环节、拥有相对较大决定权的公职人员群体”[2]。

鉴于此，监察委员会应对关键岗位和一般岗位分类开展警示教育，着重对处于关键岗位的公职人员开展专门系统的警示教育，由监察委员会各内设职能部门和派驻机构牵头，对各监察对象所在单位具有高廉政风险的关键岗位进行全面摸底排查，根据各级各类监督对象所在单位的具体特点和客观实际，编制精细化的关键岗位公职人员名单，将身处关键岗位的公职人员列入警示教育人员名单，确保警示教育对象对关键人员的精准覆盖。收集整理本地和其他地区发生的关键岗位公职人员违纪违法典型案例，形成关键岗位公职人员违纪违法

---

[1] 蔡宁伟、庞宇、王震：《辨析重要岗位、关键岗位、要害岗位和价值岗位——基于金融业与制造业的实例》，载《华东理工大学学报（社会科学版）》2016 年第 4 期。

[2] 毛翔：《“小官大贪”——硕鼠不除　其恶如虎》，载《中国纪检监察报》2015 年 5 月 19 日，第 2 版。

典型案例汇编,将其作为警示教育"活教材"发放给关键岗位公职人员作为镜鉴。制作关键岗位公职人员警示教育专题片,发挥思想政治教育工作的优势,引导作为"案中人"的关键岗位公职人员亲自现身说法,自我剖析从"破纪"到"破法"蜕变的思想根源和外部条件,引导接受警示教育的其他关键岗位公职人员自我对照检查、自我反思警醒。此外,监察委员会还应组织引导身处重要岗位的公职人员参与到梳理岗位职能权限、分析和排查岗位廉政风险点、制定岗位廉政风险预警机制和贯彻落实岗位廉政风险防范制度等岗位廉政风险防范教育的全过程之中,使他们切身体会到关键岗位在给自己带来便利的同时也带来了很高的廉政风险,从而引导他们时刻树立廉政风险防范意识,自觉提高廉政风险防范能力。

5. 因领域制宜深入开展重点领域专题警示教育

在社会分工日益专业化和精细化的背景下,不同的领域具有相对清晰的领域边界和较为明确的领域特点,不同的行业具有较为明确的行业分工和行业特征,同一个领域和行业发生的违纪违法问题具有一定的共性特征。当资金密集、资源富集、权力集中的重点领域和重要行业违纪违法问题易发多发,甚至产生行业性腐败、系统性腐败等突出问题时,监察委员会应着力解决行业性腐败、系统性腐败问题,组织开展重点领域和重要行业腐败问题专项整治活动。二十届中央纪委二次全会工作报告指出:"突出重点领域,深化整治金融、国有企业、政法等权力集中、资金密集、资源富集领域和粮食购销等行业的腐败,坚决纠治政商'旋转门'、'逃逸式辞职'问题,坚决清理风险隐患大的行业性、系统性、地域性腐败。"[1]监察委员会要聚焦系统性、行业性违纪违法突出问题,瞄准腐败易发多发重点领域和重要行业,将警示教育与特定领域违纪违法问题专项整治有机结合起来,深入开展重点领域和重要行业专题警示教育。

分领域、分行业开展专门性警示教育,既是分众式警示教育在领域分布和行业分布领域的具体体现和实践运用,也是监察委员会开展重点领域和重要行业腐败问题专项整治的重要方式,适应将以案促教与以案促改、以案促治结合

---

〔1〕 李希:《深入学习贯彻党的二十大精神 在新征程上坚定不移推进全面从严治党——在中国共产党第二十届中央纪律检查委员会第二次全体会议上的工作报告》,载《中国纪检监察》2023 年第 5 期。

起来的现实需要。近年来,各级纪检监察机关围绕金融、政法、国企等权力集中、资金密集、资源富集领域和粮食购销等行业的腐败开展了一系列专项整治活动,查处了一大批违纪违法典型案件,为分领域、分行业开展专门性警示教育提供了大量鲜活的警示教育素材。有的地方和单位针对部分行业性违纪违规问题新建了行业警示室,为分领域、分行业开展专门性警示教育提供有力的组织支撑。"重点行业、重点领域因资源和权力集中易发生腐败问题,按需制定施教'清单',才能增强代入感和震慑力。"[1]

监察委员会应围绕金融、政法、国企等重点领域和粮食购销等重要行业开展专项整治,将开展重点领域和重要行业腐败问题专项整治过程中查处的典型违纪违法作为警示教育的鲜活素材,分领域、分行业编写违纪违法案例汇编、制作警示教育专题片、召开警示教育专题大会,对各领域和各行业的公职人员分类施教,深入开展各重点领域和重要行业的以案促教、以案释法、以案释纪工作。例如,云南省麒麟区纪委监委聚焦重点行业领域,选取查处的烟草行业违纪违法问题,拍摄警示教育片《烟仓硕鼠现形记》到烟草系统开展警示教育,片中多名违纪违法人员现身说法,引起强烈反响,会后 40 人主动向组织说明问题。以粮食领域违纪违法案例到发案企业召开警示教育大会 2 次,以案释纪释法,切实让企业职工认清形势,在纪法威慑和政策感召下,共有 13 人主动向组织说明问题。[2] 又如,2022 年粮食购销领域腐败问题专项整治中,安徽省桐城市纪委监委共发现和受理涉粮领域问题线索 75 件,其中留置 3 人,1 人移送检察机关。为充分释放"查处一案、警示一片"的效果,在桐城市国家粮食储备库原党支部书记、主任刘某某违纪违法案件庭审时,市纪委监委组织发改委、粮食等部门以及国有企业干部职工 500 余人通过现场旁听和网络收看接受警示教育,将查处典型案件的"治标"效果转化为正本清源的"固本"功效。[3] 该案例为分领域、分行业开展专门性警示教育的针对性和有效性提供了一个有力的例

---

〔1〕 云南省纪委监委:《云南麒麟:分层级分类别分领域开展多种形式的警示教育》,载中央纪委国家监委网,https://www.ccdi.gov.cn/gzdtn/jcfc/202203/t20220329_180943.html。

〔2〕 参见云南省纪委监委:《云南麒麟:分层级分类别分领域开展多种形式的警示教育》,载中央纪委国家监委网,https://www.ccdi.gov.cn/gzdtn/jcfc/202203/t20220329_180943.html。

〔3〕 参见安徽省纪委监委:《安徽桐城:分级分类分层次开展警示教育》,载中央纪委国家监委网,https://www.ccdi.gov.cn/gzdtn/dfzf/202212/t20221231_239073.html。

证,分领域、分行业开展专门性警示教育的好的经验做法有待进一步得到总结和运用推广。

(二)以体验式廉政教育提高廉政教育的感染力

从教育学的角度来讲,教育主体与教育对象处于双向互动的过程之中,存在教育主体客体化和教育客体主体化两种教育主客体相互转化的路径,教育的效果是否良好在很大程度上取决于教育对象是否认可、接受教育主体传达的价值理念、知识技能,并将其转化为教育对象自我教育的具体内容。推动教育主体的外在教育向教育对象的自我教育转变,是形成和释放教育效果的重要途径。正如联合国教科文组织、国际教育发展委员会在编著的《学会生存——教育世界的今天和明天》一书中指出的那样:“未来的学校必须把教育的对象变成自己教育自己的主体。受教育的人必须成为教育他自己的人;别人的教育必须成为这个人自己的教育,这种个人同他自己的关系的根本转变,是今后几十年内科学与技术革命中教育所面临的最困难的一个问题。”[1]

就廉政教育而言,由于廉政教育效果的显现一般需要较长时间且不易衡量等,有的人错误地认为廉政教育的作用不大。实际上,并非廉政教育不起作用,“而是我们传统的那套说教式的唱高调的教育不起作用,情境化的、案例式的教育一定可以深入人心”[2]。善于做耐心细致的思想政治教育工作是中国共产党及其领导的国家政权的一个优良传统和宝贵经验,真正的问题不是对公职人员开展廉政教育是否必要,而是采取什么的理念思路和方式方法使廉政教育更为科学有效。监察委员会对公职人员进行的思想道德和党纪国法教育、警示教育等外在教育固然重要,但是廉政教育效果的取得最终必须要落实为公职人员的自我教育,体现为公职人员将监察委员会的廉政教育内容内化为自身廉洁从政、廉洁从业的价值理念并外化为廉洁用权行为的完整过程。正如有学者所言:“廉政教育的效果,最终还是要通过教育对象自身的思想矛盾运动来实现。外在教育只是提高人们思想道德素质和廉政素养的外因,自我教育才是提高思

[1] 联合国教科文组织、国际教育发展委员会编著:《学会生存——教育世界的今天和明天》,华东师范大学比较教育研究所译,教育科学出版社1996年版,第200页。

[2] 李辉:《超越国家中心主义:中国腐败治理的历史梳理》,载《文化纵横》2013年第3期。

想道德素质和廉政素养的内因。"[1]《中华人民共和国监察法》将廉政教育纳入监察监督范畴后,"教育方式方面要注重集体教育和自我教育相结合"[2],而推动公职人员在监察委员会开展廉政教育的过程中进行自我教育的一个重要途径就是,增强廉政教育的互动性、启发性和代入感,使公职人员在体验式廉政教育中发挥主体性和能动性,形成强烈的内心触动和情感共鸣,从而达到自我警醒、自我教育的目的。

体验式廉政教育是指受教育者真正参与到廉政教育过程之中,通过切实体验产生真实感知,并最终形成清正廉洁价值观的过程。与传统型的单向教育不同,体验式廉政教育更加注重廉政教育过程中的交互、接触、体验和感受,具有直观的深刻体验、生动的情境演绎、主观的情感辅助和间接的知识传输四个特征。[3] 体验式廉政教育是对廉政教育的各个构成要件进行系统性塑造,从而形成的一种全新的廉政教育模式,主要由情景式廉政教育课堂、交互式廉政教育过程、沉浸式廉政教育体验等要素构成。

1. 营造情景式廉政教育课堂,增加廉政教育对象的代入感和涉入度

思想道德和党纪国法教育、警示教育并非单向的知识传授、抽象的理论灌输和干瘪的道德说教,这些廉政教育内容一旦脱离廉政教育对象的日常工作生活和行使公权力的具体情景,就难以展现出它们应有的感染力和触动性。"廉洁教育作为一种道德教育,植根于生活之中,直面生活的问题,探讨走出生活困境的策略,而不是隔离生活,在知识的'真空'中进行抽象的干瘪的道德说教。"[4]情景式廉政教育课堂,构成体验式廉政教育的生发场域,为廉政教育对象形成自己的廉政理念提供具体的情景依托。就实现途径而言,思想道德和党纪国法教育与警示教育作为廉政教育的两种主要表现形式,在营造情景式廉政教育课堂上具有不同的方式和路径。

第一,将思想道德和党纪国法教育置于具体情境之中,营造情景式廉政教

[1] 何爱云:《新时期廉政教育研究》,中共中央党校2012年博士学位论文,第78页。

[2] 庄德水:《监察监督的全过程人民民主建构研究》,载《广州大学学报(社会科学版)》2022年第3期。

[3] 参见李梦琰:《"体验式"廉政教育:理论机理、现实困境与优化路径》,载《复旦城市治理评论》2021年第1期。

[4] 唐贤秋:《廉洁教育面向生活的两个追问:何以应当与如何可能》,载《贵州社会科学》2017年第6期。

育"课堂"。

《中华人民共和国监察法实施条例》第16条将"弘扬社会主义核心价值观"作为监察委员会对公职人员开展廉政教育的重要组成部分。习近平总书记指出:"要注意把社会主义核心价值观日常化、具体化、形象化、生活化,使每个人都能感知它、领悟它,内化为精神追求,外化为实际行动,做到明大德、守公德、严私德。"[1]"核心价值观,其实就是一种德,既是个人的德,也是一种大德,就是国家的德、社会的德。"[2]弘扬社会主义核心价值观是思想道德教育的重要内容,监察委员会对公职人员开展情景式思想道德和党纪国法教育,也应坚持生活化、具象化和情景化的原则,将思想道德和党纪国法教育融入公职人员的日常工作生活和行使公权力的具体情景之中,立足于指引公职人员处理好行使公权力过程中遇到的利益冲突、公私矛盾和情法张力等现实难题。

公职人员行使公共权力并非处于真空之中,而是有着具体的场景和情境。公职人员在行使公权力的过程中作出廉洁或腐败的行为选择,通常受到公权力行使的具体情境和复杂场域的影响。有学者指出:"在课堂上,当笔者向学生发问:'你们痛恨腐败现象吗?'学生们无一例外地表示非常痛恨。但是当我换另外一个问题:'假设你是一家医院的院长,你的父母突然生病了,你会动用自己的权力使用最好的医疗资源给父母治病吗,即便是违反法律规定的?'学生们的回答就变得非常犹豫了。这其实就是中国目前腐败问题的一个重要症结,当面对抽象的腐败行为时,大家大抵都是持抵制和反对的态度,但是当面临具体的情境时,我们其实并没有一个对腐败'零容忍'的政治文化。"[3]从实践层面来看,在基层乡村的熟人社会背景下,基层公职人员在行使公共权力的过程中除了需要处理好由公共权力的二元性引发的内在张力以外,还需要处理好情与法的关系。有的基层公职人员在办理扶贫资金发放、民政救济、移民搬迁和危房改造等公共事项的过程中优亲厚友,这一类基层违纪违法案件的发生,正是因为基层公职人员在行使公共权力的过程中没有处理好情与法、公与私之间的关系。在招商引资、企业管理等具体工作之中,公职人员还需要处理好亲与清的

[1] 《习近平在上海考察时强调　当好全国改革开放排头兵　不断提高城市核心竞争力》,载《人民日报》2014年5月25日,第1版。

[2] 中共中央文献研究室编:《十八大以来重要文献选编》(中),中央文献出版社2016年版,第3页。

[3] 李辉:《超越国家中心主义:中国腐败治理的历史梳理》,载《文化纵横》2013年第3期。

关系,着力营造亲清政商关系。通过上述分析可以发现,公职人员在行使公权力的过程中能否作出廉洁的行为选择,通常受到公权力行使的具体情境和复杂场域的影响,并且在很大程度上取决于他们在行使公权力的过程中能否正确处理好公与私、情与法、亲与清等复杂关系的态度和结果。以情与法的关系为例,《法制日报》* 记者逐篇梳理中央纪委监察网《忏悔与剖析》栏目公布的22位违纪违法官员的忏悔录发现,其中有12人在忏悔录中将交友不慎作为自己腐败的原因之一,占比达到54.5%。[1] 鉴于此,在营造情景式廉政教育"课堂"的过程中,"施教者要提供特定事件和个性化的人物经历,避免抽象的理性说教;不是让受教育者分析素材,而是把他们带进素材,直接面对其中的人物、情节"[2]。

监察委员会对公职人员开展思想道德和党纪国法教育,应不断创新情景式廉政教育的方式方法,结合公职人员在行使公共权力过程中真实遭遇或可能遇到的亲友请托办事、家人住院求医和子女就学出国等具体廉政风险情境来设置情景式廉政教育"课堂",将公职人员置身于如何处理公义与私利、私情与党纪国法之间的关系等两难选择之中,这样才能将廉政教育对象真正代入廉政风险情景之中,准确判断公职人员内心对廉洁和腐败的最真实的看法,进而有的放矢地对其开展廉政教育。监察委员会可充分利用本地区的违纪违法典型案例,收集整理公职人员因为处理不好公与私、情与法、亲与清的关系而违纪违法的真实的典型案例,将典型案例转化为警示教育资源,形成警示教育剧目库,采取真实案例情景还原和真实案例过程复盘的方式,营造情景式廉政教育"课堂"。教育引导廉政教育对象通过对情景式廉政教育"课堂"的沉浸式体验,得知自己内心深处对廉洁和腐败的真实态度,并在廉政教育主体的讲解、点评和引导之下重塑自己的思想价值观念和廉洁意识,达到筑牢拒腐防变的思想道德防线的目的。此外,监察委员会还可采取虚拟廉政风险情景模拟的方式,将廉政教育对象置身于行使公权力过程中可能遇到的各种各样的廉政风险场景之中,结合廉政教育对象在日常工作生活中遇到的各类风险诱惑以及可能存在的违纪违

---

* 《法制日报》于2020年8月1日起正式更名为《法治日报》。——编者注

〔1〕 参见陈磊:《一些领导干部怎样被"朋友"拉下水》,载《法制日报》2017年4月16日,第5版。

〔2〕 张增田、孙士旺:《廉洁的内涵与廉洁教育的策略》,载《中国德育》2008年第4期。

法风险点精心创作警示教育剧目,营造虚拟而又贴近生活、贴近实践、贴近日常的情景式廉政教育"课堂"。比如,"某单位为欢送调出的干部、迎接新加入的干部,违规组织公款宴请。如果你是被邀请的干部,这时,你会怎么办?如果你是负责承办此次宴请的同志,你该怎么办?"云南省保山市施甸县纪委监委组织全县各乡镇、县直单位"一把手"及其家属267人通过现场观看模拟演绎情景短剧的方式,创新开展"一把手""沉浸式"警示教育大会。[1] 这样的场景模拟是能够让作为廉政教育对象的"一把手"及其家属身临其境,"零距离"现场感受廉政风险场景,增强对廉政教育场景和内容的代入感,杜绝"看客"心理。

第二,通过旁听庭审营造真实可感的警示教育情景,运用数字化技术打造现代化情景式警示教育"课堂"。

在警示教育中能够对警示教育对象的清廉认知产生重要影响的情景,主要有自然形成的学习情景和人为打造的体验环境两种类型[2],两者分别具有真实自然和可以根据警示教育不断发展变化的多元化需求进行人为建构的特点和优势,在警示教育中可以相辅相成、相互补充。情景式警示教育"课堂"中的"情景",既可以运用先进技术营造,也可以在现实场域中自然生成。监察委员会既要运用多媒体技术和数字化手段人为打造具有震撼的视听冲击、强烈的场景代入感和很强的内心触动力的现代化情景式警示教育"课堂",也要将警示教育"课堂"搬至法院庭审现场、监狱服刑场所等现实场域之中,以法院庭审现场、监狱服刑场所的紧张节奏、压抑氛围和强烈触动,推动警示教育更好地入脑入心。

就警示教育情景的自然形成而言,监察委员会可推动建立执纪执法机关警示教育联动协同机制,加强与法院、公安机关、监狱管理局等机构在警示教育中的主体协同、资源共享与成果互用,把警示教育"课堂"开设在庭审现场、看守所、监狱等场所,增强警示教育对象的代入感和触动感,从而真正把自己摆到警示教育之中,摒弃"看客"心态。组织公职人员去法院现场旁听职务违法案件和职务犯罪案件审判,是情景式警示教育的典型表现形式。山东省曲阜市纪委监

[1] 参见严琰:《施甸:以"沉浸式"警示教育做实案件查办"后半篇文章"》,载云南省纪委监委网2023年1月6日,http://www.ynjjjc.gov.cn/html/2022/tiewanfanfu_1223/116734.html。

[2] 参见李梦琰:《"体验式"廉政教育:理论机理、现实困境与优化路径》,载《复旦城市治理评论》2021年第1期。

委组织供销系统党员干部旁听该市某供销社原党支部书记、理事会主任孔某涉嫌职务侵占、挪用资金犯罪案件的庭审[1]，海南省昌江黎族自治县纪委监委将对新提拔科级领导干部及其家属的廉政谈话会"搬"到该县电视台原台长曾某某受贿案件的庭审现场[2]，等等，都是将警示教育"课堂"搬到法院庭审现场，营造身临其境的情景式警示教育"课堂"的鲜活例证。此外，有的地区和单位运用数字化技术打破法院庭审现场的空间限制，探索开展线上旁听法院庭审的警示教育新方式，提升了警示教育的丰富性和延展性。运用远程视频技术组织警示教育线上同步旁听法院庭审，是将现场旁听法院庭审的警示教育情景营造优势与新技术手段深度融合的产物，虽然在营造的情景式警示教育"课堂"的真实性、可感知性和触动力等方面较线下现场旁听法院庭审有所弱化，但是具有观看人数多、传播范围广、不受庭审现场的条件限制和线上线下同步等技术优势，将现场旁听法院庭审营造的肃重、庄严的警示教育情景迁移至每个线上警示教育对象面前，以产生亲历其境、置身其中的警示教育感受。

就警示教育情景的人为建构而言，在新媒体技术和数字化手段发展日新月异的背景下，警示教育需要在媒介载体、形式内容和方式方法等方面不断发展创新，以适应营造情景式警示教育"课堂"的现实需要。监察委员会要善于运用多媒体技术和数字化手段，充分调动警示教育对象的多重身体感官和多维内心感受，营造新媒体背景下的现代情景式廉政教育"课堂"。党的十八大以来，各个地区和单位在建设警示教育基地、警示教育展馆的过程中，注重将警示教育内容和新媒体技术深度融合起来，运用图文展板、主题造型、虚拟现实（virtual reality，VR）仿真互动、虚拟成像、三维视频动画、沉浸式影院和多媒体智能中控等多媒体展览展示技术打造现代化的情景式警示教育"课堂"。比如，在福建省党风廉政警示教育馆沉浸式观影区，视频里的一句句叩问直击心灵，落马官员的忏悔通过高清投影画面呈现在参观者面前，一张张图片、一帧帧影像、一件件典型案例，通过声、光、电等多种形式，动静结合地营造出身临其境的沉浸式体验，实现严肃的警示教育与先进的数字技术有机结合，带来强烈的感官冲击和

---

〔1〕 参见山东省纪委监委：《山东曲阜：将庭审现场作为警示教育课堂》，载中央纪委国家监委网，https://www.ccdi.gov.cn/gzdtn/jcfc/202111/t20211123_150645.html。

〔2〕 参见詹君峰：《给更多党员干部敲响警钟　海南昌江开展实景式廉政谈话》，载《中国纪检监察报》2019年2月13日，第7版。

心理震撼,让参观者深刻汲取发生在身边的违纪违法典型案件教训,牢记清廉是福、贪欲是祸。[1]

2. 增强廉政教育主客体的互动性,形成交互式廉政教育过程

在传统的单一主体论教育范式中,教育者在教育活动中占据中心地位,受教育者作为教育者的对象性活动的作用对象,被动地接受教育者的知识传授和理论灌输。正如有学者所言:"反映在教育中的主体性就是一种传统的教育者独白式地向受教育者单向度的灌输。在这种范式中教育者和受教育者分明的界限堵塞了双方交流互动的通道,形成了主客二分的逻辑架构,表现为'主体—客体'或'主体—中介—客体'模式。"[2]随着学术界对主体性问题的研究日益深化,单一主体论逐渐被主体间性理论所取代,指导教育活动的哲学基础的转变引发教育实践产生巨大的变革。主体间性是人的主体性在主体间关系层面的延伸和拓展,有学者将其翻译为"交互主体性"[3]。在主体间性理论看来,"当两个或多个主体发生联系时,他们都能以自己的主观能动性对其他主体施加作用和影响,同时对其他主体的对象化活动作出自己的主观反应,主体之间存在理解和沟通,也存在矛盾和冲突"。[4] 随着教育范式构建的哲学基础从单一主体论向主体间性理论发展,受教育者在教育活动中的主体性和能动性日益得到彰显和重视。根据主体间性理论,教育活动中的教育者和受教育者之间具有交互主体性,教育者和受教育者在双向互动过程中存在角色地位相互转化的途径和通道。

就廉政教育而言,在主体间性理论的理论指引和实践塑造之下,监察委员会对公职人员开展的廉政教育,并非廉政教育主体单方面的独白和对廉政教育对象的单向灌输,廉政教育对象在一定条件下也具有主体性地位、发挥能动性作用。廉政教育主体在向廉政教育对象传达崇廉拒腐的价值理念的同时,也要注重加强与廉政教育对象之间的接触、沟通与交流,在双向互动的过程中引导

---

〔1〕 参见《福建省党风廉政警示教育馆:探索新模式 警示更人心》,载石狮市纪委监委网,http://www.sscdi.gov.cn/content/2022-07/27/content_7153723.htm。

〔2〕 陈安杰:《主体性教育范式的转变及其话语逻辑》,载《武汉科技大学学报(社会科学版)》2014年第5期。

〔3〕 岳伟、王坤庆:《主体间性:当代主体教育的价值追求》,载《华东师范大学学报(教育科学版)》2004年第2期。

〔4〕 冯向东:《从"主体间性"看教学活动的要素关系》,载《高等教育研究》2004年第5期。

廉政教育对象进行自我教育,发自内心地理解、认同和践行廉政教育的内容,从而形成和巩固廉政教育的效果。交互式廉政教育过程作为体验式廉政教育的重要组成部分,强调发挥廉政教育对象在廉政教育活动中的主体性和能动性,推动廉政教育对象在与廉政教育主体、廉政教育载体的接触和互动中,基于自身的切实体验培育和塑造清正廉洁价值观。

"交往是主体间性的生成机制,主体间性的教育必须把交往引入教育过程,科学地解释教育过程的特性。"[1]廉政教育主体与廉政教育对象之间进行密切的互动、友好的交往、平等的对话,是廉政教育主体和廉政教育对象之间形成交互主体性的重要条件。监察委员会对公职人员开展廉政教育时,要注重增强廉政教育主体和廉政教育对象之间的接触、互动和交流,形成廉政教育主体和廉政教育对象的交互主体性。比如,在交互式教学中,教师的讲授活动以教师为主体、学生为对象,学生的自主学习活动以学生为主体、教师为辅助。在交互式廉政教育中,在通过排演廉政情景短剧、现场旁听法院庭审等方式打造的虚拟和真实的情景式廉政教育"课堂"中,廉政教育主体和廉政教育对象的角色作用也在不同的廉政教育阶段根据实践需要而发生适应性调整,以形成廉政教育主体与廉政教育对象的最佳互动效果。

一方面,从排演廉政情景短剧来看,有的廉政教育主体以具有典型性、代表性的真实案例为素材,并进行精心编排,通过排演廉政情景短剧的方式模拟公职人员身边真实或可能遇到的廉政风险场景,组织作为廉政教育对象的公职人员进行沉浸式角色扮演,从而让公职人员在换位思考中直面自己内心对廉洁和腐败的真实态度。在这个过程中,廉政教育对象逐渐形成自身的清廉认知,成为自我教育的主体,而监察机关则主要发挥廉政教育的组织者、引导者的角色。当公职人员对廉政情景短剧传达的廉政教育内容产生共鸣和思考之后,廉政教育主体再趁热打铁、及时介入并主导廉政教育过程,通过组织廉政教育对象发表观剧感受、组织廉政教育对象进行互动讨论、由廉政教育主体进行点评和再教育等若干个步骤,对廉政教育对象进行正确的价值引导、深入的纪法条款分析和深刻的点评提醒,帮助公职人员及时吸收、内化廉政教育主体和廉政情景

[1] 冯建军:《主体教育理论:从主体性到主体间性》,载《华中师范大学学报(人文社会科学版)》2006年第1期。

短剧传达的清正廉洁价值理念,并以之指引行使公权力的实践行为。例如,云南省保山市施甸县纪委监委每排演一个廉政情景短剧后,都会随机抽取一名乡镇、县直单位"一把手"现场回答问题,感受在特定风险情景中抉择时的心态。答题结束后,由主持人对违纪违法情节和相对应的党纪法规条款,以及将会面临的严厉处理进行解读,真正实现以案说纪、以案释纪、以案明纪。同时,在剧目演绎、现场答题和纪法解读结束后,还随机抽取3名参会领导干部,谈感受、谈体会,进一步增强警示教育的感染力、震慑力。[1]

另一方面,从现场旁听法院庭审来看,组织公职人员现场旁听法院庭审在打造真实可感的情景式廉政教育"课堂"的同时,也为廉政教育主体与廉政教育对象之间的互动交流奠定案例基础、提供情景铺垫。在现场旁听法院庭审的过程中,法官、公诉人和被告都成为廉政教育的非正式主体,公诉人与被告人之间的举证、质证,法官宣布判决和被告人的认罪忏悔,都给廉政教育对象极大的触动,引导廉政教育对象形成"莫伸手,伸手必被抓"的正确态度,认同和践行崇廉拒腐的正确价值理念。为了摒弃廉政教育对象的"看客"心态,推动廉政教育内容更好地入脑入心,监察机关及其派驻机构在组织公职人员现场旁听法院庭审结束之后,还要及时跟进谈旁听法院庭审感悟、总结案情镜鉴效应和对照自身查摆问题等后续的廉政教育环节,利用监察工作人员自身的专业特长和熟悉案情的优势,澄清现场旁听法院庭审的公职人员头脑中的模糊和错误认知,破除现场旁听法院庭审的公职人员的侥幸心理,归纳总结法院庭审真实案例的沉痛教训及其镜鉴效应,从而及时巩固现场旁听法院庭审的廉政教育成果。比如,为增强警示教育的针对性,山东省曲阜市纪委监委在组织旁听庭审警示教育课之后,压实市供销社联合社党委主体责任,跟进指导召开座谈会,分对象、分类别、分批次组织党员干部交流庭审现场教育的认识和体会,结合自身查摆问题,剖析产生原因,及时进行"课后复习",巩固廉政教育成果。[2]

---

〔1〕 参见严琰:《施甸:以"沉浸式"警示教育做实案件查办"后半篇文章"》,载云南省纪委监委网2023年1月6日,http://www.ynjjjc.gov.cn/html/2022/tiewanfanfu_1223/116734.html。

〔2〕 参见山东省纪委监委:《山东曲阜:将庭审现场作为警示教育课堂》,载中央纪委国家监委网,https://www.ccdi.gov.cn/gzdtn/jcfc/202111/t20211123_150645.html。

3.及时更新廉政教育的载体和技术手段,推动廉政教育对象形成沉浸式体验

沉浸式廉政教育体验既是情景式廉政教育"课堂"和交互式廉政教育过程合力作用的结果,也是对体验式廉政教育中廉政教育体验的生成机理与理想状态的提炼概括,旨在消除廉政教育对象的"看客"心态,推动廉政教育对象全心全意投入廉政教育之中,基于自身的真实可感、全情投入的廉政教育体验,在自我教育中自发形成清廉认知和廉政态度。推动廉政教育对象全身心地投入廉政教育之中,是摆在监察委员会面前的一个重要任务,而完成这一任务的重要实践路径,是通过强化技术运用和内容设计形成廉政教育对象的沉浸式廉政教育体验。

"沉浸"一词最初用来描述一个物体被投入液体之中,并处于被液体全方位包围的状态。按照《现代汉语词典》的释义,"沉浸"是指"浸入水中,多比喻人处于某种氛围或思想活动中"[1]。威廉・立德威(William Ridway)等人在《设计的法则》一书中指出:"沉浸是指全身心专注于某件事情的状态,以至于完全失去了对现实世界的感觉。"[2]"沉浸感"是人作为有意识主体在处于沉浸状态的时候所产生的内心感受。随着VR、增强现实(augmented reality,AR)、混合现实(mixed reality,MR)等虚拟现实技术的成熟与运用推广,"沉浸感"逐渐被运用于网络竞技游戏、旅游景点和场馆展示等领域之中,用来描述游戏竞技者、游客和参观者在虚拟现实技术营造出的虚拟空间中体验所产生的真实感受。拜尔卡(Biocca)和德兰尼(Delaney)通过揭示与感觉相关的物理方面的接触感知,进一步阐明沉浸感发生在知觉(感官)和心理(情感)两个层面。[3]鉴于身体感官刺激对人的心理状态产生直接或间接的影响,"沉浸感也可以看作是人体感官和情感因素共同作用的结果"[4]。有学者认为,沉浸式体验是指在虚拟与

---

[1] 中国社会科学院语言研究所词典编辑室:《现代汉语词典》(第7版),商务印书馆2016年版,第1689页。

[2] [美]威廉・立德威、克里蒂娜・霍顿、吉尔・巴特勒编著:《设计的法则》(第3版),栾墨、刘壮丽译,辽宁科学技术出版社2018年版,第106页。

[3] See Biocca F. & Delaney B., *Immersive Virtual Reality Technology*, Communication in the Age of Virtual Reality, 1995.

[4] 徐铷忆等:《境身合一:沉浸式体验的内涵建构、实现机制与教育应用——兼论AI+沉浸式学习的新场域》,载《远程教育杂志》2021年第1期。

现实共生互融的环境中,参与者在一定技术支持下,通过亲身实践所产生的经历与经验。[1] 这种沉浸感包含感官(知觉)沉浸和心理(情感)沉浸两个层面。沉浸式廉政教育体验是廉政教育对象在全身心投入廉政教育之中所产生的沉浸式体验,由感官沉浸和心理沉浸两个方面构成。在沉浸式廉政教育体验中,感官沉浸仅是沉浸式体验的浅层形态,心理沉浸是感官沉浸的深化和拓展,是决定廉政教育对象能否全身心地投入廉政教育之中的关键环节。体验式廉政教育的一个显著特征是情境性[2],身临其境的体验能够使廉政教育对象产生更强烈的内心触动与情感共鸣,从而强化廉政教育的效果。监察委员会着力推动公职人员形成沉浸式廉政教育体验,也应从强化廉政教育对象的感官沉浸和心理沉浸两个方面入手,推动廉政教育对象在廉政教育中不仅在形式上"置身其中",而且在实质上"置心其中、全情投入"。

第一,从感官沉浸的角度看,监察委员会管理的廉政教育基地或廉政教育展馆要运用好 VR、AR、MR 和全息投影等虚拟现实技术和仿真技术,强化廉政教育的媒介载体、形式内容对廉政教育对象的多维度感官冲击,形成廉政教育对象的感官沉浸。具身认知理论是揭示沉浸式体验的一个重要理论支撑,劳伦斯·夏皮罗(Lawrence Shapiro)在《具身认知》一书中将具身认知的三个主要观点概括为概念化(conceptualization)、替代(replacement)和构成(constitution)[3],为揭示沉浸式体验中认知、身体和环境之间的关系提供了一个理论分析框架。具身认知理论认为,认知、身体和环境三者是一个完整的整体,认知具有涉身性,依赖于身体与环境的交互,外部环境对身体产生的感官刺激影响人的认知。[4] 廉政教育对象的身体感官,是其接收廉政教育的媒介载体、形式内容所产生的外部刺激并将其转化为廉政教育对象的清廉认知的中介桥梁。感官沉浸主要指感官信息带来的沉浸感,包括各类可以获得信息的形式,如视、听、触、嗅、味以

[1] 参见徐铷忆等:《境身合一:沉浸式体验的内涵建构、实现机制与教育应用——兼论 AI + 沉浸式学习的新场域》,载《远程教育杂志》2021 年第 1 期。

[2] 参见李梦琰:《"体验式"廉政教育:理论机理、现实困境与优化路径》,载《复旦城市治理评论》2021 年第 1 期。

[3] 参见[美]劳伦斯·夏皮罗:《具身认知》,李恒威、董达译,华夏出版社 2014 年版,第 4 ~ 5 页。

[4] 参见艾兴、李苇:《基于具身认知的沉浸式教学:理论架构、本质特征与应用探索》,载《远程教育杂志》2021 年第 5 期。

及本体知觉。[1] 鉴于此,监察委员会对公职人员进行廉政教育时,应以综合性的廉政教育基地或廉政教育展馆为依托,借助图文布展、主题造型、多媒体演示、动漫、微视频、主题影院和立体音响等多种廉政教育媒介载体,运用艺术手法与创新形式,营造出光、声、色、像动静结合的情境氛围,对廉政教育对象形成强烈的视听冲击和感官震撼,使廉政教育对象全身心置于富有感染力和震撼力的廉政教育场景之中,在看、听、感、悟中接受廉政教育和精神洗礼。在实践层面,有的地区和单位在设计和建设廉政教育基地时已经开始探索将声光电技术运用于廉政教育的情景布置和内容展示之中。比如,河南省郑州市郑东新区廉政警示教育基地运用声光电技术,采用自动讲解和灯光控制系统,点、线、面结合,设置了“万丈深渊”“如履薄冰”“欲望之树”“警钟长鸣”等互动体验区,以棋盘人生、积木人生、贪腐之门、廉洁之门、廉洁柱和耻辱柱等寓意深刻的造型,打造出一个集警示性、教育性、知识性于一体的廉政警示教育体验空间。[2] 由于不同时期建设的廉政教育基地和廉政教育展馆对先进信息技术、数字化手段的运用水平有所不同,除了运用多媒体展示、微视频和主题影院等较为常规的数字技术手段以外,还要善于利用 VR、AR、MR 和全息投影等更为先进的虚拟现实技术和仿真技术对廉政教育基地和廉政教育展馆等廉政教育场所进行升级改造,精心打造具有更强沉浸感、更高感染力的廉政教育基地和廉政教育展馆,对于监察委员会提升对公职人员的廉政教育效果具有重要的现实意义。

第二,从情感沉浸来看,监察委员会公职人员开展廉政教育,既要在技术层面通过娴熟运用声光电技术强化廉政教育基地和廉政教育展馆的氛围塑造和情境渲染,又要在内容层面强化廉政教育内容的情节设置、叙事设计与交互体验,推动廉政教育对象增强角色代入和情绪投入,在廉政教育中形成沉浸式的情感体验。

与感官沉浸的形成需要借助先进的技术手段不同,情感沉浸的形成更依赖廉政教育对象“个人主观的投入程度,注意力的集中状态”[3]。要实现公职人

---

〔1〕 参见徐锄忆等:《境身合一:沉浸式体验的内涵建构、实现机制与教育应用——兼论 AI + 沉浸式学习的新场域》,载《远程教育杂志》2021 年第 1 期。

〔2〕 参见丁洁、王剑慧:《警示教育基地一隅》,载《中国纪检监察报》2020 年 12 月 23 日,第 7 版。

〔3〕 徐锄忆等:《境身合一:沉浸式体验的内涵建构、实现机制与教育应用——兼论 AI + 沉浸式学习的新场域》,载《远程教育杂志》2021 年第 1 期。

员完全沉浸于廉政教育之中的体验状态,监察委员会除了要善于运用虚拟现实技术及其他新兴技术营造具有氛围感和感染力的沉浸式空间,还要在增强廉政教育内容的情节设置、叙事设计与交互体验上下功夫。有研究表明,这种由内容情节引发的情感交互与场景空间的交互不同,情感上的交互通过建立有效的引导,使参与者对虚拟空间和内容产生信任感并建立身份认同,以达到情感上的"在场"与共鸣。再进一步巧妙运用音效、人物演绎等方式,对周围环境进行渲染,促使参与者产生共情与忘我。[1] 廉政教育能否取得实效的关键,在于是否能直抵心灵、触及灵魂、引发共鸣,使警示教育入脑入心,植根心底,破除"事不关己"的"看客"心态。监察委员会推动公职人员在廉政教育中形成沉浸式情感体验,应在增强廉政教育内容的情节性、故事性和触动性上持续发力。监察委员会可采取感人至深、富有张力的情节设置和深入浅出、娓娓道来、善于抓住矛盾冲突的叙事方法,对违纪违法典型案例进行真实故事还原乃至艺术加工,采取播放贪腐官员忏悔录、制作廉政教育情景剧等多种形式,将违纪违法官员初次腐败时的痛苦内心挣扎、多次腐败后担心被发现的紧张焦虑、被查处后发自肺腑的懊恼悔恨和在忏悔时对廉政教育对象的警告提醒等情绪爆发点立体化地呈现出来,采用虚拟成像技术由违纪违法官员对警示教育对象发出灵魂叩问,引发廉政教育对象强烈的内心触动、真切的情感共鸣和深刻的自我拷问,在沉浸式情感体验中强化对清正廉洁的情感认同和对贪污腐败的内心拒斥。

三、提高监察建议的科学性和执行力

"善除害者察其本,善理疾者绝其源。"2023 年 1 月,习近平总书记在二十届中央纪委二次全会上指出:"要在不能腐上深化拓展,前移反腐关口,深化源头治理,加强重点领域监督机制改革和制度建设,健全防治腐败滋生蔓延的体制机制。"[2] 提出制度完善类监察建议,是监察委员会将正风肃纪反腐与深化改革、完善制度、促进治理贯通起来的有效方式,是监察委员会推动监察对象所

---

〔1〕 参见徐铷忆等:《境身合一:沉浸式体验的内涵建构、实现机制与教育应用——兼论 AI + 沉浸式学习的新场域》,载《远程教育杂志》2021 年第 1 期。

〔2〕 《习近平在二十届中央纪委二次全会上发表重要讲话强调 一刻不停推进全面从严治党 保障党的二十大决策部署贯彻落实》,载《人民日报》2023 年 1 月 10 日,第 1 版。

在单位健全防治腐败滋生蔓延的体制机制的重要举措,制度完善类监察建议的科学性和执行力,直接影响被建议单位深化公权力腐败的源头治理的质量和效果。鉴于此,十九届中央纪委四次全会工作报告要求:“用好纪检监察建议有力武器,以纪法刚性约束推动问题一项一项整改到位。”[1]监察委员会深化对公权力腐败的源头治理,用好制度完善类监察建议这一反腐败治本的“制度利器”,应坚持问题导向和效果导向相统一,着力提高监察建议的科学性和执行力,充分释放制度完善类监察建议的预防腐败治理效能。

(一)将科学性标准贯穿监察建议制发全过程

科学性是衡量监察建议质量的首要标准,也是影响监察建议的贯彻落实效果的关键因素。一份具有科学性的制度完善类监察建议,应具备合理性、针对性、具体性和可行性等特质,符合公权力腐败防治的一般规律、被建议单位的客观实际和廉政制度建设的形势任务发展变化,在对被建议单位发生公权力腐败的深层次根源进行精准深入剖析的基础上,有针对性地提出督促被建议单位完善廉政制度的务实管用的监察建议。监察委员会向监察对象所在单位提出监察建议,是整个监察建议工作有效运行输出的“结果”,监察建议的质量受监察建议工作程序各个运行环节的具体影响。提升监察建议的科学性,应当将科学性标准贯穿监察建议工作全过程。参照西藏自治区纪委监委发布的《关于进一步规范纪检监察建议工作的意见》、甘肃省纪委监委制定的《纪检监察建议工作规程》等规范性文件关于监察建议工作程序的规定,监察建议工作程序主要包括起草、审批、印制备案、送达和跟踪督办等环节,在上述各个环节中,除了印制备案和送达环节侧重于监察建议书的形式审核和程序正当性以外,起草、审批和跟踪督办都会对监察建议的质量产生直接或间接的影响。提升监察建议的科学性,应着重将科学性标准贯穿于监察建议的起草、审批和跟踪督办环节之中。

1. 深入开展调查研究,为起草科学的监察建议提供充分的信息支撑

习近平总书记指出:“现在的交通通信手段越来越发达,获取信息的渠道越

---

[1] 赵乐际:《坚持和完善党和国家监督体系　为全面建成小康社会提供坚强保障——在中国共产党第十九届中央纪律检查委员会第四次全体会议上的工作报告》,载《中国纪检监察》2020 年第 5 期。

来越多,但都不能代替领导干部亲力亲为的调查研究。因为直接与基层干部群众接触,面对面地了解情况和商讨问题,对领导干部在认识上和感受上所起的作用和间接听汇报、看材料是不同的。"[1]2023 年 3 月,中共中央办公厅印发的《关于在全党大兴调查研究的工作方案》指出:"必须坚持问题导向,增强问题意识,敢于正视问题、善于发现问题,以解决问题为根本目的,真正把情况摸清、把问题找准、把对策提实,不断提出真正解决问题的新思路新办法。"[2]就调查研究的目标任务而言,"开展调查研究,就是要寻找真实性、把握规律性、增强科学性"[3],这与提高监察建议的科学性的目标高度契合。监察委员会是党的政治机关,在深入开展调查研究贯彻落实"真正把情况摸清、把问题找准、把对策提实"[4]的任务要求时,需要监察委员会负责起草监察建议的具体承办部门在深入调查研究的基础上,认真起草"调查中发现的主要问题及其产生的原因""整改建议、要求和期限"这两项监察建议书中的重要内容。深入实地开展调查研究,为监察委员会负责起草监察建议的具体承办部门与被建议单位的廉政制度执行主体、廉政制度运行环境搭建近距离接触的中介桥梁,"要提出针对性、可行性强的监察建议,扎实的调查研究工作不可或缺"[5]。

为准确揭示监察对象所在单位廉政制度建设存在的具体问题及其复杂成因,监察委员会应深入监察对象所在单位规章制度运行的具体环境和具体流程之中,通过开展调查研究全方位了解监察对象所在单位廉政制度的具体特质、运行环境和制度制定主体、制度约束对象等各类"制度相关人"的思想观念、价值理念和素质能力,摒弃仅仅在办公室中对监察对象所在单位的廉政制度进行静态的文本分析的传统做法。中国香港特别行政区廉政公署防贪处在几乎每一次防贪审查中,都要深入相关部门进行调查。这项工作并非仅仅坐在办公室内阅览一些政策、法规、工作程序等书面文件,而是要深入某些特定的地点和环境中进行调查取证。比如调查在殡葬中出现的贪污漏洞。防贪分析师要根据

---

[1] 习近平:《谈谈调查研究》,载《党建研究》2011 年第 12 期。

[2] 《中办印发〈关于在全党大兴调查研究的工作方案〉》,载《人民日报》2023 年 3 月 20 日,第 1 版。

[3] 刘西忠:《中国共产党调查研究传统的百年赓续与国家治理现代化决策信息系统耦合》,载《江苏社会科学》2021 年第 6 期。

[4] 刘西忠:《中国共产党调查研究传统的百年赓续与国家治理现代化决策信息系统耦合》,载《江苏社会科学》2021 年第 6 期。

[5] 段相宇:《用好监察建议　推动深入整改》,载《中国纪检监察报》2018 年 9 月 11 日,第 2 版。

殓葬程序逐步调查。首先到医院,然后跟随死者到殓房、验尸房、殡仪馆、火葬场等地实地观察、调查殡葬活动的实际工作情况[1]。借鉴中国香港特别行政区廉政公署防贪处开展防贪审查工作的上述做法,监察委员会针对监察对象所在单位廉政制度建设存在的问题提出制度完善类监察建议,应由负责起草监察建议的具体承办部门组织骨干力量,深入被建议单位开展实地调研。

第一,就调查研究的方式而言,监察委员会负责起草监察建议的具体承办部门可以就监督检查和审查调查中发现的被建议单位廉政制度建设中存在的问题,与被建议单位各类相关主体开展面对面的集体座谈、一对一的深度访谈,多渠道了解被建议单位廉政制度的具体缺陷、廉政制度执行的现实梗阻及其复杂成因,以及廉政制度运行的具体环境,对被建议单位的廉政制度情况进行全方位的分析和诊断,从而提出具有科学性、针对性和可行性的监察建议。必要时,监察委员会可组织协调监督检查、审查调查等内设职能部门、被建议单位派驻或者派出监察机构、被建议单位等多方主体组成监察建议起草工作专班,就被建议单位廉政制度建设存在的问题开展联合调研、集体会商,集中相关各方的资源力量,合力起草高质量的监察建议草案。比如,在查处某省属国有企业系列腐败案后,甘肃省纪委监委相关监督检查室、审查调查室与发案单位一道组织专班,围绕企业生产运营中的重点领域、关键环节开展调研,深挖症结、查找漏洞,系统梳理出该企业全面从严治党不力、民主集中制破坏严重、盲目决策投资项目等七个方面、二十二个问题,提出健全完善制度和净化修复政治生态等方面的纪检监察建议。[2]

第二,就调查研究的具体内容而言,理论是实践的先导,新制度主义政治学提出的“制度—制度相关人—制度运行环境”[3]这一分析制度有效性的综合性理论框架,为监察委员会在深入开展调查研究过程中对监察对象所在单位进行全面深入的制度分析奠定理论基础。廉政制度由人来制定和执行,并处于错综复杂的运行环境之中,脱离制度相关人和制度运行环境的制度分析很容易停留

---

〔1〕 参见陈冰:《香港廉政公署的预防腐败机制研究》,湘潭大学 2014 年硕士学位论文。

〔2〕 参见王彬:《甘肃省纪检监察机关用活用好纪检监察建议　找准症结　开准药方》,载中央纪委国家监委网,https://www.ccdi.gov.cn/yaowenn/202301/t20230111_241071.html。

〔3〕 王立峰、吕永祥:《新制度主义政治学视角下制度治党的现实梗阻与发展进路》,载《河南社会科学》2017 年第 7 期。

在表面。

首先,在制度层面,监察委员会在开展调查研究时要在制度文本层面深入分析监察对象所在单位规章制度的科学性、合法性和有效性。在“制度”中找原因,针对突出问题,从被建议单位内控制度、工作程序和岗位职责等方面入手,深挖背后存在的制度机制漏洞,剖析案件背后的行业性、系统性和领域性风险。[1] 在制度执行层面,监察委员会要实地观察监察对象所在单位各项廉政制度运行的全部流程和具体细节,深入挖掘廉政制度执行主体在每一个运行流程中可能利用的制度缺陷主要有哪些,以及利用该制度缺陷以权谋私的具体手段和详细策略主要有哪些,从而为起草监察建议书中的“调查中发现的主要问题及其产生的原因”这一部分提供翔实、准确的第一手素材。在“事”中找原因,对照事发整个过程,对决策部署、协调调度、具体落实等环节全链条认真查摆,找出问题根源。[2] 比如,监察委员会针对监察对象所在单位招投标制度存在的问题提出监察建议时,应抽调对该单位进行日常监督的监督检查室和对被建议单位进行近距离、全天候的派驻监督的派驻纪检监察组等监督主体的骨干力量组成专题调研组,深入监察对象所在单位实地观察招投标制度运行的每一个流程,准备揭示招标计划的编报、招标方式的确定、招标文件的拟定、投标单位的入围、评标、定标和合同的签订与履行等招投标制度每一个运行环节中隐藏的腐败机会和制度缺陷。凭借对监察对象所在单位招投标制度运行流程的实地观察、全流程分析,以及对被建议单位违纪违法官员的腐败动机与利用招投标制度的内在缺陷进行以权谋私的腐败手段的准确揭示,监察委员会负责起草监察建议的具体承办部门便能够准确把握被建议单位招投标制度的内在缺陷及其中隐藏的腐败机会,在综合听取审查调查部门、案件审理部门和被建议单位等多方主体的制度完善建议的基础上,提出具有具体性、针对性和可行性的监察建议,以督促被建议单位进一步完善招投标制度,消除其中隐藏的廉政风险点。

其次,在制度相关人层面,深入被建议单位开展集体座谈、一对一深度访谈

---

〔1〕 参见山东省泰安市纪委监委第一监督检查室:《用好用足纪检监察建议》,载《中国纪检监察报》2022年9月29日,第7版。

〔2〕 参见山东省泰安市纪委监委第一监督检查室:《用好用足纪检监察建议》,载《中国纪检监察报》2022年9月29日,第7版。

和调查走访，认真听取被建议单位的廉政制度制定主体、廉政制度执行主体和廉政制度约束对象等各类制度相关人对被建议单位廉政制度的科学性、可行性和运行效果的真实评价，为准确揭示被建议单位廉政制度存在的内在缺陷、执行梗阻提供真实的问题线索。在"人"上找原因，聚焦案件暴露出的突出问题，从涉案人员的理想信念、工作作风和宗旨意识等方面深入剖析，深层查找其履职不到位、责任不落实的原因。[1]

最后，在制度运行环境层面，监察委员会负责起草监察建议的具体承办部门在实地调研过程中，应与被建议单位党委(党组)、常驻被建议单位的派驻纪检监察机构等相关主体加强沟通联络、协调配合，共同对被监察单位的政治生态特别是廉洁生态进行精准画像，深入剖析被建议单位是否存在不利于廉政制度严格贯彻执行的好人主义、特权思想等错误思想文化倾向，有针对性地提出推动被建议单位涵养风清气正的政治生态、发展积极健康的政治文化的有效举措，为被建议单位各项廉政制度的落地见效提供有力的"软环境"支撑。

2. 健全监察建议草案的集体会商与民主协商程序，以科学决策、民主决策提升监察建议质量

(1)健全监察建议草案的集体会商，以科学决策提高监察建议质量

"在现代社会系统中，由于知识和资源被不同组织掌握，采取集体行动的组织必须要依靠其他组织"[2]，科学决策的一个重要前提就是掌握有用信息和相关知识的行动主体都能够参与到决策程序当中，在协同配合中共同提高公共决策的科学性水平。在协同治理的整体框架之下实现不同行动主体的优势互补与协调合作，是大规模组织提升决策科学性的有效路径。协同治理指的是来自公共和私人机构的多方行动人一起制定、执行和管理规则，为共同面对的挑战提供长期解决方案的过程。[3] 在国家治理和社会治理日益复杂化、专业化的背景下，各个国家机关既要进行职能的专业化配置、机构的专业化设置、工作的专门化分工，以提高公共治理的专业化水平，又要为解决单个部门无法或很难

---

〔1〕 参见山东省泰安市纪委监委第一监督检查室：《用好用足纪检监察建议》，载《中国纪检监察报》2022年9月29日，第7版。

〔2〕 李汉卿：《协同治理理论探析》，载《理论月刊》2014年第1期。

〔3〕 See Simon Zadek, *The Logic of Collaborative Governance: Corporate Responsibility, Accountability, and the Social Contract*, Harvard University, 2006, p. 3.

独立解决的复杂问题而加强与其他公共治理主体的协同配合,以集体决策、统一行动破解棘手的复杂公共问题。

科学决策要求各个决策参与主体的协同配合,协同治理中的跨部门合作、多主体协同理念,同样适用于监察委员会开展的国家监察工作。起草监察建议,是一项具有很强专业性和高度复杂性的监察工作。在各类监察建议中,与侧重于纠正公职人员用权履责的行为偏差的具体性监察建议相比,制度完善类监察建议属于抽象性建议的范畴。[1] 该类监察建议不仅涉及面较广,而且通常针对的是公权力腐败发生的制度根源问题,要求监察委员会从对发案单位的典型个案乃至类案的深刻剖析中形成对公权力腐败行为防治的规律性认识,对被建议单位完善廉政制度提供具有针对性和可行性的意见建议,因而难度系数也相对较高。起草涉及面广、专业性强、复杂度高的制度完善类监察建议,以"发出一份建议、解决一类问题、完善一批制度、推进一域治理"为目标任务,需要监察建议起草主体具备"'一叶知秋'、以小见大、举一反三的推导能力,即能从偶然推导出必然,从个体推导出群体,从局部推导出全局,从特性推导出共性,从现象推导出规律"[2],这通常并非掌握相对有限的知识和信息的监察建议承办部门所能够独立完成的,而是需要监察建议承办部门与监察委员会的其他内设职能部门、派驻机构、被建议单位和相关领域的专家学者等相关主体加强信息共享与知识互补。

从经验借鉴的角度看,中国香港特别行政区廉政公署之所以能够对政府机关和公共部门的规章制度卓有成效地开展防贪审查工作,在很大程度上正得益于防贪处和行动处之间的协同配合。"廉署的执行处每调查完一次案件,都要撰写一份报告交由防贪处进行研究,即使是在案件调查过程中,防贪处也可以随时介入,对相关单位的工作程序及常规进行审查,防止损失的扩大。"[3]在监察委员会坚持走人员、机构和编制"三个不增加"的内涵式发展道路的情况下,监察委员会提升监察建议的科学化水平的一个可行举措,就是将各个内设职能部门和派驻机构的资源与力量充分整合起来。监察委员会作为中国特色监察

---

[1] 参见周维栋、汪进元:《监察建议的双重功能及其宪法边界》,载《法学评论》2021 年第 5 期。

[2] 程文浩:《预防腐败》,清华大学出版社 2011 年版,第 159 页。

[3] 陈冰:《香港廉政公署的预防腐败机制研究》,湘潭大学 2014 年硕士学位论文,第 13 页。

机关，是一个上下协调、左右联动、内外配合的政治系统，在起草监察建议的过程中需要处理好上下、左右、内外的关系。在协同治理的框架之下，参与监察建议起草的各个相关主体具有互补性的知识、信息和功能作用，参与者通过从不同视角观察问题的各个侧面，建设性地探索其差异并寻求超越自身视域局限的解决之道〔1〕。

就监察建议各个起草主体之间的集体会商而言，监察委员会在起草涉及面广、专业性强、复杂度高、敏感性强的制度完善类监察建议时，既需要确定起草监察建议的具体承办部门由其来牵头负责，同时也需要健全监察建议具体承办部门与其他内设职能部门、派驻机构之间的信息共享、沟通配合与集体会商机制，整合监察机关内部参与监察建议起草工作的多元主体的专业知识与智力资源，合力提高监察建议的科学性。比如，监察委员会的监督检查部门在具体承办监察建议的起草工作时，要主动加强与审查调查部门、案件审理部门、政策法规研究部门、党风政风监督部门和被建议单位派驻监察机构等相关部门的沟通交流与协调配合，对于涉及面广、专业性强、复杂度高的监察建议的起草工作，建立健全集体会商机制，集中多个专业部门所掌握的重要信息和专业知识，更加深入分析研判监察对象所在单位在廉政制度建设方面存在的问题及其复杂成因，在集思广益的过程中共同提出推动监察对象所在单位完善规章制度的可操作性建议，从而进一步提高监察建议的科学性。在根据监督结果向监察对象所在单位提出监察建议的过程中，还要发挥好党风政风监督部门在监察监督中的综合协调作用，厘清监察建议起草工作中监督检查部门、派驻监察机构的角色分工，建立“室组”联动监督，共同参与监察建议起草的联动机制。在根据调查结果向监察对象所在单位提出监察建议的过程中，应在由审查调查部门具体承办监察建议起草工作的同时，明确案件监督管理部门作为纪检监察建议工作综合协调指导部门，加强综合协调、监督管理、分析评估，及时提出改进和加强纪检监察建议工作的意见，进一步提高纪检监察建议的精准性。〔2〕

〔1〕 See Barbara Gray, *Collaborating: Finding Common Ground for Multipart Problems*, Jossey-Bass, 1989, p. 5.

〔2〕 参见贵州省纪委监委课题组：《用好纪检监察建议有力武器》，载《中国纪检监察报》2021年9月2日，第7版。

(2)加强监察建议草案的民主协商,以民主决策提升监察建议科学性

协同治理的一个重要特征,就是公共治理过程的开放性。"开放性,与封闭性相对,是指为了解决复杂性的公共问题,需要那些具有相关知识和利益关系的组织或个人参与讨论决策过程。"[1]公共治理主体在作出影响治理对象的重要决策之前,需要征求治理对象的意见建议,这不仅是提高决策民主化水平的内在要求,而且符合追求程序正义的现代法治原则。所谓民主是指在社会管理体制中社会成员大体上能直接或间接地参与或可以参与影响全体成员的决策[2],民主决策要求受公共政策影响的各类行动主体都能够直接或间接地参与到公共政策的制定过程当中。"监察建议不是强人所难,要对监察对象所在单位实际情况和地区经济发展水平综合考量,监察委员会在发出监察建议前与监察对象所在单位会商,征求其意见,共同研究制定整改措施,有助于确保监察建议'落地生根',形成的制度务实、管用。"[3]监察委员会在向监察对象所在单位正式发出监察建议之前,就监察建议草案的相关内容征求被建议单位的意见建议,符合民主决策的精神实质和实践要求。

从经验借鉴的角度看,香港特别行政区廉政公署防贪处的防贪分析师在将防贪审查报告提交给防止贪污咨询委员会审阅之前,通常都会主动与防贪审查报告的"顾客部门"(client department)进行沟通交流,就防贪审查报告的一些细节问题与其进行商讨,争取"顾客部门"对防贪审查建议的认同支持和积极配合,从而推动防贪审查建议得到严格贯彻落实。[4] 监察委员会对监察对象所在单位提出的监察建议与香港特别行政区廉政公署防贪处提出的防贪审查建议在内容、效果等方面具有高度的相通性。虽然依据《中华人民共和国监察法》第62条的规定,监察委员会向监察对象所在单位提出的监察建议具有法律约束力,监察对象所在单位无正当理由不得拒绝采纳。但是这并非意味着起草监察建议仅是监察委员会的单方面工作,被建议单位在起草和适用监察建议的过程中仍然具有一定的主体性和能动性。在正式发出监察建议之前,加强与被建

〔1〕 田玉麒:《协同治理的运作逻辑与实践路径研究》,吉林大学2017年博士学位论文,第51页。

〔2〕 参见[美]科恩:《论民主》,聂崇信、朱秀贤译,商务印书馆1988年版,第10页。

〔3〕 徐伟民:《从四个方面入手提升监察建议质量》,载《中国纪检监察报》2018年12月26日,第8版。

〔4〕 See Melanie Manion, *Corruption by Design: Building Clean Government Mainland China and Hong Kong*, Harvard University Press, 2004, p. 48–49.

议单位之间的沟通交流,就监察建议的相关内容征求被建议单位党委(党组)的意见建议,不仅符合程序正义的原则,而且对于增强监察建议的科学性和执行力都具有重要意义。一方面,监察对象所在单位的很多业务工作和规章制度具有很强的专业性,监察委员会对监察对象所在单位的行业特点、专业知识、规章制度和运行情况等重要事项的了解往往不如被建议单位党委(党组)掌握得那么全面和准确,在正式发出监察建议之前,监察委员会加强与监察对象所在单位之间的沟通交流,有助于帮助监察委员会消除信息不对称、专业知识匮乏等问题,进一步完善监察建议中的问题成因剖析和问题整改措施等内容,防止监察委员会提出的监察建议因为脱离监察对象所在单位的客观实际而出现"水土不服"的情况。另一方面,在正式发出监察建议之前,监察委员会可以通过召开座谈会等方式,加强与监察对象所在单位的沟通交流,为被建议单位提供解释陈述机会,最大限度减少分歧、凝聚共识。监察建议提出主体与被建议单位就监察建议的内容达成共识,有助于增强被建议单位对监察委员会提出的监察建议的认同感,减少被建议单位对贯彻落实监察建议的抵触情绪,推动监察委员会提出的监察建议顺利转化为被建议单位完善其廉政制度的实践行动。

就监察委员会与被建议单位之间的互动而言,监察委员会负责起草,监察建议的具体承办部门应注意加强与被建议单位之间的沟通交流,就监察建议草案的相关内容与监察对象所在单位进行协商讨论,根据监察对象所在单位反馈的合理意见对监察建议草案的内容进行修正和完善,以提升监察建议的科学性。监察建议起草工作应当保持适度的开放性和包容性,让受监察建议影响的被建议单位有序参与到监察建议起草过程当中。就实践路径而言,在监察建议起草过程中,监察委员会加强与被建议单位之间的沟通交流,可以根据实际需要综合采取"请进来"和"走出去"两种方式。一方面,从"请进来"来看,在起草重要、复杂和敏感的监察建议的过程中,监察委员会负责起草监察建议的具体承办部门,可以视情况邀请被建议单位的党委(党组)领导班子成员、内设职能部门负责人和业务骨干等相关主体加入监察建议起草组之中,充分发挥其了解具体情况、具有专业特长的优势,帮助监察建议起草组其他成员深入了解被建议单位存在的廉政制度缺陷及其形成的复杂成因,为提出问题整改措施提供有针对性的意见建议。另一方面,在监察建议草案成形之后,报监察委员会领导班子成员审批之前,负责起草监察建议的具体承办部门应当主动"走出去",深入被建议单位开展调查研究,通过召开座谈会、走访单位职工群众等多种方式,综合听取被建议单位党委(党组)领导班子成员、内设职能部门负责人、业务骨干和一线工作人员等相关各方的意见和建议,对监察建议草案中不合理的地方及时提出修改建议,推动监察建议草案更加符合被建议单位的客观实际和形势任务发展需要,提出的问题整改措施更加科学合理、切实可行。

3. 健全监察建议草案审批程序,严把监察建议质量关

监察建议起草工作不仅具有很强的专业性,而且具有鲜明的政治性,这是与监察委员会作为党的政治机关的性质定位相契合的。由于针对系统性问题、行业性问题提出的制度完善类监察建议,具有涉及面广、专业性强、复杂度高等特征,不仅对被建议单位有着直接而深刻的影响,而且有时涉及被建议单位的行业主管部门及其所在的行业领域,因而制度完善类监察建议的制发过程更要审慎稳妥、严格规范。由于监察委员会向监察对象所在单位提出的监察建议通常是以监察委员会的名义签发的,监察委员会要对监察建议的质量负责,并接受上级监察委员会、被建议单位对监察建议质量的评价,由监察委员会主要负责人对监察建议具体承办部门进行审核批准,不仅符合分级管理的组织原则和监察工作管理程序,而且能够为监察建议的质量增加一道审核把关程序,严防监察建议出现质量不高、误用滥用等问题。

《中华人民共和国监察法实施条例》第 205 条第 1 款规定:“监察机关依法向监察对象所在单位提出监察建议的,应当经审批制作监察建议书。”该规定将审批作为监察委员会向监察对象所在单位发出监察建议的前置性环节,从侧面揭示审批在监察建议工作程序中的重要地位。目前《中华人民共和国监察法》《中华人民共和国监察法实施条例》等监察法律法规尚未对监察建议的审核批准程序作出明确规定,在监察建议工作程序中如何对监察建议草案进行审核批准,仍有需要细化和完善的制度空间。

鉴于监察委员会对监察对象所在单位提出的监察建议与中国香港特别行政区廉政公署对被监督单位提出的防贪审查研究建议在内容、功能等方面具有较高的共通性,监察委员会在细化完善监察建议草案的审核批准程序时,可以借鉴中国香港特别行政区廉政公署在防贪审查研究建议的审核批准程序上的成熟做法与有益经验。中国香港特别行政区廉政公署采用调查、预防和教育三管齐下的腐败治理方略,预防腐败的职责主要由中国香港特别行

政区廉政公署下设的防贪处履行。根据《廉政公署条例》,防贪处的法定职责是:审查各政府部门及公共机构的工作常规及程序,并建议修订容易导致贪污的工作方法及程序。[1] 防贪处向政府部门和公共机构提供的防贪服务范围非常广泛,主要包括开展防贪审查研究、咨询工作和防贪专题工作坊三类。[2] 在这三类防贪服务中,防贪审查研究主要针对政府部门和公共机构的规章制度、工作方法和管理程序中存在的缺陷与廉政风险,以提交防贪审查研究建议的方式,帮助政府部门和公共机构完善其规章制度和管理程序,与监察委员会针对监察对象所在单位廉政制度建设存在的问题提出的制度完善类监察建议具有较高的共通性。防止贪污处的防贪审查研究工作流程依次包括收集资料、制定建议、委员会审阅、落实建议四个环节。[3] 为了保障对政府部门和公共机构提交的防贪审查研究建议的科学性和规范性,中国香港特别行政区廉政公署对防贪分析师提出的防贪审查研究建议先后设置了处室领导审批、防止贪污咨询委员会审阅等审批程序,对防贪审查研究建议的质量层层把关,防贪审查研究建议只有通过防止贪污咨询委员会审阅之后才能够送交被建议部门执行。[4] 借鉴中国香港特别行政区廉政公署对政府部门和公共机构提出的防贪审查研究建议的审批程序,以及各地各级监察委员会在规范监察建议草案的审批程序上进行的制度探索和有益经验,建立健全监察建议草案的审批程序,应从细化完善监察建议草案的审批程序和审批内容两个方面综合施策,以规范严格的监察建议草案审批制度,为提高监察建议的科学性提供有针对性的制度保障。

第一,从监察建议草案的审批程序来看,监察委员会要加强对监察建议特别是涉及面广、专业性强、复杂度高的制度完善类监察建议的归口管理,建立不同类型监察建议草案的分级分类审批程序。从监察建议草案的分级审批来看,对于由监察委员会的内设职能部门结合监督检查和审查调查等情况起草的监

---

〔1〕 参见《防止贪污处—法定职责》,载香港特别行政区廉政公署网 2022 年 7 月 14 日,https://www.icac.org.hk/sc/cpd/duty/index.html。

〔2〕 参见《防止贪污处—主要工作—公营机构》,载香港特别行政区廉政公署网 2019 年 8 月 27 日,https://www.icac.org.hk/sc/cpd/work/ps/index.html。

〔3〕 参见《防止贪污处—主要工作—公营机构》,载香港特别行政区廉政公署网 2019 年 8 月 27 日,https://www.icac.org.hk/sc/cpd/work/ps/index.html。

〔4〕 参见陈冰:《香港廉政公署的预防腐败机制研究》,湘潭大学 2014 年硕士学位论文,第 13 页。

察建议书,建立健全各承办部门起草、分管委领导审核、监察委员会主要负责人批准的分级审批制度,通过对监察建议草案的层层审核把关,保障监察委员会对监察对象所在单位提出的监察建议"立得住、行得通、管得了"。从监察建议草案的分类审批来看,考虑管理权限和条块关系的差异,根据监察建议草案的起草主体和适用对象的差异,监察建议草案的审批程序也有所不同。新疆维吾尔自治区纪委监委出台的《关于规范纪检监察建议工作的办法(试行)》第8条规定:"提出纪检监察建议,应当按照以下程序报批:(一)纪检监察机关承办部门结合监督检查和审查调查等情况拟制建议书,经部门负责人、同级纪委监委分管领导审批后,报同级纪委监委主要负责人批准,分别以纪律检查委员会和监察委员会名义制发建议书。需制发纪检监察建议书的,以纪律检查委员会和监察委员会名义印发。(二)派驻(派出)纪检监察机构向驻在部门党组(党委)、单位提出建议,经派驻(派出)纪检监察机构主要负责人审批,由对口联系部门审核并经纪委监委分管领导审批后,报纪委监委主要负责人批准,分别以派出它的纪律检查委员会和监察委员会名义制发建议书。(三)派驻(派出)纪检监察机构向驻在部门党组(党委)、单位管理的行业、系统有关党组织、单位提出建议,经派驻(派出)纪检监察机构主要负责人批准,统一以派驻纪检监察组(派出纪检监察工委)的名义作出,并向派出它的纪检监察机关对口联系部门报备。驻在部门党组(党委)、单位管理的行业、系统有关党组织、单位属于厅级的,提出建议的报批程序按照本条第(二)项执行。(四)没有实行派驻的自治区高校、国有企业纪委可以向管辖范围内的下级党组织提出纪律检查建议,经纪委书记批准,以高校、国有企业纪律检查委员会的名义作出,并向上级纪检监察机关对口联系部门报备。需要向高校、国有企业党委提出纪律检查建议的,审批程序按照本条第(二)项执行。监察专员根据授权,按照管理权限,参照派驻(派出)纪检监察机构的审批程序提出监察建议。(五)对指定管辖案件中需要提出纪检监察建议的,由承办纪检监察机关起草建议书,并报请指定管辖的纪检监察机关同意后,交具有管辖权的纪检监察机关提出。"[1]该规定较为全面地列举了不同类型不同层级监察建议草案的审批程序,为建立健全监察建议

---

[1] 《关于规范纪检监察建议工作的办法(试行)》,载新疆维吾尔自治区纪委监委网2020年11月12日,http://www.xjjw.gov.cn/show/525-147525.html。

草案的分级分类审批机制提供了重要的参考。

在"组组"协同监督、"室组"联动监督、"室组地"联合办案等新的工作机制不断发展起来的背景下,监察委员会根据多个机构共同参与的监督检查和案件查办结果,在对监察对象所在单位提出监察建议时,如何确定监察建议草案的起草主体?如何确定该类监察建议草案的审批主体和审批程序?在跨部门协同治理的情境下,由多部门共同参与的监察建议草案的审批程序仍有待予以细化完善。当起草涉及面广、专业性强、复杂度高的制度完善类监察建议时,监察委员会应加强对该类监察建议起草工作的归口管理,可效仿监督检查专题会、审查调查专题会的形式,组织协调监督检查、审查调查、案件审理和政策法规研究等各个内设职能部门与被建议单位派驻或者派出监察机构、监察专员的骨干成员成立工作专班,由监察委员会相关的分管或协管领导担任工作专班负责人,跨越各个内设职能部门与派驻机构的界限,整合监察建议起草力量,在集思广益、优势互补的过程中共同起草出科学合理、切实可行的监察建议草案。该类监察建议草案可采用工作专班负责人审核、监察委员会主要负责人批准的审批程序。监察建议起草工作专班负责人在起草涉及面广、专业性强、复杂度高的制度完善类监察建议的过程中,应就重要事项及时向监察委员会主要负责人请示汇报,加强监察委员会主要负责人对重要、复杂的监察建议的起草工作的过程领导。

第二,从监察建议草拟的审批内容来看,监察委员会对监察建议草案进行审核批准时,应将规范性、合法性、科学性作为监察建议草案的主要审核标准,严格把好监察建议草案的形式关、纪法关和内容关,严防监察建议出现滥用、误用和质量不高等问题。监察建议草案以监察建议书草案的形式呈现出来,是由抬头、体例格式和落款等形式要件与监督调查情况、问题及其成因剖析、问题整改建议和对问题整改情况的跟踪督办等实体要件组成的有机整体。规范性审核可由监察委员会办公室负责,主要审核名称使用是否适当,体例格式是否正确和表述是否规范等事项。合法性审核可由监察委员会的案件审理部门负责,主要审核监察建议草案的起草是否具有法律依据、是否符合提出监察建议的法定情形,以及监察建议草案中提出的纪法条款是否准确、充分。案件审理部门通过对监督检查事项和案件全貌深入分析研判,对文书中引用的党内法规和法律法规进行审核把关,确保建议内容依纪合法、操作有规、落实有据。[1] 科学性审核,可由起草监察建议草案的具体承办部门、案件审理部门和政策法规研究部门共同负责,主要审核监察建议草案对被建议单位廉政建设或履行职责存在的问题及其成因的分析是否深入具体、系统全面,提出的问题整改建议是否具有针对性、合理性和可行性。只有经历过事前审核的监察建议草案,才能进入监察委员会主要负责人的批准程序。对于具体承办部门起草的监察建议草案,经过审核和批准两道把关程序,推动监察建议草案的科学性、针对性和可行性进一步提升。

(二)以培训赋能与“外脑”赋能提升监察建议的科学性

1. 开展监察建议工作专题培训,提高监察建议起草主体的业务能力

起草监察建议,是一项具有较强专业性和较高复杂性的监察工作,考验监察建议制发主体的业务素质和履职能力。在推动纪检监察工作高质量发展的大背景下,各地各级监察委员会要运用好开展“能力作风建设年”“规范化法治化正规化建设年”等专项活动的有利契机,围绕高质量起草监察建议等纪检监察工作的重点难点问题开展培训教育,提高纪检监察干部的业务素质和履职能力。监察建议是将正风肃纪反腐与深化改革、完善制度、推进治理结合起来的重要载体,也是高质量做好纪检监察工作的一个重要的业务领域。监察委员会可探索举办规范用好监察建议起草专题培训会,将其纳入纪检监察干部教育培训工作计划。

第一,从监察建议起草工作专题培训的内容来看,监察委员会应组织各类监察建议承办部门共同参与到监察建议起草工作专题培训当中,聚焦监察建议起草工作中的重点难点热点问题,重点围绕起草监察建议如何开展前提准备、如何撰写监察建议书、在监察建议起草过程中如何开展集体会商、监察建议草案如何规范履行审核批准程序等开展专题培训,深入解决有的监察建议起草主体不善于起草监察建议、监察建议质量不高等问题。

第二,就监察建议起草工作专题培训的方式而言,监察委员会可组织监察

---

[1] 参见王彬:《甘肃省纪检监察机关用活用好纪检监察建议　找准症结　开准药方》,载中央纪委国家监委网,https://www.ccdi.gov.cn/yaowenn/202301/t20230111_241071.html。

建议起草部门负责人和业务骨干，围绕如何起草监察建议这一主题亲身授课，综合运用专题研讨、提问互动、个案分析、理论研讨、案审观摩和实践锻炼等多种教学方式〔1〕，穿插纪法规定、真实案例、具体细节和个人经验体会，就起草监察建议的价值意义、疑难问题、难点堵点、意见建议和经验做法等内容进行重点讲解，在起草重要复杂的监察建议的过程中进行实战实训，提高监察建议起草主体的理论素养与实战能力。针对基层纪检监察干部在起草监察建议过程中存在的畏难情绪、本领恐慌等问题，可探索编制监察建议工作行动手册，为基层纪检监察干部制发监察建议提供专门指导，采取专题研讨、集中轮训、跟班学习和以案代训等多种举措，提高基层纪检监察干部对监察建议的起草水平和运用能力。

2. 充分发挥“外脑”的决策咨询工作，为提升监察建议质量提供智力支撑

习近平总书记指出：“智力资源是一个国家、一个民族最宝贵的资源。我们进行治国理政，必须善于集中各方面智慧、凝聚最广泛力量。改革发展任务越是艰巨繁重，越需要强大的智力支持。”〔2〕在当今社会公共治理的复杂性、跨界性和不确定性日益增强的背景下，公共决策涉及的领域广、知识宽、变量多、风险大〔3〕，使公共政策制定者对作出科学决策所需要的信息和知识的需求急剧增长。根据西蒙的有限理性决策理论，在错综复杂、涉及面广、专业性强的公共政策面前，决策者所掌握的信息与知识是相对有限的。在社会分工和社会管理日益专业化和精细化的背景下，信息获取和知识供给的渠道和途径具有多元性，仅靠党政机关内部设置的政策研究机构等“内脑”的力量难以完全实现信息、知识和思想的充分供给。在这种情况下，为满足科学决策对海量信息和完备知识的迫切需求，具备大量的前沿信息、丰富的专业知识和前瞻性的发展眼光的“外脑”应运而生，并在与其他众多的信息机构、咨询机构和研究机构的竞争中脱颖而出，“成为不可替代的决策咨询主体”〔4〕。

---

〔1〕 参见宫铭、王希鹏：《纪检监察干部教育培训：价值导向与现实路径》，载《廉政文化研究》2015 年第 1 期。

〔2〕 《中央深改组第六次会议：运用法治思维和法治方式推进改革》，载中国政府网，https://www.gov.cn/xinwen/2014-10/27/content_2771283.htm。

〔3〕 参见卢文超：《政府决策如何向智库借智》，载《人民论坛》2017 年第 12 期。

〔4〕 张欣、王飞跃：《内在契合与耦合共进——智库与公共治理的内生关系》，载《中国行政管理》2017 年第 4 期。

“外脑”是相对于“内脑”而言的，“指存在于该事物之外并对其有智力辅助作用的另一独立事物”[1]。“外脑”和“内脑”都具有决策咨询等决策支持功能，区别在于它们与公共决策机构之间是否有隶属关系。“所谓‘外脑’是指这样一些机构或个人，他们以提供咨询或主动建议为手段，将其知识、经验和才智应用于决策研究工作，用输出智力成果的形式为决策者服务，其活动的根本目的，是协助决策者提高决策质量。”[2]“外脑”有不同的表现形式，在组织层面表现为“思想库”“智囊团”“智库”，在个体层面表现为相关领域和行业的专家学者。

在起草监察建议特别是涉及面广、专业性强、复杂度高的制度完善类监察建议的过程中，作为监察委员会的“内脑”的政策法规研究部门与作为“外脑”的特约监察员、相关领域的专家学者相互补充、相辅相成，共同为监察委员会对监察对象所在单位提出监察建议提供充分信息和专业知识的有力支撑。与各地各级监察机关在起草监察建议特别是重大、复杂的监察建议的过程中比较重视发挥政策法规研究部门的专业知识优势相比，特约监察员和相关领域专家学者在起草监察建议中的重要作用有待得到足够重视和充分发挥。特约监察员和相关领域专家学者作为“外脑”所具备的自主性、专业性等特征以及在公共决策中发挥的预测功能、分析功能、论证功能、设计功能、储存功能、反馈功能和人才输送功能，构成对“内脑”的辅助和补充，为保障监察委员会提出的监察建议具有科学性、针对性和可行性提供充分的信息支持和重要的智力支撑。监察委员会从相关领域具有代表性和影响力的专家学者中聘请特约监察员，既是“外脑”发挥人才输送功能的重要体现，也是监察委员会在国家监察工作中发挥作为“外脑”的特约监察员的监督员、参谋员、联系员和引导员的重要作用的有效方式。在国家监察委员会公布的首届特约监察员名单中，不乏周光权、张明楷、卞建林、过勇、黄志雄等各行业领域的知名专家。按照2018年8月24日中央纪委国家监委印发的《国家监察委员会特约监察员工作办法》第9条第2项的规定，特约监察员履行的一项重要职责就是，“对制定纪检监察法律法规、出台重大政策、起草重要文件、提出监察建议等提供咨询意见”。监察委员会在起草涉及面广、专业性强、复杂度高的制度完善类监察建议的过程中，邀请相关行业领

[1] 熊金群：《论地方政府“外脑”的程序规制》，中南大学2013年硕士学位论文，第4页。
[2] 黄玉石：《论决策者“外脑”的涵义、基本属性与功能》，载《政治学研究》1986年第5期。

域的知名专家特别是其中的特约监察员对监察建议草案进行论证和研讨，不仅具有合法性，而且能够以其具备的丰富专业知识和前瞻性的发展眼光，为监察委员会起草监察建议提供重要的智力支撑，推动监察委员会起草的监察建议草案更具有科学性、针对性和可行性，防止或减少可能出现的失误。《国家监察委员会特约监察员工作办法》作出的特约监察员对提出监察建议提供咨询意见的规定，仍需要进一步予以细化和落实。就实践路径而言，各地各级监察委员会应从细化适用情形、创新工作机制、搭建活动平台等方面入手，为合理引入相关行业领域的专家学者、特约监察员对监察建议草案提供咨询意见提供保障机制。

从监察委员会与"外脑"的互动来看，监察委员会在起草监察建议特别是涉及面广、专业性强、复杂度高的制度完善类监察建议的过程中，要充分发挥相关行业领域的专家学者、特约监察员等"外脑"的决策咨询功能，为其对监察建议草案提供咨询意见细化适用情形、创新工作机制和提供活动平台。

第一，从细化适用情形来看，各地各级监察委员会在贯彻落实《国家监察委员会特约监察员工作办法》的过程中，应结合工作实际和客观需要，明确专家学者、特约监察员对监察委员会提出监察建议、提供咨询意见的适用情形，探索将专家论证、特约监察员提供咨询意见作为监察委员会起草涉及面广、专业性强、复杂度高的监察建议的一个重要程序。明确专家论证、邀请特约监察员提供咨询意见在监察建议起草工作程序中的地位作用与约束效力，推动监察建议起草部门对涉及的疑难复杂和专业性强的问题，主动向相关领域专家、资深从业者咨询和论证，做到问题找准、原因析透、措施定实、建议提精。[1]

第二，从创新工作机制来看，建立健全监察建议具体承办部门对口联络相关行业领域的专家学者、特约监察员的对口联系机制，建立常态化联系机制，推动监察建议起草部门在起草涉及面广、专业性强、复杂度高的监察建议的过程中，及时加强与相关行业领域的专家学者、特约监察员的沟通交流，认真听取相关行业领域的专家学者、特约监察员对监察建议草案主要内容的意见建议，充分发挥"外脑"的方案论证、方案优化等决策咨询功能，增强监察建议草案的科

---

〔1〕 参见江苏省溧阳市纪委监委课题组：《溧阳　用好用足纪检监察建议》，载《中国纪检监察报》2021年2月18日，第8版。

学性和"含金量"。建立健全重大事项征求意见、信息通报和文件抄送等沟通联络机制,为相关行业领域的专家学者、特约监察员对具体承办部门提出的监察建议草案提出咨询意见提供充分的信息支持。

第三,从搭建活动平台来看,依法依规以恰当的方式邀请相关行业领域的专家学者、特约监察员参与监督检查、审查调查和专项治理等业务活动,将专家学者、特约监察员参与监察建议起草工作的关口前移,为相关行业领域的专家学者、特约监察员对监察建议草案提供高质量的咨询意见奠定坚实的信息基础。不断丰富召开监察建议草案专家论证会、邀请特约监察员列席监察建议起草工作专门会议、上门走访座谈和设立"特约监察员开放日"等活动方式,为相关行业领域的专家学者、特约监察员对监察建议草案提供咨询意见提供灵活多样的活动平台,充分发挥其智力资源和人力资源优势,增强监察建议草案的科学性,确保监察建议提出的问题整改措施更具针对性和可行性。

(三)综合施策提高监察建议执行力

"从监察建议的重心在于'建议'来说,似乎建议提出之后的工作就已经委之于相关单位,在廉政自治权的遵守之下也不应该由监察机关直接插手介入。但是,如果仅仅只提出建议而无后续的贯彻落实,则无论监察建议的内容多么科学合理,这样的建议仍然只是一个建议而已,即呈现于外的只是监察机关履行了建议职责,但是建议背后所要解决的核心问题仍然悬而未决。"[1]监察委员会向被建议单位发出监察建议书以后,生效的监察建议的贯彻执行、跟踪督办、评估反馈和检查验收等监察建议工作程序的后续环节,事关监察建议的标本兼治效能能否顺利释放出来,影响监察建议的权威性、严肃性、有效性和公信力。"执行难"是公共政策执行、司法判决执行等公共管理过程遇到的一类常见问题,在监察建议适用领域同样存在,是妨碍监察建议的制度优势进一步转化为治理效能的症结之所在。对此,《中国共产党纪律检查机关监督执纪工作规则》第19条规定:"纪检监察机关对监督中发现的突出问题,应当向有关党组织或者单位提出纪律检查建议或者监察建议,通过督促召开专题民主生活会、组

---

[1] 陈伟:《监察建议在监察全覆盖中的表现形态与规范运行》,载《南京师大学报(社会科学版)》2020年第6期。

织开展专项检查等方式，督查督办，推动整改。”该规定关注到监察建议的执行力问题，为监察委员会推动被建议单位贯彻落实监察建议提供了方向指引和措施手段。理论是实践的先导，概念阐释又是理论建构的基础，提升监察建议的执行力，建立在厘清监察建议的执行力的理论内涵与影响因素的基础之上。从上文对监察建议执行力的三维分析框架分析可知，监察建议的执行力是监察建议制发主体和被建议单位在贯彻落实监察建议相关内容和要求的过程中进行相互作用、相互影响的结果，监察建议能否被有效执行既取决于监察建议制发主体贯彻执行监察建议的意愿和能力，也取决于被建议单位主动执行监察建议的意愿强度，受监察建议的科学性、针对性和可操作性等自身特质的影响，更取决于对监察建议执行落实情况的监督检查、跟踪督办和考核评价机制是否健全完善。提高监察建议的执行力是一项复杂的系统工程，需要从引导监察建议制发主体对执行监察建议形成正确认知与足够重视，增强被建议单位对监察建议的重视程度与贯彻落实力度，提高监察建议自身的合理性、具体性、针对性和可行性，以及建立健全监察建议的执行监控机制四个方面综合施策。

1. 引导监察建议制发主体对执行监察建议形成正确认知与足够重视

第一，从思想认识层面来看，监察委员会应将“全周期管理”理念运用于监察建议工作之中，将监察建议工作程序视为一个囊括监察建议的起草、提出、适用、跟踪、反馈和验收等环节的完整工作链条，防止有的监察建议制发主体出现“送达宣告完成”“反馈即告终结”等错误认识，推动监察建议制发主体将提出监察建议与推动被建议单位贯彻落实监察建议贯通起来。

党的十八大以来，习近平总书记开创性地将“全周期管理”运用于大城市治理、党风廉政建设等领域，推动中国共产党管党治党和治国理政的理念创新和实践创新。2022 年 6 月 17 日，习近平总书记在中共中央政治局第四十次集体学习时的讲话中指出：“一体推进不敢腐、不能腐、不想腐，必须三者同时发力、同向发力、综合发力，把不敢腐的强大震慑效能、不能腐的刚性制度约束、不想腐的思想教育优势融于一体，用‘全周期管理’方式，推动各项措施在政策取向上相互配合、在实施过程中相互促进、在工作成效上相得益彰。”[1]“提出纪律

[1] 《习近平在中共中央政治局第四十次集体学习时强调　提高一体推进“三不腐”能力和水平　全面打赢反腐败斗争攻坚战持久战》，载《人民日报》2022 年 6 月 19 日，第 1 版。

检查建议或者监察建议，既利于'医其受病之处'，又推动'塞其起弊之原'，是深化标本兼治的重要手段。"[1] 监察建议特别是制度完善类监察建议，是监察委员会推动反腐败标本兼治的"制度利器"，是监察委员会将案件查办与深化改革、完善制度结合起来的重要举措，为监察委员会一体推进不敢腐、不能腐、不想腐提供有效的监察手段。"全周期管理"又称"全生命周期管理"，是一种现代化管理理念和管理模式，注重从系统要素、结构功能、运行机制和过程结果等层面进行全周期统筹和全过程整合。[2] 将全周期管理理念运用于监察建议工作之中，不仅是纪检监察机关推动纪检监察工作高质量发展的现实要求，而且对于破除"把送达建议书作为重点"、整改报告"报来即结"[3] 等对监察建议工作程序的错误认识具有重要的现实意义。

监察委员会应组织监察建议承办部门深入学习习近平总书记关于全周期管理的重要论述，深刻理解全周期管理的核心要义、精神实质与实践要求，将全周期管理理念贯穿于监察建议工作全过程之中，"强化从源头到末梢的全过程管控、全流程监督、全要素覆盖"[4]，将监察建议的起草、审批、签发、适用、监督、反馈和终结作为一个完整的工作链条，以系统思维开展监察建议工作，强化对监察建议的全流程闭环管理，将监察建议的适用和生效视为对监察建议制发环节的延续和拓展，切实纠正重制发轻适用、重适用形式轻适用效果的错误倾向。

第二，从注意力分配来看，监察委员会应加强监察法律法规教育，教育引导监察建议制发主体树立法定职责必须为的法治理念，并将推动被建议单位贯彻执行监察建议作为从提出监察建议法定职责中衍生出来的重要职责，推动被建议单位增强贯彻执行监察建议的责任意识和担当精神。

"重制发轻执行"的注意力分配偏差，可通过正确的价值理念输入的方式予以纠正，教育引导监察建议承办部门以正确价值理念为指引赋予监察建议执行

---

[1] 李云舒、柴雅欣：《首次公布：2021 年全国纪检监察机关提出纪检监察建议 9.9 万份　对症下药促治理》，载中央纪委国家监委网，https://www.ccdi.gov.cn/yaowenn/202203/t20220302_175147.html。

[2] 参见宋伟：《以"全周期管理"一体推进"三不腐"》，载《中国纪检监察》2022 年第 15 期。

[3] 《高质量用好纪检监察建议》，载中央纪委国家监委网，https://www.ccdi.gov.cn/pln/202101/t20210127_16999.html。

[4] 宋伟：《以"全周期管理"一体推进"三不腐"》，载《中国纪检监察》2022 年第 15 期。

工作足够的重视程度。《中华人民共和国监察法实施条例》第 20 条规定:“监察机关应当以办案促进整改、以监督促进治理,在查清问题、依法处置的同时,剖析问题发生的原因,发现制度建设、权力配置、监督机制等方面存在的问题,向有关机关、单位提出改进工作的意见或者监察建议,促进完善制度,提高治理效能。”对该条款中的“应当”一词采用不同的语义解释,直接影响监察机关及其工作人员对向监察对象所在单位提出监察建议的法律行为的性质和后果的不同看法。凯尔森(Kelsen)认为:陈述一个人“应当”以某种方式行事,就意味着此行事方式是对一种规范的描述。[1] 在不同的使用语境中,“应当”具有不同的语义。伦理学家塞森斯格(Sesonske)通过对人们日常生活中使用“应当”一词的语境和语义的类型化发现,“应当”在实际生活中有两种很微妙的用法,一种适用于价值评价中称为“应当 e(evaluation)”,另一种适用于义务表述中称为“应当 o(obligation)”。[2] 在法律文本中,“应当”一词通常出现在倡导性条款、义务性条款等法律条款之中,具有作为道义性语词的“应当”和作为指令性语词的“应当”两种不同的表现形式[3],前者是指行为主体应该作出某种行为,否则就会接受否定性的道德评价,后者是指行为主体必须作出某种行为,否则就要承担否定性的法律后果。依据《中华人民共和国监察法》第 3 条和第 11 条的规定,监察委员会是行使国家监察职能的专责机关,依照本法和有关法律规定履行监督、调查、处置职责。按照“法定职责必须为”的法治原则,针对廉政建设和履行职责存在的问题,向监察对象所在单位提出监察建议,不仅是监察委员会对监察对象所在单位行使的一项重要的处置职权,而且是监察委员会必须履行的法定职责。向监察对象所在单位提出监察建议,并非监察委员会履行监察建议职责的终点,监察建议职责的履行贯穿于“发现问题、提出建议、签发送达、整改监督、了结反馈”的全流程链条之中。推动被建议单位严格贯彻落实监察建议,是从提出监察建议的法定职责中延伸出来的衍生职责,是监察委员会督促被建议单位整改问题、完善制度、促进治理的重要方式。

基于此,监察委员会在将“全周期管理”理念贯穿于监察建议工作之中的同

---

[1] See Hans Kelsen, *General Theory of Law & State*, Harvard University Press, 2006, p. 36.

[2] [美]塞森斯格:《价值与义务——经验主义伦理学理论的基础》,江畅译,中国人民大学出版社 1992 年版。

[3] 参见王波:《“应当”及相关用词在法律中的意义诠释》,载《法律方法》2016 年第 1 期。

时,还应对监察建议制发主体加强责任意识教育,教育引导监察建议制发主体严格贯彻落实“法定职责必须为”的法治原则,将提出监察建议和推动被建议单位严格贯彻落实监察建议作为监察建议工作的“一体两面”,树立“应当提出监察建议而没有提出监察建议是失职”“应当对监察建议落实情况进行跟踪督办而没有对监察建议进行跟踪督办是失职”等责任理念,增强推动被建议单位贯彻落实监察建议的积极性和主动性,在推动监察建议在被建议单位落地见效中勇于担当、积极作为。

2. 增强被建议单位对监察建议的重视程度与贯彻落实力度

“只有当一种制度达到这一程度时,才能说它是有效的:该制度的运作能促使行为体改变其行为,而在不存在该制度或该制度被其他制度安排替代的情况下则不然。”[1] 正如制度是否具有实效性取决于制度能否指引其调整对象作出制度规定的行为选择一样,监察建议的实效性在很大程度上取决于被建议单位贯彻落实监察建议的力度和效果。被建议单位只有严格按照监察建议的要求进行整改问题、深化改革和完善制度,监察建议的治理效能才能充分释放出来。《中华人民共和国监察法》第 62 条规定:“有关单位拒不执行监察机关作出的处理决定,或者无正当理由拒不采纳监察建议的,由其主管部门、上级机关责令改正,对单位给予通报批评;对负有责任的领导人员和直接责任人员依法给予处理。”该规定赋予监察委员会提出的监察建议较强的法律约束力,并以责任追究机制为后盾督促被建议单位严格贯彻落实监察建议,为推动监察建议落地见效提供了重要的保障机制。然而,被建议单位在监察建议面前并非完全消极和被动,在贯彻落实监察建议的过程中,在确定贯彻落实监察建议的时机、力度、范围、方向、方式和效果等方面仍然具有一定的能动性和自主选择空间。被建议单位对监察委员会提出的监察建议是否足够重视,对监察建议的法律效力是否有清晰准确的认识,都会对被建议单位贯彻落实监察建议的意愿和力度产生直接的影响。在贯彻落实监察建议的过程中,因为对监察建议不够重视和纪法意识淡薄等原因,出现对监察建议的不执行、象征性执行、消极性执行等问题,是削弱监察建议执行力的现实症结之所在。贵州省纪委监委围绕纪检监察建议

---

[1] [美]詹姆斯·N. 罗西瑙主编:《没有政府的治理》,张胜军、刘小林等译,江西人民出版社 2001 年版,第 187 页。

运用情况进行专题调研时发现，有的被建议单位对建议书整改事项不够重视，只做一些印发文件等象征性“留痕”工作，问题整改的方式方法较为浅显。还有的被建议单位纪法意识淡薄，对监察建议的性质定位、功能作用和法律效力的认识不深，甚至认为纪检监察建议只是一般性工作建议，没有纪法效力，执行不积极不认真，甚至打折扣、搞变通。[1]

鉴于此，监察委员会应该加强对行使公权力的公职人员及其所在单位的监察法律法规教育，推动各监察对象所在单位将《中华人民共和国监察法》《中华人民共和国监察法实施条例》等监察法律法规纳入党委（党组）理论学习中心组的学习内容，加强对监察建议政治属性和法律效力的宣传教育。从教育内容的全面覆盖来看，监察委员会可组织监察建议起草部门负责人到被建议单位开展专题讲座，对《中华人民共和国监察法》《中华人民共和国监察法实施条例》《中华人民共和国公职人员政务处分法》等监察法律法规中的监察建议相关条款进行详细讲解和逐条解读，引导被建议单位党委（党组）领导班子成员对监察建议形成一个完整准确的认识。

从教育内容的突出重点来看，监察委员会应将《中华人民共和国监察法》第62条作为重点教育内容，监察委员会向被建议单位重点讲解无正当理由拒不采纳监察建议应当承担的法律责任和严重后果，并选取实践中有的被建议单位无正当理由拒不采纳监察建议被问责的真实案例作为开展警示教育的“活教材”，汇编无正当理由拒不采纳监察建议被问责的典型案例资源库，发放给被建议单位作为镜鉴，教育引导被建议单位从正反两个方面认识监察建议的刚性约束效力，因为敬畏监察建议的法律效力而消除对监察建议不重视甚至将其等同于一般性工作建议的错误思想认识。依据《中共中央关于加强对“一把手”和领导班子监督的意见》关于“对整改问题不及时不到位甚至拒不整改的，依规依纪严肃处理，对典型问题通报曝光”的规定，建立健全无正当理由拒不采纳监察建议的典型问题通报曝光制度，发挥反面典型的警示和镜鉴作用，引导被建议单位自觉纠正对监察建议消极执行、象征性执行的行为偏差。

---

〔1〕 参见贵州省纪委监委课题组：《用好纪检监察建议有力武器》，载《中国纪检监察报》2021年9月2日，第7版。

3. 提高监察建议自身的合理性、具体性、针对性和可行性

“制度作为已经成文的规范，其执行力首先来源于制度本身。”[1]监察建议以监察建议书这一成文规范的形式呈现出来，也属于广义制度的范畴，如同制度是生成制度执行力的首要条件一样，监察建议执行力也是以监察建议为前提和基础生成出来的。“制度的好坏，是决定制度执行力高低的重要因素”[2]，监察建议质量的高低，也会对监察建议执行力产生至关重要的影响。十九届中央纪委四次全会强调，各级纪检监察机关要“用好纪检监察建议有力武器”[3]，要用好监察建议这个有力武器，就必须从精准规范运用监察建议的层面，不断提高监察建议的科学性和有效性。监察建议的科学性是监察建议产生标本兼治的腐败治理实效的前提和基础，具备科学性的监察建议才能够赢得被建议单位对监察建议的重视和采纳，进而在被建议单位的贯彻落实中将监察建议的执行力和腐败治理效能充分释放出来。监察建议的科学性，是推动纪检监察工作高质量发展的重要一环，既考验监察建议是否符合廉政制度建设的一般规律、被建议单位的客观实际和形势任务发展需要，也考验监察建议是否符合具体问题具体分析的精准治理理念，从中可以延伸出监察建议的合理性、具体性、针对性和可行性等一系列具体标准。监察建议是否科学合理、是否明确具体、是否具有针对性、是否切实可行，对监察建议的执行力具有直接而重要的影响。在实践层面，有的监察建议正是因为缺乏合理性、具体性、针对性和可行性等优秀特质，削弱了被建议单位贯彻落实监察建议的意愿，即使被建议单位愿意采纳监察建议，也很容易因为监察建议过于原则笼统、“水土不服”等原因而难以落地见效。江苏省泰州市纪委监委对纪检监察建议运用执行情况进行专题调研时发现，有的罗列问题多，提出建议少；有的建议内容过于原则和笼统，针对性和操作性不强；有的针对个案问题制发建议多，对案件背后的深层次问题分析不

---

〔1〕 秦国民、陈红杰：《国家治理能力现代化视阈下提升制度执行力的着力点》，载《中国行政管理》2017年第8期。

〔2〕 莫勇波、张定安：《制度执行力：概念辨析及构建要素》，载《中国行政管理》2011年第11期。

〔3〕 赵乐际：《坚持和完善党和国家监督体系　为全面建成小康社会提供坚强保障——在中国共产党第十九届中央纪律检查委员会第四次全体会议上的工作报告》，载《中国纪检监察》2020年第5期。

透,监察建议的精准性不高是制约监察建议的执行效果的一个重要因素。[1]

鉴于此,监察委员会在起草监察建议特别是涉及面广、专业性强、复杂性高的制度完善类监察建议的过程中,应将监督检查部门、审查调查部门、案件审理部门、政策法规研究部门和派驻或者派出监察机构的资源力量充分整合起来,认真听取被建议单位对监察建议相关内容的意见建议,对涉及的疑难复杂和专业性强的问题,主动向相关领域专家、资深从业者咨询和论证,在信息汇聚、知识整合和意见协商的过程中合力提高监察建议的合理性、科学性、具体性和针对性,确保提出的监察建议立得住、行得通、管得了。监察委员会对提出的监察建议应加强质量管理,确保问题找得准且有事实根据和党规党纪、法律法规根据,对问题成因的分析直击病根病灶,深入被建议单位的体制性障碍、机制性梗阻和制度性漏洞的层面,提出的问题整改措施具有针对性和可操作性,提出的问题整改期限科学合理,确保提出的监察建议对症下药、务实管用,为被建议单位贯彻落实监察建议奠定坚实的实践基础。

4. 建立健全监察建议的执行监控机制

监察委员会应明确跟踪督办监察建议执行情况的专门机构,加强对被建议单位贯彻落实监察建议的闭环台账管理,建立健全推动被建议单位贯彻落实监察建议的监督检查、考核评价和执纪问责机制,为被建议单位贯彻落实监察建议凝聚内生动力、施加外在压力。

第一,从监察建议执行监控的主体设置来看,监察委员会应按照"谁建议,谁督办"的原则,明确由监察建议提出部门担当推动被建议单位贯彻执行监察建议的专责行动主体,同时发挥派驻纪检监察组对被建议单位贯彻执行监察建议情况进行近距离、全天候监督的优势,以"室组"联动监督的协同优势,形成督促被建议单位贯彻执行监察建议的整体合力。

计划(决策)与执行分开,是管理学中一条基本的分析原则。被誉为"科学管理之父"的泰勒(Taylor)明确指出,"大多数情况下我们需要一部分人预先制订工作计划,而另一部分人负责实践操作"[2]。计划职能由决策部门承担,执

---

〔1〕 参见时良敏、姜兆刚:《精准规范运用纪检监察建议》,载《中国纪检监察报》2021 年 9 月 30 日,第 7 版。

〔2〕 [美]弗雷德里克·泰勒:《科学管理原理》,黄臻译,北京理工大学出版社 2012 年版,第 20 页。

行职能由决策部门授权其他部门或设置专门部门承担,构成计划与执行职能的二元分工。在国家权力结构层面,古德诺(Goodnow)将国家的功能划分为国家意志的表达和国家意志的执行两种类型〔1〕,“政治—行政”二分法也体现决策权与执行权的明确划分。计划与执行的清晰分工,适应社会管理专业化、复杂化背景下大规模组织进行科学组织构造的现实需要,既有助于为计划的贯彻执行提供专业化的组织保障,也能够通过执行反馈进一步修正完善计划。然而需要指出的是,计划与执行的分工是相对的而非绝对的。“将计划和执行分开分析并不意味着计划职能与执行职能在执行过程的分离,也不必然意味着计划者和执行者应该是两个完全不同的主体,决策者应该是也必然是有效执行的关键组成部分。”〔2〕正是基于此,在监察建议的贯彻执行过程中,监察委员会既是监察建议的制发主体,同时也是推动被建议单位贯彻执行监察建议情况的监督主体、评价主体和验收主体,是联通监察建议的制发、执行、评估反馈和验收等环节的中介桥梁。在监察委员会的各内设职能部门中,监察建议提出部门对被建议单位廉政建设与履行职责存在的问题及其成因、对监察建议的具体内容与贯彻执行要求最为了解,由其对被建议单位贯彻执行监察建议情况进行跟踪督办具有专业性、对口性和熟悉情况等优势。因此,监察委员会应按照“谁建议,谁跟踪”的原则,明确由监察建议提出部门作为被建议单位贯彻执行监察建议情况的跟踪督办主体,在全程跟踪督办的外在压力之下,督促被建议单位做好问题整改工作。监察建议提出部门对被建议单位贯彻执行监察建议情况进行跟踪督办,可通过电话跟踪、书面提醒、实地检查、随机抽查、查阅资料和专项督办等多种方式,定期或不定期开展“回头看”专项检查,对被建议单位的整改落实情况逐项予以检查验收,有效防止整改责任“挂空挡”、整改活动“走过场”、整改效果“打折扣”,切实做到发出一份建议、整改一批问题、完善一套制度、规范一类行为。

监察建议承办部门是对被建议单位贯彻执行监察建议情况进行跟踪督办的专责主体,但并非唯一的监督主体。监察委员会向被建议单位派驻或者派出

---

〔1〕 参见[美]弗兰克·J. 古德诺:《政治与行政:一个对政府的研究》,王元译,复旦大学出版社 2011 年版,第 11 页。

〔2〕 叶志桂:《对“执行力黑洞”的溯源和破解》,载《中国领导科学》2021 年第 2 期。

的纪检监察组具有近距离、全天候监督的优势，是督促被建议单位贯彻执行监察建议的重要行动主体。对此，《纪检监察机关派驻机构工作规则》第44条第2款规定："派驻机构应当加强对驻在单位问题整改情况的监督检查，督促限期整改、反馈，推动纪检监察建议落实到位。"派驻或者派出纪检监察组对驻在单位贯彻执行监察建议的情况进行监督检查，将监察建议的制发主体和适用对象联系起来，成为监察委员会推动被建议单位贯彻执行监察建议的中介桥梁。比如，对发出的纪检监察建议，云南省纪委监委驻省教育厅纪检监察组全程跟踪督办，推动有关部门及时组织对有关问题进行核查处置，严肃处理有关责任人员，切实加强校园安全工作。截至2022年11月30日，共发出六份纪检监察建议，推动一体贯通落实安全管理工作责任等建议二十余条，涉及整改问题二十五个，督促建立《云南省教育公共服务平台数字教育资源及服务审核管理办法（试行）》等制度十八项。[1] 在推动被建议单位贯彻执行监察建议的过程中充分发挥派驻监督的作用，派驻机构应将驻在单位贯彻执行监察建议的情况纳入派驻监督的业务范畴，通过列席驻在单位有关会议、谈心谈话和听取汇报等多种方式，督促被建议单位将问题整改、建章立制工作落实到位。监察建议提出部门应与派驻机构就被建议单位贯彻执行监察建议情况建立健全"室组"联动监督机制，加强监察建议提出部门对派驻纪检监察组的指导和联系，构建重要情况通报、定期会商、联合检查和联合调研等协作机制，发挥日常监督和派驻监督的互补性优势，形成推动被建议单位贯彻执行监察建议的监督合力。

第二，从监察建议执行监控的工具选择来看，监察委员会应加强对被建议单位贯彻执行监察建议情况的闭环台账管理，推动被建议单位贯彻执行监察建议的活动可追溯、可查询、可监督、可问责，以挂号建账、对号结账、销号下账的全流程跟踪督办，推动监察建议在被建议单位落地见效。

《论语·卫灵公》有云："工欲善其事，必先利其器。"监察委员会推动被建议单位贯彻执行监察建议，需要借助一系列务实管用的治理技术和治理工具。台账式管理是一种有着悠久历史传统，并随着公共治理模式的沿革不断发展创新的治理工具。按照《现代汉语词典》的释义，台账是业务部门对工作流程做的

---

〔1〕 参见薛鹏：《用好用活纪检监察建议》，载中央纪委国家监委网，https://www.ccdi.gov.cn/yaowenn/202211/t20221130_233989.html。

明细记录。原来多放在桌子上供人查看,所以叫台账。[1]

从适用领域来看,台账最初作为单纯的工作流水记录载体和统计手段,适用于工程管理、财务管理等具体领域。现代公共管理随着专业性和复杂性不断提升,对管理过程的留痕性、管理数据的可靠性、管理结果的可回溯性的需求日益增强,台账式管理逐渐被政党、政府、国有企事业单位等大规模组织广泛运用,成为一种新兴的公共治理技术和工具。"在被利用和开发的范围不断扩大的同时,其客体化和制度化的程度也在不断加深。"[2]随着在政党治理和政府治理中台账技术的广泛深入运用,台账式管理作为一种现代化的治理工具,其地位和作用得到法律法规和党内法规、规范性文件的确认。2010 年 1 月 1 日起施行的《中华人民共和国统计法》第 42 条第 1 款规定:"作为统计调查对象的国家机关、企业事业单位或者其他组织迟报统计资料,或者未按照国家有关规定设置原始记录、统计台账的,由县级以上人民政府统计机构责令改正,给予警告。"该规定以国家法律的形式规范了台账技术在统计调查工作的实践运用。在政党治理领域,台账式管理被纪检监察机关运用于问题线索管理、审查调查措施管理和信访举报等具体工作之中,具有向监察建议工作领域拓展的必要性和可行性。就涉嫌违纪和职务违法、职务犯罪问题线索的管理而言,问题线索是纪检监察机关开展监督检查、审查调查工作的源头和线索,以问题线索的"全周期管理"为牵引,纪检监察机关的各个部门和各项纪检监察工作被有序地联系在一起。对问题线索进行台账式闭环管理,是将"全周期管理"理念运用于问题线索管理之中所形成的重要成果,适应提升问题线索处理工作的规范化、标准化水平的现实需要,防范私存线索、打听案情和"跑风漏气"等情形的发生。《纪检监察机关派驻机构工作规则》第 37 条第 1 款规定:"派驻机构应当指定专人负责管理涉嫌违纪和职务违法、职务犯罪问题线索,逐件编号登记,建立管理台账。"与之相近,《中国共产党纪律检查机关监督执纪工作规则》第 23 条也规定:"承办部门应当指定专人负责管理问题线索,逐件编号登记、建立管理台账。线索管理处置各环节应当由经手人员签名,全程登记备查。"就审查调查措施使

[1] 参见中国社会科学院语言研究所词典编辑室编:《现代汉语词典》(第 7 版),商务印书馆 2016 年版,第 1262 页。

[2] 于君博、戴鹏飞:《"台账"的逻辑:科学管理还是形式主义》,载《新视野》2019 年第 4 期。

用而言，审查调查措施事关纪检监察核心职权的规范行使和对被审查调查对象的正当权益的合法保护，对审查调查措施的使用情况加强台账式管理，并接受案件监督管理部门等机构的监督，是推动审查调查措施规范、审慎运用的现实要求。《纪检监察机关派驻机构工作规则》第 39 条第 2 款规定："派驻机构应当对审查调查措施进行严格监管，建立措施使用台账，定期将有关情况报派出机关案件监督管理部门、监督检查部门备案。"《中国共产党纪律检查机关监督执纪工作规则》第 40 条第 2 款也规定："承办部门应当建立台账，记录使用措施情况，向案件监督管理部门定期备案。"除此以外，台账式管理还被纪检监察机关运用于信访举报工作之中。按照《纪检监察机关处理检举控告工作规则》第 14 条第 2 款的规定，对于纪检监察机关信访举报部门移送的检举控告，"承办部门应当指定专人负责管理，逐件登记、建立台账"。在纪检监察工作各运行环节中，获取违纪违法问题线索是启动监督检查和审查调查程序的依据和基础，开展监督检查和审查调查是监察委员会提出监察建议的前提和依据，提出监察建议是对监督检查和审查调查结果的运用和拓展。将"全周期管理"理念贯穿于纪检监察工作全过程，需要将台账式管理的适用领域从问题线索管理、审查调查措施管理向监察建议工作领域拓展，以成熟完备的台账管理技术加强对监察建议的制发、适用、反馈和验收等工作环节的全流程管理。

从功能作用来看，有学者指出："在应然状态下，台账技术通过记录、汇总等功能，能够为官僚制的日常运行留下证据。这些证据一方面内部可以用来自查以不断改善工作，提高行政效率；另一方面能够方便上级进行监督，为日常行政运行提供制度保障。"[1] 台账式管理作为一种综合性的治理技术和治理工具，具有记录、汇总、监督、规范和控制等多种功能，将台账式管理运用于各项纪检监察工作之中，有助于实现对纪检监察工作的全过程跟踪、全环节规范和精细化管理。监察委员会将台账式管理运用于监察建议工作之中，有助于将监察建议的制发与监察建议的执行、监督、反馈和验收等工作环节贯通起来，推动被建议单位贯彻执行监察建议的活动可查询、可追溯、可监督、可问责，构建"提出建议—整改落实—跟踪督办—检查验收—结果运用"的闭合工作链条。台账式管理包括建账、对账、销账三个依次推进的运行环节，监察委员会对被建议单位贯

〔1〕 于君博、戴鹏飞：《"台账"的逻辑：科学管理还是形式主义》，载《新视野》2019 年第 4 期。

彻执行监察建议的情况加强台账式管理，应形成挂号建账、对号结账、销号下账“三本账”管理模式，以依次推进的台账管理方式，对监察建议的执行、监督、反馈和验收等环节进行全流程跟踪督办，推动监察建议在被建议单位落地见效。在监察建议书送达被建议单位之时，监察建议提出部门应立即挂号建账，开启监察建议执行流程。在对被建议单位贯彻执行监察建议的情况开展监督检查、跟踪督办的过程中，对照监察建议书中所载的问题整改措施与被建议单位的问题整改实际状况进行对号结账，对各项问题整改措施进行逐项核验。对被建议单位贯彻执行监察建议的质量和效果进行检查验收，通过验收的予以销号下账。

第三，从监察建议执行监控的配套行动来看，监察委员会在向监察对象所在单位提出监察建议之后，应加强对被建议单位贯彻执行监察建议情况的跟踪督办、考核评价、奖励惩罚和检查验收，形成“提出建议—整改落实—跟踪督办—考核评价—结果运用—检查验收”的完整工作链条。

“盖天下之事，不难于立法，而难于法之必行。”[1]如同法律制度的生命力在于被执行一样，监察建议的生命力和治理效能也植根于监察建议的贯彻执行活动之中。习近平总书记指出“一分部署还要九分落实”[2]，执行活动是监察建议执行机制的重要组成部分，既包括被建议单位贯彻执行监察建议所采取的活动，也包括监察委员会推动被建议单位贯彻执行所采取的跟踪督办、考核评价和检查验收等一系列活动。由于被建议单位在贯彻执行监察建议的过程中可能存在选择性执行、象征性执行等执行偏差，“执行中的偏差容易经由系统的紧密性而产生一种类似于大风起于青蘋之末的蝴蝶效应，些许的执行偏差可能导致执行效果的巨大落差”[3]，因此监察委员会应当对被建议单位贯彻执行监察建议的情况进行监督和控制，以保障监察建议在贯彻执行过程中执行方向不发生偏差、执行力度不发生弱化、执行效果不打折扣。本部分站在监察委员会的视角所说的执行活动，主要是指监察委员会对被建议单位贯彻执行监察建议

[1] (明)张居正:《清稽查章奏随事考成以修实政疏》。

[2] 中共中央纪律检查委员会、中共中央文献研究室编:《习近平关于严明党的纪律和规矩论述摘编》，中央文献出版社、中国方正出版社2016年版，第81页。

[3] 胡国喜:《中国共产党制度执行力研究》，中共中央党校2013年博士学位论文，第51页。

的情况进行监督和控制的活动，被一些学者称为“执行监控”〔1〕。《中共中央关于加强对“一把手”和领导班子监督的意见》指出：“完善纪检监察建议提出、督办、反馈和回访监督机制。对整改问题不及时不到位甚至拒不整改的，依规依纪严肃处理，对典型问题通报曝光。”〔2〕该规定将跟踪督办、评估反馈和执纪问责作为执行监控的重要组成部分，为监察委员会对被建议单位贯彻执行监察建议的情况进行监督和控制提供制度遵循和方向指引。

首先，就执行监督而言，监察委员会应将对被建议单位贯彻执行监察建议情况的全程跟踪与专人督办有机结合起来，构建全链条贯穿、专责主体推动的执行监督机制。一方面，监察委员会应发挥“室组”联动监督、“室组地”联合办案的协同配合优势，灵活运用定期回访、限期回复和实地察访等多种监督方式，将对被建议单位贯彻执行监察建议情况的跟踪检查嵌入被建议单位问题整改各方面和全过程，做到监督事项无缺项、监督过程不断档，对被建议单位整改落实环节进行持续跟进、全程督办。另一方面，监察建议提出部门应按照“谁建议，谁督办”的原则，对被建议单位贯彻执行监察建议的情况进行督促办理，发挥专责监督分工明细、一贯到底的优势，明确专人专门负责监察建议执行情况的督办工作，由其对被建议单位贯彻执行监察建议的情况进行专项督查，听取被建议单位问题整改落实情况专题汇报，以专责监督推动被建议单位落实问题整改主体责任。

其次，就执行评估而言，监察委员会通过执行监督得以掌握被建议单位贯彻执行监察建议的实际情况和真实信息，在此基础上还需要对被建议单位贯彻执行监察建议的行为、过程、质量和效果等方面进行评估，以便及时纠正监察建议的执行偏差，并对监察建议的执行程度和执行效果进行客观准确的评价。“测量能推动工作，若不测量效果，就不能辨别成功还是失败。”〔3〕监察委员会对被建议单位贯彻执行监察建议的质量和效果进行的测量和评估，属于执行评估的范畴。在监察建议的贯彻执行过程中，执行评估具有纠正执行行为偏差、

〔1〕欧爱民、何静：《党内法规的执行构成及其要素优化》，载《河南社会科学》2020年第8期；胡国喜：《中国共产党制度执行力研究》，中共中央党校2013年博士学位论文。

〔2〕《中共中央关于加强对“一把手”和领导班子监督的意见》，载《人民日报》2021年6月2日，第1版。

〔3〕[美]戴维·奥斯本、特德·盖布勒：《改革政府——企业家精神如何改革着公共部门》，周敦仁等译，上海译文出版社2006年版，第128页。

对执行的有效性和彻底性进行客观评估、为执行问责和执行验收提供重要依据等重要作用。在实践层面，对监察建议执行情况进行评估，已经成为各地监察机关对监察建议跟踪问效的一个重要举措。截至2022年11月，湖北省武汉市纪委监委对全市纪检监察机关2022年以来制发的547份纪检监察建议开展全覆盖式集中评查，通过综合分析、通报反馈、专题培训等方式深化运用评查结果、强化以评促改，推动纪检监察建议工作提质增效。[1] "一个完整的执行评估活动包含评估主体、评估客体、评估内容、评估方法、评估程序等内容"[2]，监察委员会对被建议单位贯彻执行监察建议的情况进行全方位评估，应从设置专业化评估主体、设计综合性评估内容、采用多元化评估方法和开展制度化评估成果运用等方面综合施策。

从评估主体来看，按照"谁建议，谁评估"的原则，由监察建议提出部门牵头抓总，组织协调监督检查、审查调查和政策法规研究等内设职能部门分工协作，由被建议单位派驻纪检监察组支持配合，统筹多元评查力量共同组成监察建议执行情况质效评估工作专班。工作专班具有履行执行职能和承担个体责任的双重特性，包含了周期性会商、现场处置、信息沟通和督导检查等基本工作内容。[3] 采用工作专班的形式设置监察建议执行质效评估主体，体现评估主体设置的灵活性和创新性，能够畅通监察建议执行信息的横纵双向传输渠道，建立多元评估主体之间的周期性会商与综合分析研判机制，以定期性督导检查开展周期性监察建议执行质效评估。除监察委员会参与监察建议工作的相关专业人员以外，还可根据需要，邀请特约监察员、相关领域和行业的专家学者、党员群众代表等主体参与评估工作，增强监察建议执行质效评估工作专班的代表性和多元性。

从评估客体来看，对监察建议书中提出的各项问题整改措施逐项逐条评估，推动评估对象从笼统化向精细化方向发展。所谓精细化治理，是指秉持精细化的理念，通过精巧的制度设计、细致的过程推进和运用精微的治理技术，实

---

〔1〕 参见胡胜华、方建军：《武汉开展纪检监察建议质量评查 以评促改提升建议质效》，载中央纪委国家监委网，https://www.ccdi.gov.cn/yaowenn/202211/t20221109_229599.html。

〔2〕 欧爱民、何静：《党内法规的执行构成及其要素优化》，载《河南社会科学》2020年第8期。

〔3〕 参见刘鹏、刘志鹏：《工作专班：新型议事协调机构的运行过程与生成逻辑》，载《中国行政管理》2022年第5期。

行基层治理从传统的一体化、一元化、整体化、结构化向多元化、差异化、个体化、体验化的转变，由被动回应转向主动适应，达成治理的精准、精细和精致目标，实现国家治理体系和治理能力的现代化。[1] 精细化治理是对传统粗放式治理的反思和超越，是对因人制宜、因地制宜、因事制宜和因时而变的精准治理理念的实践运用，具有治理对象的分众化归类、治理领域的精细化分工、治理工具的精确化匹配和治理需求的精准化满足等典型特征。对治理对象和治理单位的细分化，是精细化治理的前提，是为了改变传统的粗放式治理取向。[2] 监察建议执行质效评估中的评估客体是被建议单位采取的问题整改措施，以监察建议书中提出的整改建议、要求和期限为参照系。由于监察委员会向监察对象所在单位发出的监察建议书中所列的问题整改建议和问题整改要求通常有若干条，每条问题整改建议和问题整改要求的责任主体、整改措施和完成期限并非完全相同，因此监察委员会在进行监察建议执行质效评估时，应当引入精细化治理的理念，对各项问题整改建议和问题整改要求的完成情况分别进行逐项逐条评估。监察委员会对监察建议执行质效开展精细化评估，应结合被建议单位的职权职责、被建议单位党组（党委）领导干部成员的个人分工以及被建议单位各职能部门的职能分工，编制各项问题整改措施评估清单，推动被建议单位明确每项问题整改建议的责任主体、整改计划和完成时限，及时报送给监察建议执行质效评估工作专班，由其统筹安排各项问题整改措施的评估工作，坚持问题整改工作完成一项评估一项。

从评估内容来看，监察建议执行质效评估工作专班在对被建议单位贯彻执行监察建议的情况进行全方位评估时，应对照监察建议书所列的整改建议、要求和时限，综合考虑被建议单位开展问题整改的力度、质量和效果，开展有效性评估、合法合规性评估和时效性评估。就词源而言，评估即评价估量，是指专门的组织者按照既定的标准和方法，遵从一定的程序，对某一类对象进行分析、研究和评价，进而更好地预测事物发展趋势的一种活动。[3] 在当今社会，评估作

[1] 参见吴晓燕：《精细化治理：从扶贫破局到治理模式的创新》，载《华中师范大学学报（人文社会科学版）》2016 年第 6 期。
[2] 参见陈水生：《我国城市精细化治理的运行逻辑及其实现策略》，载《电子政务》2019 年第 10 期。
[3] 参见周悦丽：《党内法规实施评估：内涵、现状、问题与完善理路——基于地方实践的观察与分析》，载《贵州省党校学报》2021 年第 4 期。

为一种进行质量管理和绩效测量的常见手段,被公共管理者广泛运用于对公共政策、党内法规和国家法律等对象的评估之中,产生公共政策评估、党内法规实施后评估和立法评估等多种类型。对监察建议执行质效的评估,是监察领域一种特定的执行评估类型,旨在体现监察建议的法律效力、释放监察建议的治理效能。就评估的过程而言,广义的政策评估涵盖事前、事中和事后三个阶段,涉及从政策制定到政策执行、政策终结全流程的监控与评价;狭义的政策评估则专指事后评估,将评估重点落在政策实施效果上。[1] 监察建议的评估过程与公共政策的评估过程相类似,也可划分为对监察建议质量的评估、对监察建议执行过程的评估和对监察建议执行效果的评估三种类型。本部分所说的监察建议执行质效的评估,主要包括对监察建议执行过程的评估和对监察建议执行效果的评估两个部分。就评估的标准而言,由于影响监察建议执行力的因素是多元而又复杂的,所以对监察建议执行质效的评估标准应当具有多元性和综合性等特征,“任何一种单一的评估标准均无法真实地反映评估对象的全貌和状况”[2]。对监察建议执行质效的全方位评估,需要综合考虑被建议单位贯彻执行监察建议的行为、过程、质量和效果等多种因素,涉及过程评估和结果评估两个维度,包括合法合规性评估、有效性评估和时效性评估等具体评估标准。合法合规性评估主要评估被建议单位贯彻执行监察建议的行为是否符合国家法律、党内法规等制度规范的规定,被建议单位贯彻执行监察建议的过程是否规范合理,是否存在滥用职权、推诿塞责等失范行为。有效性评估主要评估被建议单位问题整改的质量和效果,是否完全贯彻落实监察建议书所列的整改建议和整改要求。时效性评估主要评估被建议单位的问题整改是否在监察建议书载明的整改期限内完成,是否存在拖延整改、仓促整改等问题。

从评估方法来看,对监察建议执行质效开展全方位评估,应当综合采用工作专班评估与被建议单位自我评估相结合、书面评估与实地评估相结合、定性评估与定量评估相结合的评估方法。对监察建议执行质效的评估,是一项具有高度专业性和复杂性的工作,其内容涉及监察建议的执行主体、执行过程、执行质量和执行效果等多种因素,保障评估结果的科学性、准确性和公信力,必须借

〔1〕 参见宋健峰、袁汝华:《政策评估指标体系的构建》,载《统计与决策》2006 年第 22 期。
〔2〕 伊士国、郭康:《论党内法规实施后评估指标体系之构建》,载《政法论丛》2019 年第 4 期。

助于一整套科学合理、灵活多样的评估方法。其一,为增强监察建议提出主体与监察建议适用对象之间的双向互动,增加被建议单位贯彻执行监察建议的积极性和主动性,可将监察建议执行质效评估工作专班的外在评估与被建议单位的自我评估结合起来,实现"他查"与"自查"相辅相成、相互促进。具体来讲,可先由被建议单位对照监察建议书所载明的整改建议、要求及期限的落实情况进行自我评估,以预期效果为参照寻找监察建议执行工作中的差距及不足,及时进行整改和矫正,由被建议单位向监察委员会提交自我评估报告。监察建议执行质效评估工作专班根据被建议单位的自我评估报告,采取台账检查、实地访查和座谈交流等途径对被建议单位贯彻执行监察建议的情况进行全面系统的评估,对被建议单位贯彻执行监察建议的情况进行"全方位扫描",通过综合分析、通报反馈、案例指导和专题培训等方式深化运用评查结果[1],建立以评促改长效机制。其二,为解决监察建议执行质效评估过程中可能出现的信息不对称问题,充分发挥实地调查研究的信息获取优势,可将对监察建议执行质效的书面评估与实地评估结合起来,在多种评估信息的交叉验证中提高监察建议执行质效评估结果的信度和效度。被建议单位向监察委员会提交的自我评估报告或问题整改落实情况报告以及监察委员会制作的被建议单位贯彻执行监察建议的闭环管理台账,是监察建议执行质效评估工作专班开展书面评估的重要资料,便于监察建议执行质效评估工作专班在短时期内及时掌握被建议单位贯彻执行监察建议的总体情况。为防止出现"书面整改""数字整改"等整改乱象,消除整改信息传递中的"失真"问题,监察建议执行质效评估工作专班还应当深入被建议单位贯彻执行监察建议的动态过程和具体场景之中,实地了解被建议单位贯彻执行监察建议的真实情况、实际效果,及时、准确、完整地掌握被建议单位贯彻执行监察建议的"第一手"信息。为将贯彻落实中共中央办公厅印发的《关于在全党大兴调查研究的工作方案》和监察建议执行质效评估结合起来,监察建议执行质效评估工作专班在对被建议单位贯彻执行监察建议的情况开展实地评估时,应用好调查研究方法,采取实地调研、专题调研、现场访查、问卷调查、民主测评和座谈交流等多种方式,多渠道、全方位地了解被建议单位

---

〔1〕 参见胡胜华、方建军:《武汉开展纪检监察建议质量评查　以评促改提升建议质效》,载中央纪委国家监委网,https://www.ccdi.gov.cn/yaowenn/202211/t20221109_229599.html。

贯彻执行监察建议的过程、质量和效果,从而形成更为精准、更加切合实际的评估报告。

从评估结果运用来看,监察建议执行质效评估工作专班可根据具体情况分别采取书面反馈、面对面反馈等反馈形式,向被建议单位通报监察建议执行质效的评估结果。对评估结果进行评级,对评估结果不合格的被建议单位,及时采取跟进约谈、通报、重点监督等后续的监督管理措施。对监察建议执行质效的评估,不仅要在评估指标设计上坚持结果导向,着重评估被监察建议贯彻执行监察建议的质量和效果,而且要在评估程序设计上坚持结果导向,将评估结果运用作为整个评估程序中至关重要的一环。"结果运用既是评估的延续,又是评估的目的所在。评估的目的在于根据评估结果,寻差距、找经验,促进政府提高绩效。"[1]评估结果运用,虽然是评估程序的末端环节,但却是评估程序中最重要的环节之一,直接影响整个评估活动是否能够实现寻找差距、改进不足、提高绩效的预期目标,是否能够破解"干得好坏一个样、评与不评一个样"的激励不足困境。监察委员会在反馈监察建议执行质效评估结果时,应当坚持"一建议一评估、一单位(部门)一反馈"的原则,及时将监察建议执行质效评估结果反馈给负责贯彻落实监察建议的被建议单位,这既是尊重和体现被建议单位知情权的重要体现,也是督促被建议单位根据评估结果寻找差距、改进不足、提高监察建议执行质效的现实要求。监察建议执行质效评估工作专班可根据被建议单位的自我评估、工作专班到被建议单位的实地评估和日常掌握的监督执纪问责情况,以被建议单位贯彻执行监察建议的意愿强弱、力度大小、质量高低和效果好坏等因素为标准,将被建议单位贯彻执行监察建议的质效划分为优秀、良好、合格和不合格四个等级,探索对监察建议执行质效不同的被建议单位采取不同的评估结果反馈方式,以增强评估结果反馈方式的针对性和精准性。具体来讲,对于监察建议执行质效被评为合格以上等次的被建议单位,监察建议执行质效评估工作专班可以监察委员会的名义,向该被建议单位书面反馈评估结果,指出被建议单位贯彻执行监察建议的成绩、不足及其改进措施,推动其进一步提升监察建议执行质效。对监察建议执行质效被评为不合格的被建议单位,监察委员会可以召开监察建议整改落实检查评估反馈会,面对面向被建议

---

〔1〕 彭国甫:《地方政府绩效评估程序的制度安排》,载《求索》2004 年第 10 期。

单位反馈评估结果,当场宣布评估结果不合格的结论,明确指出被建议单位在贯彻执行监察建议过程中存在的问题和不足,提出限期整改要求,要求被建议单位认真分析原因、提出改进方案,对突出问题作出情况说明。以发挥现场反馈的提醒警示作用,达到"红脸出汗"的效果。除此以外,监察委员会还可根据监察建议执行质效评估工作专班提交的评估结果,对监察建议执行质效被评为不合格的被建议单位的主要负责人进行约谈,责令被建议单位深刻剖析自身问题、限期整改到位,并于整改期限达到之后开展复评,对复评结果仍然不合格的被建议单位进行通报批评。同时,监察委员会还可以将监察建议执行质效评估结果与监察委员会对被建议单位的监督方式选择关联起来,对监察建议执行质效被评为合格以上等次并通过整改验收的被建议单位,由重点监督转为日常监督;对监察建议执行质效被评为不合格的被建议单位,由监察委员会继续对其开展重点监督,暂缓转为日常监督。

最后,就执行问责而言,执行问责是对监察建议执行质效评估结果运用的深化拓展,旨在以常态化的责任追究机制为后盾,督促被建议单位增强贯彻执行监察建议的责任意识和担当精神,推动监察建议在被建议单位落地见效。习近平总书记指出:"不讲责任,不追究责任,再好的制度也会成为纸老虎、稻草人。"[1]对拒绝贯彻执行监察建议或贯彻执行监察建议不力的被建议单位相关责任主体进行监察问责,是监察委员会行使处置权的重要方式,也是防治监察建议被束之高阁、问题整改流于形式等问题的重要举措。所谓监察问责,是指承担领导职务的领导人员因履行职责不力、失职失责而引发监察调查程序,进而承担否定性后果(谴责和制裁)的治吏机制。[2] 从问责对象和问责情形的设置来看,按照《中华人民共和国监察法》第45条第3项的规定,监察机关根据监督、调查结果,对不履行或者不正确履行职责负有责任的领导人员,按照管理权限对其直接作出问责决定,或者向有权作出问责决定的机关提出问责建议。被建议单位承担依据监察建议书进行问题整改的主体责任,被建议单位不履行或不正确履行问题整改的主体责任构成监察问责的一种重要问责情形。依据问

---

〔1〕 中共中央纪律检查委员会、中共中央文献研究室编:《习近平关于严明党的纪律和规矩论述摘编》,中央文献出版社、中国方正出版社2016年版,第113页。

〔2〕 参见曹鎏:《论监察问责的基本法律问题概念澄清与构成要件解析》,载《中外法学》2020年第4期。

责事由的不同，可以将监察问责划分为决策问责和执行问责两种类型，“执行问责是对特定执行主体依规追究执行责任的活动”[1]，监察委员会对拒不执行监察建议或执行监察建议不力的被建议单位领导人员进行的监察问责，属于执行问责的范畴。监察问责制度的逻辑基础在于侧重对领导责任的追究[2]，不履行或不正确履行问题整改职责负有责任的被建议单位领导人员，应当被纳入监察问责的问责对象范畴。从问责方式来看，依据《中华人民共和国监察法实施条例》第 204 条的规定，监察机关对拒不执行或不正确执行监察建议造成严重后果或者恶劣影响的被建议单位领导人员，可以按照管理权限采取通报、诫勉、政务处分等方式进行问责；提出组织处理的建议。《中央党内法规制定工作规划纲要（2023—2027 年）》指出：“健全追责问责制度。坚持权责一致、错责相当，进一步完善责任追究制度，推动严肃精准追责问责。”[3]

在纪检监察工作高质量发展的背景下，监察委员会对开展监察问责的严肃性、规范性和精准性提出更高标准、更严要求。监察委员会对拒不执行或不正确执行监察建议负有责任的被建议单位领导人员进行监察问责时，应坚持实事求是、依规依纪、权责一致和错责相当等问责原则，规范开展问责调查，厘清责任归属，依据问责对象的失职失责行为的社会影响、危害后果等因素精准确定采取何种严厉程度的问责方式，以规范精准问责施加的责任落实压力，推动被建议单位认真贯彻执行监察建议。在推动被建议单位贯彻执行监察建议的过程中，监察问责具有特殊预防和事后惩戒等功能，“一方面，执行问责能够预先警示违规执行后果，发挥预防教育功能，另一方面，对相关责任主体进行问责，体现出事后的惩戒功能”[4]。监察问责的处置、纠错、警示和教育等功能，需要以相应的配套制度为载体才能更好地发挥出来。《中共中央关于加强对“一把手”和领导班子监督的意见》指出：“对整改问题不及时不到位甚至拒不整改的，依规依纪严肃处理，对典型问题通报曝光。”[5]为了充分发挥监察问责的惩处、

---

[1] 欧爱民、何静：《党内法规的执行构成及其要素优化》，载《河南社会科学》2020 年第 8 期。

[2] 参见陈伟、冯思柳：《监察全覆盖过程中“监察问责”的困境与化解》，载《武汉科技大学学报（社会科学版）》2021 年第 3 期。

[3] 《中共中央印发〈中央党内法规制定工作规划纲要（2023—2027 年）〉》，载《人民日报》2023 年 4 月 19 日，第 1 版。

[4] 欧爱民、何静：《党内法规的执行构成及其要素优化》，载《河南社会科学》2020 年第 8 期。

[5] 《中共中央关于加强对“一把手”和领导班子监督的意见》，载《人民日报》2021 年 6 月 2 日，第 1 版。